사랑하는 외할머니 애니, 서른일곱
살 때, 1914년.

어머니, 열여덟 살 때.

아버지와 어머니의 결혼식 날 사진, 1915년. 앞줄 왼쪽에서
오른쪽으로 할아버지 조지프, 어머니의 여동생 베티 이모,
외할머니. 뒷줄은 아버지와 어머니.

생후 8개월의 나, 1917년.

시리아에서 이스마일파에 관한 논문을 쓰던 대학
원생 시절에 빌린 옷을 입고 찍은 사진, 1938년.

어머니와 동료 병사와 찍은 사진,
1944년. 전쟁 동안 나는 영국 정보
부에서 일했는데, 대부분 영국에서
암호를 해독하며 시간을 보냈다.

런던에서 부모님과 함께, 1944년.

우리가 살던 런던의 아파트 주변에 있는 공원에서 딸 멜라니와 함께, 1955년.

내 아이들 멜라니(다섯 살)와 마이클(세 살). 우리가 13년간 살았던 런던 인근 스위스 코티지에서.

워싱턴 첫 방문 일정의 하나로 상원의원 헨리 M.잭슨의 사무실을 방문했을 때 그와 함께 찍은 사진. 그가 보낸 글에는 이렇게 쓰여 있었다. "우리 위원회에서 귀하가 행한 대단히 훌륭한 증언에 감사하며. 헨리 M.잭슨 드림. 1971년 3월 17일."

이란 국왕을 만난 자리에서, 1970년대 초. 그는 서구 언론이 그를 다룬 방식에 불만을 표시했다.

사막에서 요르단 국왕 후세인과 함께, 1970년대. 나는 이미 그의 동생인 하산 왕자와 친분이 있었다. 그와는 암만의 역사학회에서 만났고, 그가 후세인 국왕에게 나를 소개해주었다.

정기적으로 요르단을 방문하던 어느
해에 왕세제 하산 왕자와 함께, 1970년
대 중반.

SOAS에서 프린스턴으로 옮
긴 직후 찍은 사진, 1973년.

테디 콜렉(맨 오른쪽)과 함께.
그는 예루살렘의 최장기 시장
이었으며, 1970년대 후반에는
나의 가장 좋은 친구였다.

텔아비브에서 이라크의 스커드미사일 공격이 있던 당시, 1991년.

터키 대통령 투르구트 외잘(오른쪽)과 함께, 1992년. 나는 그가 젊은 국회의원이었을 때 처음 만났는데, 한번은 그가 프린스턴으로 나를 찾아왔다. 다른 터키인들과 마찬가지로 그도 역사에 굉장히 관심이 많았다.

교황 요한 바오로 2세(왼쪽)의 초대로 카스텔 곤돌포에서 열린 작은 모임에 참석했을 때, 1990년대 중반. 나는 맨 오른쪽에 있다.

바티칸에서 교황 요한 바오로 2세와 함께, 1996년. 그는 내 오랜 생애 동안 내가 만난 가장 훌륭한 인물이었다.

이스라엘의 총리 이츠하크 라빈과 함께, 1995년. 암살되기 직전에 찍은 사진.

프린스턴에서 명예 박사학위를 받은 날 여자친구 분치와 함께, 2002년.

미국의 부통령 딕 체니와 함께 그의 사무실에서, 2003년.

분치와 나는 2004년 아이다호의 선밸리에서 열린 앨런 앤드 컴퍼니 학회에서 정말 멋진 시간을 보냈다. 이 학회는 할리우드와 월스트리트의 거물들이 모이는 연례행사다.

100년의기록

100년의 기록
Notes On a Century

버나드 루이스의 생과 중동의 역사

버나드 루이스, 분치 엘리스 처칠 지음
서정민 옮김

시공사

들어가는 말

 나는 오랫동안 주로 중동 연구에 관심을 가져왔다. 그 관심은 어렸을 적 학교에 다닐 때부터 시작됐고, 이후 더욱 커져갔다. 처음에는 취미였지만 후에는 집착이 되고, 궁극적으로는 직업이 됐다. 본격적인 연구를 시작하면서 나는 중동 사회를 '안에서부터' 이해하려고 노력했다. 따라서 중동 언어를 배우고, 현지어로 쓰인 글들을 읽고, 중동 사람들과 이야기하기 위해 현지 국가들을 방문했다.

 이러한 목적을 달성하기 위해 내가 태어난 시대와 장소, 환경을 잘 이용했다. 물론 젊은 시절의 교육도 큰 기여를 했다. 당시 영국에서는 역사 교육을 중요하게 여겼다. 학생들은 근대와 현대의 사건들뿐 아니라 고대부터 현대까지 서구 문명의 발전에 대한 전반적인 개요와 흐름을 파악해야 했다. 그뿐이 아니었다. 이러한 문명사를 일부분이나마 프랑스어, 라틴어 같은 기록 당시의 언어로 공부해야 했으며, 일부 학생들은 추가로 독일어와 그리스어도 배워야 했다. 알프레드 왕King Alfred,

정복자 윌리엄William the Conqueror, 사자왕 리처드Richard the Lionheart, 십자군 전쟁 등은 일상적인 대화에서 나누는 익숙한 주제들이었다.

그런데 이러한 주제들은 이슬람 역사를 연구하는 데 큰 도움을 주지는 않았다. 오히려 어떤 점에서는 기독교적이고 유럽적인 인식에 길들여져 이슬람에 대한 편견을 갖게 했다. 그럼에도 이러한 공부 방식은 역사 과정의 본질, 역사 연구와 집필의 목적 및 방법을 이해하는 데 큰 도움이 됐다.

공부를 시작했을 때 나는 주로 중세 역사에 관심이 있었다. 이 시기는 이슬람을 믿는 중동의 모습이 서구의 모습과 가장 달랐던, 적어도 서양세계의 영향을 가장 적게 받은 때였다. 더불어 이슬람권이 여러 방면에서 서양보다 더 발전한 시기였다. 중세 이슬람 역사에 대해 흥미를 잃은 적은 없지만, 이 주제는 어느 순간 내 관심을 끌지 않게 되었다. 그 전환점은 1950년에 찾아왔다. 오스만제국 기록보관소Imperial Ottoman Archives에 대한 접근이 허용되었기 때문이다. 그 기회는 놓치기에 너무 아까운 것이었다. 이로써 나는 내가 이미 깊은 관심을 품고 있던 주제를 깊이 탐구할 기회를 갖게 되었다. 이후 주로 오스만제국과 근대 역사, 혹은 이 둘을 접목한 주제로 책을 썼다.

그러나 중동 전문가라면, 심지어 아시리아 혹은 고대 이집트 문명 전문가들도, 현대 역사를 전적으로 무시할 수는 없다. 내 경우는 제2차 세계대전에 참전하면서 근대 중동의 생활상과 정치를 여러 측면에서 깊이 이해할 수 있었다. 또한 중동 국가들을 여행하고, 중동 지도자들과 토론하고, 중동의 학자들 및 학생들과 만나면서 그곳에서 벌어지는 상황을 지속적으로 파악할 수 있었다. 때로는 신문, 잡지, 방송 등에 인터뷰와 기고를 통해 중동의 여러 사건들에 대한 논평을 내놓았다. 더불어 최근 논의되는 주제들에 대해 다소 긴 글을 쓰기도 했다.

이제는 세계사의 한 부분으로 인식되는 중동의 역사를 연구하려면, 반드시 이슬람의 기원과 경전을 어느 정도 알고 있어야 한다. 나는 이미 학창 시절에 쿠란과 선지자 무함마드의 전기, 그리고 이와 관련된 방대한 자료들을 읽었다. 그러나 이러한 주제들을 전문적으로 연구한 적은 한 번도 없다. 나는 신학이나 경전 전문가가 아니며, 이 주제들을 가능한 한 역사학자의 시각으로만 바라보았다. 내 직업은 역사학자이고, 나는 주로 문명사에 관심이 있다.

되돌아보면 이런 선택 때문에 여러 문제에서 자유로울 수 있었다. 과거에 일부러 그런 선택을 한 것은 아니었으나, 덕분에 역사학자라는 직업이 지닌 가장 어렵고 위험한 문제를 다행히 모면할 수 있었음을 잘 알게 됐다. 비이슬람교도는 물론 이슬람교도조차도 신성한 경전 쿠란과 선지자 무함마드의 전기를 연구하는 것은 극히 민감한 사안이었다. 지뢰밭에서 작업을 하는 것과 같다고나 할까.

그렇다고 내가 이슬람 경전과 무함마드의 삶을 다루었을 때 비평가들의 공격이 없었던 것은 아니다. 다른 주제들과 마찬가지로 이 주제에 대해서도 양쪽이 공격해왔다. 한쪽에서는 이슬람의 신성함을 모욕했다는 비난을 받았고, 다른 한쪽에서는 이슬람의 문제점을 옹호하고 은폐했다는 질타를 받았다. 그러나 이처럼 양쪽의 공격이 계속되는 것은 내가 학문적 객관성을 유지하고 있음을 반증한다고 확신한다.

수년 전 시리아를 여행할 때였다. 저녁 내내 나는 한 신학자와 긴 대화를 나누었다. 이슬람 신학과 법, 이슬람의 여러 주요 관심사들에 대한 토론이었다. 그런데 어느 지점에서 그가 갑자기 대화를 중단하고 큰 소리로 말했다. "나는 이해할 수가 없습니다. 당신은 이슬람에 대해 너무나 잘 알고 있는데, 왜 무슬림이 되지 않았습니까?"

이러한 질문과 그에 대한 답변 모두 오늘날 이슬람세계에 대해 많은 것을 보여줄 수 있다.

현재 우리는 거대한 힘들이 역사를 위조하는 시대에 살고 있다. 이 힘들은 아첨하고, 속이고, 특정 집단의 목적을 달성하는 데 골몰한다. 이기적인 동기에 의한 것이 아니더라도 이러한 왜곡은 좋을 게 하나도 없다. 역사는 집단기억collective memory이다. 인체와 비교해서 사회를 생각한다면, 역사의 부재는 사회의 기억상실증이고 왜곡된 역사는 노이로제라고 할 수 있다.

과거를 직시하려 하지 않는 사람들은 현재를 이해할 수 없다. 또한 미래를 받아들일 준비가 되어 있지 않은 것이다. 따라서 역사학자들은 큰 책임감을 가져야 한다. 도덕적이고 직업적인 책임감을 바탕으로 과거의 진실을 정확히 찾아내고, 파악한 그대로를 제시하고 설명해야 한다. 나는 이러한 책무를 다하기 위해 진정으로 노력했다.

옮긴이의 말

처음《100년의 기록: 버나드 루이스의 생과 중동의 역사》의 원문을 받아들였을 때 내 가슴은 뛰었다. 버나드 루이스, 그 이름은 항상 나의 학문적 고민과 함께했다. 30년 전인 1985년 아랍어와 함께 중동을 연구하기 시작하면서 처음 그를 만났다. 1950년에 출간된 그의 초창기 저서《역사 속 아랍인들The Arabs in History》을 통해서였다. 영어 사전을 뒤져가며 더듬더듬 읽어나가면서, 루이스 교수의 아랍인들에 대한 세세한 기술을 보고는 감명을 받았다. 아랍인이 아닌 서양인이 집필한 책이라고 믿기 힘들 정도였다. 동양인인 내가 그와 같은 대大학자가 될 수 있을까 하는 생각을 하며, 그에 대한 경외심도 가지게 됐다.

이후에는 루이스 교수가 편집인 역할을 한《케임브리지 이슬람사The Cambridge History of Islam》를 통해 중동 역사에 더욱 심취하게 되었다. 책 제목에 등장한 지명이 뇌리에 박혀, 영국 유학을 결심하기도 했다. 물론 나는 케임브리지의 경쟁 대학인 옥스퍼드에서 학위를 마쳤지만 말이다.

2002년 영국에서 중동정치학 박사학위를 받고 귀국하자마자 그를 다시 만나게 되었다. 물론 또 책을 통해서였다. 초년 중동학자로서 처음으로 번역을 맡게 된 책이 버나드 루이스의 2002년 작 《무엇이 잘못되었나: 서구와 중동, 그 화합과 충돌의 역사What Went Wrong: Western Impact and Middle Eastern Response》였던 것이다. 심혈을 기울여 번역했다. 행간의 의미를 적확히 파악하느라 한 문단을 두고 여러 날 고민하기도 했다. 배움을 많이 얻은 번역 과정이었다. 서양학자이지만 그는 근대화를 목도하는 중동인들의 고민을 명확하게 끄집어냈다. 책은 산업혁명 이후 급속도로 발전하고 강성해지는 유럽에 대한 무슬림들의 부러움과 시기심을, 그리고 자신들의 상황을 돌아보며 당혹해하는 무슬림들의 고민을 생생하게 그려냈다.

그리고 《무엇이 잘못되었나》 이후 10여 년이 지나서 그의 책 《100년의 기록》이 다시 내 손에 쥐어졌다. 첫 번역 때보다 더 큰 중압감이 몰려왔다. 100세에 가까워진 루이스 교수가 자신의 삶을 돌이켜보며 집필한 책이기에, 내가 사용하는 단어 하나하나가 그의 삶과 학문적 시각을 이해하는 데에 영향을 줄 수도 있는 일이었다. 하지만 기쁨이 더 컸다. 한 평생 중동 연구에만 몰두한 학자의 역사적 시각을 집대성한 책이기 때문이다. 더욱 중요한 것은 중동의 사회를 '내부로부터' 이해하려고 노력해온 그의 행적이 고스란히 담겨 있다는 사실이다. 아랍어, 터키어, 페르시아어 등을 배워가며 언제나 '현장 지향적' 태도로 임했던 학자의 삶과 연구를 엿보는 것은 정말 큰 즐거움이었다.

버나드 루이스는 1916년 런던 인근의 교외에서 태어나 성장했다. 교육에 깊은 관심을 가졌던 유대인 부모는 그에게 많은 언어와 문화를 가르쳤다. 그는 히브리어는 물론 아르메니아어, 아랍어, 라틴어, 그리스어, 페르시아어, 터키어 등을 공부했다. 1936년 런던대학교 동양아프리카대학SOAS에서 근동 역사학을 전공했다. 제2차 세계대전 당시에는 영국군 정보부에서 중동 관련 업무를 맡았고, 외교부에서도 중동 관련 임무를 수행했다. 전쟁 이후 다시 런던대학교에서 학업을 지속했고 1939년 역사학 박사학위를 받았다. 졸업 후 SOAS에서 조교수와 부교수를 거쳐 1949년 서른세 살의 나이에 근동 및 중동역사학과 학과장이 되었고, 1974년까지 근무했다. 1974년에는 프린스턴대학교에서 겸임 교수직을 맡게 된다. 그는 이때부터 연구에 몰두해 많은 학문적 업적을 남겼다. 1982년 이후부터는 미국 국적을 취득해 백악관 등 미 정계의 중동정책 자문역할을 수행했다. 오스만제국의 역사와 이슬람 종교 및 사회를 연구하는 학자에서 중동의 정치 및 정책까지 정통한 연구자로 거듭났다. 영국계 미국인으로서 조지 부시 대통령 등 미 정계 최고지도자들과의 인맥까지 겸비한, 미국 내 현존하는 최고의 혹은 가장 영향력 있는 중동 전문가라는 평가를 받고 있다.

루이스 교수에 대한 일부 비난도 있다. 유대인 학자로서 중동을 보는 시각이 편향적이라는 것이다. 그를 신오리엔탈리스트Neo-Orientalist라고 비난하는 중동 학자들도 있다. 유럽이 중동을 보는 시각, 즉 오리엔탈리즘을 현대에 부활시킨 인물이라는 지적이다. 특히 이중 잣대에 가까운 중동정책을 추진해온 미국의 정계인사들에게 자문을 해온 것에 대한 비판이다.

그러나 중동 출신은 물론 서구의 중동 학자들 사이에서도 루이스 교수만큼 중동과 서구를 오가며 경험을 쌓고 연구를 해온 인물도 드물다. 서구의 시각에서 일방적으로 중동을 보는 것이 아니라 양쪽을 고루 보며 학문적 활동을 해온 사람이 바로 루이스 교수다. 이러한 공로를 인정받아 그는 터키 문화부가 수여하는 훈장을 받았고, 터키 학술원 명예위원으로 위촉되었다. 중동과 서구의 16개 대학에서 명예박사를 수여받기도 했다. 일방적으로 서구 중심적인 연구를 해왔다면, 이런 명예가 주어지지 않았을 것이다.

《100년의 기록》은 루이스 교수의 학문적 삶을 모두 담아낸 책이다. 또 100년에 가까운 삶을 정리하며 집필한 개인적 회고록의 성격도 갖고 있다. 연구를 하면서 그가 직면한 학문적 고민과 논쟁에 대해서도 솔직히 담아냈다. 이혼이라는 개인사도 여과 없이 기술했고, 노년에 시작한 새로운 사랑에 대해서도 부끄럼 없이 진솔하게 밝혔다.

역사가로서 그는 역사를 집단기억이라고 설명했다. 왜곡된 역사는 노이로제라고 말했다. "과거를 직시하려 하지 않는 사람들은 현재를 이해할 수 없다. 또한 미래를 받아들일 준비가 되어 있지 않은 것이다." 이런 그의 지론이 자신의 학문과 생을 다룬 이 책에 그대로 담겨 있다.

2015년 6월 초
이문동 연구실에서 서정민

차례

1

어린 시절과 청년기

100년에 달하는 삶을 되돌아보면서 내가 얼마나 큰 행운아였는지 깨닫곤 한다. 나는 제2차 세계대전 당시 군인이었지만, 전사하거나 부상당하지 않았다. 또 20세기에 유럽의 유대인으로 살았지만, 살해되거나 박해받지도 않았다. 나는 전쟁의 포화에서 상대적으로 멀리 떨어져 있었다. 영국에 정착한 우리 조상들에게 감사해야 할 부분이다.

나는 영국에서 태어나 인생의 대부분을 영국과 미국에서 보냈다. 자유를 만끽할 수 있고, 점령으로부터 해방되어야 할 필요도 없는 곳이었다. 나는 내가 선택한 의견을 피력할 수 있고, 정부의 명령이나 법적 판결에 구애받을 필요가 없음을 늘 인지하고 있었다. 오만하고 까다로운 언어학자들의 규칙과 규제에 얽매이지 않는 언어로 의견을 표현할 수도 있었다. 영국과 미국 사회의 자유와 영어의 개방성은 내가 당연시했던 특권이었다. 그래서 이러한 자유가 존재하지 않는 곳이 있다는 사실은 큰 충격이었다.

나는 1916년 런던에서 태어났다. 이 또한 행운이었다. 훗날 미국에 정착하기 전까지는 제대로 깨닫지 못한 사실이지만 말이다. 부모님인 해리 루이스Harry Lewis와 제니 루이스Jenny Lewis는 당시 작은 마을 메이든 헤드Maidenhead에서 살았다. 템스 강 상류에 위치한 마을로 런던에서 그리 멀지 않았다. 런던으로 통근할 수 있을 정도의 거리였지만 그곳에 속하지는 않은 곳이다. 젊은 어머니들이 대부분 그랬던 것처럼 출산이 가까워지자 어머니는 친정으로 가길 원했다. 결국 어머니는 친정이 있는 런던으로 향했고, 나는 런던에서 태어나게 됐다. 21년 전 어머니가 태어난 바로 그 침대에서 나도 세상에 나온 것이다.

나는 메이든헤드로부터 벗어났다! 영국에서는 고향을 잘 묻지 않는데다, 영국인이라면 대부분 이 마을 이름을 알기 때문에 누군가 고향을 묻는다 해도 메이든헤드라고 답하면 그만이었다. 그러나 미국에서는 언제 어디서든 늘 '어디 출신이냐'고 묻는다. 만약 내가 메이든헤드라고 답하면 상대방은 박장대소를 하거나 속으로 히죽거리면서 당황스러워할 것이다(메이든은 '처녀', 헤드는 '머리'를 의미한다-옮긴이).

외할머니 앤 밀러Anne Miller는 러시아제국의 일부였던 그로드노Grodno(구소련 서부 지역의 소도시-옮긴이)에서 1895년 영국으로 왔다. 당시 열여덟 살이었다. 원래 외할머니의 가족들은 몇 년 전 미국에 정착한 사촌과 결혼시키기 위해 그녀를 미국으로 보내려고 했다. 사촌은 외할머니의 가족에게 "자리를 잡았으니 신부를 보내달라"는 편지를 보냈다. 외할머니가 신부로 선택된 것이다. 그런데 그녀는 북해North Sea를 건너면서 심한 멀미에 시달렸다. 어렵게 영국까지 도착했으나, 북해에 질린 나머지 대서양을 건널 엄두도 내지 못한 그녀는 더는 배를 타지 않겠다고 결심했다. 외할머니와 가족 간에는 오랜 실랑이가 벌어졌고, 가족들은 그녀에게 애원하기도 했다. 이런 와중에 모든 문제가 해결됐다. 외할머니가 영국에서 우리 외할아버지 조셉 레비)Joseph Levy를 만난 것이다. 두 분은 결혼한 후 영국에 정착했다.

나는 외아들이다. 내가 태어나고 몇 년 뒤 어머니는 유산을 했는데, 위험한 상황에서 가까스로 살아났다고 한다. 이후 더는 아이를 낳을 수 없었고, 그래서 나는 형제 없이 홀로 자랐다. 이런 상황은 분명한 장점이기도 했지만 소소한 단점이 되기도 했다. 어떤 때는 형제가 없다는 것 때문에 조금 힘들었던 기억도 난다. 대부분 주변 사람들은 형제자매가 있었지만, 나는 그렇지 않았다. 때로 외롭기도 했다. 어린 시절의 기억 중에 이러한 외로움이 유일하게 '고통'이라고 할 만한 것이었다.

어머니는 유산한 지 1년 정도 흘렀을 때 건강이 악화되어 침대에서 주로 시간을 보내야 했다. 그래서 나는 외할머니 댁에 보내졌고, 이로 인해 외할머니와 각별한 관계를 맺게 됐다. 외할머니는 계피와 건포도를 넣은, 세상에서 가장 맛있는 케이크를 만들어주시곤 했다.

내가 태어났을 때 외할머니가 서른아홉이었으니, 할머니치곤 꽤 젊었다고 할 수 있다. 동부 유럽 출신의 할머니와 영국 태생의 어머니는 사뭇 달랐다. 두 분 사이의 지역적, 세대적 차이는 요리법 같은 집안일에서도 나타났다. 어린 시절, 어머니와 할머니가 토론을 벌이던 기억이 아직도 생생하다. 할머니는 어머니에게 가족이 좋아하는 음식 조리법을 가르치려고 애쓰셨다. 넣어야 할 재료, 양념의 종류와 양, 냄새로

맛보는 법, 끓이는 시간과 익히는 정도 등 요리의 모든 과정에 대해 장황하게 설명하셨다. 외할머니는 19세기 동부 유럽에서 태어났다. 그런데 어머니는 1900년에 학교를 다니기 시작한 20세기 영국 시민이었다. 어머니는 정확한 것을 좋아했는데, 이 부분은 외할머니가 가르칠 수 없는 것이었다. 나는 어머니의 질문에 할머니가 답하지 못하던 모습을 아직도 기억한다. "양념 '약간'이 정확히 얼마만큼이죠? '잠시' 끓이는 건 몇 분이죠?" 어머니는 의심할 여지 없이 보다 현대적이고 정확한 분이었다. 그런데 음식 맛만큼은 할머니의 방식이 훨씬 나았다.

어머니는 분명 최고의 요리사는 아니었지만 영어를 사용할 때는 그 까다로움이 커다란 이점이 되었다. 그래서 나는 많은 것을 배울 수 있었고 또 정확히 표현하는 방법을 익혔다. 한번은 "밖에 나가서 친구들과 놀아도 돼요Can I go out and play with the boys?"라고 물은 적이 있었다. 그러자 어머니는 이렇게 답했다. "그렇게 할 수 있지. 그런데 그렇지 않을 수도 있어You can, but you may not (질문에서 보다 정중히 상대방의 의향을 묻는 'may'를 사용하지 않았음을 지적한 것 – 옮긴이)."

그런가 하면 친할아버지와는 거리감이 있었고 서먹서먹했다. 친할머니는 아버지가 겨우 다섯 살이었을 때 돌아가셨다. 아버지와 그의 형 냇Nat을 남겨두고 세상을 떠난 것이다. 할아버지는 재혼을 했고, 아들 둘과 딸 하나를 더 낳았다. 내가 어렸을 때 이미 할아버지의 '두 가족' 간 관계는 냉랭했고, 큰 싸움이 있은 뒤 두 가족은 완전히 발길을 끊었다. 아버지는 친형 냇과 그의 자녀인 바실Basil과 릴리Lily와는 늘 가깝게 지냈다.

할아버지 루이스Lewis에게는 새뮤얼Samuel이라는 형제가 하나 있었다. 그런데 그는 사무실이 있던 건물 지붕에서 떨어져 목숨을 잃었다. 아내 로즈Rose와 여섯 명의 자녀를 남겨두고서 말이다. 아들 넷과 딸 둘이었다. 막내아들은 나와 비슷한 또래였고, 이름도 나와 같은 버나드Bernard였다. 아마도 같은 조상의 이름을 딴 것 같다. 영국에서 내 이름은 버르너드BURR - nerd로 발음된다. 미국인들은 브르나아드Brrr - NAAARD로 발음하는데, 이건 참을 수 있지만 '버니Bernie'로 불리는 건 정말 싫다.

대공황 기간 동안 우리는 종조모 로즈와 그녀의 가족 가까이 살면서 서로 친해졌다. 나는 특히 내 또래인 버나드와 친했다. 운 좋게도 우리는 같은 학교에 다녔는데, 두 명의 버나드 루이스가 한 학교에 있게 된 것이었다. 나이도 비슷했기 때문에 학교에서는 끊임없이 착오가 발생했다. 그래도 다행히 우리는 같은 반은 아니었다.

내가 기억하는 최초의 정치적 사건은 1920년대 초에 있었다. 내가 막 초등학교에 다니기 시작한 때였는데, 영국에서 총선이 있었다. 노동당Labor Party과 보수당Conservative Party 양대 정당이 맞붙었다. 두 정당 사이에는 사실상 명맥만 유지하던 자유당Liberal Party이 있었다. 한때는 보수주의자들에게 유일한 대안 정당의 역할을 하기도 했지만 이내 영향력을 잃은 정당이었다. 당시 학교에서 아이들은 아버지들이 어떤 정당에 투표할지를 서로 묻곤 했다. 학교에서 이야기하기 위해 나도 아버지에게 물었다. 아버지는 "자유당을 찍을 거다"라고 답했다. 그리고 학교에 가서 친구들에게 우리 가족은 자유당을 지지한다고 말했더니, 아이들이 몹시 황당해했다. 절대다수의 사람들이 보수당 혹은 노동당을 지지

했기 때문이다. 친구들이 왜 자유당이냐고 물었다. 나는 집에 가서 다시 아버지에게 물었다. "왜 자유당이죠?" 아버지는 일말의 망설임도 없이 말했다. "노동당을 지지하기에는 돈이 너무 많고, 보수당을 지지하기에는 돈이 부족하기 때문이지."

어머니는 1895년에 태어났다. 장녀였던 그녀는 네 명의 자식들 중 유일하게 살아남았다. 두 명은 어렸을 적 죽었고, 나머지 한 명인 베티 Betty 이모는 20대 후반에 삶을 마감했다. 내가 어렸을 때 어머니와 베티 이모는 영국의 해안 지역으로 종종 여행을 다녔다. 거기에는 아버지와 나 그리고 이모부도 함께였다.

그렇게 여행을 하던 어느 날 저녁 나는 배가 몹시 아팠다. 아이들은 배가 자주 아프기 때문에 어른들은 이를 대수롭지 않게 생각하는 경우가 많다. 하지만 마침 이모부가 의사였기 때문에 우리 부모님은 나를 한 번 봐달라고 부탁했다. 이모부는 즉시 맹장염인 것을 알아냈고 동료 의사들에게 연락해 수술을 받도록 해주었다. 나중에 알고 보니 급성 맹장염이어서, 즉각 수술하지 않았다면 생명을 잃을 수도 있었다. 의사인 이모부와 함께 여행을 했다는 행운 덕택에 목숨을 건질 수 있었던 것이다.

어머니는 힘겨운 어린 시절을 보냈다. 그녀의 부모님은 매우 가난했기 때문에 어머니는 학교를 그만둘 수 있는 최소 연령, 즉 열네 살이 되면서 학업을 중단하고 일터로 나갔다. 어머니가 돌아가신 후 남긴 서류들을 정리하다가, 어머니가 스포츠를 포함해 학교 활동에 매우 적극적으로 참여했다는 사실을 알아냈다. 특히 수영에 두각을 보였다는 여러 상장들도 있었다. 그중에 하나는 1908년에 받은 것이었는데, 나는 이것을 정확히 100년 뒤 나의 손녀 레이철^{Rachel}에게 주었다. 손녀는 아주 기뻐하며 이 상장을 받았다.

그러나 내가 어머니의 스포츠 우성인자를 물려받지는 못한 것 같다. 감히 도전해본 혹은 해야만 했던 스포츠마다 죄다 쓰라린 실패를 맛보았기 때문이다. 만능 스포츠맨이고 테니스 실력은 수준급인 우리 아버지를 보면 이는 더욱 확실한 사실이다.

우리 부모님은 두 분 다 착실한 독자讀者였다. 그러나 분야는 달랐다. 어머니는 소설, 특히 탐정소설을 좋아했지만 신문은 귀찮다고 거의 보지 않으셨다. 반대로 아버지는 신문을 보셨다. 하루에 몇 부씩 꼼꼼하게 읽으실 때도 있었지만, 책은 신경 써서 읽지 않으셨다.

전쟁 때문에 다시 잠깐 부모님과 지내던 어느 날 아침, 나는 아버지보다 먼저 일어나서 신문을 읽고 있었다. 아버지가 아침 식사 자리에서 내게 "무엇을 읽고 있느냐"고 물으셨다. 나는 "유네스코에 관한 기사예요"라고 답했다. 당시는 유네스코가 창설된 직후로, 아버지와 나를 비롯한 사람들 대부분이 유네스코가 어떤 단체인지 잘 모를 때였다. 아버지는 내 말을 듣고 이렇게 말씀하셨다. "그게 누구냐? 내 생각에는 부패한 루마니아 정치인 이름 같은데." 그도 그럴 것이 유네스코는 정말 루마니아 사람 이름처럼 들린다(루마니아에는 '코'로 끝나는 인명이 많다-옮긴이). 게다가 당시 영국 신문에 등장하는 루마니아인이라면 십중팔구 부패한 정치인일 것이었다. 심지어 아버지는 돌아가시기 직전, 내가 임종을 지키러 간 자리에서도 〈데일리 텔레그래프^{Daily Telegraph}〉의 기사를 읽으시고는 역정을 내셨다.

어머니와 아버지는 각자 취미와 관심사가 있었다. 어머니는 뜨개질과 코바늘뜨기에 어마어마한 시간을 투자했다. 식구들 옷은 물론 가구 커버까지 종류도 다양했다. 특히 의자용 커버가 기억에 남는다. 당시에는 매우 걸쭉한 머릿기름인 마카사르유가 유행했는데, 이것을 바르고 안락의자에 머리를 기대면 보기 흉한 기름얼룩이 등받이에 남기 일쑤였다. 그래서 가장자리에 레이스를 단 장식용 커버가 대유행이었다. 그것은 의자 등받이를 보호해줄 뿐 아니라 장식적인 효과도 꽤 좋았다.

아버지는 그림 수집가였다. 소위 학구적 화가academic painters로 불리는 영국 빅토리아 학파의 그림을 선호했는데, 별로 유명하지도 않은 이 화가들을 좋아하시는 이유가 때로 궁금했다. 이 궁금증은 아버지와 전화 통화를 하고 나서야 풀렸다. 통화 중에 아버지는 "얼마 전에 그림 한 점을 구입했다"고 말했다. 나는 "누구 작품이죠?"라고 물었고, 아버지는 화가의 이름을 말했다. 내가 "들어본 적이 없는 화가인데요"라고 하자, 아버지는 이렇게 말했다. "네가 들어본 화가의 그림을 내가 살 수 있겠니?" 아버지가 돌아가셨을 때 나는 그 그림들을 물려받았다. 두 점은 아직도 가지고 있지만 나머지는 모두 팔았다. 그림에 그다지 관심이 없었기 때문이다. 그림들은 뉴욕 경매장에서 거래됐는데, 놀랍게도 경매사들이 받아낸 가격은 영국 세무청의 평가가격과 거의 일치했다.

아버지는 축구 팬이기도 했다. 처음에는 토트넘 핫스퍼스Tottenham Hotspurs를 응원했고, 그다음에는 아스널Arsenal을 응원했다. 거의 매주 종교 의식처럼 경기를 보러 가면서, 나를 데려가 내가 축구에 관심을 가지게 하려고 애썼다. 하지만 나는 꿔다 놓은 보릿자루처럼 경기에 무관심했고 어떤 흥미도 느낄 수 없었다. 이런 태도는 일종의 예방접종처럼 작용해서, 아버지는 더는 나를 축구장에 데리고 가지 않았다.

아버지는 개에도 관심이 많았다. 특히 영국에서는 알사스Alsatians종으로 불리고 미국에서는 독일산 셰퍼드로 불리는 개를 좋아했다. 한번은 아버지가 암놈 알사스 코라Cora를 구입했다. 꼼꼼하게 기록된 혈통 인증서에는 카제노브의 레이디 코라Lady Cora of Cazenove라는 이름이 적혀 있었다. 개를 키우게 된 뒤에는 적당한 짝을 찾아주느라 무진 애를 썼다. 결국 짝짓기가 계획대로 진행되었고, 코라는 품종이 좋은 새끼들을 낳았다. 키우기로 한 한 마리를 제외하고 다른 강아지들은 팔거나 지인들에게 분양했다. 키우기로 한 강아지의 이름은 시코 더 제스터Chicot the Jester로 지었다. 아버지가 읽은 몇 안 되는 책에 나오는 등장인물이었다. 우리는 오로지 개들을 위해 방 하나를 통째로 내주어야 했다. 우리 집에서 가장 크고 가구도 없는 방이었다. 이 방은 앞문을 열면 바로 바깥으로 나갈 수 있고, 뒷문은 정원으로 이어졌다.

열 살 무렵, 나는 시코 때문에 거의 죽을 뻔했다. 목줄을 잡고 산책을 하는데, 시코가 길 건너편에 있는 암캐를 보고는 갑자기 그쪽으로 뛰어간 것이다. 미래의 여자친구에게 자신을 알리고 싶었던 모양이다. 나는 줄을 놓을 수가 없어서 길 건너편까지 끌려갔는데, 그러다 넘어지면서 배가 땅에 질질 끌렸다. 다행히 도로에 차는 많지 않았고, 멀리서 오던 차량 운전자가 나를 발견하고는 멈춰 섰다. 이후 아무도 나에게 개를 산책시키는 임무를 맡기지 않았다. 내가 개를 산책시키는 게 아니라 개가 나를 끌고 다닐 위험이 있었기 때문이다.

고양이는 키우지 않았다. 가족 중에 외할머니가 고양이를 좋아했는데, 늘 적어도 한 마리, 보통은 두 마리의 고양이를 키웠다. 성인이 되면서 나는 단 한 번도 반려동물을 키운 적이 없다. 이유는 간단했다. 워낙 자주 여행을 다녔기 때문이다. 그런 상황에서 반려동물을 키우는 것은 쉽지 않은 일인 동시에 동물에게도 가혹할 수 있다. 그러나 내 자식들은 동물 사랑 유전자를 물려받은 것 같다. 딸 멜라니Melanie는 개와 고양이를 모두 좋아하는데, 두 동물이 평화롭게 공존하도록 잘 길들였다. 아들 마이클Michael은 고양이를 좋아하는데, 실제로 고양이 덕분에 좋은 여자를 만났다. 며느리가 된 제시카Jessica다.

아버지는 직물사업을 하셨다. 특히 모직물을 취급했고 이후에는 의류사업으로 규모를 확장하면서, 마침내는 부동산사업까지 발을 넓혔다. 그러나 대공황으로 우리 가족은 큰 타격을 입었다. 열세 살 무렵, 우리 가족은 내가 어린 시절을 보낸 노스 켄징턴North Kensington을 떠나 주변 환경과 생활수준이 보다 열악한 집으로 이사해야 했다. 대공황의 여파로 우리 가족은 더는 가정부를 둘 수 없었고, 거기다 해외여행도 줄여야 했다. 생활 전반이 어려워진 것이다. 학교도 집에서 걸어 다닐 수 있는 거리에 있는 곳으로 옮길 수밖에 없었다. 우리는 아버지의 사업이 다시 회복되기까지 수년 동안 몇 차례 더 이사를 다녀야 했다.

내가 처음 다닌 학교는 켄징턴에 있는 작은 사립학교였다. 이후 가족이 이곳저곳 이사를 다니면서 나도 여러 학교로 옮겨 다녔다. 손에 꼽을 만한 곳은 열네 살 때 들어간 폴리테크닉 런던 통학학교Polytechnic

London Day School였다. 그전에는 작은 사립학교인 윈스턴칼리지Winston College에 다녔다. 이곳은 데번셔학교Devonshire School 교사 윌리엄 브리미콤브William Brimicombe와 프랑스인 부인 마르셀 마뉘세Marcelle Manusset가 운영했다. 영어와 프랑스어에 각별한 애정이 있었던 두 분은 언어를 대하는 내 태도를 보고 나를 많이 아껴주었다. 내가 모국어인 영어와 제1외국어인 프랑스어를 구사하는 데 있어 교육적으로 두 선생의 영향이 굉장히 컸다. 이렇게 두 분은 일부 과목에서는 탁월했지만, 어떤 과목에서는 사실 엉망이었다.

영어, 프랑스어, 라틴어, 역사 분야에서 나는 최고의 교육을 받았다. 그들은 현대와 고대 언어를 배우고 탐구하는 데 흥미를 북돋워주는 안내자 역할을 해주었다. 그들이 내게 남겨준 가장 오래된 유산은 아마도 내 프랑스어 실력일 것이다. 이는 가족끼리 자주 프랑스를 여행한 덕분이기도 했다. 수년 동안 우리는 매년 여름 르 투케Le Touguet로 향했고, 겨울에는 이따금 리비에라Riviera에 머물렀다. 열세 살 때 브리미콤브 부인이 빌려준 《몬테크리스토 백작The Count of Monte Cristo》을 처음부터 끝까지 프랑스어로 읽었는데, 이때 느꼈던 자부심과 기쁨, 만족감이 뒤섞인 감정을 아직도 기억한다.

불행하게도 이 두 선생의 수학 수업은 평범했고 과학 수업은 아예 개설되지도 않았다. 돌이켜 보면, 내가 열네 살이 되던 해에 그 학교가 문을 닫은 건 큰 행운이었다. 그 학교에 계속 다녔다면, 아마 절대로 대학 입학요건을 갖추지 못했을 것이다.

이후 다른 학교를 찾기가 쉽지는 않았다. 당시 영국 학교들은 대부분

열네 살짜리 소년을 받아주지 않았기 때문이다. 하지만 부모님은 폴리테크닉 런던 통학학교에 내 자리를 마련해주셨다. 다행히 나는 학교에 잘 적응했고 대학 입학시험도 통과할 수 있었다. 그때 나는 영국 학제에서 소위 말하는 대학 입시 준비과정sixth form에 들어갔다. 대학 입학을 위해 2~3년 정도 준비하는 과정이다.

나는 폴리테크닉의 영어교사인 에커슬리C. E. Eckersley 선생에게 큰 빚을 지고 있다. 그는 내가 문학적 소양과 재능을 깨닫고 발전시키는 데 큰 도움을 주었다. 아직도 특별한 사건 하나가 생생하게 기억난다. 당시 모든 학생들은 매달 에세이를 작성해야 했다. 학생들은 보통 주어진 두세 개의 주제 중 하나를 골랐다. 이 에세이는 평가되고 등수가 매겨지고 비평이 덧붙여지고, 또 이를 가지고 토론도 해야 했다. 영어를 어떻게 이해하고 어떻게 쓰는지 연습하는 과정이었다.

매달 두 편의 우수 에세이가 선정됐는데 내가 폴리테크닉에 입학한 지 얼마 되지 않아 내 에세이도 거기에 선정됐다. 에커슬리 선생이 학생들에게 내 에세이가 뽑힌 이유를 설명했다. 그는 우선 다른 에세이의 장점과 단점을 꼼꼼히 지적했다. 그리고 내 에세이에 대해서도 언급했는데, 그의 말이 아직도 기억에 생생하다. "첫 번째 에세이는 영어교육의 훌륭한 사례다. 두 번째는 그 이상이다." 그러고는 영어 교육의 훌륭한 사례와 문학적 우수성의 차이를 설명했다. 그의 지도를 받으며 매달 에세이를 작성하면서 나는 꽤 훌륭한 영어 산문 문체를 키워나갈 수 있었다. 그의 지적은 내 영어 실력을 상당히 개선시켜주었고, 어마어마한 격려가 됐다. 다른 선생들과는 달리 그는 내 자존심을 걱정하지 않았다. 필요할 경우 거침없이 내 글에 지적과 비판을 가했다.

　나는 어렸을 적에 어떤 중요한 사실을 발견했다. 책을 소유하면 그것을 읽는 기쁨이 배가되고 새로워질 수 있다는 것이다. 우선 원하는 시간과 장소에서 책을 읽을 수 있으며, 도서관이나 법적 소유권자에게 번거롭게 돌려줄 필요가 없다. 책을 읽는 동안에도 특정 구절에 대한 감상과 이해가 더욱 쉬워진다. 같은 단어, 같은 문장, 같은 페이지가 항상 그 자리에 있다는 편안함이 있기 때문이다. 언제라도 책을 다시 꺼내 볼 수 있다. 책을 읽지 않아도 책장에 꽂힌 책을 보는 것만으로도 특별한 기쁨을 얻을 수 있다. 마치 아름답고 소중한 것을 소유한 것 같은 기쁨이다.

　아주 어렸을 때부터 나는 책을 수집하기 시작했다. 우리 가족이 살던 런던 시내 동네 곳곳에는 당시 중고책방이 많았다. 가격에 따라 정리된 책들이 박스 위에 진열되곤 했는데 값이 1펜스, 2펜스인 책들도 많았다. 평상시에는 늘 부족하기 마련인 용돈이 특별한 일로 두둑해질 때에는 어쩌다 6펜스짜리 책을 사는 경우도 있었다. 이런 식으로 영국의 주류 시인들과 빅토리아시대 소설가들의 작품들을 거의 다 수집할 수 있었다.

　대부분 중고책들은 상태가 썩 좋지 않았다. 표지는 찢어지고 모서리는 접혔으며, 흠집이 난 곳도 있었다. 어떤 때는 밑줄이 그어져 있거나 여백에 메모들이 잔뜩 적혀 있었고, 페이지가 떨어져 나간 것도 있었다. 그러나 이 책들은 언제나 '완전했다.' 아주 간혹 페이지 일부가 없어진 책을 집어 들면, 놀란 서점 주인은 즉시 그 책을 따로 빼내 다른 곳에 보관했다. 그는 이렇게 말했다. "한 페이지라도 없다면 그것은 책이 아니다. 우리는 책만 판다."

열두 살 때 아버지가 브리태니커 백과사전을 사주셨는데, 나는 즉시 이 전집을 탐독하기 시작했다. 한때 고생물학자가 되고 싶었던 기억이 난다. 백과사전에서 고생물학에 대해 읽은 직후였다. 또 한때는 형이상학 등등을 공부하고 싶었던 적도 있다.

아버지는 이탈리아 오페라를 무척 좋아했다. 비록 아마추어였지만 나름대로 능숙하게 오페라를 부르셨다. 그는 실제로 전문적인 교습을 받기도 했으나 직업적인 오페라 가수가 되지는 못했다. 아버지의 꿈을 별로 탐탁히 여기지 않았던 어머니의 의지가 더 강했던 것이다. 그래도 어렸을 적부터 나는 아버지가 부르는 오페라를 들으며 자랐다. 주로 아침에 욕실에서 리골레토Rigoletto, 팔리아치Pagliacci 세비야의 이발사 The Barber of Seville 등의 유명한 아리아를 불렀다. 아버지는 저녁시간과 주말에도 노래를 부르며 많은 시간을 보냈다. 그럴 때면 어머니가 피아노 반주를 해주었다. 아버지는 이탈리아어를 몰랐다. 그러나 다른 가수들처럼 가사를 외워 상당히 정확한 이탈리아어 발음으로 노래를 했다. 아이들이 대개 그렇듯이 나도 아버지의 노래를 흉내 냈는데, 실제와는 영다르게 불렀다. 나 또한 이탈리아어를 전혀 몰랐지만 학교에서 배운 프랑스어와 라틴어 실력으로 어느 정도 가사의 뜻을 이해할 수는 있었다.

열네 살이 되었을 때 나는 이탈리아어를 배우기로 결심했다. 학교에서도 배우지 않는 언어였고, 가족은 물론 지인들 중에서도 이 언어를 구사할 수 있는 사람은 단 한 명도 없었다. 그렇다고 이런 상황이 내 의지를 꺾지는 못했다. 아버지는 영어로 된 이탈리아어 문법책을 구해주셨고, '믿음직스럽지는 않았지만' 발음 연습을 도와주시기도 했다. 덕분에 즐겁게 이탈리아어를 공부했다. 먼저 아버지의 근사한 컬렉션에서 오페라부터 시작했다. 몇 개월 뒤에는 에드몬도 데아미치스^{Edomondo de Amicis}의 《군대생활^{La Vita Militare}》이라는 책을 구해 읽기 시작했다. 초반에는 악전고투의 연속이었으나 얼마 후에는 책 읽는 게 즐거워졌다. 이 책을 다 읽자 다른 책에 도전하기로 결심한 나는 약간 무모한 야심에 사로잡혀 아버지에게 단테의 《신곡》을 구해달라고 청했다. 이 책은 나에게 새롭고 놀라운 세계를 열어주었다. 머지않아 나는 아버지를 훨씬 능가하는 이탈리아어 지식을 갖게 됐다. 물론 그럴듯한 이탈리아어 '소음'을 만들어내는 아버지의 재주를 따라잡지는 못했지만 말이다.

이탈리아를 실제 방문한 것은 1937년이 되어서였다. 이집트로 가는 길에 잠깐 로마에 들른 것이다. 사실 나는 이탈리아어를 유창하게 말하지는 못했지만, 독해 능력만큼은 후에 중동 역사학자로서 연구하는 데 귀중한 자산이 됐다. 이를 통해 중동 역사 분야 이탈리아 학계의 풍부한 연구 자료를 접할 수 있었는가 하면, 이탈리아어로 된 방대한 역사적 사료를 읽을 수 있었다. 이탈리아어 자료는 레반트^{Levant}(지중해에 인접한 중동 지역으로 현재의 시리아, 레바논, 팔레스타인 지역 – 옮긴이)는 물론 오스만제국의 역사를 이해하는 데 꼭 필요하다. 한 예로 베네치아는 중동과의 무역뿐 아니라 정치적으로도 큰 역할을 했다.

대다수 유대인 아이들과 마찬가지로, 나도 열세 살이 되던 해 히브리어 기초교육을 받았다. 엄밀히 말하면 히브리어 알파벳을 배우기 시작한 것인데, 그 이유는 유대교 회당에서 열릴 성년식 바르미츠바Bar Mitzvah 행사에서 최소한 레위기 몇 줄이라도 암송할 수 있어야 했기 때문이다. 유대교에서는 열세 살이 된 모든 소년들이 유대인 공동체 시나고그의 정회원으로 인정받는 의식을 치러야 한다. 당시 영국에서 성년식 준비는 히브리어 알파벳을 배우고, 문장들을 외우고, 예배에서 낭독되는 기도문을 읽을 수 있게 히브리어를 구사할 수 있으면 됐다. 일상생활에서 아이들에게 그 이상을 바라지 않았고 선생들도 그 이상을 가르치지 않았다.

아버지는 성년식에서 내가 읽어야 할 성경의 구절들과 낭송 방법을 가르치기 위해 선생님을 모셔왔다. 그는 평범한 교사가 아니라 진짜 학자였다. 레온 샬롬Leon Shalom 선생은 라트비아의 드빈스크Dvinsk 출신으로, 오래전 런던에 정착한 이주 유대인이었다. 그는 히브리어와 이디시어(중앙 및 동부 유럽에서 사용되던 유대인 언어-옮긴이)로 기사를 쓰는 언론인이었고, 과외는 부업이었다. 중세와 현대 히브리어뿐 아니라 성서 및 라비의 고대 히브리어도 가르쳐주었던 그는, 히브리어가 단순히 암기하고 앵무새처럼 낭송하는 기도와 의례의 암호 같은 것이 아니라 하나의 언어임을 내가 깨닫게 해주었다. 히브리어가 고전적이고 현대적인 체계를 지닌, 문어체와 구어체도 있는 완전한 언어라는 사실이 나를 기쁘게 했다. 프랑스어나 라틴어와 같은 방식으로 배울 수 있고, 이 두 언어보다 더 직접적으로 내 관심을 끄는 언어였다.

성년식에서 나는 관례대로 짧은 연설을 해야 했다. 연설문은 부모님과 선생님이 꼼꼼하게 다듬어주었다. 그러나 나는 거기에 즉흥적으로 몇 문장을 덧붙였다. 그 부분은 다음과 같다.

나의 성장을 도와주신 것에 대해

나는 부모님께 보답할 방법이 없습니다.

내가 어떤 말로 표현한다고 해도

내 진심 어린 감사의 마음과는 비교할 수 없습니다.

나는 성년식 행사 이후에도 샬롬 선생의 지도 아래 히브리어 공부를 계속하고 싶었다. 우리 가족은 이런 나를 이상하게 생각했지만, 나는 주장을 굽히지 않았다. 결국 부모님도 이를 허락하셨고, 샬롬 선생도 즐거운 마음으로 계속 나를 지도해주었다. 경전에서 탈무드까지 섭렵해나가는 과정에서 우리는 아람어^{Aramaic}도 공부해야 했다. 몇 년이 지나고 은퇴하실 즈음 연로해진 샬롬 선생은 책을 출판했고, 한 부를 부모님께 선물했다. 그는 책의 첫 페이지에 다음과 같은 증정문구를 넣었다. "버나드 루이스의 부모님께. 그는 내 제자였고, 이제는 내가 그의 제자입니다." 감동적인 순간이었다.

히브리어를 연구하다 보니 당연히 구약은 물론 히브리어 경전의 영역본에도 관심을 갖게 됐다. '흠정영역성서(1611년에 영국 제임스 1세의 명으로 47명의 학자가 영어로 번역한 성서 - 옮긴이)'로 알려진 영어 성경에는 오역이 많았다. 일부는 수정되었으나 그 외의 것들은 아직 그대로다. 잘 알려진 히브리어 경전의 십계명에서 두 가지 예를 들어보겠다. 'Thou shalt not kill(살인하지 말라)'에서 'kill'은 잘못된 번역이다. 'murder'가 더 정확한 번역이다. 'murder'는 'kill'보다 더 구체적이면서 제한적인 의미를 갖는다. 이 부분은 여러 개정판에서 수정됐다. 십계명에서 또 다른 오역은 'Thou shalt not commit adultery(간음하지 말라)'인데, 이 경우는 '살인하지 말라'와 반대다. 히브리어 십계명에서 '간음'을 지칭하는 단어에는 훨씬 더 넓은 의미가 있다. 영어의 'adultery(간음)'는 상당히 제한적이고 구체적이다. 기혼자가 그 혹은 그녀의 배우자가 아닌 다른 사람과 성적인 행위를 하는 것을 말한다. 그러나 히브리어 'na'af'는 보다 포괄적인 용어다. 동성애와 자위행위를 포함한 모든 비정상적인 성적 행위 혹은 범죄를 포함한다. 그러나 이 오류는 지금까지 내가 알고 있는 어떤 개정판에서도 수정되지 않았다. 또 다른 오역은 번역자의 편견에 기인한 것으로 보인다. 흠정영역성서는 구약의 〈아가〉 1장 5절을 'I am black, but comely(내가 비록 검으나 아름다우니)'라고 기술한다. 그러나 히브리어 경전에는 'I am black and comely(내가 검고 아름다우니)'라고 기록되어 있다.

열여섯 살 무렵 나는 히브리어 문어와 구어를 꽤 잘 구사할 수 있는 수준에 이르렀다. 그러나 대화를 나눌 만한 상대를 찾기 어려웠다는 점이 문제였다. 히브리어만으로 대화할 수 있는 상대는 내 히브리어 선생님이 유일했다. 그 정도의 실력을 가진 사람이 내 주변에 없었다. 그러나 결국 히브리어 말하기를 배우는 몇 안 되는 내 또래 아이들을 찾아냈다. 그리고 '히브리어 구사자들Dovre Ivrit'이라는 모임을 결성했다. 매주 한 번 히브리어로 대화하는 모임이었다.

모임에는 나보다 한 살 어린 민나Minna라는 소녀가 있었다. 그 아이를 만난 것은 내가 이성을 만나 미친 듯이 사랑에 빠진 첫 번째 사건이었다. 그녀의 관심을 얻으려고 나는 야심만만하게 히브리어로 얼토당토않은 사랑의 시를 써서 보냈다. 우리의 관계는 순수한 것이었고 짧게 끝이 났지만 그 기간은 '사랑'을 처음 대면하고 경험한 순간이었다. 그녀가 삶을 다할 때까지 우리는 오랫동안 좋은 친구로 남았다.

　같은 해 여름 나는 온천에 가고 싶어 하는 어머니와 함께 칼스바트Karlsbad에 갔다. 호텔 투숙객 중에는 텔아비브에서 온 변호사가 있었는데, 당시 우리는 아랍인이었던 그를 팔레스타인인이라고 불렀다. 현재는 이스라엘에 거주하는 아랍 이스라엘인으로 불린다. 중요한 점은 그가 히브리어를 말할 수 있다는 것이었다. 히브리어 선생님을 제외하고 히브리어로 말하는 어른과 대화할 수 있는 이 금쪽같은 기회를 놓칠 수 없었다. 우리는 영어로 대화했지만 내가 내 히브리어를 시험해보고 싶다고 말하자 그가 흔쾌히 응해주었다. 대화를 나누는 것이 쉽지는 않았지만 전체적으로는 상당히 성공적이었다. 그는 내게 히브리어 책들을 읽느냐고 물었고, 나는 그의 예상보다 더 긴 목록들을 나열했다. 말이 나온 김에 나는 시인 비알릭H. N. Bialik의 애독자라고 그에게 말했다. 그리고 마침 비알릭의 시집을 가지고 있었다. 그가 말했다. "그래? 우연의 일치구나. 비알릭 씨가 지금 칼스바트에 있다는 걸 알고 있었니? 여기서 멀지 않은 호텔에 묵고 있어. 내가 그분을 좀 아는데, 만나러 갈래?"

　나는 기쁨을 감출 수 없었다. 당시 살아 있는 히브리어 작가 중 가장 위대하다고 말할 수 있는 분을 만날 절호의 기회였던 것이다. 자리가 마련되었고, 나는 흥분에 들떠 시인을 만났다. 사실 비알릭은 대화에 큰 관심을 보이지 않았다. 한 귀로 듣고 한 귀로 흘리는 것 같았는데, 충분히 그가 지루해할 수도 있다고 생각했다. 하지만 그는 자상한 사람이었고, 내가 들고 간 그의 시집에 친히 서명을 해주었다. 나에게 그 시집은 여전히 가장 소중한 소장품이다.

대학에 입학할 무렵에는 방대한 히브리어 자료들을 꼼꼼히 읽었다. 그리 성공적이지는 않았지만 히브리어 산문과 운문을 손이 아플 정도로 써보기도 했다. 히브리어에 대한 내 욕구는 쉽게 사그라지지 않았다. 나는 이미 미래의 내 직업으로 나를 인도해줄 길에 들어섰고, 이국 언어의 매력에 푹 빠져 있었다.

1920년대 중반, 나는 영국에서 초등학교를 다녔다. 학교에서 선생님들은 번역하는 방법을 가르치는 데 많은 시간과 노력을 들였다. 현대 교육과는 크게 달랐다. 학생들은 현대 언어를 다른 현대 언어로 번역하는 것 외에도, 라틴어나 그리스어 같은 고대 언어로도 번역해야 했다. 때때로 번역 시험은 더 어려워서, 외국어로 시를 '자유 작문'하라는 문제가 나오기도 했다. 심지어 산문으로 써야 하는 경우도 있었다. 한번은 라틴어 6보격 시행hexameter을 장시간 심층적으로 배운 뒤에, 6보격으로 라틴어 시를 작문하라는 시험문제가 나왔다. 이 작시법을 잘 터득했는지, 적어도 이해했는지를 평가하는 것이었다. 주제는 자유 선택이었는데, 그때 나는 다소 이상하게 생긴 독일 정치인을 골랐다. 당시 독일 선거에 처음 출마한 인물이었다.

최초의 국가가 원했던 그 이야기를 노래하겠네.

독일인들은 잘못된 방향으로 솟아오르려 하네.

노래하라, 고귀하고 훌륭한 예술의 그림을.

목요일에 태어난 뮤즈의 신이 허접한 도장공 아돌프에게 쫓기네.

영웅은 적어도 다수의 사람들을 사랑하는데,

독일의 평야는 붉은 페인트로 칠해지네.

피에 굶주린 검은 파시스트들이

유대인의 피로 나치의 상징 만卍 자를 닦아내네.

위대한 왕가의 팔들이 그것을 들어 올리네.

아름다운 머리는 뻔뻔스럽게

그 표지로 그들의 학교를 장식하네.

위대한 신이시여 당신을 믿는 자들을 구원하시고,

전문가와 대리 대사가

이 하데스를 다시 안전한 곳으로 만들 이유를 주소서.

　80년이 지난 지금 나는 이 라틴어 시를 영어로 완벽하게 번역할 자신이 없다. 이 시는 독일인들을 다른 모든 민족보다 우월하게 만들기 위해, 나치의 만卍 자와 유대인들의 피로 독일 평야를 물들게 한 도장공 아돌프 히틀러를 묘사한 것이다. 이 시는 그를 지옥으로 인도해달라는 기도로 끝난다. 그의 욕망도 어느 정도 달성됐다고 할 수 있지만, 내 기도도 궁극적으로는 응답을 받았다.

영어를 다른 언어로 번역하는 것도 쉽지 않았다. 해당 언어의 모국어 사용자가 내 번역물을 보았다면 분명 눈살을 찌푸렸을 것이다. 그러나 이러한 연습은 유용했고, 언어의 문학적 특성을 이해하는 데도 큰 도움이 됐다. 나는 특히 시 번역을 좋아했다. 심지어 다른 언어로 된 시를 영시English verse, 아니면 적어도 시적인 영어poetic English로 번역해보려고 노력했다. 재미로 시작한 것이 나중에는 집착이 될 정도였다. 처음에는 학교에서 배운 프랑스어와 라틴어 시, 집에서 배운 히브리어 시에서 시작해, 나중에는 대학에서 배운 중동의 시들을 영어로 번역했다. 이러한 집착은 상당히 오랜 기간 지속됐다.

학자가 되어야겠다고 생각하기 전, 나는 원래 작가를 꿈꾸었다. 정확히 언제였는지는 기억할 수 없지만 아마도 성년식을 치를 즈음 이미 많은 양의 글을 썼다. 산문, 운문, 에세이, 시는 물론 짧은 이야기까지 닥치는 대로 엄청나게 써댔다. 물론 대부분 영어로 썼지만, 히브리어로도 써보려고 노력했다. 그다지 성공적인 수준은 아니었다. 그래도 나는 문학도가 될 것이라는 환상에 빠져, 처음에는 시인을, 후에는 수필가를 꿈꾸었다. 10대 후반까지 나는 이런 문학적 활동이 내 직업이 될 것이라 생각했다.

어떤 주제로 글을 써야 할지 확신은 없었지만 글을 잘 쓰고 싶다는 것만은 확실했다. 결국 깨달은 것은, 용케 어느 정도 글을 잘 쓰게 되긴 했지만 특별히 창조적이라 할 만한 게 정말 없다는 사실이었다. 그런데 이런 내 문학적 열정은 다른 두 분야에서 출구를 발견했다. 하나는 시 번역이었고, 다른 하나는 역사를 기술하는 것이었다. 역사 집필은 작가가 되려는 야망을 어느 정도 충족시켜줄 수 있었다.

나는 계속해서 종종 시를 써왔지만, 주로 다양한 언어의 시를 영어로 번역했다. 영시로 번역하는 것은 내 야심이고, 실질적으로는 시적인 영어 산문이라고 하는 게 더 정확할 것이다. 다른 언어로 된 글을 정확히 이해했는지 가장 확실하게 파악할 수 있는 방법은 모국어로 번역하는 것이다. 사람들은 외국어 텍스트를 완전히 이해했다고 믿지만, 막상 번역을 해보면 거기에 심각한 차이와 오류가 있음을 알게 된다. 영어 번역은 자극적이고, 도전 정신을 불러일으키고, 흥분되는 작업이었다. 그래서 학창 시절을 보내고 난 후에도 번역 작업을 계속했다.

나는 히브리어 시에서 시작해서, 엄청난 양의 시를 번역했다. 못해도 100편은 될 텐데 대부분 짧은 시였지만, 장편 시도 있었다. 비알릭의 장편 시 몇 편도 영어로 옮겼는데, 예를 들면 〈사막의 죽은 자들 Metei Midbar, The Dead of the Desert〉〈도살자의 도시에서 Be - Ir Haharega, In the City of Slaughter〉 등이다. 모두 10대 때 번역한 것으로, 일부는 당시 여러 잡지에 출판되기도 했다. 그러나 대부분은 빛을 보지 못했다. 후에 아랍어, 페르시아어, 터키어를 공부하면서 이들 언어의 많은 시들을 영어로 번역했고, 현재까지도 이 작업을 계속 이어가고 있다. 그러나 이러한 작업은 체계적이지 못했고, 출판을 염두에 두고 한 적도 없다. 주로 어쩌다 기회가 생겼을 때 책으로 나왔을 뿐이다.

예를 들어 펭귄출판사가 터키어 시집의 영역본을 낼 때, 내게도 참여 요청이 왔다. 이 시집의 편집자는 나보다 더 내 번역을 좋게 평가해서,

덕분에 내가 번역한 시가 여러 가명으로 실리게 됐다. 나는 만족스러운 번역에만 내 본명을 적고, 그렇지 못한 것에는 다른 이름을 썼다. 아주 엉망이라고 생각한 것에는 또 다른 가명을 썼다. 그런데도 편집자는 하나도 빼지 말고 모두 싣자고 완강하게 말했다. 히브리어 시선집을 영어로 번역할 때에도 같은 일이 있었다. 아브라함 버만Avraham Birman이 편집자였는데, 그때도 나는 본명과 최소 두 개의 가명을 포함해 여러 이름들을 사용했다. 최근에는 한 기념논문집에 원고 청탁을 받았는데 마땅히 보낼 만한 게 없어서 히브리어 시 번역 몇 편을 보냈다.

학교에 다닐 때 어느 시점에선가 내 미래에 대한 논의가 있었다. 많은 유대인 어머니들처럼 우리 어머니도 내가 의사가 되길 원했다. 그러나 그것은 불가능했다. 나는 열네 살 때까지 단 한 번도 학교에서 과학을 배운 적이 없었고, 고등학교에 진학했을 때는 과학 과목을 따라가기에 이미 너무 늦은 시기였다. 대학 입학시험에서 수학은 좋은 점수를 받았지만 화학이나 물리학 외 다른 과학 과목은 시험조차 보지 않았다. 아버지는 내가 변호사가 되길 바랐고 나도 아버지 뜻을 따를 의향이 있었다. 그래서 정상적인 절차에 따라 대학에 갈 수 있었고, 내가 원하는 공부를 하면서 방과 후와 주말에, 혹은 졸업 후에도 법 공부를 할 수 있었다.

나는 늘 역사에 지대한 관심이 있었고, 학교에 다니기 전부터 다른 지역의 역사를 알고 싶어 했다. 학교에서 역사란 영국사를 의미했는데, 특히 수 세기에 걸친 프랑스와의 전쟁 역사가 대부분을 차지했다. 그래서 프랑스 역사에 호기심을 키워나갔고, 아버지에게 영어로 된 프랑스 역사책을 사달라고 했다. 아버지가 사주신 이 책으로 영국-프랑스 전쟁의 역사를 양측의 시각에서 접근할 수 있었다. 학교 역사 교육의 중요한 부분인 십자군 전쟁과 중동 문제는 다른 세계에 대한 비슷한 호기심을 불러일으켰다. 이러한 호기심은 의심할 여지 없이 중동 역사학자로서의 내 인생 여정의 발단이 됐다.

런던대학교

폴리테크닉에서 좋은 성적을 거두자 교장선생님은 나에게 옥스퍼드대학교의 장학금을 마련해주시려고 애썼다. 그러나 아버지는 아주 완강하게 반대했다. 옥스퍼드대학교는 학생들이 음주와 파티에 시간을 허비하는 곳일 뿐이라며 내가 그곳에 가는 걸 별로 좋아하지 않았다. 결국 나는 1933년 런던대학교에 입학했다.

　런던대학교는 자치적으로 운영되는 학부school와 칼리지college(영국에서 옥스퍼드나 케임브리지 같은 대학교에 소속된 개별 대학-옮긴이)의 느슨한 연합체였다. 첫해에는 유니버시티칼리지University College에 등록했으나, 인터칼리지 시스템intercollege system이라는 제도가 있어서 다른 칼리지에 개설된 수업들을 전부 들을 수 있었다.

　런던대학교에는 역사학 명예학위Honours Degree라는 과정이 있었다(영국학제에서 명예학위는 학업 성취도를 측정하는 게 아니라, 특정한 한 교과목을 이수했을 때 주는 학위다). 나는 중동을 주전공으로 하고 역사를 명예학위로 선택할 수 있었다. 즉 중동의 역사는 비중 있게 공부하고 유럽의 역사는 적게 하면서 동시에 관련 언어들도 공부해야 한다는 걸 뜻했다. 이런 과정은 내 여러 관심 분야를 한데 모을 수 있는 기회가 됐다. 같은 시기에 '런던의 4대 법학원Inns of Courts(영국에서 변호사 임명을 전담하는 기관으로 the Inner Temple, the Middle Temple, Lincoln's Inn, Gray's Inn이 있다-옮긴이)' 중 하나인 미들 템플 법학원Honorable Society of the Middle Temple에 가입했다. 이 부분에 대해서는 나중에 이야기하겠다.

첫해에는 유니버시티칼리지에서 히브리어, 라틴어, 그리스어, 역사 과목을 수강했고, 동시에 동양학부School of Oriental Studies에서 아랍어를 수강했다. 2학년과 3학년을 거치면서 동양학부로 소속을 옮긴 후에는 중동 역사를 집중적으로 공부했다(동양학부는 1938년에 동양아프리카학대학SOAS: School of Oriental and African Studies으로 이름을 바꿨다). 또한 인터칼리지 시스템을 이용하여 런던경제학부London School of Economics에서 해럴드 라스키Harold Laski 교수의 정치사상사 수업을 들었다. 그는 훌륭한 교수였고, 나는 이 주제에 대해 많은 것을 배웠다. 나는 역사와 관련 언어로 학사학위를 받았다. 중동 역사를 선택했기 때문에 아랍어는 필수과목이었다.

대학을 다니는 동안 나는 아다Ada라는 매력적인 아가씨를 통해 언어의 중요성에 대한 또 다른 경험을 하게 됐다. 그녀는 소련 고위 정치위원의 딸로, 그녀의 가족은 당시 영국에 정치적 망명을 한 상태였다. 영국으로 오기 전 그녀의 가족은 레닌Lenin과 가깝게 지냈는데, 아다가 레닌의 무릎 위에서 놀았을 정도였다는 얘기를 듣고 무척 놀랐다.

그녀의 가족은 유대인이었으나, 유대교 전통과 관습을 보는 시각은 적어도 내 기준과 상당히 달랐다. 그녀의 가족은 상당히 종교적이었고, 유대교가 의무로 규정한 모든 규율을 철저히 지켰다. 그러나 시온주의에는 극히 부정적이어서, 히브리어를 부활시켜 다시 사용해야 한다는 생각을 거부했다. 반면 이디시어에 큰 비중을 두었는데, 그들은 이디시어가 일반적인 유대인의 진정한 언어라고 보았다.

당시 이디시어에 대한 내 지식은 가족들에게서 가끔 들을 수 있었던 이상한 단어들과 구절들이 전부였다. 아다는 이디시어에 무관심한 것은 심각한 문제라며 그 언어를 배우라고 종용했다. 단순히 이해하는 게 아니라 읽을 수 있을 정도의 수준이 되어야 한다고 했다. 그래서 나에게 이디시어 철자법과 기본 문법을 가르쳐주고 이디시어 문학서적들도 구해주었다. 훗날 나는 그녀를 영영 못 만나게 되었지만, 흥미로운 언어와 그 언어에 담긴 매혹적인 문화를 알게 해줌으로써 내 삶을 보다 풍요롭게 해준 그녀에게 지금도 고마움을 느낀다. 그 덕분에 현재까지도 다양한 유대인 농담을 이해할 수 있다.

이디시어에 대해 또 한 가지 기억나는 게 있다. 수많은 언어들에는 저마다 다양한 접미사가 있다. 축소, 애정, 친밀감 등을 표현하려는 다양한 목적으로 단어의 끝에 붙이는 것이다. 예를 들어 영어에는 -let와 -kin(소책자booklet, 새끼 양lambkin)이 있는데, 둘 다 많이 사용되지는 않는다. 독일어에는 -lein, -chen(아가씨fräulein, 소녀mädchen) 등 훨씬 더 많다. 이탈리어어에는 광범위한 접미사가 있는데, -ino, -etto, -ello 등과 확대형 -one이 있다. 아랍어에도 비슷한 기능이 있지만 접미사를 붙이는 게 아니라 모음을 변화시킨다. 예를 들어 하산Hassan은 후사인

Husayn, 압드Abd는 우바이드Ubaid, 압둘라Abdallah는 우바이달라Ubaidallah다. 이디시어에도 방대한 접미사가 있는데, 특히 내 관심을 가장 많이 끈 것은 -inyu다. 이 접미사는 딱 세 단어 뒤에서만 쓰이는데, 아버지 tatinyu, 어머니maminyu, 그리고 하느님Gottinyu이다. 물론 축소형은 아니고, 친밀도를 나타내는 접미사다. 가족과 하느님을 서로 뗄 수 없는 존재로 보다니 정말 놀랍다고 생각한다. 하느님과의 친밀도를 나타내는 이런 종교적 자세는 잘 알려진 유대인 유머에도 등장한다. 돈에 쪼들리는 유대인 사업가가 하느님께 이런 기도를 올렸다. "주여, 생판 모르는 이방인도 도우시면서, 왜 저는 안 도와주십니까?"

중동을 전공하는 학생으로서 나는 역사적인 것들에 주로 관심을 두었다. 선배 학자들, 교수들, 동시대인들이 언어학과 문학에 집중한 것과는 사뭇 달랐다. 나도 언어학과 문학을 어느 정도는 공부했고, 그러한 경험은 역사 연구에 큰 도움이 됐다. 역사학자의 첫 번째이자 가장 중요한 자질은 현지어로 된 자료들을 읽어낼 수 있는가 하는 것이다. 그런 일은 항상 쉬운 일은 아니다. 예를 들어 해당 언어가 고대 아랍어이거나, 오스만제국 관료가 갈겨쓴 문서일 때 그렇다. 여기서 끝나지 않는다. 특정 지역, 시기, 주제, 혹은 집단을 연구하는 역사학자는 문화적 맥락도 파악해야 한다. 이때 문학은 중요한 길잡이가 된다.

근동Near East과 중동의 역사를 가르치는 강사나 교수들 중 상당수는 전문적인 역사학자들이 아니었다. 사실 이제야 이야기할 수 있지만, 일부는 역사학자로서 자질이 전혀 없었다. 대다수가 언어학자들이었는데, 이들은 한물간 언어학적 혹은 원문 분석적 접근법을 따르는 부류였다. 교과과정에 역사 과목이 있어서 가르칠 뿐이었다. 일부 과목들은 그 과목을 요청한 '귀찮은 젊은 놈' 때문에 특별 개설되었다는 사실을 후에 알게 됐다. 그 '귀찮은 젊은 놈'은 바로 나였다. 일단 교과과정에 과목이 개설되면 학생이 단 한 명일지라도 선생은 무조건 가르쳐야 했다.

물론 감명을 준 선생님들도 있다. 중동 역사 선생님들 중에 해밀턴 깁 경Sir Hamilton A. R. Gibb은 단연코 최고였다. 그는 박사학위가 없고 석사학위만 있었는데, 당시 영국의 대학에서는 박사학위가 꼭 필요한 건 아니었다. 박사학위는 한참 뒤에야 필수요건으로 도입되었다. 영국 대학에서는 소위 미국에서 정교수라고 불리는 지위에 오르기 전까지는 교수가 아니다. 영국에는 조교수 혹은 부교수 제도가 없기 때문이다. 이에 상응하는 직위로 강사Lecturer와 리더reader(영국 대학에서 부교수를 일컫는 말-옮긴이)가 있다. 따라서 깁 선생이 학과장이 되기 전까지 학생들은 그를 미스터 깁이라고 불렀다. 아랍어를 어느 정도 배운 학생들은 농담조로 그를 '믿는 자들의 지도자 미스터 깁Amir al-mu'minin al Mister Gibb billah'이라고 불렀다(말장난이라 완벽하게 번역하기는 어렵다).

깁 선생은 역사를 연구하고, 가르치고, 또 때때로 역사에 관한 글을 쓰기도 했지만 자신이 역사학자가 아니라는 것을 스스로 잘 알고 있었다. 이것은 그가 강의를 할 때나 글을 쓸 때 누누이 강조했던 점이다. 절대로 열등감 때문은 아니었다. 열등감이란 깁 선생에게는 부적절한 표현이다. 그는 자신이 진정한 역사가가 아님을 명확히 알고 있었다고 하는 편이 옳겠다. 그는 역사적인 개념을 바탕으로 문서를 분석하는 언어학자이자 문학 연구가에 가까웠다.

당시 런던대학교에는 비잔틴 역사를 담당한 노먼 베인즈Norman H. Baynes 교수가 있었다. 런던대학교에는 중동 역사를 전공하려면 비잔틴 역사 과목을 필수 이수해야 한다는 규정이 있었다. 이슬람 역사와 비잔틴 역사는 한 과정에 속했는데, 이는 훌륭한 아이디어였다. 덕분에 2년 동안 비잔틴 역사 수업을 들을 수 있었고, 그리스어 공부도 당연히 포함됐다. 이런 학사과정이 아니었다면 배울 수 없는 것들이었다. 이런 과정은 중세 역사와 문명을 보다 잘 이해하게 해주었다. 하지만 그것보다 더 중요한 것은, 최고 수준의 전문 역사학자인 베인즈 교수와 2년여 동안 가까이 지낼 수 있었다는 점이다. 그가 이슬람 역사를 가르쳐주지는 않았다. 이 분야는 깁 및 다른 선생들이 담당했다. 그러나 베인즈 교수는 역사, 특히 중세 사회의 역사를 어떻게 연구해야 하는지를 알려주었다. 낯설고 어려운 언어를 사용하던 미지의 사회인 중세 사회를 연구하는 방법 말이다.

당시 런던대학교에서 역사 전공자들은 학교 규정에 따라 특별 주제를 선택해야 했다. 주제는 매우 제한된 범위, 즉 50년 정도의 역사적 기간을 원서로 연구하는 것이다. 나는 오스만제국의 역사를 택했다. 이는 당시 동방문제Eastern Question라 불렸는데, 오스만제국의 쇠퇴와 몰락으로 발생한 문제들을 다루었다. 주요 사안은 제국 몰락 이후의 영토 분할 및 이와 관련한 갈등으로, 특히 동유럽 문제가 가장 큰 관심거리였다. 그래서 이 '특별 주제' 수업을 런던대학교 슬라브동유럽연구학부 School of Slavonic and East European Studies에서 들었는데, 그곳에서 저명한 역사학자 세턴-왓슨R. W. Seton-Watson 선생을 만났다. 내가 다뤄야 할 원본 문서들에는 영국, 프랑스, 독일, 오스트리아, 러시아 문서들이 포함됐다. 젊은 혈기에 나는 문제를 제기했다. "터키 문서는 왜 다루지 않나요?" 슬라브동유럽연구학부 관계자들은 터키 문서가 중요하지 않을뿐더러 관련 자료도 없다고 답변했다. 상당히 실망스러웠다. 터키 관련 자료가 분명히 있어야 했다. 동방 문제에 대해 읽은 책에서는 터키가 무대이자 배경이었고 유럽인들은 무대 위의 배우일 뿐이었다. 터키 문서를 좀 더 연구해야겠다는 생각이 들었고, 이를 위해 최소한 문서를 독해할 수 있는 수준의 터키어를 배웠다.

베인즈와 세턴-왓슨은 모두 진정한 의미에서 역사학자들이었다. 그들은 내가 역사적 접근법을 이해하고 훈련하도록 기본기를 가르쳤다. 두 교수는 서로 보완적 역할을 했다. 베인즈로부터는 연대기와 비문에 기초해 중세 역사를 다루는 방법을 배웠고, 세턴-왓슨으로부터는 대사관과 기록보관소의 문서들을 바탕으로 근대 외교사를 분석하는 방법을 전수받았다. 두 분 다 최고의 선생들로서, 역사학자로서 나를 제대로 훈련시켰다.

세턴-왓슨 교수의 수업에서 나는 몇 안 되는 학생 중 하나였다. 베인즈 교수의 비잔틴 역사 수업은 별로 인기가 없어서 나와 다른 학생 한 명 혹은 나 홀로 수업을 듣기도 했다. 따라서 나는 베인즈 교수와 상당히 가까워질 수 있었고, 그로부터 학문적 영향을 깊이 받았다. 나는 베인즈 교수가 돌아가실 때까지 그분과 지속적으로 만나고 연락했다.

대학원 공부를 하면서는 흥미로운 아랍어 문서를 발견했다. 비잔틴 제국의 왕실혁명을 기술하는 자료였다. 나는 이것을 영어로 번역해 베인즈 교수에게 보여주면서, 역사적으로 중요한 문서라고 생각하는지 물었다. 그는 중요한 것이라고 답하면서, 책으로 출판하는 게 좋겠다고 완강하게 말했다. 베인즈 교수의 지대한 도움 덕분에 1939년 이 번역 본을 논문으로 발표했다. 내 세 번째 책이었다.

첫 번째와 두 번째 논문도 언급해야겠다. 첫 번째 것은 1937년 〈경 제사비평Economic History Review〉에 발표한 '이슬람 길드Islamic guilds (상공인 조 합)'에 관한 논문이다. 이 논문에 대해서는 뒤에서 다시 언급하겠다. 두 번째는 시아파의 분파인 이스마일파Isma'ili에 대한 연구로, 이는 내 박 사논문 주제였다. 이스마일파의 자료들을 연구하면서 나는 아담Adam 이 유혹에 빠지는 과정에 대해 흥미로운 해석을 찾아냈다. 교수님들의 격려에 힘입어 나는 이 글을 〈동양아프리카학대학 회보Bulletin of SOAS〉에 게재했다.

법률 공부

나는 항상 중동에 관심이 있었다. 그러나 학위를 따기 위해 공부를 하 는 동안 이런 관심이 직업으로 이어져 실제로 생계를 꾸려갈 수 있는 기회가 오지는 않았다. 엄밀히 말하면 가족의 선택이었지만, 내 원래 계획은 대학 졸업 후 법조계에 진출하는 것이었다. 영국에는 두 종류의 변호사가 있다. 사무변호사와 법정변호사다. 사무변호사는 계약, 유 서, 법인 업무 등 서류 작업을 주로 하는 반면, 법정변호사는 소송을 담 당한다. 우리 가족은 내가 사무변호사보다는 법정변호사 쪽에 더 소질이 있다고 생각했다. 내가 말하는 것을 좋아했기 때문이다.

법정변호사가 되기 위해서는 두 가지 요건이 필요했다. 첫째, 수 세기 전에 정착된 전통에 따라 '만찬에 참석하는 것'이다. 이를 위해서 모든 법학도는 4대 법학원 중 하나에 학생 회원으로 가입하고 일정 횟수 이상 대강당에서 열리는 단체의 공식 만찬에 꼭 참석해야 했다. 1년에 4학기가 있는데, 학사학위 소지자는 학기당 최소 세 번, 졸업 전 학생은 12학기에 최소 여섯 번 이상 만찬에 모습을 보여야 했다. 저녁 식사는 코스가 다섯 개나 될 정도로 사치스러웠다. 식사 전에는 셰리sherry 주로 충분히 목을 축이고, 식후에는 브랜디로 입을 가셨다. 식사 중에는 레드와 화이트 두 종류의 와인이 제공됐다. 가격은 단돈 5실링이었는데, 단체에서 참석자들을 위해 상당 부분 재정 지원을 해주었다. 이런 전통이 생긴 것은 나름 명분이 있었다. 판사, 변호사, 학생들이 신사gentlemen(후에는 숙녀lady도 포함됐다)처럼 품위 있게 식사를 하게 되면, 직업적 자부심과 윤리는 물론 법적 지식이 사교적 분위기 속에서 학생들에게 자연스럽게 전해질 것이라는 믿음에 기초한 것이다.

두 번째 요건은 19세기의 어떤 시점에선가 추가됐다. 수업에 참석하고 시험에 통과하는 것이다. 물론 첫 번째 요건인 만찬 참석은 그대로 유지됐다. 나는 첫 번째 요건을 즐겁고 성공적으로 마쳤다. 그리고 두 번째 요건을 수행하기 시작했다. 영국 헌법과 역사, 로마법을 공부했다. 당시 로마법은 필수과목이었다. 로마법은 고대 로마법 자료 원본으로 공부해야 했다. 그래서 유스티니아누스 법전과 다른 라틴어 자료를 읽었다. 나는 로마법이 좋았다. 이 분야가 내게 잘 맞았다는 뜻이다. 이것은 훗날 이슬람의 정치적, 사회적 사상과 전통을 더 확실히 이해하는 데도 유용했다. 그러고 나서 형법도 공부해야 했는데, 이 역시 상당히 흥미로웠다. 형법은 당시 내가 흠뻑 빠져 있었던 탐정소설을 이해하는 데 도움이 됐다.

지금은 먼 과거가 되어버렸지만, 짧은 기간이나마 법학을 공부하면서 새로운 두 단어를 배운 기억이 난다. 법학도가 되기 전에는 단 한 번도 접한 적이 없었고 그것을 알게 된 이후에도 별로 들어본 적이 없는 단어들이다. 즉 법적인 부정행위를 일컫는 '수회barratry'와 '소송원조champerty'다. 당시 영국 법은 이런 부정행위가 발견될 경우 변호사 자격을 박탈할 수 있다고 규정했다. '수회'는 경박한 소송으로 법정의 시간을 낭비하는 행위다. '소송원조'는 소송에 패할 경우에는 수임료가 없고, 소송에 이길 경우에는 상대편에서 의뢰인에게 지불한 배상액의 일정 비율을 받는 것을 합의하고 소송을 담당하는 행위다. 소송원조도 직업상 극히 비윤리적인 것으로 간주되어 변호사 자격을 박탈당할 수 있었다. 그런데 영국 법에서는 부정행위로 간주되는 것이 미국에서는 일반적이고 합법적인 관행인 것은 물론, 광고를 통해 권장되기까지 한다는 것을 알고는 상당히 놀랄 수밖에 없었다.

지금은 다른 이름으로 불리지만 이제는 영국에서도 소송원조가 합법적인 관행이 됐다. 최근 몇몇 소송 사례를 읽으면서 젊었을 때 겪은 한 에피소드가 떠올랐다. 사실 나도 소송원조를 통해 큰돈을 벌 수 있었다. 영국에 살던 때에 후두에 용종이 있다는 진단을 받고 이를 제거하기 위해 전문의를 찾았다. 의사는 간단한 수술이라고 했고, 나를 의자에 앉히더니 마취 주사를 놓은 후 시술했다. 마취에서 깨어났을 때, 내 입은 심하게 일그러져 있었고 앞니도 몇 개가 부러져 있었다. 말할 필요도 없이 고통도 상당히 심했다. 더 심각한 문제는 용종을 제거하지 못했다는 것이었다. 용종은 그대로 있었고 결국 재수술을 받아야 했다.

부종과 통증은 어느 정도 시간이 지나면서 가라앉았으나 부러진 치아는 골칫거리였다. 장기간 치료를 해야 했고 치과 비용이 엄청나게 들었다. 나는 전문의에게 치료비를 청구하는 것이 무리가 아니라고 판단했다. 그래서 그에게 편지를 썼지만 그는 내 요구를 받아들이지 않았다. 결국 나는 변호사에게 사건을 의뢰했고, 변호사가 전문의에게 서류를 보냈다. 그러자 그는 즉시 치료비 지급을 약속했다. 나도 그렇고 변호사도 치료비 이상의 비용을 전문의에게 청구하지 않았다. 현재 미국에 살면서 생각해본다. 만약 그 사건이 미국에서 일어났다면, 나는 백만장자가 되었을 것이다.

파리에서의 수학

1936년 나는 100여 명의 다른 학생들과 함께 졸업시험을 치렀다. 졸업생 명단이 발표되었을 때, 내 이름은 최우수자 명단에 있었을 뿐 아니라 역사학과 모든 세부전공 최우수자들 중에서도 1등을 차지했다. 내 학업을 늘 걱정하시던 아버지가 크게 놀라셨는데, 그는 항상 내가 여자친구나 만나면서 시간을 허비하느라 성적이 형편없을 거라고 생각하셨다. 최고 중에 최고에게는 포상금 100파운드가 주어졌다. 1936년 당시 그 돈은 상당히 큰 금액이었다. 상금 지급에는 대학원에 진학해야만 받을 수 있다는 조건이 뒤따랐고, 나는 그 조건을 흔쾌히 받아들였다.

대학원에서 공부를 시작할 당시, 나도 다른 청년들처럼 과격 반정부 운동에 관심이 있었다. 그리고 이스마일파는 가장 중요한 중세 이슬람의 과격 반정부운동이었다. 세습 지도체제를 유지하는 이 종파의 현재 지도자는 아가 칸Aga Khan이었다. 이 주제에 빠지게 된 배경에는 1930년 대의 정치적 환경도 한몫을 했다. 에스파냐에서는 내전이 진행 중이었고, 독일에서는 나치즘이 부상했으며, 프랑스에서는 좌파 인민전선이 나치 동조자들과 충돌하고 있었다. 나는 현재 발생하는 사안에 대해 과거의 사건을 통해 답을 구하는 것이 중요하다고 믿었다. 물론 과거로부터 얻은 답을 현재에 적용하는 것은 신중해야 하지만 말이다.

나는 깁 선생에게 이스마일파를 연구하겠다고 말했다. 그러자 그는 이 주제로 학위논문을 지도하기에는 자신의 학문적 역량이 부족하다고 말했다. 돌이켜보건대 깁 선생의 그런 분명한 입장표명에 대해 감사드린다. 교수가 자신의 역량이 부족하니 다른 사람에게 논문 지도를 부탁하라고 말하기는 쉽지 않다. 그러나 깁 선생은 그렇게 했고, 파리에 가서 저명한 프랑스 학자 루이 마시뇽Louis Massignon과 논문 작업을 진행하라고 제안했다. 깁과 마시뇽 모두 전통적 의미에서 동양학자들 Orientalists이었다. 즉 두 사람 모두 언어학, 문학, 문화, 종교에 깊은 관심이 있었다. 둘 다 역사에 대한 글도 썼으나, 자신들이 역사학자라고 생각하지는 않았다.

그때가 내 나이 스무 살이었고 파리에 가서 공부한다는 것은 매력적인 일이었다. 마시뇽 선생이 있는 곳이기도 하거니와 파리라는 도시 자체가 나에게 많은 것을 제공할 터였다. 깁은 마시뇽뿐 아니라 또 다른 저명한 학자 폴 크라우스Paul Kraus에게도 나를 위해 편지를 써주었다. 그런데 안타깝게도 크라우스는 파리가 아닌 이집트에 있었다. 깁은 크라우스를 매우 존경했기 때문에 내가 꼭 크라우스에게 지도를 받았으면 했다. 그러나 마시뇽이 일 때문에 크라우스를 카이로로 보내는 바람에 파리에서 그를 만나지는 못했다.

크라우스를 만난 것은 1~2년 뒤 카이로에서였다. 그는 거기서 약간 애매한 직책에 있었다. 나쁜 뜻은 아니고, 다만 지위와 보수가 아주 좋지는 않았다는 뜻이다. 어쨌든 나는 크라우스와 학문적으로 가까운 관계를 유지하면서 많은 것을 배울 수 있었다. 그는 세심한 언어학적 재능을 지닌 뛰어난 학자인 동시에 지나치게 현학적이라고 할 수도 있는 학자 중에 학자였다. 문명과 다른 주제들에 대한 역사학적 통찰력도 겸비했다. 이런 다재다능한 면은 큰 도움이 됐고, 지금도 감사하는 마음이 크다. 훗날 제2차 세계대전 때 그가 자살했다는 소식을 들었을 때 나는 크게 놀라고 상심했다. 그가 왜 그런 선택을 했는지는 알려지지 않았다. 그를 잃은 것은 정말 안타까운 일이다.

나는 1936~1937년 학기를 프랑스에서 지냈다. 마시뇽과 논문을 진행하면서 다양한 대학과 연구기관에서 수업을 들었다. 마시뇽은 잘 알려진 인물로, 당대의 유명한 학자이기도 했지만 때로는 논란의 중심에 있었다. 그의 전문 분야는 이슬람 종교 분파의 역사였다. 그는 변덕스런 성격이어서 만나는 날에 따라 반응이 매번 달랐다. 또한 유대인이자 영국인이라는 내 정체성에 대해 두 가지 편견이 있었다. 내 잘못이 무엇인지 도통 알 수 없는 때도 있었다. 예수를 십자가에 못 박은 것이 유대인이고, 잔다르크를 화형한 것이 영국인이기 때문인가? 강의할 때 그는 아주 훌륭한 선생님이었지만 일대일 개인지도는 시간이 지날수록 좋지 않게 흘러갔다. 하지만 내가 프랑스를 떠난 뒤에도 우리는 가끔 연락을 주고받았다. 책이 출판되면 예의상 보내기도 했고, 한번은 그가 강의 차 영국에 왔을 때 대접하기도 했다.

나는 사회학 분야의 권위자인 마르셀 모스Marcel Mauss의 수업도 들었다. 그런데 당시에는 그가 유명한 학자라는 것을 전혀 몰랐다. 나중에 사회학을 전공한 지인들에게 그의 수업을 들은 적이 있다고 말했을 때 그들이 보인 반응 때문에 비로소 그 사실을 알게 되었다.

프랑스에서 공부하면서 나의 프랑스어 실력이 꽤 늘었다. 페르시아어와 터키어를 프랑스어로 공부할 수 있을 정도였다. 파리에서 만난 선생님들 중에 나는 터키 출신의 아드난 베이Adnan Bey를 특히 좋아했다. 그는 현대 터키의 저명한 1세대 여성 작가인 할리드 에딥Halide Edib의 부군이다(사실 부인이 더 유명했다). 그는 아주 자상했고 또 잘 가르쳤다. 그래서 그와 상당히 친해질 수 있었다. 아드난 베이와 그의 부인은 터키혁명에서 주도적인 역할을 했으나 혁명 지도자였던 케말 아타튀르크Kemal Atatürk와 불편한 관계가 되어 프랑스로 망명했다. 당시 다른 터키인들과 마찬가지로 이 부부는 성姓이 없었다. 이들은 망명 중이었기 때문에 나중에 터키에서 성이 법적으로 의무화되었을 때도 제도를 따를 필요가 없었다. 서방에서 그는 아드난 베이로 알려졌다. 베이는 미스터Mister와 같은 칭호인데, 터키어에서는 이름 뒤에 이 칭호가 표시된다. 터키로 돌아갔을 때 부부는 성을 붙여야만 했다. 아드난은 아디바르Adivar라는 성을 갖게 됐는데, '그는 성이 있다'라는 의미다.

파리에서 나는 그곳에 살고 있던 위대한 히브리 시인 잘만 슈네우르Zalman Schneur를 만났다. 우리는 프랑스어와 히브리어를 섞어가며 대화를 나눴다. 그는 히브리어 시집을 읽고 번역한 적이 있는지 내게 물었다. 나는 "그렇다"고 답하면서, 내가 번역한 비알릭과 체르니코프스키Tchernikhovsky 시집들을 언급했다. 나는 또 다른 시인도 거론했는데, 슈네우르가 격앙된 논조로 비판했다. "그의 작품을 좋아하지 않으세요?"라고 묻자 그는 몇 마디 했다. 나는 그 단어들을 이해할 수 없었지만, 그의 설명을 바랄 수도 없는 터였다. 그래서 그 단어들을 외워두었고, 나중에 뜻을 알 수 있었다. 그는 그 시인이 쓴 시들을 '염소똥'이라고 표현했다.

에밀 쿠르나에르Emile Coornaert 교수의 중세 유럽 경제사 세미나를 들은 적도 있다. 이 수업은 내게 도움이 되지 못했다. 그리고 유감스럽게도 이를 계기로 나는 내가 별로 탐탁지 않게 여기는 내 첫 논문을 출판했다.

논문은 이슬람 길드에 관한 것이었다. 쿠르나에르는 중세 프랑스의 길드에 관한 세미나를 열었는데, '이스마일리 커넥션isma'ili connection'이라는 것 때문에 마침 이슬람 길드에 관심을 두게 된 터였다. 아직은 제대로 확실히 아는 게 없어서 나는 쿠르나에르의 세미나에 참석했다. 세미나에 참석하면 반드시 논문을 제출하는 게 관례였다. 쿠르나에르 교수는 나에게 이슬람 길드에 관한 논문을 써보면 어떻겠냐고 제안했다.

논문을 완성하자 그는 내 논문을 읽어보고 상당히 흥분해서 이렇게 말했다. "이제까지 이슬람 길드에 관한 쓸 만한 자료가 하나도 없었는데, 자네 논문은 상대적 관점에서 볼 때 아주 유용한 정보라네. 이 논문을 출판하는 것이 어떻겠나?" 나는 당시 스무 살의 학생이었기 때문에 논문을 출판하자는 교수의 제안을 거절하기 어려웠다. 흥분이 조금 가라앉자 나는 깁 선생에게 편지를 써서 논문 게재의 가능성이 있는지를 물었다. 깁 선생은 논문을 보내달라고 하면서 자세히 살펴보겠노라고 약속했다. 당연히 프랑스어로 쓴 논문을 그에게 보냈고, 그는 내 논문을 에일린 파워Eileen Power 교수에게 보냈다. 파워는 당시 영국에서 가장 권위 있는 중세 경제사 전문가였다. 얼마 후에 도착한 깁 선생의 답장에는, 파워가 자신이 편집위원으로 있는 〈경제사비평〉에 내 논문을 게재하고 싶어 한다는 내용이 담겨 있었다. 전문용어와 참고문헌들을 정리해서 논문 분량을 조금 줄이라는 조건이 덧붙었다. 논문을 영어로 번역하고 정리해서 보내자 파워가 이를 다시 손보아 학술지에 게재했다. 나는 무척 기뻤다.

그러나 논문은 부족한 점이 많았다. 나는 논문을 쓰는 과정에서 카리스마 있고 사람을 끄는 인품을 지닌 마시뇽 선생의 영향을 지나치게 많이 받았다. 그는 아이디어도 풍부하고 굉장히 설득력이 있었다. 시간이 지나면서 그의 아이디어를 하나씩 버리긴 했지만, 당시 그는 내게 큰 영향을 끼치고 있었고 진심으로 나를 사로잡았다.

다른 동양학 학부생들과 마찬가지로 나도 다양한 수업에서 선생들이 제시하는 추천도서들을 읽고 이해해야 했다. 프랑스어와 독일어, 때로는 다른 언어들로 된 서적과 논문이었다. 프랑스어와 독일어는 문제없었다. 이들 언어를 고등학교 때 공부했고, 프랑스어와 독일어권 국가들을 부모님과 여행해본 경험이 있기 때문이다. 아버지가 오페라에 관심이 있어서 이탈리아어도 공부한 덕분에 에스파냐어의 기초적인 독해 능력을 덤으로 얻었다.

하지만 내가 전혀 알지 못하는 중요한 언어가 있었다. 바로 러시아어였다. 대학에 들어가자마자 러시아 동양학자들이 이슬람 연구의 다양한 분야에 큰 기여를 했고 방대한 자료를 남겼음을 알 수 있었다. 어떤 학자들은 친절하게도 서유럽 언어로 글을 쓰기도 했고, 어떤 전문가들의 저서나 그 요약본은 번역 출판되기도 했다. 그러나 가장 중요한 자료들은 오로지 러시아어로만 접근 가능했다. 머지않아 이 문제를 분명히 해결해야 했기 때문에 나는 이 또 다른 언어를 배우는 일에 착수했다.

러시아어를 배우기 위해 처음으로 진지한 시도를 한 건 파리에서 대학원을 다닐 때였다. 수업에 등록하고 잠시 공부를 했지만 불행하게도 오래 지속하지는 못했다. 수업 시간표가 바뀌면서 러시아어 수업과 터키어 수업이 겹쳤고, 그때는 터키어가 더 중요하다고 생각했기 때문이다. 그러나 이후 나는 러시아어 공부를 재개했고, 어렵게나마 사전을 보면서 러시아어 자료를 읽을 수 있는 수준까지 도달했다. 항상 그래왔듯이 러시아의 위대한 시인 푸시킨Pushkin의 시를 영어로 번역해보기도 했다. 한 단계 나아가 학술 저널, 학회 자료 등을 읽기 시작했고, 전문 서적들도 시도했다.

이런 자료들을 읽으면서 한 가지 흥미로운 사실을 알아냈다. 소련에서 대다수 이슬람 관련 자료와 논의는 '전투적 무신론자 협회Union of the Militant Godless'라는 단체가 주도하고 감독한다는 사실이었다. 이 단체는 소련 정부기관으로, 소련 내 다양한 민족들을 대상으로 반종교적 선전, 더 정확히 말해 무신론의 확산을 임무로 하고 있었다. 이 협회는 종교 담당 부서를 두어서, 소련에서 첫 번째로 신자가 많은 기독교와 이슬람을 주요 타깃으로 삼았다. 유대교와 기타 종교들은 상대적으로 중요하지 않았다.

내 관심은 당연히 이슬람, 아니 반이슬람적인 것이었고, 상당한 분량의 관련 문헌들을 손에 넣을 수 있었다. 일부는 선전적임을 노골적으로 드러냈는데, 종교적 신념의 불합리성, 경전과 종교 관습의 허위성 및 이 둘의 유해성을 강도 높게 비난했다. 다른 출판물들은 참고문헌도 있고 각주도 있는, 학문적 형태를 띠고 있었다. 그러나 '형태'뿐이었다. 선전적 비난이든 학문적 출판물이든, 선지자 무함마드와 그의 사명, 영향력, 정통성은 물론 역사성을 공격하는 데 역점을 두었다. 한 자료에 따르면 무함마드라는 사람은 존재하지도 않았으며, 그는 날조된 신화에 불과했다. 이 단체는 1920년대 말부터 1930년대 전반에 걸쳐 매우 활발히 활동했으며, 상당량의 문헌들을 양산했다. 이러한 움직임이 소련 내에서 어떤 반대 움직임이나 비판을 유발하지 않았다는 점은 그리 놀라운 사실도 아니다. 강력한 공산당의 통제권을 고려한다면 당연한 것이었다. 그러나 더욱 놀라운 것은 이슬람권으로부터도 특별한 반응이나 시위가 일지 않았다는 점이다. 무슬림 학자들이나 정치인들이 소련의 상황을 어느 정도 알고 있었음에도 말이다.

　이는 서양의 제국주의와 오리엔탈리즘 이념에 대해서는 언제라도 비난할 태세를 갖추면서, 소련 정부나 학자들에 대해서는 면죄부를 주는 현상의 단적인 예다. 에드워드 사이드Edward Said와 그의 추종 학자들도 그랬다. 그들은 소련 학자들이 이슬람을 가혹하게 공격하고, 소련 정부가 자국 내 무슬림들을 무자비하게 억압할 때 어떠한 발언도 내놓지 않았다. 1979년 소련 정부가 아프가니스탄을 침공해 점령했을 때에도 이들 학자들은 소련을 공개적으로 비난하지 않았다.

중동으로의 첫 여행

1937년 파리에서 돌아온 후, 깁 선생과 이야기를 나누던 중에 그가 이렇게 말했다. "이제 4년 정도 중동에 대해 공부했는데, 현지에 직접 가볼 때가 됐다고 생각하지 않나?" "네, 그런데 말입니다…." 나는 주저하며 내가 그곳에 갈 수 없는 이유를 설명했다. 대공황으로 우리 가족을 포함한 많은 사람들이 경제적 어려움을 겪고 있었다. 달에 가는 것보다 중동에 가는 것이 더 어렵다고 할 정도였다. 내 상황을 잘 알고 있던 그는 자기가 방법을 찾아보겠다고 말했다. 얼마 후 나는 내가 왕립아시아학회Royal Asiatic Society의 현지조사 장학생에 선발됐다는 소식을 들었다. 이로써 당시에 적지 않은 금액인 150파운드를 지원받아 중동으로 첫 번째 여행을 할 수 있었고, 그곳에서 6개월 동안 머물렀다.

　내가 처음으로 발을 디딘 항구는 이집트에 있었다. 알렉산드리아에 도착한 나는, 마치 평생을 함께할 신부를 결혼 후에야 처음 보는 무슬림 신랑이 된 것 같은 느낌이었다. 도착 직후부터 3개월 동안은 카이로아메리칸대학교American University in Cairo에서 아랍어 수업을 들으면서 이집트 구어체를 익힌 뒤, 카이로대학교University of Cairo에 청강생으로 등록했다. 나는 여느 학생들과 비슷한 생활을 했다. 강의와 모임에 참석하고, 책과 신문을 읽고, 사람들과 이야기했다. 한번은 학생들이 주도한 폭동을 지켜보다가 동참한 적도 있다.

처음에는 소통이 쉽지 않았다. 몇몇 중동 언어에 발을 들여놓긴 했지만 함께 공부하던 중동 학생들을 제외하고는 현지인들이 말하는 것을 들어본 적이 거의 없었다. 이집트에 도착했을 때, 내가 알던 아랍어는 정통 문어체 아랍어classical Arabic였다. 구어체 아랍어와 문어체 아랍어는, 이탈리아어와 라틴어처럼 상당히 차이가 있었다. 현재까지도 모든 아랍 국가들은 사실상 구어체와 문어체 아랍어, 이렇게 두 개의 언어를 가지고 있다. 문어체는 약간의 변이는 있지만 모든 아랍 국가에서 통용될 정도로 거의 같다. 그러나 구어체 아랍어는 이와 크게 다르다. 마치 프랑스어, 에스파냐어, 이탈리아어, 포르투갈어의 차이와 같다. 어쨌든 나는 이집트 구어체 아랍어를 능숙하게 구사할 정도로 배웠다. 그런데 레바논과 시리아에 갔을 때, 사람들은 내 아랍어를 듣고 박장대소했다. 서양인이 이집트 방언을 구사하는 게 신기하고 재미있었던 모양이었다.

카이로아메리칸대학교에서 공부할 때 나는 아서 제프리Arthur Jeffery 교수와 친분을 맺는 행운을 얻었다. 그는 당시 서양세계에 가장 잘 알려진 아랍어 학자였다. 원래 호주 출신으로, 카이로에서 몇 년을 보낸 뒤 이후 뉴욕 컬럼비아대학교의 학과장이 됐다.

그가 카이로에 머무르는 동안 상당히 심각한 사건이 발생했다. 끊임없이 쿠란 연구에 매진한 학자로, 특히 쿠란의 초기 필사본에 깊은 관심을 두고 있었던 그는 연구 중에 쿠란 텍스트들이 약간 서로 다르다는 것을 발견했다. 성경의 구약과 신약의 초기 텍스들에서 상이한 점들이 발견되는 것과 비슷한 현상이다. 그는 이 부분을 더 깊이 파고들었고 이러한 초기의 다양한 해석을 연구하여 책을 냈다.

아서 제프리의 책은 《쿠란의 텍스트 역사 자료: 고문서를 중심으로Materials for the History of the Text of the Qur'an: The Old Codices》라는 제목으로 1937년에 나왔다. 그러나 충격적이게도 그의 연구는 즉각 비난을 받았고, 알-아즈하르 사원과 대학교Al-Azhar Mosque and University(이집트 최고의 종교기관이자 대학교-옮긴이)의 고위 무슬림 종교 지도자들의 명령에 따라 저서가 공개적으로 불태워졌다. 언제나 이슬람의 가치를 존중해온 제프리 교수는 예전부터 알-아즈하르의 인사들과 돈독한 관계를 유지해왔다. 그렇기 때문에 그의 책에 대한 반응은 더 큰 충격이었다. 그는 자신이 연구해온 주제와 이를 다루는 방식은 가장 독실한 기독교 및 유대교 학자들이 구약과 신약 텍스트를 분석하는 것과 크게 다르지 않다는 점을 강조했다. 이러한 주장에 대해 그들은 이렇게 반박했다. "크게 다르다. 쿠란은 성경과 다르기 때문이다. 쿠란은 하느님God의 말씀이다."

이런 발언을 보면 이슬람 학자들은 유대교와 기독교 성서의 신뢰성이나 정확성에 단순히 의혹을 제기하는 것이 아니었다. 그들은 이슬람과 유대교-기독교가 성경의 본질을 이해하는 심오한 인식의 차이를 강조한 것이었다. 기독교인과 유대교인이 생각하는 성경은 여러 경전으로 구성되어 있고 서로 다른 시대와 장소에서 성령을 받은 인간이 쓴 것이다. 그러나 무슬림에게 쿠란은 신성하고, 영원하며, 인간에 의해 쓰이지 않은 단 한 권의 책이다. 단순히 성령을 받은 것이 아니라 성스러움 그 자체인 것이다. 따라서 쿠란을 문제 삼는 것은 어떤 방식으로든 신성모독이었다.

그 완벽한 신성 때문에 쿠란은 계시의 언어인 아랍어 외에 다른 언어로 번역될 수 없다. 국민의 다수가 아랍인이 아니어서 아랍어에 대해 지식이 거의 없는 무슬림 국가들에서도 수 세기 동안 공인된 번역이 나오지 않았다. 즉 페르시아어, 터키어, 우르드어 혹은 다른 이슬람권 국가의 언어들로도 쿠란은 번역되지 않았다. 라틴어로 쓰인 불가타Vulgate 성서 혹은 영어의 킹 제임스 성경King James Bible과 비교해보면 이슬람은 번역 자체를 명백히 금하고 있다. 물론 아랍어 이외의 버전들도 있는데, 일부는 이것을 번역본이라고 부른다. 그러나 이들 외국어판 쿠란은 해석 혹은 해설로 표시되고, 절대 번역본이 아니며, 어떤 종교적인 권위도 없다.

제프리 교수는 현존하는 최고最古 쿠란 텍스트들의 이본異本들을 수집하여 발표함으로써, 유대교 율법학자들과 기독교 사제들이 성경 분석에 들였던 노력을 이슬람 경전에 적용한 것일 뿐이었다. 이는 보다 정확하고 명료한 텍스트를 제공하기 위한 것이었다. 그러나 무슬림들의 눈에는 이런 노력이 성스러운 경전의 신성함과 영원함에 의문을 제기하는 것으로 보일 뿐이었다.

유사한 문제가 간혹 발생하곤 했다. 악의적인 몇몇 동양학자들을 포함한 서양학자들이 쿠란에 등장하는 성서 이야기들이 일부분 부정확하게 인용되었다고 지적하거나, 이슬람 선지자 혹은 정보제공자들이 이를 잘못 받아들였을 거라고 가정할 때가 그러했다. 이에 대해 무슬림들은 그들의 관점에서 나름 '근거 있는' 분노를 표출했다. 하느님의 계시에 오류가 있을 수 없고 그분의 예언자도 '잘못된 정보'를 가지지 않았다는 것이다. 성경의 이야기와 쿠란 속 성경 이야기가 서로 다르다면, 그것은 기독교인과 유대인들이 성경을 분실하거나 왜곡하는 등 제대로 관리를 못했기 때문이라는 것이다.

팔레스타인, 시리아, 그리고 터키로

이집트에서 3개월을 보낸 뒤에는 당시 영국이 위임 통치하던 팔레스타인을 몇 주 동안 방문했다. 부모님이 이집트로 오셔서 우리는 처음으로 성지Holy Land를 방문했고, 그곳에서 2주간 머물렀다. 사페드Safed와 하이파Haifa는 방문할 수 있었지만, 안타깝게도 예루살렘은 위험할 수 있다는 이유로 가보지 못했다. 우리는 텔아비브에서 새뮤얼 호텔에 묵었는데, 먼 훗날 나는 이 호텔에 다시 묵게 된다. 거기서 나는 시리아와 레바논 여행에 나섰다. 그때 이미 이스마일파와 관련한 논문을 진행 중이었기 때문에, 시리아의 이스마일 마을들을 방문해보는 것도 큰 도움이 될 것 같았다. 이들 마을은 시리아 중앙에 있으며, 하마Hama라는 도시의 동쪽과 서쪽 지역에 있었다. 십자군 전쟁 당시 이들 마을은 무시무시한 아사신Assassin의 거점이었는데, 이들은 여기서 주로 다른 무슬림들을 공격하거나 가끔 십자군도 타깃으로 삼았다. 암살자들의 세력은 13세기에 막을 내렸으나 일부 이스마일파 공동체는 현재까지 남아 있다. 나는 박사논문에 필요한 자료들을 더 찾을 수 있기를 바라는 마음으로 이 마을들에 들렀다.

처녀작인 《이스마일파의 기원The Origins of Isma'ilism》은 1940년 케임브리지의 헤퍼Heffer 출판사에서 나왔다. 다시 생각해보면 그렇게 자부심을 가질 만한 책은 아니다. 박사논문은 보통 심사위원들의 시각을 고려해서 쓰므로, 보다 넓은 층의 독자들을 고려하지 않는다. 최고의 논문들도 보통 단행본 형태로 출판하기 전에 편집과 추가 집필이 필요하다.

그러나 내 상황은 크게 달랐다. 전쟁이 터졌고, 나는 학교를 떠나 내게 어떤 영향을 미칠지 모를 군복무를 해야 했다. 박사논문 출판을 위한 충분한 수정과 편집은 불가능했다. 틀림없이 이런 상황을 알고 있었을 텐데도 런던대학교 출판기금은 논문을 출판하는 데 쓸 보조금을 제공했다. 돈이 있었기 때문에 어렵지 않게 출판사와 연결이 되었고, 보조금으로 500부를 찍었다. 전쟁 중이었으므로 논문에 대한 관심은 미미한 게 당연했고, 500부가 다 팔리는 데 10년 넘게 걸렸다. 그래도 한가지 반가운 사실이 있었다. 아랍세계에서 아랍 학자들이 내 논문을 꽤 긍정적으로 본 것이다. 게다가 아주 놀랍게도 이라크에서 아랍어 번역판이 출판됐다.

전쟁이 끝나고 장 소바제Jean Sauvaget가 내 책을 극찬하는 서평을 썼다는 소식을 들었다. 내 연구 분야의 최고 전문가인 그가 전쟁 기간 중에, 그것도 독일 점령하의 프랑스에서 영국의 출판사에서 출판된 책에 서평을 썼다는 사실을 보면, 소바제가 다른 어떤 때보다 내 책에 우호적이었던 것 같다.

1945년 말 다시 학계로 돌아왔을 때 내 관심 분야는 박사논문과는 전혀 다른 주제로 바뀌었다. 이스마일파의 기원에 대한 연구는 잠시 접어두기로 했다. 이스마일파 연구를 재개한 것은 1950년대 초였다. 그때 미국의 저명한 중세학자 존 라몽트John L. LaMonte 교수는 아사신에 관한 글을 써달라고 부탁했다. 그와 몇몇 동료학자들이 십자군 전쟁사 전집을 편집, 출판할 계획인데, 거기에 아사신에 관한 내용이 한 장 들어갈 예정이었다. 나는 흔쾌히 수락하고 '이스마일파와 아사신The Isma'ilites and the Assassins'이라는 제목으로 한 장을 써냈다. 이것은 1955년 필라델피아에서 출판된《십자군 전쟁사A History of the Crusades》제1권에 실렸다. 이 출판을 계기로 같은 주제의 다양한 측면들을 얼마간 연구했다. 예를 들어 시리아 아사신의 역사에 관한 아랍어 및 다른 언어의 자료들, 살라딘Saladin과 아사신의 관계에 대한 신기한 이야기, 어느 아사신 지도자에 대한 미출간 자서전 등을 읽고 분석했다.

이런 모든 자료와 분석은 물론 시리아의 아사신과 관련이 있었다. 그러나 그들의 역사는 이란의 아사신 본부와 따로 떨어져서는 제대로 이해할 수 없었다. 그래서 아사신에 관한 보다 포괄적인 책을 쓰기로 했다. 유럽 민간전승과 학술 자료에서 나타나는 그들의 위상, 중동에서 그들의 기원, 십자군과 대치하면서 발생한 이란과 시리아 내 활동 등을 다루었다. 마지막 장의 제목은 '수단과 목표'였는데, 이 장에서는 아사신의 테러 전술과 그 지도부의 혁명적 전략을 다루었다. 1967년 런던에서 책이 출간되고 몇 년 뒤 무슬림 테러리스트들의 활동이 급증했다. 그 때문에 이 책은 시의적절한 분석을 담았다는 좋은 평가를 받았다.

이후 이어지는 이 책의 서지학적 역사는 꽤 재미있다. 영어판은 여러 차례 재판됐고, 프랑스어판은 1982년 파리에서 나왔다. 각기 다른 아랍어 번역본이 세 권 등장했는데, 이 중 단 하나만이 허가를 받고 정식 출판된 것이었다. 페르시아어 번역본은 두 차례 테헤란에서 출간되었는데, 모두 허가받지 않은 해적판이었다. 하나는 왕정시절에, 다른 하나는 1979년 이슬람혁명 이후에 나왔으며 여기에는 관련 주제들에 대한 두 가지 분석이 더해졌다. 일본어, 에스파냐어, 터키어, 이탈리아어, 독일어 번역본도 잇따라 신속하게 출판됐다.

이 책의 주제에 대한 관심도 각기 달랐는데, 번역본에 역자가 붙인 제목을 보면 가장 잘 드러난다. 영어 원본의 제목은 '아사신: 이슬람의 과격 종파The Assassins: A Radical Sect in Islam'로 간단했다. 첫 외국어판이었던 프랑스어판은 '중세 이슬람의 아사신, 테러리즘, 정치The Assassins, Terrorism and Politics in Medieval Islam'로, 이탈리아어판은 '아사신: 역사상 최초의 테러리스트 과격 이슬람 종파The Assassins: A Radical Islamic Sect, the First Terrorists in History'로, 독일어판은 '아사신: 과격 이슬람에서의 종교적 암살 전통에 관하여The Assassins: On the Tradition of Religious Murder in Radical Islam'로 제목이 다소 바뀌었다.

이렇게 제목을 바꾼 목적은 분명했다. 이 책에서 다룬 아사신의 활동과, 중동을 교란하고 세계를 위협하는 현대 테러 세력의 유사성을 제시하기 위해서였다.

이란에서 출현해서 시리아와 레바논 산악 지역으로 확산되었고, 11세기에서 13세기까지 번성한 아사신의 이야기는 교훈이 될 수도 있다. 그들은 주류 이슬람의 전통이나 견해를 대표하지 않았다. 그들은 주류 수니파에서 떨어져 나온 시아파의 과격한 분파였다. 결국 아사신은 이단 중의 이단이었다. 그들의 관행과 신념은 수니파는 물론 시아파에서도 비난받았고, 그들의 독특한 신념을 받아들였던 레바논과 시리아의 소규모 공동체들로부터도 결국 버림받았다. 서양에서 중세시대부터 전해 내려온 오해가 있다. 아사신의 분노와 무기가 십자군으로 향했다는 것인데, 이는 사실이 아니다. 이들에게 희생된 십자군은 상대적으로 거의 없었고, 이러한 오해는 무슬림 내부의 이해타산에 의해 조장된 것이다. 이들의 공격은 외부 세력이 아니라 이슬람권의 지배 엘리트와 지배 이념을 대상으로 한 것이기 때문이다.

중세의 아사신에게 공격을 당한 피해자들은 이슬람세계의 통치자들, 군주들, 장관들, 장군들, 그리고 주요 종교 지도자들이었다. 이들이 사용한 무기는 항상 같은 것으로, 암살 임무를 부여받은 사람이 휘두르는 단검이었다. 이들이 당시 사용 가능했던 활, 석궁, 독극물 등 자신들에게 보다 안전한 무기를 거의 사용하지 않았다는 점에 주목할 필요가 있다. 이들은 가장 접근이 어려운 목표를 정하고 가장 위험한 공격 방법을 선택했다. 공격 대상을 쓰러뜨린 후에도 아사신 자신은 도주하지 않았고, 또 아사신을 구하기 위한 구출작전도 없었다. 반대로 임무를 끝내고도 살아남는 것은 불명예로 여겨졌다. 이런 점에서 아사신은 오늘날 자살폭탄테러의 진정한 전신前身이었다. 그러나 민간인들을 원격제어장치로 무차별 살상하고 인질 납치를 통해 자신들의 요구를 관철시키려는 현대 테러리스트들과는 크게 다르다.

기독교와 유대교처럼 이슬람도 윤리적인 종교다. 그 믿음과 관행에서 살인과 협박은 존재하지 않는다. 그러나 지금처럼 과거에도 종교의 이름으로 살인을 일삼는 단체들이 있었다. 따라서 아사신이라는 중세의 과격 분파를 연구하는 것은 암살에 대한 이슬람의 입장을 파악하는 게 아니라, 어떻게 특정 단체들이 종교와 정치를 사이에 두고 자신들의 극단적, 폭력적 방법을 정당화하는지, 그리고 어떻게 자신들의 정치적 목적을 위해 이를 이용하는지 이해하는 데 상당히 유용하다. 아사신으로부터 얻을 수 있는 가장 중요한 교훈은 이들이 궁극적으로 완전히 실패한 집단이 됐다는 점이다.

중세의 아사신과 현재의 과격 세력 간에는 유사성도 분명히 있다. 시리아-이란 커넥션, 테러의 계획적 이용, 자신의 '대의'를 위해 그리고 저승에서의 영원한 행복에 대한 기대로 자신을 희생하는 철저한 헌신 등이다. 그러나 명확한 차이점도 존재한다. 중세의 아사신은 그들의 공격을 목표한 대상으로만 제한했고, 무고한 시민들에게 피해를 주지 않기 위해 노력했다. 그들은 자신의 행위가 숭고하다고 믿었기 때문에 도주하려 하지 않았고 잡히는 것도 두려워하지 않았다. 하지만 이러한 전통은 현대에 와서 안타깝게도 사라지고 말았다.

시리아에서 아사신 관련 추가 자료를 찾는 일은 상당히 실망스러웠지만, 다른 면에서는 상당히 재미있고 이로운 경험이었다. 나는 구어체 아랍어와 시리아의 시골생활에 대한 지식을 보강할 수 있었다.

시리아에서는 깁 선생의 지인인 덴마크 고고학 발굴단 단장과만 유일하게 접촉했다. 직접 그를 찾아가 만났고, 여러 면에서 많은 도움을 받았다. 한 예로 내 신분에 대한 보장이었다. 당시 시리아는 프랑스의 위임통치를 받고 있었는데, 영국과 프랑스의 뿌리 깊은 경쟁관계와 상호 불신이 레반트 지역에 여전히 남아 있었다. 시리아에 근무하던 한 프랑스인 장교는 내 방문 소식을 알고 있었다. 하지만 중세 이스마일 파와 관련한 논문 자료 수집이 방문 목적이라는 사실을 믿지 않았던 것 같다. 그는 내가 반反프랑스 범죄행위에 연루된 영국 비밀요원이 아닌지 의심했다. 특히 왕립아시아학회의 지원을 받아 현장조사를 하러 왔다는 사실 때문에 그의 의심은 더 굳어졌다. 그때 다행히 덴마크 고고학 발굴단장이 내가 진짜 학문적인 이유로 시리아에 왔다는 점을 설명하고 나섰다. 그 덕분에 시리아에 체류하는 동안 큰 곤란을 겪지 않을 수 있었다.

시리아에서 기사들의 성채Crac des Chevaliers도 방문했다. 시리아 북부의 한 언덕에 세워진 아름다운 십자군 성채였다. 나는 인근 마을 출신 가이드의 안내를 받던 중 갑자기 배가 아파왔다. 가까운 화장실을 알려달라고 했더니 그는 당황하며 그런 시설이 없다고 답했다. "그러면 당신들은 어떻게 대소변을 해결합니까?"라고 나는 물었다. 그는 벌판을 손으로 가리켰다. 내가 불편한 표정을 짓자 그는 무언가 생각난 듯 성채를 가리키며 말했다. "이 성채를 지은 사람들이 프랑크족 유럽인들이니 아마 화장실도 만들었을 거예요. 들어가서 찾아보죠." 그의 말이 맞았다. 십자군들은 자신들을 위한 기본시설을 만들어놓았고, 나는 그들의 생각에 깊이 감사했다(아마도 그들 덕분에 볼일을 해결할 수 있었다고 말하는 게 더 정확할 것 같다).

논문을 준비하던 시리아에 이어 터키로 첫발을 내딛었다. 대부분 서양인들이 터키 서부, 즉 유럽 접경 지역을 통해 이 나라에 입국하는 것과 달리, 나는 시리아 북쪽을 통해 들어갔다. 역사학자이자 동양학자로서, 특히 중세 이슬람 문명을 전공하는 학자로서 나에게 이러한 입국 경로는 현재와 서양에서의 출발이 아니라, 과거와 이슬람의 옛 중심지역인 남쪽에서의 출발을 의미했다. 이를 통해 나는 터키라는 나라와 그 문화 및 문제점들을 다른 시각에서 이해할 수 있었고, 이것이 더 나은 방법이라고 주장하는 바다. 판단과 평가는 대부분 비교를 통해 이루어지므로, 비교되는 요소들에 따라 형성될 수밖에 없다. 내 방식은 일반적인 방식과는 크게 달랐다.

첫 번째 직장

1938년경 약 2년간의 대학원 학업을 마치고, 본격적으로 논문을 써나가기 시작했다. 이 기간 동안 간간이 변호사 시험도 준비했다. 소위 '정규직장'을 가져야 했기 때문이다.

같은 해 내 인생 여정을 바꾸는 두 사건이 동시에 일어났다. 첫째, 기초 법 공부를 끝내고 다음 주제인 부동산법과 양도법을 시작했는데, 법을 공부하는 사람이면 누구나 알겠지만 굉장히 지루하고 재미없었다. 둘째, 런던대학교가 보조강사 자리를 제안했는데, 이는 영국 대학제도에서 가장 낮은 직책이었다. 이러한 선택의 기로에서 나는 단 한순간도 주저하지 않았다. 당시 나는 변호사가 될 수 없을 거란 사실을 잘 알고 있었다. 내 법 지식은, 법과 관련된 문명사를 이해할 정도로는 충분했지만 변호사가 되기에는 부족했기 때문이다.

당시 영국 대학의 박사학위 심사는 미국의 제도와 크게 달랐다. 미국 대학에서 가장 중요한 것은 지도교수로부터 논문 승인을 받는 것이다. 지도교수가 심사위원회에 논문을 제출하도록 승인하면 나머지는 형식적이다. 그러나 영국 대학은 그렇지 않다. 박사논문의 경우 지도교수, 같은 대학 내 다른 교수, 다른 대학의 교수 이 세 심사위원으로 구성된 위원회에 제출해야 한다. 심사위원회는 세 가지 결정을 내릴 수 있었다. 첫 번째로 논문을 '승인'하면 박사학위가 수여됐다. 두 번째로 논문을 '철회'하면 후보자는 빈손으로 공부를 끝내야 했다. 마지막으로 '논문의 검토 및 수정referring the thesis' 결정은 "가서 논문을 다시 쓰라. 지적된 사항을 수정하고 다시 제출하면 재심사하여 학위를 수여하겠다"는 뜻이다.

나는 연 250파운드라는 넉넉한 봉급을 받고 런던대학교 동양아프리카대학 중근동 역사학과 보조강사로 임명됐다(아마도 깁 선생이 주선한 것 같다). 나는 역사학과 소속이었고, 당시 학과장은 인도 역사 전문가인 도드웰Dodwell 교수였다. 그는 중동사 분야에서는 내가 처음으로 임명된 것이라며 반갑게 맞아주었다. 인사를 하려고 찾아갔을 때 그는 내

서류를 보더니 말했다. "아직 박사학위를 마치지 않았군요." 나는 앞으로 몇 개월이면 학위를 마칠 예정이라고 말했다. 그러자 도드웰 교수가 자상하게 말했다. "첫해인데 강의에 치여서 박사논문에 지장이 생겨서는 안 되지요. 개별지도수업tutorial course 하나 정도면 무리가 없겠지요?" 나는 그렇다고 답했고 이렇게 운이 좋을 수 있다는 것에 스스로 놀랐다. 정말 굉장했다!

그렇게 첫 수업으로 이슬람 중근동사 개별지도수업을 하게 되었다. 네 명의 학생이 수업을 들었는데, 각각 이집트, 팔레스타인, 이라크, 이란 출신이었다. 아버지는 내 강의 소식에 적잖이 놀라셨다. "네가 중동 역사를 가르친다고?" "네." 그러자 아버지는 황당한 듯한 목소리로 말했다. "누구를 가르치지?" 그래서 첫 강의에 대해 설명했더니 아버지는 이렇게 말씀하셨다. "도대체 왜 런던대학교가 아랍인들에게 아랍 역사를 가르치는 네게 월급을 주는지 모르겠다."

한 가지 질문이 더 있었다. 왜 아랍인들이 영국에 와서 자신들의 역사를 공부할까? 이에 대해서는 나중에 다시 설명하겠다.

전쟁 기간

1939년 봄 나치가 체코슬로바키아의 나머지 영토를 점령하면서 뮌헨 정책Munich policy (1938년 9월에 열린 뮌헨회담에서 영국 총리는 독일이 요구한 체코슬로바키아의 수데텐 지방의 할양을 허용했다-옮긴이)이 실패로 돌아갔다. 전쟁이 불가피한 분위기가 고조되고 다양한 정부기관들과 개인들이 전쟁 준비에 나섰다. 입주해 있던 건물 이름을 따 채텀하우스 Chatham House로 더 잘 알려진 왕립국제문제연구소Royal Institute of International Affairs도 소속 청년 연구원들에게 일련의 집중 교육 프로그램을 시작했다. 나도 이 프로그램에 참여했다. 전쟁이 발발하자 일부는 외무성으로 보내졌다. 전쟁 기간 동안 외무성 업무를 보조하는 동시에 국제관계의 실제 상황을 배우라는 조치였다. 10월에 새 학사 일정이 시작되기 전까지 우리는 외무성에서 한 달가량 근무했다. 그 후 우리는 다시 일상적인 생활로 돌아왔지만 전쟁 중이라 모든 것이 예전 같지 않았다.

상당히 놀랍게도 나는 외무성에서 터키 전문가로 분류되어 있었다.

당시 나는 터키에서 다 합해 봐야 2주 반을 머무른 경험밖에 없었다. 며칠은 앙카라에서, 나머지는 이스탄불을 둘러보았을 뿐이다. 이것이 터키에 대해 내가 직접 경험한 전부였다. 그러나 터키어를 어느 정도 알고 있었고 오랜 시간 터키 역사를 공부했다. 오래전 일이긴 하지만 말이다.

외무부에서 한 달 동안 수습 생활을 하던 중 있었던 일이 기억에 생생하다. 어느 날 내가 배치된 부서의 한 외교관이 터키 대사와의 약속에 함께 가겠느냐고 물었다. 나는 기뻤다. 국제관계 업무에 입문하게 된 것이기 때문이다. 만나기로 한 런던 주재 터키 대사가 테브픽 뤼슈튀 아라스Tevfik Rüştü Aras여서 더 기뻤다. 그는 대사로 부임하기 직전까지 터키의 외무장관이었고 터키 근대화의 아버지 케말 아타튀르크의 측근이었다. 물론 나는 그들의 대화에 참여하지 않고 주로 듣기만 했다. 그런데 모든 대화가 놀랍게도 프랑스어로 진행됐다. 런던 주재 터키 대사이자 전 외무부 장관은 영어를 말하지 못했다. 그와 대화를 나누어야 할 외무성 전문가는 반대로 터키어를 전혀 몰랐다. 그러니까 프랑스어가 두 사람의 유일한 공통 언어였던 것이다. 당시에는 프랑스어가 여전히 국제 외교언어로 인정되고 있었지만, 이미 그 영향력을 잃어가던 상황이었다. 현재는 그런 대화가 프랑스어로 진행된다는 것을 상상할 수 없다. 이제는 영어가 세계적인 공용어로 부상한 상황이다.

두 사람은 막 시작한 전쟁을 주제로 대화를 나누었는데, 특히 터키의 역할에 초점을 맞추었다. 당시 영국과 프랑스는 터키와의 동맹조약에 대해 논의하고 있었다. 이미 1939년 5월 12일에 영국-터키 공동 선언이 발표됐고, 이를 바탕으로 10월에는 영국-프랑스-터키 동맹조약이 체결됐다. 그러나 9월 1일 전쟁이 발발하면서 상황이 크게 바뀌었다. 대사는 두 가지 점을 지적했다. "우리 터키인들은 역사를 잘 파악하고 있습니다. 폴란드 분할은 터키에 위협이 될 거라고 생각합니다. 그러나…." 그는 이어서 왜 터키가 추축국Axis들에 선전포고를 하지 않았는지 설명했다. 이는 영국-프랑스-터키 동맹조약에 따라 터키가 취했어야 할 조치였다. "다른 국가의 도움에 의존하는 조치를 취하는 것은 우리 정책이 아닙니다." 이어 두 사람은 조약의 두 번째 조항에 대해 언급했다. "터키가 취한 행동의 효력과 결과가 소련과의 군사적 충돌을 유발해서는 안 된다는 것이 터키의 의무조항입니다."

대사의 설명은 당시 시점에서는 그럴듯한 변명이었다. 소련과 독일의 돈독한 관계를 고려했을 때는 그러했다. 그러나 독일이 소련을 침공하면서 양국의 우호관계가 산산조각 났을 때도 터키는 같은 이유로 중립을 유지했다.

1939년 여름, 전쟁이 임박했음은 이미 분명했다. 나는 중동의 여러 문제들에 대한 보고서를 준비하기 위해 구성된 외무성 자문위원회에 참여하게 됐다. 그러나 이것은 매우 일시적인 업무일 게 확실했다. 나는 육군성War Office에 육군에 입대하겠다는 편지를 보냈고, 정보부 장교와의 인터뷰 약속이 담긴 답장이 왔다. 나는 육군성에 가서 정식으로 인터뷰를 했다. 장교는 일상적인 질문과 더불어 몇 가지 이상한 질문도 던졌다. 그리고 나에게 맞는 임무를 찾을 수 있을 것이라며 곧 연락을 주겠다고 말했다. 머지않아 2차 인터뷰에 출두하라는 연락이 왔다.

두 번째 인터뷰에서 담당 장교는 입대를 허가하기로 결정했으며 1월에 기병대 사관후보생훈련대OCTU: Officer Cadets Training Unit로 입소하게 될 것이라고 통보했다. "기병대요? 말 타는 부대 말입니까?" 나는 불쑥 말을 내뱉었다. 그가 고개를 끄덕이자 나는 이렇게 말했다. "지금은 1939년입니다. 요즘 어느 군대가 기병을 이용합니까?" 그는 나를 한 번 훑어보더니 말했다. "아라비아의 로런스Lawrence of Arabia(제1차 세계대전 당시 터키에 대항하는 아랍의 봉기를 유도했던 영국의 정보원. 이후 동명의 영화가 제작되었다-옮긴이)라고 들어봤나?" "당연하지요." "만약 그가 말을 타지 못했다면 임무를 수행할 수 있었을까? 말을 잘 타는 법을 배우길 바라네." 나는 평생 말을 한 번도 타본 적이 없다고 항변했다. 그러자 그는 말했다. "잘됐군. 버려야 할 나쁜 버릇이 없을 테니까."

이 일은 1939년 9월에 있었고, 훈련대 입소는 1940년 1월이었다. 남은 4개월 동안 뭐라도 하는 게 낫겠다 싶었다. 수소문한 끝에 전직 기마병이 운영하는 버킹엄셔Buckinghamshire의 마장을 찾아냈다. 나는 그에게 기마병처럼 말 타는 법을 가르쳐달라고 부탁했다. 그래서 1939~1940년 겨울 동안 주말마다 말을 타고 버킹엄셔를 누볐다. 왼손으로 고삐를 잡고, 오른손에는 총이나 군도를 잡았다고 상상하며 질주했다. 그렇게 기병 장교 훈련에 대비하고 있었다.

그런데 뜻밖의 사건이 발생했다. 내 보스인 SOAS 총장 랠프 터너Ralph Turner가 이 같은 군 입대를 허용치 않는 것이었다. 그는 SOAS가 한 명의 이탈도 없이 정부가 전쟁에 기울이는 총력에 학문 본연의 기능으로 기여해야 한다고 마음을 굳혔다. 그는 교수진의 징집과 자원 및 그 밖의 모든 활동을 거부하고, 학교의 교수진을 100퍼센트 유지하겠다고 자신했다. 몹시 불쾌하고 실망스럽게도 기병대 징집은 취소됐다. 그 때문에 나는 당분간 강의 장소를 케임브리지로 옮겨 학교에서 강의를 계속했다. 우리는 1939~1940년 학기를 케임브리지의 크라이스트칼리지 Christ's College의 환대를 받으며 그곳에서 보냈다. 1년 뒤 결국 징집 명령을 받았는데, 기병대가 아니라 기갑부대였다. 그곳에서 탱크연대의 포병이 되기 위한 기본 훈련을 받았다.

1940년 말 아니면 1941년 초에 나는 탱크부대에서 정보부대로 전출됐다. 언어 능력과 탱크부대에서의 무능력 때문이었다. 그때부터 전쟁이 끝날 때까지 정보부대에서 복무했다. 그러나 공직자비밀엄수법Official Secrets Act 때문에 현재까지도 내 업무에 대해 자세히 말할 수는 없다.

내가 정보부대로 전출된 것은 절대 비밀 사항이었다. 어디로 가는지도 알려주지 않았고, 우편물을 받을 주소조차 없었다. 런던의 유스턴역으로 향하는 기차표만 받았다. 그곳에서 군 사무실에 도착 보고를 해야 했는데, 사무실로 가자 워털루역으로 가라는 명령이 떨어졌다. 워털루역에 도착해 보고를 하자 다시 윈체스터행 기차표를 주었다. 윈체스터역에는 나를 기다리는 사람이 있었고 그는 나를 새로운 거처로 안내했다. 모든 것이 비밀이었기에 나는 우편 수신을 걱정했다. 그러나 그런 걱정을 할 필요가 없었다. 탱크부대를 중간거점으로 하여 우편물을 보내거나 받을 수 있었기 때문이다.

윈체스터에서 기본적인 정보 교육을 수료하고 적당한 임무가 떨어지길 기다리고 또 기다렸다. 정보 교육의 중요한 분야인 오토바이 난코스 주행에서 낙제했기 때문에 임무 배치는 더 어려웠다. 나는 오토바이를 타본 적이 없었기 때문에 과정을 이수하기 위해 특별 교육을 받아야 했다. 도로 주행은 통과했지만 나무와 잡목이 가득한 언덕 오르내리기 난코스에서는 떨어졌다. 그래서 결국 이런 요건과 관련 없는 임무에 배정되기를 기다릴 수밖에 없었다. 이 때문에 전투 지역 정보 업무에서는 배제됐으나 다른 가능성은 아직도 많이 있었다.

정보부대에 있는 동안, 지휘관들은 내가 시간 낭비하는 것을 바라지 않았다. 대학 강사였다는 내 기록을 보고 그들이 말했다. "가르치는 일을 했어요? 그럼 잘 가르치겠네요." 나는 즉시 교육 담당 부서로 배치됐다.

정보부대에서 배워야 할 과목 중에 군대용어로 'O&A'라는 게 있다. 조직과 관리organization and administration라는 뜻이다. 정보부대 신병들은 군사와 관련된 것이라면 아무리 사소해도 잘 알고 있어야 했다. 그들은 군사 문제에 대해 집중적인 훈련을 받아야 했는데, 나는 3주 과정으로 이 훈련을 담당해야 했다. 대학에서도 같은 수업을 매년 반복하면 지루해질 수밖에 없는데, 3주마다 같은 코스를 가르쳐야 하니 얼마나 고역이었겠는가! 내 임무는 신병들에게 영국군의 전반적인 구조와 특히 정보부대에 대해 가르치는 것이었다.

정보부대에 근무하기 위해서는 두 가지 조건이 필요했다. 두 세대 이상 영국 태생이어야 하고 최소 한 개의 외국어를 능숙하게 구사할 수 있어야 했다. 아무래도 이런 조건을 모두 갖춘 사람은 드물기 때문에, 특정 부류인 경우가 많았다. 아마도 가장 많은 부류는 국제결혼을 한 부부의 자녀들이었을 것이다. 두 세대에서 부모 모두가 영국 태생이어야 할 필요는 없었다(나치의 인종차별법과는 다르다). 당시에는 부모 중 하나가 영국인이고 하나는 외국인인 경우가 많았기 때문에, 자녀들은 자라면서 두 개의 언어를 사용했다. 두 번째 부류는 학교 교사들로, 특히 프랑스어 교사가 가장 많았고, 이보다는 적지만 독일어 교사들도 있었다. 세 번째 부류는 대다수가 식민지 출신이었다. 특히 지브롤터, 몰타, 키프로스 등 영국 식민지 출신이나, 간혹 홍콩과 싱가포르 같은 아시아 식민지 출신도 있었다. 이들도 대영제국의 신민이었기 때문에 영국 태생으로 간주됐다. 이들은 영어 외에도 그 지역 언어에 능했다. 이들에게 정보부대 입대의 가장 큰 기준은 영어 구사능력이었다.

훈련생들이 가장 많이 쓰는 외국어는 그리스어였다. 키프로스 사람들이 정보부대로 많이 전출됐기 때문이다. 두 번째로 많이 쓰는 언어는 몰타어였다. 더 놀라운 점은 프랑스어를 모국어로 등록한 사람들이 많았다는 점이다. 이들은 세이셸군도Seychelles Islands 출신 대영제국 신민들이었다. 세이셸군도는 프랑스의 식민지였으나 나폴레옹전쟁 때 영국령이 되었다. 이 섬에 정착해 귀족 같은 삶을 산 백인들은 여러 세대 동안 영국의 통치를 받으면서도, 프랑스의 언어와 문화, 그리고 어느 정도의 충성심을 유지했다. 그래서 이들이 드골이나 비시Vichy 임시정부의 지지자가 아니냐는 의혹이 제기되기도 했다.

이런 다양한 집단에 나타나는 공통점은 영어 외에 모국어를 가지고 있다는 것이었다. 이는 때로 문제가 되곤 했다.

독일이 그리스를 침공했을 때 그리스어를 할 줄 아는 정보요원이 급작스럽게 필요한 적이 있었다. 사령부의 누군가가 서류를 검토하고 나서 그리스어를 할 줄 아는 장병이 많다는 사실을 알아내고는 즉시 이들이 훈련을 받도록 전부 윈체스터로 보냈다. 예외 없이 키프로스 출신 그리스인들이었고, 태생과 혈통은 대영제국 신민이었다. 이들은 그리스어를 완벽하게 구사했지만 영어 능력은 다소 떨어졌다. 이들 다수는 식당의 웨이터였는데, 한두 명 정도가 지배인으로 일했다. 그때 지배인을 그리스어로 아르키-가르소니archi - garsoni라고 한다는 것을 배웠다. 한번은 우리가 훈련시킨 정보요원을 보내는 부서의 장교가 메시지를 보내왔다. "교사보다는 웨이터를 더 많이 보내주세요."

내가 담당한 그리스인들의 수업은 매우 어수선했고, 질서를 유지하는 것 자체가 과제였다. 군기를 잡기 위해 경비대에서 하사관들이 교실에 배치됐다. 매일 출석을 불렀는데, 경비대 하사가 파파도풀로스Pappadopoulos, 아타나사코풀로스Athanasacopoulos 등 출석부의 이름을 차례차례 부르면, 교실은 웃음바다가 되곤 했다.

분위기를 끌어올리려고 수업 시간에 농담을 하곤 했는데, 젊고 어리석었던 나는 이것이 군대에서는 바람직하지 않다는 생각을 못 했다. 특히 정보요원이 되려는 훈련생들에게 지식과 농담을 섞는 것은 현명하지 못한 처사였다. 이것이 문제가 됐을 수도 있었는데, 나중에야 내가 무사히 교관 임무를 마칠 수 있었던 이유를 알게 되었다. 내 상관 제닝스 브램리Jennings Bramley 소령이 내 서류에 이런 짧은 의견을 달아놓았던 것이다. "그의 유머 감각이 선동적인 것으로 받아들여져서는 안 된다."

나는 이어 블레츨리 파크Bletchley Park로 근무지를 옮겨 그곳에서 몇 개월 동안 해독 업무decoding를 맡았다. 그곳에 있는 동안 나는 내 언어 지식을 잘 활용했고, 언어를 다루는 새로운 기술도 몇 가지 터득했다. 1941년 말경 런던에 있는 한 부서로 다시 이동했다. 그곳에 대해 우리가 들은 말은 '외무성의 한 부서'라는 정보뿐이었다. 그것이 공식적인 명칭으로, 무언가 비밀스러운 임무를 수행하는 곳이었다. 실제로 그 부서는 해외정보국MI6의 지부였다. 무지한 초짜 정보요원으로서 나는 MI6와 국내정보국MI5의 차이점이 무엇인지를 한 관계자에게 물었다. 그는 "MI5는 다른 사람들이 우리에게 어떤 일을 하지 못하게 막고, MI6는 우리가 그들에게 무언가를 하는 것"이라고 답했다. 나는 주로 문서를 번역하고 요약하는 일을 했는데, 거의가 아랍어 문서였다. 일부는 암호로 되어 있었다. 흥미로운 점은 이들 문서를 입수하는 방법이었다. 일부 문서는 중요한 정보를 담고 있었으나, 다수는 그렇지 않았다. 어쨌든 나는 대부분 책상에서 시간을 보냈다.

군복무를 하면서 나는 평생 친구 아서 하토Arthur Hatto를 만났다. 그도 나처럼 젊은 학자였다. 독일어를 연구했고, 중세 독일 시 중에서도 특히 서사시를 전공했다. 독일어 구사자라는 점에서 전후戰後 즉시 징집됐고, MI6의 다른 부서에 채용됐다. 어느 날 그는 느닷없이 전화를 해서는 나를 보러 오겠다고 말했다. 나는 물론 그러라고 했다. 그는 내 사무실에 와서, 독일 첩보기관에 포섭되어 일하는 시리아인을 추적 중인데 독일 소식통이 그의 존재를 알려주었다고 설명했다. 하토를 도울 방법이 없을까 생각하던 중 실제 그럴 일이 생겼다. 내 아랍 소식통으로

부터 같은 시리아인에 대한 정보를 얻게 된 것이다. 우리는 서로 자료를 비교하고 효과적으로 정보를 결합할 수 있었다.

전쟁 기간 동안 나는 마지막으로 런던에서 복무했다. 수년 동안 공습을 피해 생활하고, 일하고, 그런 상황에서 잠도 자야 했다. 독일 공습 초기에는 지하철역 대피소로 달려갔으나, 이런 생활이 반복되자 곧 지쳐버렸다. 그래서 모든 것을 운에 맡기고 그냥 내 침대에 남아 있기로 했다. 사람은 모든 것에 익숙해질 수 있다!

그로부터 40년 뒤 이라크의 사담 후세인 정권이 이스라엘로 스커드 미사일을 발사했을 때도 나는 그곳에 있었다. 미사일 몇 발은 텔아비브에 떨어져 폭발했다. 그때 나는 텔아비브에 사는 지인의 초대를 받고 약속 시간에 정확히 그의 집에 도착했다. 그러자 그는 깜짝 놀랐다. 다른 손님들이 전부 약속을 취소한 것처럼, 나 또한 따로 연락은 없었지만 당연히 오지 않을 것이라고 생각한 것이다. 그는 내 용기와 의지를 칭찬하기 시작했으나, 솔직히 말하면 내게 영웅 심리 따윈 없었다. 이라크의 스커드 미사일 공격은 런던 대공습과 비교하면 '조용한 저녁 시간'에 불과했기 때문이다. 제2차 세계대전 당시 런던에서는 이보다 더한 악조건에서도 삶을 영위해야 했다.

그들이 무엇을 하는지

1939년 전쟁이 발발했을 때, 완전한 독립을 누리며 제국주의의 통제와 지배에서 자유로웠던 아랍 국가는 유일하게 사우디아라비아뿐이었다.

사우디는 당시 런던과 파리에 두 개의 해외공관을 두고 있었다. 이상하게도 두 공관의 대사 모두 사우디 사람이 아니었다. 런던 주재 대사는 하피즈 와흐바Hafiz Wahba로 이집트인이었고, 파리 주재 대사는 시리아인인 푸아드 함자Fuad Hamza였다. 아마도 영국 대사는 영어 구사능력과 영국인들과의 교류 경험을 고려해 선발된 것으로 보이고, 프랑스 대사도 프랑스어와 프랑스인들을 겪어본 경험을 인정받은 것 같다.

프랑스가 독일에 점령당하면서 영국은 파리 주재 사우디 대사관의 입장을 크게 우려했다. 프랑스 정부가 독일에 항복하고 실질적으로 병합되었을 때, 영국은 사우디 정부에 파리 대사관 폐쇄를 요청했다. 사우디는 영국의 요청을 거부하는 대신 대사관을 프랑스 임시정부가 세워진 비시로 옮기고, 임시정부와의 연락을 계속 유지했다.

이제 비시의 사우디 대사관은 영국의 중요한 관심대상이었다. 더 구체적으로 말하면, 그곳의 사우디 대사관은 아랍 세계와 추축국 간의 주요 접선 장소가 된 것이다. 다른 접선 장소도 있었는데, 바로 전쟁 내내 중립을 지킨 터키의 수도 앙카라였다. 앙카라 주재 독일 대사 프란츠 폰 파펜Franz von Papen은 아랍 세계와 폭넓은 네트워크를 유지했다. 그러나 비시의 사우디 대사관은 상당히 중요했다. 영국은 그곳에서 어떤 일이 진행되는지, 특히 사우디와 독일이 어떤 연락을 취하는지 지속적으로 파악했다. 영국 정보부는 프리츠 그로바Fritz Grobba 박사의 활동을 예의 주시했다. 그는 히틀러의 제3제국Third Reich에 적극적으로 협조하는 독일의 유명한 아랍 전문가였다. 그는 비시의 사우디 대사관과 광범위하고 때로는 집중적으로 접촉했고, 이를 통해 아랍세계 전체로도 네트워크를 구축했다.

우리는 사우디 대사관의 우편과 전화 통화를 감시했다. 푸아드 함자 대사는 제다Jedda에 있는 사우디 외무성으로 업무를 보고했다. 제다는 당시 사우디 내에서 유일하게 외국인이 거주할 수 있는 곳이었기 때문에 사우디 정부의 승인을 받은 외국 공관들도 모두 그곳에 주재했다. 제다의 외무성 장관은 수도 리야드Riyad의 이븐 사우드Ibn Saud 국왕에게 중요 사안을 전화로 보고했다. 그들은 전화 통화가 얼마나 보안에 취약한지 잘 몰랐다. 그래서 그들이 무엇을 하는지, 더 나아가 어떤 생각을 하는지에 대해 우리가 입수한 정보가 얼마나 정밀한지 알고는 종종 깜짝 놀랐다.

수년간 나는 다양한 사람들이 전날 통화한 기록과 서면 메시지를 읽으면서 하루를 보냈다. 전쟁 동안의 이러한 경험 때문에, 아직도 전화 통화라면 노이로제 같은 불안감이 생겨서 중요한 이야기를 전화로 하는 것은 극히 꺼려진다.

전쟁 중에 아랍 정부들과의 소통 및 협의는 때로 상당히 어려웠다. 이집트의 파루크Farouk 국왕은 친구이자 동맹의 한 일원으로서 영국의 군사작전 계획을 알 권리가 있다고 주장하면서 세부사항까지 알려달라고 요청하기도 했다. 영국은 그를 신뢰하지 않았기 때문에 완전히 날조된 계획을 그에게 제공했다. 그런데 우리가 북아프리카의 이탈리아 사령부를 점령했을 때, 그 위조된 계획서 사본이 그곳에서 나왔다. 당시 이탈리아는 추축국의 일원이었고 독일의 동맹국이었다.

1940년 프랑스가 독일에 항복했을 때, 프랑스의 대다수 해외 식민지들은 중앙정부의 통제에서 벗어났다. 식민지 총독들은 비시 임시정부와 런던에 있는 드골의 망명 정부 중 하나를 선택할 수 있었다. 절대 다수가 비시 임시정부를 선택했는데, 프랑스가 위임통치하던 시리아-레바논 지역도 마찬가지였다. 비시 임시정부의 통치를 받게 된 이 지역은 나치의 침투에 활짝 열렸고, 아랍 중동의 중심 지역에 위치했으므로 나치의 전초기지가 되었다. 독일인들은 이곳에 거주하면서 거점을 구축하고 대단히 중요한 역할을 했다.

시리아를 거점으로 독일 요원들은 활동 영역을 이라크까지 확대함으로써 악명 높은 라시드 알리Rashid Ali가 이끄는 친親나치 정권이 들어서는 데 기여했다. 영국이 긴급히 나서서 무언가를 해야 했다. 우선 이라크부터 조치를 취했다. 라시드 알리 정권을 전복하는 데는 단기적인 군사작전으로 충분했다. 이라크에서 쫓겨난 그는 시리아를 거쳐 독일로 망명했다. 그곳에서 그는 히틀러의 손님으로 대접받았고 이미 독일에 와 있던 그의 친구 예루살렘의 무프티Mufti(최고 권위의 이슬람법 해석자-옮긴이)를 만났다. 다음으로 영국은 군사작전에 정통성을 부여한 자유프랑스운동Free French의 도움을 받아, 시리아와 레바논을 침공해 비시 정부 지지 세력을 격파하고, 새로운 자유프랑스 정권을 설립했다. 이 군사작전에서 모셰 다얀Moshe Dayan(이스라엘 독립에 크게 기여한 이스라엘의 군인 및 정치인-옮긴이)이 한쪽 눈을 잃었다. 그는 당시 영국군에 자원 복무 중이었다. 비시 정부 지지 세력이 물러간 이후, 시리아-레바논 지역에는 새로운 정권이 들어섰고, 이 정권은 런던 드골 정부의 통제를 받았다.

나는 그 무렵 시리아에 있었다. 가장 생생하게 기억나는 것은 시리아 주민들이 프랑스인들에게 품었던 폭력적인 적대감과 경멸이다. 다른 아랍인들과 마찬가지로 그들도 제국주의 세력을 싫어했다. 특히 프랑스가 장기간 아랍 지역을 점령한 것이 치욕적이라고 느꼈다. 프랑스와 경쟁하던 다른 제국주의 세력으로 영국과 20세기의 미국이 한 축이었고 독일과 20세기의 소련이 다른 한 축을 형성했다. 비시 정부 혹은 드골 정부 어느 쪽에 충성하든 프랑스 제국주의자들은 독일 혹은 영국의 하수인으로 받아들여졌다.

아랍인들을 더욱 화나게 만든 사건도 있었다. 드골의 자유프랑스운동은 부족한 병력을 채우고자 프랑스 식민지 세네갈에서 차출한 대대를 시리아에 주둔시켰다. 이는 엄청난 모욕이었다. 시리아 주민들은 강력히 반발하고 저항했다. "하수인으로부터 지배를 받는 것도 모자라 이제는 그 하수인의 노예들로부터 지배를 받으라는 말인가!" 당시 다마스쿠스 시내에는 의미심장한 포스터 하나가 걸렸다. 프랑스 군모와 군복을 착용한 세네갈 병사가 입에 칼을 물고 말하는 장면이 담겨 있었다. "나는 당신들을 개화하러 왔다Je viens te civiliser!"

다우닝가街로 보낸 메시지

메시지를 가로채고 해독하는 것은 정보 업무에서 매우 중요한 부분이다. 전쟁 중 우편, 특히 전보를 가로채 읽는 것은 정보작전의 핵심적인 부분이었다. 이러한 작전은 적에게만 적용되지 않았다. 중립 세력은 물

론 공식적으로 우방으로 분류되는 국가와 개인의 우편을 수집 및 해독
해야 했다. 1929년 미국 국무장관 헨리 스팀슨Henry Stimson은, 신사는 다
른 사람의 우편을 읽지 않는다고 깜짝 발언을 한 일이 있었다. 그래도
우리는 전쟁 중 광범위하게 우편 해독작전을 펼쳤다. 양측 간에 오고가
는 메시지는 절대적으로 귀중한 정보의 근원이었다.

　당시에는 텔레프린터teleprinter가 상당히 많이 쓰였다. 어느 날 야근을
하는데 사무실 뒤편에 놓인 텔레프린터가 달가닥 소리를 냈다. 가로챈
독일어 메시지들이 들어오고 있었다. 추축국 정보의 주요 출처 중 하나
는 베를린 주재 일본 대사관이었다는 점을 짚고 넘어가야겠다. 당시 독
일과 일본 사이에는 육상 통신 수단이 없어서 통신은 전부 전파를 이용
해야 했다. 베를린 주재 일본 대사 오시마Oshima 장군은 독일의 상황을
알려주는 귀중한 정보원이었다. 우리의 뛰어난 암호 해독자들은 암호
를 풀고, 읽고, 번역했다. 그날 밤 들어온 것들 중에는 독일어로 된 텍
스트가 있었다. 영국과 미국에 대항하는 독일과 일본의 동맹조약에 관
한 내용이었다. 이 시점은 일본이 진주만을 기습공격하기 이전이었으
나 나는 이 텍스트가 중요한 문서임을 알아챘다. 즉시 독일어를 영어로
번역하고 바로 텔레프린터로 다우닝가 10번지 총리 공관으로 보냈다.
이후 일이 어떻게 처리되었는지는 정확히 모른다.

　전쟁 중 내 인생에 크나큰 '비극'이 발생했다. 윈스턴 처칠Winston
Churchill 수상이 우리 부대를 방문했을 때 정말 운이 없게도 내가 휴가 중
이었던 것이다. 그것은 처칠을 만날 수 있는 유일한 기회였다. 그러나
우리는 다른 여러 경로로 접촉했다. 일부 이야기는 이미 책을 통해 알

려졌지만, 대중에게 아직 공개되지 않은 것들도 있다. 내가 좋아하는 두 이야기는 다음과 같다.

1941년 독일이 소련을 침공했을 때, 영국은 갑자기 소련의 우방이 되어버렸다. 처칠은 무뚝뚝한 스코틀랜드 출신의 징군이 이끄는 군사사절단을 소련에 보냈다. 사절단은 그야말로 소련 스타일의 대접을 받았다. 러시아인들은 그에게 아무것도 이야기해주지 않았고 아무것도 보여주지 않았다. 무뚝뚝한 이 스코틀랜드 장군도 정부에 아무런 보고를 하지 않았다. 보고할 게 없었기 때문이다. 다소 불쾌함을 느낀 처칠은 다시 사절단을 보냈으나 역시 아무런 소식도 들을 수 없었다. 처칠은 전형적인 자신의 스타일로 모스크바에 날카로운 어조가 담긴 전보를 쳤다. "영국 수상이 모스크바의 영국 군사사절단 대표에게. 우리가 아는 것이라곤 모스크바에 비가 온다는 것뿐입니다. 더 많은 정보를 환영합니다." 모스크바에서 답장이 왔다. "모스크바의 영국 군사사절단 지휘관이 런던의 수상께. 각하의 메시지에서 모스크바에 비가 내린다는 소식을 듣게 되어 기쁩니다. 소련 정부는 우리가 창밖을 내다보는 것조차 허용치 않습니다."

처칠에 관한 다른 이야기는 이렇다. 전쟁 기간 동안 추축국으로부터 정복되거나 점령당한 여러 나라들의 망명정부가 런던에 있었다. 그중 하나는 그리스 정부로, 그리스 망명정부는 런던과 카이로를 왔다 갔다 했다. 또한 다양한 정당이 참여하는 연립정부의 성격을 띠고 있었는데, 그 특성상 정당들 간에 합종연횡이 끊이지 않았다. 얼마 뒤 강력한 군부를 배후에 둔 플라스티라스Plastiras 장군(플라스티이라아스PlassTEERaahss로 발음했다)이 등장해 정부를 구성했다. 그의 희망은 그리스의 드골이라고 불릴 만큼 강력한 리더가 되는 것이었다. 처칠은 내각에 이런 상황을 알리러 갔다. 신속한 처리는 처칠의 업무 수행 방식으로, 몇 시간 내에 전 기관은 물론 나 같은 말단에게도 모든 상황이 보고됐다. 처칠은 내각에 가서 말했다. "여러분, 그리스 임시정부의 새로운 총리가 탄생했습니다. 플라스터 아스Plaster ass('석고 궁둥이'라는 뜻으로 ass는 영국식으로 '아스'라 발음한다-옮긴이) 장군입니다. 그가 점토 발feet of clay을 가지지 않았기를 기원합시다."

나는 처칠을 만나보지는 못했다. 그러나 한번은 'C'라고 불리던 전설적인 인물 스튜어트 멘지스 경Sir Stewart Menzies을 접견한 적이 있었다. 그는 영국 정보국 국장이었다. 국장 사무실로 걸어 들어간다는 건 뜻깊은 일이었고, 더욱이 국장을 독대한다는 건 더 엄청난 일이었다. 그가 자상하게 나를 맞아주고 여러모로 칭찬해준 덕에 나는 매우 기분이 좋았다. 지금은 그와 무슨 얘기를 나누었는지 기억하지 못한다. 기억한다고 해도 그 내용을 밝히는 것은 허용되지 않을 것이다.

정보부에서 유대인이라는 것

60여 년 전의 일이지만 나는 아직도 그 사건과 대화를 기억한다. 깊은 밤이었다. 매일 발생하는 포탄과 폭탄의 폭발소리를 제외하면 비교적 조용한 밤이었다. 나는 야간 보초를 서고 있었다. 대영제국 군대의 일선부대에서는 모든 장병이 돌아가면서 야간에 불침번을 섰다. 두 명이

짝을 지어 밤새 발생할 수 있는 위급상황에 대처하는 것이었다. 내가 불침번을 서던 날 밤, 나와 동료 조지^{George}는 잠을 쫓기 위해 특별할 것 없는 이야기를 나누었다. 그는 다른 부서에서 일했기 때문에 우리가 나누는 대화는 '꼭 알아야 하는 것'으로 제한되었다. 그렇기에 다소 시시껄렁했다. 그런데 갑자기 조지가 흥미로운 이야기를 꺼냈다. "미안한데, 기분 나쁘게 할 생각은 전혀 없어. 그런데 네가 유대인이라고 생각해도 돼?"

"맞아. 나는 유대인이야. 그리고 전혀 미안해할 것 없어."

"미안해." 그는 다시 말했다. "그런데 너는 율법을 잘 지키는 경건한 유대인 같지가 않아."

"맞아. 그것도 사실이야."

"그런데 이해가 잘 안 되는 점이 있어." 그는 이어 말했다. "왜 귀찮게 계속 유대인으로 사는 거야?"

"이번엔 내가 이해가 잘 안 되는데." 나는 말했다. "무슨 말을 하고 싶은 거지?"

"다시 설명해볼게." 조지는 말했다. "유대인으로 사는 건 어렵기도 하고 때론 위험해, 그렇지?"

"정말 그래." 나는 말했다. 1942년 정보부 지부에서 일하면서 이런 발언을 부인하기는 어려웠다.

"그래서 내가 이해할 수 없다는 거야." 조지는 말을 이었다. "너도 다른 유대인처럼 종교적 신념 때문에 박해나 죽음을 맞이할 각오가 되어있을 것 같아. 그런데 네가 그 신념을 고집하거나 그것에 따라 살지 않는다면, 그렇게 위험을 각오할 필요가 없잖아?"

그제야 조지의 질문을 이해하기 시작했고, 그가 유대교를 오해하고 있다는 생각이 들었다. 조지는 유대교를 하나의 종파 혹은 종교적 숭배로 여기는 게 분명했다. 조지뿐 아니라 대다수의 사람들이 그렇게 생각했다. 이런 종파의 일원이 되기 위해서는 종파의 신념을 정확히 따르고 가르침을 실천해야 한다. 그렇지 않으면 소속감이 약해질 수밖에 없다. 그런 경우에는 그 종파의 구성원으로 남아 있을 필요가 없다. 특히 그것이 불편과 박해로 연결된다면 더욱 그럴 것이다.

나는 유대인의 정체성이 종교로 규정된 공동체에 속하는 것 이상을 의미한다는 점을 조지에게 설명했다. 종교도 분명히 유대인 정체성의 일부분이다. 그러나 신앙과 예배 외에도 다른 요소들이 있다. 이것은 신앙이 사라져도 살아남는다. 그래서 나는 신학적인 용어로 들리는 유대교Judaism보다 '유대인이라는 것Jewishness'을 더 선호한다. 유대인이라는 것은 유대인이 공유하는 삶의 기억과 경험이다. 이는 독특한 다면적 문화로, 다른 문화들과 공존하고 결합할 수도 있다. 이는 또한 정체성이다. 전체적이고 배타적이지 않은 모든 문명화된 인류가 가질 수 있는 다중의 정체성들 중 중요한 부분이다. 마지막으로 이것은 유산이다. 용기, 노력, 헌신을 통해 수천 년 동안 보존된 유산이다. 어렵게 유지해왔기 때문에 소중히 여기며 후손들에게 자랑스럽게 물려줄 수 있는 것이다.

그럼에도 역사적으로 유대인임을 포기하는 사람들이 늘 있었다. 유대인 정체성을 유지하려면 위험하고, 어렵고, 혹은 부담스런 것들이 많았기 때문이다. 오랫동안 유대인들에 대한 적대감은 신학적으로 정의

됐다. 이는 유대인에게 선택의 자유를 주었다. 개종이라는 단순한 행동을 통해 유대인은 박해를 피할 수 있었고, 때로는 본인이 원한다면 박해에 가담할 수도 있었다. 그러나 19세기와 20세기의 극단적인 반유대주의는 이 같은 선택권마저 박탈했다. 유대인의 흔적만 있어도 박해와 탄압이 가해졌다. 예를 들어 나치는 이름만 비슷해도 유대인으로 간주하고 수용소로 보내버렸다. 현대에 들어와서 중동에서 발생한 여러 사건들은 일부 사람들에게 조직적인 유대인 박해를 위한 명분을 제공해왔다. 이런 상황이 일부 유대인들에게 과거에 잃어버렸던 선택권, 즉 유대인임을 쉽게 포기할 수 있는 선택권을 복원시켰다.

그러나 현재 대부분의 유대인들은 자신의 정체성을 유지하려고 노력한다. 국가 같은 보다 강력한 정체성 때문에 유대인의 정체성을 잃은 사람이나 종교적 신념이 약한 사람들도, 유대인의 정체성을 거짓 행위로 치부하면서 완전히 부인하지는 않는다. 이는 다른 사람을 위해서가 아니라 자신을 위해서다.

영국은 법적으로 정교분리 국가가 아니다. 군주는 교회의 수장이고, 주교들이 상원의 일부를 구성한다. 학교, 군대, 다른 정부기관에서 기도는 일상의 중요한 부분이다. 예배는 대부분 영국 국교회 법도를 따르지만 다른 종교나 종파의 예배가 불가능한 것은 아니다. 그러나 공공기관에서 이런 예배를 거행하려면 신자 수가 어느 정도 충족되어야 한다.

내 사촌은 제2차 세계대전 당시 옥스퍼드 앤드 벅스 라이트 보병부대 Oxford and Bucks Light Infantry에서 근무했다. 어느 날 그는 상관에게 호출을 받았다. 상관은 사촌이 군대 예배church parade에 참석하지 않은 이유를 말하라고 윽박질렀다. 사촌은 자신이 유대인이기 때문에 영국 국교회 예배에 가는 것은 적절치 않다고 설명했다. 상관은 다른 종교 예배도 있기 때문에 사촌의 변명은 이유가 될 수 없다고 말하면서 사촌이 유대교 예배의식에 가야 한다고 강조했다. 사촌은 다시, 대대에서 자신이 유일한 유대인이기 때문에 예배가 부대 내에 없다고 설명했다. 상관은 겸연쩍은 듯 헛기침을 하면서 말했다. "잘 알아들었다. 해산."

사촌은 이제 더는 호출이 없을 거라고 생각했다. 그러나 그의 생각은 틀렸다. 일주일 후 상관이 다시 그를 호출했다. 그리고 남쪽으로 30마일 떨어진 런던 인근의 사단에는 유대인들이 많이 있어서 유대교 예배가 열린다고 말했다. 상관은 차를 내주며 운전병에게 그를 유대교 회당에 데려다주라고 명령했다. 결국 사촌은 그 부대에서 근무하는 동안 매주 유대교 예배에 참석했다. 입대 전에도, 제대 후에도 그가 그렇게 매주 유대교 예배에 간 적은 없었다.

다시 중동으로

전쟁이 끝나갈 무렵 나는 다시 중동으로 가라는 명을 받았다. 우선 영국 남부 해안 어딘가에 위치한 해군 기지로 향했다. 거기서 수상비행기를 타고 몰타로 이동한 뒤 잠시 휴식을 취하고 다시 항공편으로 이집트에 도착했다. 편하지 않은 여행이었다. 우선 시간이 너무 많이 걸렸다. 군용 수상비행기는 아주 작아서 고작 몇 명만을 태울 수 있었다. 보통 여섯 명 정도 탑승했던 것 같다.

이집트에서 잠시 머문 뒤 다시 바그다드로 가라는 명령을 받았다. 그곳의 날씨는 한여름이라 몹시 뜨거웠다. 바그다드 공항에서 비행기 문을 열고 내릴 때는 마치 용광로로 들어가는 것 같았다. 마중 나온 차를 타고 호텔로 향했다. 가장 먼저 해야 할 일은 바그다드 주재 영국 대사관에 도착보고를 하는 것이었다. 호텔 직원에게 대사관으로 가는 방법을 물었다. 직원은 대사관이 호텔과 같은 거리에 있고 400미터 정도만 가면 된다면서 택시를 불러주겠다고 했다. 나는 400미터 거리를 가는데 택시를 탈 필요는 없을 거라고 답하고는 거리를 따라 걸어 내려가기 시작했다. 그는 내게 의미심장한 표정을 지어 보이더니 "편하실 대로 하세요"라고 말했다. 밖으로 나와서 몇 걸음 걷다가 나는 다시 호텔로 급히 돌아가서 직원에게 말했다. "당신 말이 맞네요. 택시를 불러주세요." 그늘에서도 45도가 넘는 날씨라 걸어 다니는 것이 완전히 불가능했다. 현지인들도 움직임을 최소화할 정도로 힘들어하는 날씨였다.

기후뿐 아니라 현지 문화를 이해하는 것도 중요하다. 전쟁 당시 북아프리카 지역에 심각한 식량부족 사태가 발생했다. 그러자 미국인들이 진심 어린 마음으로 다양한 통조림을 다량으로 보냈다. 그런데 이들 통조림의 상당수가 햄과 베이컨이었다. 북부 아프리카는 대부분 이슬람 지역으로 돼지고기가 금기 식품이다. 주민들이 분개하며 통조림 음식을 거부하고 나서자 미국인들은 놀라기도 하면서 한편으로는 약간 기분 상해했다. 우리가 설명을 해주긴 했지만, 당시에 그들은 이슬람에 대해 상당히 무지했다.

미군은 북아프리카에 상륙했을 때, 현지에 아이스크림이 없다는 것을 알고 놀라워했다. 아이스크림을 자주 먹는 미군으로서 그것은 심각한 문제였다. 특히 사막의 뜨거운 날씨가 계속되는 북아프리카에서는 더 그러했다. 미군은 창의력을 동원해 곧 해결방안을 찾아냈다. 이제 정찰, 폭격 등 적진에 작전을 나가더라도 미군 항공기의 뒤편에는 아이스크림을 만들기 위해 통을 휘젓고 있는 병사가 탑승했다. 날씨가 너무 덥고 냉동시설이 없기 때문에 지상에서는 아이스크림을 만들 수 없었지만 온도가 내려가는 상공에서는 가능한 일이었다. 이는 미군이 긴급하게 '중요한 물자'를 공급하던 확실한 방법이었다.

정보부에서 알고 지내던 동료 하나는 스코틀랜드 연대의 장교였는데, 아랍어를 유창하게 말했다. 그는 이라크에서 근무했고, 한번은 우리가 '단독 임무detached duty'라고 부르는 일로 북쪽으로 보내졌다. 연대로 돌아오는 길에 그는 우리가 '도적들'이라고 부르고 스스로는 '애국자'라 칭하는 북부 사람들에게 붙잡혔다. 그들은 매우 정중했지만 그를 체포한 뒤 결박했다. 그러고는 두목이 올 때까지만 살려둔 후 죽일 것이라고 말했다. 아마도 두목이 그를 심문하길 원했던 것 같다. 그는 자신이 포로가 되었고 그들이 자신을 죽일 수도 있다는 사실을 받아들였다. 하지만 왜 그들이 자신을 죽이고 싶어 하는지 궁금해서 물었다. "당신이 잉글랜드인English이기 때문이다." 그들의 대답은 명확했다. 내 동료는 분개하며 말했다. "나를 죽여야 한다면 그렇게 하시오. 하지만 잘못된 이유로 나를 죽이는 것은 받아들일 수 없소. 나는 잉글랜드인이 아니오." 그들은 놀라며 말했다. "잉글랜드인이 아니라니! 무슨 말이지? 당신은 잉글랜드 장교이잖소. 잉글랜드군 제복을 입고 있고, 잉글랜드군에 복무하고 있잖소." 내 동료는 맞받아쳤다. "틀렸소. 나는 대영제국British 장교요. 나는 대영제국 제복을 입고 있고, 대영제국 군대에 복무하고 있소. 그렇지만 잉글랜드인은 아니오." 그러자 그들이 물었다. "그럼 도대체 당신은 누구요?" 동료는 자부심에 찬 목소리로 말했다. "나는 스코틀랜드 사람이요."

그들은 이 단어를 들어본 적이 없었기 때문에 더 자세히 설명해달라고 요청했다. 그는 잠시 머뭇거리더니 무언가 생각난 듯 설명을 시작했다. "잘 들어보시오. 이곳 이라크에는 이라크라는 나라가 있지요. 이라크에는 이라크 정부와 이라크 군대가 있고, 당신들은 모두 이라크 사람이죠. 그런데 북쪽에는 쿠르드족이 살고, 남쪽에는 아랍인들이 있지요. 당신들 모두 이라크인이지만 쿠르드인은 아랍인이 아니고 아랍인도 쿠르드인이 아니지요. 이런 상황이 우리에게도 적용됩니다. 스코틀랜드인은 북부에 살고 남부에는 잉글랜드인들이 있어요. 우리는 모두 대영제국 사람이지만 스코틀랜드인은 잉글랜드인이 아닙니다." 모두 잠시 말이 없더니, 곧 '애국자들' 중 하나가 칼을 들고 그에게 다가왔다. "놀라지 마시오." 그러고는 그를 묶었던 줄을 잘랐다. "동족인 쿠르드인을 해치는 것은 꿈에도 상상할 수 없소. 오늘 저녁 식사에 초대하고 싶소이다. 두목이 곧 돌아올 텐데 당신을 만나면 아주 기뻐할 것이요. 함께 식사하겠소?" 내 동료는 당연히 저녁 초대에 응했고 밤새 시간을 보내며 격의 없이 대화를 나누었다.

몇 년 뒤 나는 터키에서 터키인 친구와 쿠르드족 문제에 대해 얘기를 하다가, 그에게 위의 이야기를 해주었다. 나는 왜 터키인들과 쿠르드족이 영국United Kingdom의 스코틀랜드인들과 잉글랜드인들처럼 터키에서 평화롭게 같이 살 수 없는지 물었다. 그는 주저 없이 말했다. "쿠르드족은 스코틀랜드인이 아니다. 그들은 아일랜드인이다."

그의 대답은 재치는 있지만 정확하지는 않다. 터키인과 쿠르드족은 모두 무슬림이다. 잉글랜드인과 스코틀랜드인들도 대부분 개신교 기독교인이다. 아일랜드 문제의 본질은 소수의 개신교 세력이 다수의 가톨릭 주민들을 지배한다는 데 있다. 아일랜드 출신 기독교인들은 영국British establishment 내에서 어렵지 않게 가장 높은 지위까지 접근할 수 있었다. 대표적인 예가 웰링턴 공작Duke of Wellington과 몽고메리Montgomery 원수다. 그러나 가톨릭 주민들은 영국의 연합 시스템이 존재하는 한 아일랜드 전역에서 권력으로부터 배제됐고, 온 나라가 아일랜드 역사에서 '개신교의 우세'라고 불리는 현상의 지배를 받았다. 영국-아일랜드 사안이 이슬람의 수니-시아파 문제를 설명하는 데 도움이 될 수는 있다. 그러나 터키-쿠르드족 혹은 아랍-쿠르드족 사안을 이해하는 데는 적절치 않다.

스파이, 그리고 정보 가로채기

한번은 정보부 간부들이 터키어라고 생각하는 언어로 작성된 문서를 입수했다. 문서는 당연히 번역과 분석을 위해 내게 전달됐다. 나는 문서를 훑어본 후 그것이 터키어가 아니라고 보고했다. 그들은 말했다.

"터키어가 아니면 도대체 어떤 언어인가?" 나는 정확히 모르겠다고 답하긴 했지만 알바니아어일 거라고 생각했다. 나름대로 근거 있는 추측이었다. 문서의 언어가 터키어, 페르시아어, 아랍어 같은 중동어가 아닌 것은 쉽게 파악할 수 있었다. 그리스어와 슬라브어도 아니었다. 이런 문서가 나올 만한 지역을 생각해보았을 때, 남은 언어는 알바니아어밖에 없었다. 게다가 문서에는 티라나^{Tirana}라는 단어가 있었는데, 이는 알바니아의 수도다.

간부들은 알바니아가 터키와 인접해 있으므로, 터키어를 아는 내가 알바니아어도 빨리 배울 수 있을 거라고 생각했다. 이런 말도 안 되는 논리에 전혀 동의하지 않았지만 나 스스로도 시도는 해보고 싶었다. 재미도 있고 기분전환도 될 것 같았다. 나는 한번 해보겠노라고 말하면서 우리의 위대한 지도자 처칠의 말마따나 "도구를 주면 일을 끝내겠다 Give us the tools, and we will finish the Job (1941년 2월 처칠이 제2차 세계대전의 어려움을 호소하며 라디오 연설에서 한 말-옮긴이)"고 얘기했다. 내게 필요한 도구란 알바니아어 문법책과 사전이었다. 그들은 수소문 끝에 둘 다 찾아주었다. 문법책은 1913년에 출판된, 독일어로 된 것이었다. 그런데 이것은 알바니아 남부의 게그^{Gheg} 방언 문법책이었다. 나는 그새 알바니아어가 게그, 토스크^{Tosk}, 리압^{Lyap} 등 세 개의 방언으로 되어 있음을 알아냈다. 게다가 이 책은 그냥 게그 방언에 관한 것이 아니라, 아마도 북부, 서부, 동부 방언과는 다른 남부 방언에 관한 문법책이었다. 사전도 온전치 않았다. A부터 M으로 시작하는 단어들만 수록된 알바니아어/세르비아-크로아티아어 사전의 제1권이었다. 나는 세르비아-크로아티아어를 전혀 몰랐다. 그러나 다행히 발칸반도를 전공한 동료가 한 명 있었다.

나는 가장 먼저 문법책을 빠르게 훑어보았다. 문서가 실제로 알바니아어인지를 확인하기 위해서였다. 그런 다음 문서를 대략 읽어보았다. M에서 Z로 시작되는 단어는 일단 제외했다. 그리고 A에서 M까지 알파벳들로 시작되는 단어들을 알바니아어/세르비아-크로아티아어 사전에서 찾아본 뒤, 발칸 전문가에게 전화를 걸어 세르비아-크로아티아어 단어들의 뜻을 물었다. 그는 단어에서 세 번째 나오는 'z'에 셰브론chevron이 있는지 물었다. 셰브론이 무엇이냐고 되묻자 그는 알파벳 위에 붙은 'V자 기호'라고 설명해주었다. 셰브론이 있다고 답했다. 그는 문맥으로 보아 그 단어의 뜻은 어제 오후, 복통, 혹은 말을 의미할 수 있다고 말했다.

이런 식으로 문서에 등장하는 일부 단어들의 뜻을 파악했다. 그리고 정보부 상관들이 입수한 문서는 알바니아 카펫 상인의 업무서한이라는 결론에 도달했다. 이를 파악하는 것은 어렵지 않았는데, 그 이유는 알바니아어의 카펫이라는 단어는 터키어와 같았고 쉬라즈Shiraz, 보카라Bokhara 등 다양한 카펫 이름들이 등장했기 때문이다. 이런 사항들을 보고하자 상관들은 상당히 실망했다. 그중 한 명이 혹시 업무서한으로 위장한 것이거나 암호화된 것은 아닌지 등을 물었다. 그때 나는 그렇지 않다고 답했다. 독일의 고위 지도부가 알바니아 남부 게그 방언을 이용해 작전을 카펫 무역 서한으로 위장했을 가능성은 아주 낮았기 때문이다. 여러 의견을 종합해 우리는 그 일을 접었다.

여러 해가 지난 뒤 나는 처음으로 알바니아인을 만나게 되었다. 한 리셉션에서 알바니아 대사와 인사를 나눈 것이다. 나는 호기심에 차서 그가 게그, 토스크, 리얍 중 어디 출신인지 물었다. 그는 전혀 망설이지 않고 게그 출신이라고 답했다. 나는 호기심을 참지 못하고 계속해서 물었다. "남부 게그 출신인가요?" 이에 대해 그는 내가 해석할 수 없는 제스처로 답했다(그런 분류 자체가 거의 사라졌다는 의미였을 것이다). 어떤 것들은 그냥 번역을 하지 않기도 한다!

전쟁 기간 동안 영국의 적 독일은 육상과 공중에서 효과적인 전투력을 과시했으나 정보 분야의 능력은 상당히 떨어졌다. 독일은 영국 내에도 거대하고 중요한 스파이 네트워크를 구축한 상태였으나, 영국 정보부는 이들 대부분을 파악하여 추적하고 있었다. 영국 정보부는 그들의 연락을 가로채 해독했기 때문에, 독일 기지를 떠난 순간부터 영국에 도착할 때까지 모든 스파이의 이동경로를 알고 있었다. 이들은 에스파냐나 아일랜드를 경유해 입국하는 경우가 많았다. 적국의 스파이를 찾아내면 보통 바로 체포하지 않고 오히려 활동을 지속하도록 내버려둔다. 이 과정에서 그들에게 거짓정보를 흘려주면, 결국 이 정보는 본국의 정보부 수뇌부까지 전달된다. 이런 방식은 적을 혼란에 빠뜨리고, 다른 스파이들을 찾아내는 수고를 줄이는 일석이조의 효과가 있다. 그러나 때가 되었을 때 혹은 특별한 상황이 발생했을 때, 정보부는 영국 내에서 활동하는 독일 스파이들을 체포했다. 그들의 모든 통신과 연락을 추적하고 있었기 때문에, 이런 체포 작전 이후 독일의 반응이 어떨지도 잘 알고 있었다. 당연히 그들은 분노했다. "멍청하고 무능력한 영국인들이 어떻게 우리의 뛰어난 스파이들을 찾아내 체포할 수 있는가?"

그들은 한동안 이 문제를 놓고 논의한 뒤 답을 찾았다고 결론지었다. 바로, 이탈리아인들이 문제였다! 영국 정보부가 최고의 독일 스파이들을 타진할 수 있었던 이유는 자신들의 동맹국 이탈리아의 무능력과 태만 때문이었다는 것이다. 우리가 가로챈 한 메시지에서 그들은 이탈리아인들이 그들의 방식을 바꾸고, 독일식 스파이 운용 방식을 채택해야 한다고 지적했다. 그러나 사실은 오히려 반대였다. 이탈리아 스파이들은 아주 뛰어났다. 우리는 그들을 찾아내지 못했고 그들이 존재한다는 사실조차 몰랐다. 그러나 베를린의 압력을 받고 이탈리아 스파이 네트워크는 독일 방식을 채택했다. 그 결과 우리는 그들도 체포할 수 있었다.

진정한 동맹과 부적절한 동맹

전쟁 기간 중 내 인생의 또 다른 장, 즉 짧았던 내 첫 결혼생활이 시작과 끝을 맞았다. 진Jean은 여러모로 우리 가족과 비슷한 영국계 유대인 가족의 참한 딸이었다. 그녀는 나보다 한 살 어렸고, 우리는 양쪽 부모의 소개로 만났다. 당시 유대인 부모는 자녀들의 결혼을 사전에 논의한 뒤 결정을 내렸고 당사자의 의견은 크게 반영되지 않았다. 구식 중매결혼이었다.

우리는 1939년 결혼했으나 불과 몇 개월 뒤 내가 징집되어 군복무를 시작하면서 결혼생활이 단절됐다. 나중에 정보부에서 일하면서 나는 진을 동료들에게 소개했다. 이를 계기로 그녀는 이탈리아어 부서에서 일하게 됐으며, 전쟁이 끝날 때까지 일을 훌륭하게 해냈다고 한다. 전쟁이 한창 진행되던 중 우리의 결혼생활은 삐걱거리기 시작했고 결국 파국을 맞았다. 우리는 전쟁이 끝나기 전 상호 합의하에 헤어졌다. 어떠한 법적인 요구도 없었고, 서로 비난하지도 않았다.

모든 생존자들이 기억하겠지만, 전시에는 상당히 지루한 시간들이 많다. 특별히 변하는 것도 없고, 또 할 수 있는 일도 없기 때문이다. 그렇기 때문에 다른 사람들처럼 나도 항상 주머니에 작은 책을 넣고 다니면서 시간이 날 때마다 읽었다. 나는 시집을 더 좋아했다. 시를 좋아하기도 했지만 시집은 부피가 작아서 무겁고 큰 산문집보다 읽을 기회가 더 많았다. 나중에는 외국어 시집을 읽는 비율이 점점 더 커졌다. 외국어 시집을 읽으려면 집중력이 더 필요하긴 했지만, 포탄과 폭탄이 터지는 산만한 상황에서 눈을 돌리게 해준다는 장점도 있었다. 시를 외우고 영어로 번역해보기를 반복하던 중, 어느 단계에 이르자 이제 시집을 가지고 다니지 않아도 됐다. 사실 시를 외우는 것은 어린이들의 놀이였다. 영국 초등학교에서는 시를 굉장히 많이 외우게 한다. 물론 번역은 더 어려웠지만, 베르길리우스와 호라티우스의 작품을 다루면서 습득한 기술들은 중동의 고대와 현대 시들을 번역하면서 더욱 정교해졌다.

처음에는 이 시들을 영시로 번역하려고 했고, 원문의 운율과 압운을 유지하려고 애썼다. 그러나 나중에는 이런 방법을 포기했다. 형식에 치우치다 보니 시정詩情이 지나치게 떨어졌기 때문이었다. 그래서 영어로 번역할 때 시적이지만 반드시 운문일 필요는 없고, 리듬감 있지만 운율을 고집하지는 않으려고 주로 노력했다. 현재는 자유시가 대세이고, 나는 이에 상당히 동감한다. 산문으로도 시를 쓸 수 있다. 그것이 평범해져서는 안 되지만, 운율이 없어도 시적일 수는 있다. 이후에도 가끔은 운율을 담아 번역하려고 했지만 드문 일이었다.

어쨌든 운문 번역은 생명이 짧다. 각 세대는 호메로스와 단테의 시를 자신들의 언어로 번역해야 한다. 셰익스피어의 16세기 영어 작품이라면 어떻게든 참고 읽을 수 있다. 현재의 영어와는 상당히 다르더라도 그것은 그가 쓴 원본이기 때문이다. 그러나 외국어 작품은 굳이 낡아빠진 번역을 참고 읽을 필요가 없다. 빅토리아시대의 번역은 많은 부분에서 오늘날의 문체와 맞지 않아서, 읽을 수는 있지만 입에 착 붙지 않는다. 만약 톨스토이나 도스토옙스키 작품의 초창기 영역본을 읽는다면 별 어려움 없이 이해할 수는 있겠지만 따분하고 재미없을 것이다.

전쟁 이후 비록 간헐적이지만 나는 계속해서 터키어, 아랍어 및 히브리어 시를 번역해왔다. 히브리 시인 데이비드 로케아David Rokeah는 나의 이런 노력을 진지하고 긍정적으로 평가해주었다. 그는 자신의 시를 영어로 번역하여 책을 여러 권 냈다. 그가 내 번역을 시집에 실어준 일을 생각하면 어깨가 으쓱해진다.

전쟁 중 이스탄불에 거주하던 한 프랑스 동료학자가 있었다. 그는 신비주의와 철학을 전공했으며 속세에서 다소 동떨어진 삶을 추구했다. 터키는 당시 중립국가였지만, 외국인 출입이 금지된 특정 보안 지역이 있었다. 시내에서 헤매다 실수로 보안 지역에 들어가게 된 그는 즉시 체포되어 경찰서로 이송됐고 수사관의 조사를 받았다. 수사관은 내 동료가 스파이나 불순분자가 아니라 악의가 전혀 없는 단순 방문자임을 알 수 있었다. 두 사람은 조사가 끝나자 함께 담배와 커피를 즐겼다. 분위기가 조금 편안해지자 내 동료는 수사관에게 출입이 금지된 지역에 있다면 경고 표지판이 있어야 하는데 왜 아무것도 없느냐고 물었다. 수사관은 상당히 놀란 표정으로 말했다. "그렇게 하면 아무도 체포할 수 없지 않습니까."

1944년 말 전쟁에서 독일의 패색이 짙어지고, 연합군의 완전한 승리가 시간문제인 상황이 되었다. 이를 파악한 터키 정부는 중립주의를 수정하기 시작했다. 그리고 1945년 2월 말 추축국에 대해 전쟁을 선포했다. 전쟁이 끝나기 직전에 취해진 시기적절한 결정이었다.

그러나 추축국에 전쟁을 선포하기 직전에도 터키 정부와 영국 간에는 다양한 경로로 비공식적인 협력이 진행됐다. 특히 정보 분야에서 더욱 그러했는데, 영국은 터키에서 일어나는 일들을 최대한 밀착해서 추적했다. 영국은 터키가 중립국이었기 때문에 정보 능력이 현대의 기술 발전을 따라가지 못하고, 치명적인 허점들도 많이 갖고 있다는 점을 알고 있었다. 이러한 점은 터키와의 협력이 독일에게 노출될 수도 있다는 위험천만한 가능성을 내포하는 것이었다. 터키의 정보부 수준이 크게 떨어지기 때문에 우리 정보가 터키를 통해 독일로 넘어갈 수 있는 것이다. 따라서 영국 정보부는 터키 정보부에 연락 담당자를 보내기로 결정했다. 터키의 정보 수단이 워낙 낙후하여 이런 상황이 양국의 공동목표에 위험을 줄 수 있음을 설명하는 임무를 담당하는 요원이었다. 일차적으로 중동을 전공한 내가 선발됐다. 상당히 흥미로운 업무를 할 기회라는 생각에 나는 기대에 부풀었다. 그런데 상관들의 마음이 바뀌었다. 이런 업무는 전쟁 중 징집 복무자가 아니라 직업적인 정보요원이 담당해야 한다는 게 그들의 논리였다. 이런 이유로 나는 교체됐다.

상당히 실망스러웠고, 전공과 관련된 업무에서 제외됐다는 점에서 마음이 아프기까지 했다. 그런데 시간이 지나고 보니, 그 임무에서 나를 제외해준 상관들에게 오히려 고마운 마음이 든다. 정보 활동 업무에서 상근직 정규요원과 전쟁 중 징집 복무자 간에는 명확한 구분과 차이가 있었다. 전쟁이 끝나면서 징집 복무자들은 전쟁 전에 자신들이 하던 다양한 업무로 돌아갔고, 정보 문제와는 더 이상 아무런 관련도 없었다. 그러나 터키인들이 이런 상황을 이해할지는 미지수다. 만약 당시 그 임무를 맡고 터키에 갔더라면, 나는 터키와 중동 지역에서 평생 스파이 딱지를 달고 살아야 했을 것이다. 이는 당연히 터키 친구들이나 동료학자들과의 관계에도 악영향을 주었을 것이다. 당시에는 불운이라고 생각했지만 길게 보니 축복이 된 것이다. 터키 정부는 영국 학자가 자국의 기록보관소에서 연구하는 것은 허용했을 테지만 영국 스파이에게는 그런 허가를 내주지 않았을 것이다.

중동에서의 정보활동 축소

전쟁 중 이탈리아에는 중대한 변화가 발생했다. 무솔리니가 축출되어 북쪽의 독일로 도망을 갔고, 이탈리아 정부는 바돌리오 원수Marshal

Badoglio가 장악했다. 그 결과 이탈리아는 적대국에서 우방국으로 바뀌었다. 따라서 영국은 다양한 지위의 이탈리아 인사들과 접촉해야 했고, 이탈리아어에 능한 요원들이 급히 필요했다. 영국군에는 이탈리아어 구사자들이 그리 많지 않았지만 미군에게는 어려운 사안이 아니었다. 미국 장병 중에는 이탈리아계가 많았고, 그중에서도 남부 이탈리아와 시칠리아 출신 비율이 상당히 높았다. 관련 명령이 떨어지고 얼마 후 이탈리아 당국과의 소통 및 접촉을 위해 상당수의 미군 장교들이 다른 부서와 지역에서 이탈리아로 향했다. 한번은 영어를 할 줄 아는 피렌체 출신 이탈리아 연락장교가 당혹한 표정을 지으며 소리쳤다. "도대체 저들이 누구지? 겉보기엔 미군 장교 같은데, 시칠리아 농부들처럼 말하는군."

전쟁 기간 동안 나는 대부분 런던에 있었으나 1945년 여름에는 중동 지역으로 출장을 나섰다. 주요 목적은 우리의 정보 활동 업무를 축소하는 것이었다. 유럽에서는 전쟁이 사실상 끝나가고 있었고, 독일은 항복했다. 일본과의 전쟁만 지속되고 있었는데, 이는 전쟁의 측면에서 중동이 더는 그렇게 중요한 지역이 아님을 의미했다. 따라서 중동 활동을 줄이고 극동 업무를 확대하는 추세였다. 내 업무는 중동 전역을 돌아보는 것이었다. 우선 카이로에서 잠시 머문 뒤 예루살렘, 바그다드, 다마스쿠스, 베이루트에 들렀다. 그리고 다시 예루살렘을 거쳐 카이로로 돌아오는 계획이었다. 때로 어이없는 일들도 있었다. 베이루트에서는 외곽에 위치한 알라이Alay 언덕에 갔다. 우리 군부대가 그곳에 있었는데, 홈스Holmes 장군이 지휘하는 중동 지역 주력부대 사령부였다. 나는 장군이 아니라 정보 업무 담당 대령과 볼일이 있었다. 그를 만나 부대의 정보부를 폐쇄하라는 방문 목적을 설명했다. 나는 그에게 몇몇 사항을 중단할 수 있는지 물었고, 그는 그렇다고 답했다. 그는 정보부가 더는 필요 없으므로 해당 부서를 폐쇄해도 된다고 말했다. 일이 잘 풀려가는 듯싶었다. 대령은 내게 장군을 만나겠느냐고 물어왔다. 별로 만나고 싶지는 않았지만, 거절하기 어려운 상황이었다. 그래서 장군을 접견하러 갔고 이런저런 얘기를 나눴다. 어떤 일로 왔느냐는 질문에 내가 설명을 해주자 장군은 이렇게 말했다. "그렇게는 안 되네. 그런 업무들을 그렇게 간단히 중단할 수는 없지. 모두 필요한 일이야." 그러고는 정보책임자인 대령을 보며 말했다. "안 그런가?" 대령은 말했다. "그렇습니다. 물론 그렇습니다." 장군과의 접견이 끝나자 대령은 눈 하나 깜빡이지 않고 말했다. "대답을 잘 들었겠지. 우린 그 부서가 필요해."

나는 베이루트에 이어 예루살렘에 갔다. 처음으로 통곡의 벽에 가본 것이다. 유대인의 전통 중에 작은 종잇조각에다 하느님께 소원을 적어서 벽의 돌 틈이나 구멍에 집어넣는 것이 있다. 이렇게 하면 메시지가 하느님께 전달된다고 믿는다. 나 역시 그 전통에 따라 의식을 행했다. 감동적인 방문이었다.

예루살렘에서는 오브레이 에반Aubrey Eban(외무부 장관, 교육부 장관, 부총리 등을 지낸 이스라엘의 외교관이자 정치인-옮긴이)을 만났다. 그는 대영제국 육군의 사우스 스태포드셔 연대South Staffordshire Regiment에서 소령으로 근무하면서 예루살렘에 주둔하고 있었다(나는 그를 영국식 발음에 따라 오브레이라고 불렀다. 후에 이스라엘에 정착했을 때 그는 '아바Abba'

라는 이름을 썼다). 우리는 초등학교 시절 처음 만났고 대학에 들어가서 더 가까워졌다. 우리는 여러 분야에서 공통된 관심사가 있었다. 특히 1939~1940년 학기에 그를 상당히 자주 만났다. SOAS가 런던에서 케임브리지로 캠퍼스를 잠시 옮긴 그해에 우리 둘 다 케임브리지에 있었다. 군에 입대한 뒤에는 서로 다른 지역과 부서에서 일했다. 그는 아랍어 센터에 배치됐는데, 영국 정부가 예루살렘에 설치한 교육기관이었다. 아랍어 센터라고 하긴 했지만 실제로는 학술기관이 아니라, 임무를 수행하기 위해 아랍어와 아랍세계에 대해 알아야 하는 군인과 민간인들을 교육하는 군사시설이었다.

케임브리지에서 헤어진 이후 처음으로 예루살렘에서 그를 만났다. 우리는 점심 식사를 같이 하면서 그 시절 사람들이 이야기하는 주제에 대해 대화를 나눴다. 전쟁이 끝나면 무엇을 할 것인지에 대한 이야기였다. 실제로 전쟁은 거의 끝나가고 있었고, 몇 개월만 지나면 자유의 몸이 되어 지난 5년 동안 중단됐던 삶을 다시 시작할 수 있을 것이라 믿었다. 오브레이는 세 가지 제의를 받았다고 했다. 첫 번째는 그가 졸업한 케임브리지대학교의 칼리지에서 주니어 펠로십junior fellowship을 제의한 것이다. 이는 얼마 후면 시니어 펠로십senior fellowship으로 이어지고, 그 뒤에는 내가 맡았던 전임강사가 되는 것이었다. 두 번째는 영국의 노동당이 한 선거구를 담당해달라는 제안을 해온 것으로, 선거에서 이기면 하원으로 진출하는 등 영국 정치에 입문하는 것이었다. 세 번째는 예루살렘의 유대인 기구가 요청한 것으로, 영국으로 돌아가지 말고 예루살렘에서 바로 제대하여 당시 팔레스타인 지역에서 수면 위로 올라오기 시작한 정치적 투쟁에 동참해달라는 제안이었다. 나는 그가 어떤 선택을 할지 짐작하고 있었다. 그가 이스라엘에 남아 중요한 정치적 역할을 한 것은 이제 역사로 남았다(오브레이는 2002년 타계했다-옮긴이). 하지만 당시 나를 만났을 때 그는 세 가지 제의를 놓고 진지하게 고민 중이었다. 그는 특히 영국 하원 진출을 긍정적으로 검토했다. 오브레이는 젊었을 때부터 말솜씨가 뛰어났다. 그가 나에게 이런 질문을 한 일이 기억난다. "내 어법이 하원에 어울린다고 생각해?" 나는 말했다. "아니, 네 웅변 스타일은 상원에 더 잘 맞을 것 같은데."

전쟁 종료

원자폭탄이 히로시마에 떨어진 날, 나는 동료들과 차를 타고 예루살렘에서 카이로로 이동하고 있었다. 많은 시간이 걸리는 여정이었다. 카이로에 도착했을 때 우리는 시장에게 보고를 해야 숙소를 제공받을 수 있었다. 차에서 내리자 운전병이 말했다. "전쟁이 끝났어요." 나는 놀라서 물었다. "뭐라고?" 운전병은 덧붙였다. "지나가던 병사들이 전쟁이 끝났다고 말했어요." 전쟁이 완전히 끝난 게 아니라 히로시마에 원자폭탄이 떨어진 것이었다. 이것으로 전쟁은 거의 끝나가고 있었고, 며칠 내에 종전이 선포될 상황이었다. 어쨌든 전쟁이 끝나고 집에 갈 수 있다고 생각하니 믿기지 않았다. 내 인생에서 상당히 중대했던 시기가 끝을 향해 가고 있었다.

전쟁이 끝을 향해 가면서 이후로 가슴 아픈 소식들이 들려왔다. 나치가 점령한 유럽 각지에서 발생한 유대인 대량학살의 실체가 점차 드러나기 시작한 것이다. 생존자들이 안전한 곳으로 피신하기 위해 겪어야 했던 고난에 대한 이야기들도 알려지기 시작했다. 때때로 그래 온 것처럼, 나는 당시의 감정을 시로 표현하려 했다. 이 책의 첫 번째 부록에 1945년 9월 29일에 쓴 시를 담았다. 문학적인 시도가 아닌, 당시의 역사적 상황을 담으려고 노력한 시다.

전쟁 막바지에 내 직속상관이 훈장을 받았다. 전통에 따라 그를 축하하기 위해 행사장에 배석했는데, 그가 한 연설이 생생히 기억난다. "이제 전쟁 같은 게임은 하지 맙시다. 이 상은 여러분의 노력 덕분이라는 걸 여러분도 나도 잘 알고 있습니다. 시스템은 이렇게 돌아갑니다. 지난 전쟁에서 나는 많은 노력을 기울였고, 내 상관이 훈장을 받았습니다. 여러분들도 다음 전쟁에서 그렇게 될 것입니다. 여러분의 부하들은 그다음 전쟁에서 또 보상을 받게 될 것입니다." 다행히 그의 말은 실현되지 않았다.

전쟁이 끝나자, 나는 교육 종사자라는 이유로 빨리 제대할 수 있었다. 1939년에서 1945년까지 매년 젊은 남녀 학생들은 고등학교 졸업 후 군에 입대했다. 전쟁이 끝나고 나니 수년 동안 누적된 대학에 등록하려는 학생 수로, 대학들은 엄청난 압박감에 시달릴 수밖에 없었다. 상상할 수 없을 정도로 많은 학생들이 거의 동시에 대학에 지원한 것이다. 따라서 교직원들이 복직해서 학사 업무를 재개할 수 있도록 그들을 최대한 빨리 제대시키는 것이 시급했다. 나도 그 혜택을 받은 사람들 중에 하나였다.

전쟁 동안 나는 아주 운이 좋았다. 비교적 편한 임무를 수행했고 전투에 직접 참여하지 않아 목숨을 잃거나 부상당할 염려도 없었다. 역사학자의 시각으로 보더라도 5년의 전쟁 기간이 전적으로 시간낭비는 아니었다. 누구든지 군에 복무한다면 전쟁사를 더 깊이 이해할 수 있을 것이다. 전쟁사는 역사의 중요한 부분이다. 기번Edward Gibbon(영국의 역사가-옮긴이)은 자서전에서 햄프셔Hampshire 민병대에 자원해 복무한 것이, 로마제국이 세계무대에서 행한 전쟁을 이해하는 데 큰 도움이 됐다고 언급했다. 이것이 지나친 혹은 우스꽝스러운 비약이라고 말하는 사람도 있을 테지만 나는 그런 시각에 동의하지 않는다. 군복무는 해보지 않고서는 절대로 상상조차 할 수 없는 무언가를 제공한다. 특히 전쟁 중에는 더 큰 경험이 될 수 있다.

1941년 MI6로 전출되어 임무를 수행하면서 나는 정말 많은 것을 깨달았는데, 특히 중동을 연구하는 역사학자로서는 더욱 그랬다. 그중 하나는 작성된 문서를 무조건 신뢰해서는 안 된다는 것이었다. 문서는 전체적인 이야기가 아니라 부분적인 내용만 담고 있기 때문이다. 또 자료를 찾는 방법과 자료의 문서를 평가하는 방법을 배웠다. 자료들은 포괄적으로 파악할 때만 가치가 있으며, 개별 문서는 그리 중요하지 않다.

자신의 시대에 발생한 사건에 참여한 역사가는, 그렇지 않은 역사가보다 더 유리하다. 우선 그 시대 인간의 행위와 동기를 보다 깊이 이해할 수 있기 때문이다. 그뿐 아니라 사건이 남긴 흔적과 문서들에 보다 많은 의문을 제기하고 비판적으로 볼 수 있기 때문이다.

역사가라면 자신의 시대에 발생한 사건들에 영향을 받을 수밖에 없다. 역사가는 과거에 일어난 역사적 사건뿐 아니라 현재 일어나는 사안들에도 관심을 가진다. 우리는 모두 현재를 살아가는 존재들이므로, 현재의 문제점들이 제기하는 의문들을 과거에 투영시키는 것이 당연하다. 이것은 정통성 있는 접근법일 뿐 아니라 반드시 그렇게 해야 하는 접근법이다. 그렇지 않다면 다음 세대의 역사가들이 기록할 게 없어진다. 같은 주제를 다시 쓰고 같은 사안을 다시 검토할 수는 없다. 다만 역사적 사실과 결과를 정치적 혹은 이념적 목적으로 왜곡하는 것은 절대 용인되어서는 안 된다. 이런 방식은 역사가의 정신에 대한 배신이다.

오스만제국의 기록보관소에서

내가 영국인 중 최초로 중동의 역사를 전문적으로 다루는 교수라는 점은, 당시에는 실감하지 못했지만 극히 행운이었다. 그전에는 아랍어를 전혀 모르는 역사학자나 부분적으로만 이해하는 아랍어문학자들이 중동 역사, 특히 아랍 역사를 연구하고 집필했다. 아랍학 혹은 중동학과가 있는 대학들은 주로 언어학, 문학 그리고 때로 신학을 가르쳤기 때문에 역사 교육은 부수적이었고 간헐적이었다. 깁 선생은 내가 아랍의 역사를 연구하고 가르치고 그에 관한 책을 쓰는 최초의 전문 역사학자라고 누누이 말했다. 물론 나는 영국에서 최초이고, 프랑스에는 이미한 사람이 존재했다. 클로드 카엥Claude Cahen이라는 역사학자로, 나처럼 중동 역사학을 개척한 인물이며, 나중에 우리는 가까운 사이가 됐다.

영국 대학제도의 일반적인 관행에 따라, 런던대학교도 다양한 명예학위 프로그램을 운용했다. 한 전공 분야를 2~3년간 집중적으로 수학하는 과정으로, 나는 '중근동 전문 역사' 과정을 이수했다. 내가 강사로 임명되기 전에는 아랍어, 페르시아어, 터키어 전공 교수들이 중동 역사를 가르쳤고, 비잔틴시대와 동방 문제 관련 주제들만 전문 역사학자들이 가르쳤다. 20세기 들어 중동 연구가 더욱 긴급하고 필수적인 분야가 되자, 이런 수요에 따라 역사학이나 언어를 전공한 학자들이 대거 중동연구에 관심을 가졌다. 그 학자들 중 일부는 내가 가르친 학생들이었다. 나는 중동 역사 분야에서 선구자로서 인정받게 됐으나, 이는 내 학문적 깊이나 경험보다는 단순히 이 분야를 먼저 공부했다는 점에서 받게 된 영광이자 행운이었다. 어쨌든 전쟁을 거치면서 역사를 포함한 중동 연구는 제2의 도약기를 맞이했다.

당시 아랍어를 구사할 수 있는 사람은 극히 적었다. 아마도 영국 전체를 통틀어서 100명도 되지 않았을뿐더러, 그들 중에서 아랍 역사 전반을 이해할 수 있는 역사학자적 인식을 가진 학자는 거의 없었다. 전쟁 동안에는 아랍인들이 연합국과 추축국 중 어느 세력을 지지하는가라는 문제가 급부상했다. 비슷한 문제는 냉전기간에도 등장했는데, 아랍세계가 미국과 소련의 우방국 확보를 위한 경쟁 지역이었기 때문이다. 대다수 아랍 국가들이 소련을 선호했는데, 전쟁 동안 그들의 전임자들이 독일 제3제국을 지지했던 것과 비슷한 이유에서였다. 이는 패권으로 부상하던 미국과 서양의 강대국들에게는 심각한 과제가 됐다.

1945년 9월 다시 대학에 돌아갔을 때, 나는 학문적 흐름을 놓친 상태였다. 그래서 중동 지역에서 발생한 일들을 집중적으로 파고들었다. 낙하산을 타고 현대 중동에 떨어진 듯, 전쟁은 나를 현대 중동의 사안과 깊은 관련을 맺게 만들었다. 정보국 상관들이 중세 역사에 관심이 없는 것은 뻔한 일이었다. 그들은 역사를 연구하는 데는 관심이 없고, 다만 역사를 만들어 나가는 데 더 열정적이었다. 전쟁 동안 중동에서 보낸 시간은 상당히 흥미로웠고, 그곳을 가까이에서 본 것은 매우 유용한 경험이었다.

군에 입대하기 전 런던대학교의 교수직에 임명되었기 때문에 전쟁이 끝나자 바로 직장에 복귀할 수 있었다. 떠난 곳으로 되돌아간 것이었지만 업무를 전부 새로 배워야 했다. 전쟁 동안 중동 현대 역사의 제한적인 측면에 대한 특수하고 상세한 지식을 습득하긴 했으나, 이는 학부생들을 가르치는 데 큰 도움이 되지 않았다. 예전의 교재들을 다시 읽어야 했고 강의 내용이나 교수법도 다시 연구해야 했다. 모든 게 새롭지는 않았지만, 수년 동안 손을 놓았기 때문에 거의 처음부터 다시 배우고 공부해야 했다.

교수로서 나는 상당히 젊은 세대에 속했지만, 경험이나 아마도 지혜의 측면에서는 성숙한 상태였다고 할 수 있다. 전쟁 직후 대학은 빠르고 폭넓게 변화하고 있었기 때문에, 젊은 학자들이 연구와 교육을 시작하기에 혹은 다시 시작하기에 적절한 시기였다. 학생들은 전쟁 때문에 6년이나 수업을 기다리고 있었고, 이런 수요를 해결하기 위해 정부도 막대한 재정을 지원했다.

1946년 나는 런던의 한 파티에서 루스 오펜하임Ruth Oppenheim을 만났다. 그녀는 덴마크의 명망 있는 유대인 집안 출신으로, 고등학교를 졸업하고 영어 실력을 향상시키고자 영국으로 건너왔다. 전쟁이 발발하자 그녀는 중립을 선언한 덴마크로 돌아가기보다는 영국에 남는 편을 택했다. 현명한 결정이었다. 이듬해 덴마크는 독일에 점령당했고 그녀의 가족을 포함한 상당수의 덴마크 유대인들이 수용소로 보내졌다. 우리는 만난 지 1년 만에 결혼했다. 당연히 그녀의 영어 실력은 빠르게 향상됐다.

내 첫 번째 제자 중에는 이집트 학생이 있었다. 졸업할 즈음 그와 그의 아내는 조촐한 파티를 열어 나와 내 덴마크 신부를 초대했다. 루스는 그의 논문 주제가 무엇이냐고 물었다. 그가 대답하자 그녀는 놀라며 말했다. "아니, 주제가 이집트 역사잖아요." 그가 답했다. "맞습니다. 나는 이집트인입니다. 내가 이집트 역사에 대해 공부하는 게 이상한가요?" 루스가 설명했다. "이집트 역사를 공부하는 건 전혀 이상하지 않아요. 그런데 덴마크 학생이 영국에 간다면 보통 과학이나 영어를 전공할 거예요. 덴마크 역사를 공부하러 영국까지 오는 학생은 거의 없다는 것뿐이에요."

그는 다소 당황했으나, 내가 생각하기에 적절한 답변을 했다. "내가 여기에 온 이유는 세 가지입니다. 첫째, 카이로에 많은 자료가 있는 것은 사실이지만 그 자료에 접근하기는 런던에서가 더 쉽습니다. 정해진 시간 내에 연구를 마치려면 중요한 문제이지요. 둘째, 이곳에서는 현대적이고 과학적인 방법론을 배울 수 있지만 이집트에서는 그렇지 않습니다. 셋째, 솔직히 얘기해서 영국 박사학위가 이집트 박사학위보다 이집트에서 더 좋은 평가를 받기 때문입니다." 나는 내 학생이 몹시 자랑스러웠다. 솔직하고 지적인 답변이었다.

아내가 다시 말했다. "글쎄요, 당신이 언급한 세 가지 중에서 가장 중요한 것은 현대적이고 과학적인 연구 방법일 것 같아요." 그는 말했다. "맞습니다. 저도 그렇게 생각합니다." 루스는 이어 말했다. "아마도 이집트로 귀국하면 대학교수가 되어서 학생들에게 영국에서 배운 과학적 방법을 가르치겠지요." 학생이 그렇다는 표시로 고개를 끄덕이자 루스가 덧붙여 말했다. "그러면 당신 학생들은 자신들의 역사를 공부하기 위해 더는 서양세계로 올 필요가 없겠네요." "맞습니다." 그가 답하자, 루스는 잠시 생각한 뒤 말했다. "정말 그럴까요? 이집트 학생들은 자국의 역사를 공부하기 위해 영국에서 이미 오랜 시간을 보내지 않았나요?" 한동안 침묵이 흘렀다.

역사 속의 아랍인들

1946년 8월 초 나는 아주 기분 좋은 편지 한 통을 받았다. 위대하고 유명한 역사학자 모리스 포위크 경Sir Maurice Powicke이 보낸 편지였다. 그는 옥스퍼드대학교의 근대사 흠정강좌欽定講座 담당 교수Regius professor로 유명한 중세 역사 권위자였다. 독자들은 중세 역사학자가 왜 근대 역사 교수직을 담당하는지 궁금해할 수도 있을 것이다. 그 이유는 옥스퍼드대학교의 근대 역사학과가 로마제국 멸망 직후 개설되었기 때문이다.

모리스 경의 편지에는 원고를 청탁하는 내용이 담겨 있었다. 그는 허친슨Hutchinson출판사 편집장으로 역사책 시리즈를 기획 중이었다. 편지를 인용하면 청탁 내용은 다음과 같다. "6만 단어 분량으로 역사 속 아랍인들에 관한 소책자를 집필할 의향이 있는지요?" 그는 시리즈 설명이 담긴 문서를 동봉하면서 이 책의 집필 방향에 대해서도 상세하게 설명했다. "교과서나 사전과 같은 글은 원하지 않습니다. 현장 분위기를 생생하게 서술하는 고전적인 수필 형식이면 좋겠습니다. 주제에 대한 통찰력이 담겨 있고, 명확하고 균형 있는 의견이 있고, 읽기 쉬운 문체로 쓰인 글을 원합니다. 나는 현재 이런 책이 필요하다고 생각합니다. 당신에게는 학자로서, 중동 전문가로서 인정받을 수 있는 기회가 될 것입니다." 모리스 경은 이어서 이렇게 썼다. "제안을 받아들일 의향이 있다면, 책의 범위와 주제에 대해 생각하는 바를 적어 보내주기 바랍니다." 물론 나는 기꺼이 제안을 받아들이겠다고 회답하고, 그가 요청한 집필 계획서를 보냈다.

첫 편지가 도착한 지 두 주 후, 모리스 경은 두 번째 편지를 보내왔다. 아랍과 관련된 원고의 집필을 기꺼이 수락한 데 대해 만족을 표하는 내용이었다. 그리고 추가적인 조언들도 아끼지 않았다. "당신이 보내준 집필 계획과 아이디어를 기쁘게 받아들입니다. 내가 강조한 점들을 잊지 않기를 다시 한 번 부탁합니다. 지나치게 상세한 정보를 담아 백과사전 같은 형식이 되지 않기를 바랍니다. 중요하지만 방대하고 포괄적인 주제이기 때문에 각 사안에 대해 상세한 것들을 다 담을 수가 없습니다. 만약 그렇게 된다면 핵심적인 내용이나 주장이 산만해져서 심각한 문제가 생길 수 있습니다. 이것은 학자만이 할 수 있는 작업이기 때문에 젊은 학자에게는 아주 좋은 기회라고 생각합니다."

며칠 후에 도착한 편지에는 깜짝 놀랄 만한 서류가 들어 있었다. 완성된 원고를 접수하고 승인이 되면 75파운드의 선인세를 지급한다는 내용이 담긴 출판사의 정식 계약서였다. 지금으로 치면 75파운드는 별로 큰 금액이 아니지만, 당시에는 이 돈이면 스웨덴으로 한 달 동안 신혼여행을 갈 수 있었다. 전후 영국의 긴축정책 상황을 고려했을 때 이 돈은 적당히 사치를 누릴 수 있는 여유를 줄 만했다. 즉 보조강사로 임명되었을 때 첫해 연봉이 250파운드였는데, 군 복무기간을 포함해 거의 7년이 지난 시점에는 약 600파운드가 됐다. 따라서 그 선인세는 나의 경제적 상황에 명확한 변화를 줄 수 있는 금액이었다.

반세기 이상이 지난 지금 나는 두 가지 점에서 놀라움을 금할 수 없다. 첫째는 집필 요청을 할 때 모리스 경이 보여준 진솔함이고, 두 번째는 그 제안을 받아들인 내 무모함이다. 사실 그 당시 나는 '고전적인' 글을 쓰기에 아직 너무 젊었고, 대학교수로서도 비교적 초보에 속했다. 모리스 경이 언급한 요구사항들을 보자면, 그 책은 평생 연구하고, 가르치고, 사고한 학자들이 집필해야 하는 것이었다. 그의 제안을 받았을 때 나는 대학 재직 경력이 8년이었다. 런던대학교의 SOAS에 보조강사로 임명됐을 때부터 계산하면 그렇지만, 8년 중 첫 두 해와 마지막 3년 동안만 대학에서 가르쳤다. 나머지 기간은 일시적 무급휴직 상태에서 군에 복무했다. 장기간 참전한 덕분에 현대 중동의 특정 분야에서는 고도의 전문 지식을 쌓을 수 있었지만, 가설을 세우고 검증하는 역량은 안타깝게도 거의 고갈된 상태였다.

모리스 경이 편지를 보냈을 때 나는 막 업무를 다시 배우던 참이었다. 출판된 책도 별로 없었다. 박사논문이 유일한 단행본인데, 꼼꼼하게 손보지 않고 분량만 약간 줄여서 준비가 미비한 상태에서 급하게 출판한 것이었다. 당시 나는 군복무 때문에 학교를 떠나야 했고, 런던대학교 출판위원회가 제공하는 지원금은 기한 내에 집행되어야 했으므로 그 기회를 놓칠 수 없었다. 박사논문 외에도 몇 가지 소논문들을 학술지에 게재했으나, 돌아보면 일부는 자랑스럽기보다 창피한 것들이다.

모리스 경이 왜 내게 제안을 했을까? 당시 나는 큰 존재감이 없는 젊은 학자였기 때문에 분명 내 명성 때문은 아니었다. 역시 그것은 해밀턴 깁 선생의 추천 덕분이었다. 깁 선생이 다른 제자들이 아니라 나를 모리스 경에게 추천한 이유는 이미 알고 있다. 앞에서도 이야기했듯, 그는 내가 아랍 역사를 연구하고 가르치는 영국 내 최초 전문 역사학자라고 수차례 언급해왔다.

깁 선생은 자신과 다른 학자들에게 엄격했다. 당장 떠오르는 인물로 크리스천 스누크 허그론제Christian Snouck Hurgronje와 줄리어스 웰호슨Julius Wellhausen이 있는데, 이들도 내 기준에는 훌륭한 아랍학자이자 역사학자다. 그러나 역사학 명예학위가 있거나, 역사학과에서 정규직으로 근무하는 등 역사학자의 전문적 자격조건을 엄밀히 따지자면 약간은 부족한 면이 있었다. 이렇게 보자면 클로드 카엥과 내가 유일한 전문적 역사학자라는 깁 선생의 시각이 맞을지도 모르겠다. 내가 보조강사로 임명된 '중근동 역사학' 전공은 1938년 가을에 개설됐는데, 내가 아는 한 영국에서는 처음이었고 한동안은 영국 대학 역사학과에서 유일무이한 전공이었다. 1940년대 말과 1950년대 초 동양학과 아프리카학이 널리 확산되면서 영국, 미국을 비롯한 서양의 다른 대학들에 유사한 학과나 전공이 개설됐다. 나는 1974년까지 런던대학교의 역사학부에서 적극적인 활동을 펼쳤으며, 이후에는 프린스턴대학교로 자리를 옮겨 처음으로 역사학과가 아닌 근동학과에서 일했다.

책을 집필하는 데는 3개월이 걸렸다. 그러나 종전 이후의 출판 작업은 느리고 복잡할 수밖에 없었고 결국 책은 1950년이 되어서야 세상에 나왔다. 그 책의 사실상 기획자인 깁 선생과 모리스 경은 천만다행으로 결과물에 대해 상당한 만족감을 표했다. 영국의 여러 일간지와 주간지에 서평이 실렸고 이어서 국내외 학술지에도 서평이 게재됐다. 아랍세계에서도 상당히 우호적인 평가를 받았다는 것이 특히 기뻤다. 당시 저명한 이집트 역사학자 샤피크 고르발Shafiq Ghorbal은 이 책을 방송의 토크 주제로 삼았는데, 방송이 나간 뒤 이 토크는 신문에 게재됐다. 그는 이 책이 아랍인들이 자신의 역사와 유산을 올바로 이해하는 데 서구의 동양학계가 기여한 사례라고 방송과 서평에서 언급했다. 특히 아랍인들에게 당시 잘 알려지지 않은 보다 큰 틀의 역사적 맥락에서 아랍의 역사를 파악하게 해준다고 호평했다.

이 책은 아랍어로도 번역됐다. 두 명의 저명한 아랍 역사학자 나비흐 파리스Nabih Faris와 마흐무드 자이드Mahmud Zayid가 번역했고, 어느 정도 명성이 있는 베이루트의 다르 알–일므 릴–말라인Dar al - Ilm lil - Malayin 출판사가 펴냈다. 더욱 놀랍게도 아랍연맹Arab League의 워싱턴과 뉴욕 사무소 홍보실은, 아랍인과 아랍 역사에 대해 알고 싶은 미국인들이 읽어야 할 추천도서 목록에 내 책을 선정했다. 또 여러 터키어, 말레이인도네시아어 등 이슬람권 언어들은 물론 중국어 및 일본어, 여러 동구와 서유럽 언어로도 번역됐다. 히브리어로는 결론을 제외한 부분만 번역됐다. 결론 부분이 번역되지 않은 것에 대해 출판사는 두 가지 이유를 댔다. 우습게도 첫 번째는 출판사가 재정적인 여유가 없었다는 것이고, 두 번째는 마지막 장이 마음에 들지 않는다는 것이었다. 무엇이 진짜 이유인지 모르겠다. 어쩌면 둘 다일 수도 있다. 재미있는 일도 있었는데, 유고슬라비아의 출판사가 자그레브Zagreb의 한 은행에 40디나르dinar의 금액을 예치해놓았다며 편할 때 찾아 쓰라는 소식을 전해왔다. 나는 실제로 그 돈을 찾으러 자그레브까지 가지는 않았다.

책에 대한 반응이 환영 일색은 아니었다. 새로 설립된 파키스탄공화국에서는 그 책이 금서로 지목됐다. 이슬람에 대한 중세 유럽의 편견과 왜곡의 한 예로 단테의 작품에서 인용한 선지자 무함마드에 관한 내용이 지나치게 불경하다는 이유에서였다. 그 부분은 단테의 작품에서 유명한 구절로, 그가 지옥 여행에서 선지자를 만나 "불화와 분열의 씨앗을 뿌리는 자seminator di scandalo e di schisma(《신곡》, 지옥편, 28곡, 35)"라고 비난한 대목이다. 최근에 그 책이 다시 공격을 받았는데, 인식론의 새로운 학파를 주창한 자들은 내 책이 지나친 추론에 근거한다고 비난했다.

영어 원본은 널리 읽혀서 5판까지 나왔고, 그만큼 반응도 뜨거웠다. 그런데 솔직히 말하면, 많은 사람들의 입에 오르내리고 논란이 일 정도로 그 책이 왜 그렇게 지속적으로 성공했는지 아직도 잘 모르겠다. 젊고, 미숙하고, 경험도 일천한 학자가 3개월 만에 쓴 책이었다. 나는 이후에도 여러 책들을 집필했다. 더 깊이 연구했고 더 폭넓은 경험과 지식이 담긴 책들이었다. 수개월이 아니라 수년 동안 지혜를 담아 고심해서 집필한 것들이었다. 그러나 2001년 9·11 사태 이후 중동에 대한 대중의 관심이 폭발적으로 늘어나기 전까지는, 어떤 책도 내 젊음의 '원죄'가 담긴 그 책의 지속적인 인기에 근접하지 못했다. 위에서 언급한 바와 같이, 결국 그 책의 성공은 모리스 경 덕분이라고 할 수 있다. 집필 전 그가 내게 조언한 것들이 방향타가 됐다. 그는 올바른 집필 방향을 지적해주었고, 집필 중에도 여러 자극을 주었으며, 내 스타일을 찾도록 격려해주었다. 그 책이 오랫동안 생존할 수 있었던 다른 이유를 들자면, 당시에는 아랍 역사를 내 책처럼 간결하게 일반화하여 다룬 경쟁 서적이 거의 없었다는 점이다.

오스만제국의 기록보관소

1949년 가을, 서른셋의 나이에 나는 정교수가 됐다. 그리고 런던대학교에 새로 개설된 중근동 역사학 전공에서 첫 번째 주임교수에 임명됐다. 1년 동안의 안식년을 맞아 중동 역사의 무대인 아랍 국가들과 사람들을 만나 더욱 친밀해질 수 있는 기회를 갖게 됐다. 특히 도서관, 기록보관소와 다른 문서 보관소들을 둘러보고 싶었다. 이곳들은 가르치고 집필하는 데 필요한 기초자료들이 보관된 장소였기 때문이다.

아내와 나는 1949년 가을 이스탄불로 향했다. 당시 중동 지역의 정세는 인식하기 어려울 정도로 급변했다. 이전에는 아라비아반도를 제외하고 아랍세계의 대부분이 영국이나 프랑스의 지배를 받았기 때문에 입국이 어렵지 않았다. 그러나 독립한 아랍 국가들은 입국비자 신청자들에게 종교를 기입하게 하면서 유대종교라고 밝힌 사람들의 입국을 대부분 거부했다. 유대인 동료들 중에는 '정교Orthodox'나 '유일신교Unitarian' 같은 모호한 용어들을 기입해 이 규정을 은근슬쩍 피해가는 사람들도 있었다. 뉴욕 출신의 한 재치 있는 여성은 '7번가 재림파Seventh Avenue Adventist'라고 기입하기도 했고, 자신의 종교를 숨기고 거짓말을 하는 사람도 있었다. 그러나 대부분 유대인 학자들은 이런 타협을 비도덕적이라고 생각했다. 그것도 불순한 의도가 아닌 학문적 연구를 위한 방문에서는 더욱 그랬다. 하지만 이런 태도 때문에 우리가 방문하고 연구할 수 있는 곳은 크게 제한될 수밖에 없었다. 북부 아프리카에 관심이 있는 사람들은 그곳에 입국하기가 상대적으로 쉽지만, 동부 아라비아 지역은 유대인들에게 접근이 불가능한 곳이었다.

현재 일부 아랍 국가들은 이런 제한을 어느 정도 완화하고 있으나, 당시 중동에 관심이 있는 유대인 학자들이 방문할 수 있는 나라는 세 곳뿐이었다. 즉 터키, 이란, 이스라엘이었다. 1950년대와 1960년대 서유럽과 미국에서 페르시아학과 터키학이 크게 발전한 배경에는 이런 정치적 상황이 일정 부분 작용했다.

1949∼1950년 학기에 안식년을 보낸 곳도 이들 세 나라였다. 첫 방문지는 이스탄불이었고 대부분 이곳에서 머물렀다. 도서관과 기록보관소가 밀집된 곳이라서 중동을 전공하는 역사학자들에게는 매력적인 곳이었다. 터키의 여러 도서관에서 아랍어 자료와 이슬람 관련 문서들을 볼 수 있기를 바랐고, 큰 기대 없이 오스만제국의 기록보관소 이용허가 신청서도 제출한 터였다. 이곳은 많은 터키학자들이 언급한 장소

인 동시에, 이곳의 자료를 바탕으로 여러 논문이 지난 수년 동안 출판됐다. 물론 대부분 터키 학술지에 게재된 것들이었다. 서양학자들은 기록보관소 출입이 허용되지 않았다. 자문을 위해 초청받은 아주 소수의 기록보관 전문가만 방문 가능했다.

이 기록보관소는 수 세기에 걸쳐 유지된 오스만제국의 자료를 모아두는 중앙 아카이브로, 제국의 끝부분에 위치한 전초기지에서 작성된 기록들도 있었다. 수만 건의 등기공문서철, 서한 모음집, 수백만 건의 문서들이 있었다. 그러니까 이 기록보관소는 오스만제국을 구성하던 중동 전역의 역사에 귀중하고 필수적인 자료들을 모아놓았고, 오스만제국과 교류하던 다른 지역에 관한 정보도 다량 보관하고 있었다. 이곳의 출입은 제한된 수의 터키학자들에게만 허용됐다.

그런데 내게 행운이 찾아왔다. 내 노력 덕분이 아니라, 이용 허가 신청서를 제출했을 때 기록보관소의 정책에 큰 변화가 있었던 것이다. 기록보관소 담당자들이 보다 유연한 정책을 도입하여, 자국민들에게만 출입을 허용하던 정책을 바꾼 것이었다. 나는 그토록 원하던 허가를 받게 되어 날아갈 듯 기뻤다. 마치 장난감가게에 풀어놓은 아이처럼 혹은 알리바바의 동굴에 잠입한 사람처럼, 어느 곳부터 먼저 둘러봐야 할지 모를 정도였다.

그간 서양학자들이 오스만제국에 대해 어느 정도 연구해왔고 훌륭한 결과물도 있었으나, 그것들은 대부분 서양의 기록보관소와 자료를 이용한 연구들이었다. 서양학자들에게 접근이 가능한 자료는 일부 연대기와 문학작품이었다. 따라서 기록보관소의 개방은 오스만제국은 물론 더 큰 차원에서 유럽 역사에 대한 연구와 이해에 큰 변화를 가져왔다.

기록보관소의 언어는 오스만제국의 터키어로, 수 세기 동안 공식 언어로 사용됐다. 기본적으로 구조는 터키어를 따르지만 아랍어와 페르시아어의 어휘를 방대하게 차용한다. 영어에 라틴어, 그리스어, 노르만 프랑스어 어휘가 있는 것과 유사하다. 오스만제국 터키어는 아랍어 문자로 표기했으며, 아랍어에 없는 터키어 발음을 표현하기 위해서 몇 가지 문자가 추가되기도 했다. 문서의 성격에 따라, 혹은 목적에 따라 다양한 형태의 글씨체가 사용됐다. 그래서 현대 학자들은 이러한 문서를 해독하는 데 상당히 애를 먹는다. 다행히 오스만제국 터키어 문서를 인쇄한 자료가 많이 남아 있고, 많지는 않지만 사전이나 문법책도 포함되어 있다. 따라서 이들 인쇄본은 기록보관소에서 연구하려는 학자들에게 중요한 출발점이라고 할 수 있겠다.

제1차 세계대전 이후 아타튀르크의 혁명적인 근대화 개혁은 오스만제국 터키어에 큰 변화를 가져왔다. 아랍어 문자가 변형된 라틴 문자로 대체됐고, 아랍어와 페르시아어 어휘를 최대한 제거하고 고대 터키어 혹은 새로 개발된 현대 터키어 단어들로 교체됐다. 터키 공화국 초기 수년 동안 이루어진 대대적인 언어 개혁으로 오스만제국 언어는 현대의 터키인들조차 읽지 못할 정도로 구식 고어가 되어버렸다. 영어의 경우를 보면 이런 변화를 이해하기 쉬울 것이다. 영어에도 혁명적인 변화가 있었다. 근대에 들어오면서 모든 프랑스어, 라틴어 어휘가 제외됐고, 영어의 고어와 새로 고안된 앵글로색슨 단어로 교체됐다. 예를 들어 고전 영어 'againbite of inwit'는 개혁 이후 'remorse of conscience(양심의 가책)'가 되었다. 단어를 구성하는 알파벳도 거의 새롭게 바뀌었다.

기록보관소에는 다양한 종류의 자료가 있다. 이들 자료는 물리적 형태에 따라 두 가지 부류로 나뉜다. 즉 철해놓은 공문서와 개별적인 문서다. 서기들이 중요한 문서를 필사해 철해놓은 등기문서는 상당히 분량이 많고 두껍다. 또 다른 부류는 개별적 문서인데, 그 양은 수천만 건에 달한다.

그러나 오스만제국의 기록보관 전문가들은 쏟아져 들어오는 방대한 자료에 대한 효율적인 보관 및 분류 체계를 개발하지는 못한 것 같다. 남아 있는 자료의 상당수가 기타문서로 분류되어 무더기로 쌓여 있다. 그들도 이런 문제를 잘 알고 있었는지, 나름대로는 단순하고 효과적인 방안을 고안해 일을 처리하려고 노력했다. 예를 들어 모든 발신 문서에는 그 내용의 요약이 덧붙여져 있고, 꼼꼼하게 작업한 필사본 한 부를 추가하고 철해서 파일로 묶어 정리했다.

철해놓은 공문서에도 여러 종류가 있었다. 첫 번째는 술탄 정부가 내린 공식 명령의 사본이다. 국내이건 외국이건, 수도이건 지방이건 제국의 중앙정부가 발표한 모든 정책이나 명령은 한 부 더 필사되어 기록보관소로 향했다. 날짜별로 정확하게 정리되어 철해진 수백 권의 정부 명령 모음집이 있다. 두 번째 공문서는 불평사항을 모은 자료다. 중앙정부, 지방정부, 말단 공무원들까지 이들의 부정행위나 이들에 대한 불만으로 접수된 서한과 문서다. 이들 불평사항은 공정하게 조사되었고, 조사 내용과 조치사항도 공식적으로 발표됐다. 이들 자료도 수백 권에 달하며 일자와 지역 별로 분류되어 있다.

인구와 세금에 관한 기록은 특히 꼼꼼하게 보관됐다. 인구 및 거주자에 대한 기록에는 다양한 외국 영사관에 관한 정보 및 이들과 교류한 내용을 담은 공문서도 있다. 특별 분류된 항목도 있는데, 예를 들어 다양한 소수 종파 혹은 민족 공동체에 관한 기록이다. 여기에는 기독교의 여러 종파와 유대교 관련 기록이 포함된다. 세금 관련 자료는 상당히 상세한 정보를 담고 있다. 도시와 마을, 건물과 집 등에 대한 모든 정보를 담아 재정 상태를 분석한 자료도 있다. 각 마을마다 이와 관련한 재정 현황 보고서도 있다. 어떤 작물을 기르고, 수확량이 어느 정도이고, 세금을 얼마만큼 내는지 등의 내용이 담겨 있다. 정확히 무슨 내용인지 알 수 없는 자료도 셀 수 없이 많다.

오스만제국은 거의 500년 정도 유럽의 상당 부분을 통치했다. 수세기 동안 발칸반도를, 150년 동안 헝가리의 절반을 장악했다. 제국은 두 차례나 빈까지 근접해 위협하기도 했다. 한때 이탈리아에도 진입해 오트란토Otranto를 점령하기도 했다. 또 현재의 아랍 및 중동 지역 대부분을 점령했다. 아주 거대한 제국이었다. 그들은 상당히 세련된 문화도 꽃피웠다. 오스만제국은 자신들 고유의 역사가 있어서, 이 찬란한 역사를 말해주는 역사학자, 연대기 작자, 시인, 작가 등을 보유하고, 꼼꼼한 기록을 남겼다. 이스탄불의 기록보관소는 수 세기에 걸친 중앙정부의 활동에 대한 상세한 정보를 기록했다. 남북으로 부다페스트에서 바스라까지, 동서로 알제리에서 바그다드까지 펼쳐진 제국의 업무결과를 보관하고 있다. 여러 지역과 지방의 기록보관소들도 최근 속속 발견되어 그 자료들이 분석되고 있다.

기록보관소들이 개방되기 이전에 사람들은 역사책을 읽고 어느 술탄이 어떤 모스크를 지었는지 파악할 수 있었다. 그런데 이것이 정확한 정보일까? 정확히 말하자면 술탄이 모스크를 지은 게 아니라, 술탄이 건축가를 불러 "모스크를 하나 지어주게"라고 말했을 것이다. 그러므로 역사책의 기록을 바꾸어 건축가가 모스크를 지은 것이라고 해야 한다. 운이 좋다면 역사책 속에서 모스크를 짓는 데 걸린 시간과, 비용에 대해서도 발견할 수 있을 것이다. 그러나 그런 정보를 담은 역사책은 드물다.

역사책에서 우리는 모스크 축조를 명령한 술탄의 이름, 모스크를 디자인하고 건설 과정을 감독한 건축가의 이름 정도만 알 수 있다. 건축사를 연구하는 역사학자들은 실제 건물로서의 모스크에 가장 관심이 있을 것이다. 그러나 보이는 것 외에는 더 이상의 정보를 수집하기 어렵다. 이럴 때 기록보관소가 빛을 발한다. 기록보관소에 가면 모스크 건축과 관련한 업무일지를 찾을 수 있다. 미장이, 석수, 목수, 건설과 관련한 모든 사람들의 이름과 업무가 적힌 매일의 기록을 볼 수 있다. 얼마나 많은 사람들이 투입되었는지, 그 일꾼들이 어디 출신인지, 어떤 역할을 담당했고 일당은 얼마였는지 등을 파악할 수 있다. 이런 것들은 값으로 매길 수 없는 역사적 정보다. 특히 사회경제 역사학자들에게는 엄청나게 중요한 보물창고가 될 것이다.

오스만제국의 관료체제는 수 세기 동안 매우 효율적으로 운용됐으나, 다른 제국들과 마찬가지로 문제가 발생하기 시작했다. 이러한 쇠락 현상도 기록보관소에서 찾을 수 있는데, 태만해지고 부주의해지는 과정을 문서를 통해 파악할 수 있다. 예를 들어 나태해진 관료들은 새로운 조사를 행하기보다 과거의 것을 반복하는 행정을 하곤 했다. 제국 말기 역사를 들여다보다가 한 가지 재미있는 현상을 발견했다. 새 총리가 취임해 개혁적인 조치를 내놓고 적극적으로 추진하면서 업무는 만족할 만한 수준으로 진행된다. 이런 상황이 20년 정도 유지되다가 그가 죽고 나면, 모든 것이 다시 원상 복귀된다. 기록보관소에 가면 이런 변화를 명확히 발견할 수 있다. 즉 문서 기록이 갑자기 정확하고 효율적으로 바뀐다. 이런 상황이 한동안 지속되다가 다시 예전의 느슨한 상태로 돌아가는 것이다.

학생 시절 터키어와 아랍어를 공부했지만, 과거 내 연구는 터키보다는 주로 아랍 국가들, 오스만제국시대보다는 그 이전인 중세시대에 집중됐다. 따라서 그 기록보관소에서 오스만제국 통치의 초창기인 16세기 아랍 국가들의 상황을 첫 번째 연구 프로젝트로 삼은 것은 적절한 판단이었다. 박사학위를 포함해서 그때까지 주요 연구 분야가 이스마일 파와 아사신에 집중됐기 때문에 나는 시리아 중부 이스마일파의 거점에 대해 기록보관소 자료를 보는 것으로 연구를 시작했다. 과거 내 연구에 등장했던 11세기에서 16세기 초까지의 아랍 왕조들, 즉 파티미드Fatimid, 아유비드Ayyubid, 마믈루크Mamluk 왕조시대의 주요 인물들이 오스만제국의 통치하에서 어떻게 살아갔는지 등을 살펴보았다. 이런 분야에 대해 기록보관소는 과거에 거의 볼 수 없었던 방대한 자료를 보관하고 있었다. 그래서 이들 새로운 자료에 특별한 관심을 가질 수밖에 없었다.

하지만 불행하게도 이 분야 연구에 어려움을 겪게 됐다. 이스마일파 공동체를 다시 방문하는 것이 불가능해진 것이다. 이전에는 시리아의 이스마일파 마을들을 큰 어려움 없이 다녀왔다. 기록보관소 문서를 확인해보니 그때 다녀온 마을 이름들도 있고, 내가 모르는 다른 마을 이름들도 있었다. 그러나 유대인이라는 이유로 이 마을들에서 환영받을 수 없었기 때문에 방문을 할 수 없었다. 결국 더 야심 찬 다른 프로젝트를 생각했는데, 비옥한 초승달Fertile Crescent 지대(최초의 농경 문화 발상지-옮긴이) 전체를 다루는 연구였다. 기록보관소에서 관련 자료를 확인할 수 있기 때문이었다. 다마스쿠스의 최남단 지역, 즉 사피드Safed, 나불루스Nabulus, 예루살렘, 가자Gaza를 포함하는 산자크sanjak 지역을 출발점으로 삼았는데, 이 네 지역이 학문적으로나 현실적으로 적절한 지역이라고 생각했다. 학문적으로 본다면 오스만제국의 다른 동부 지역과는 달리 이들 네 지역과 관련한 자료들은 기록보관소에 충분히 있었다. 기독교와 유대교를 포함한 종교적 사안에 대한 독립적이고 객관적인 자료들이었다. 현실적으로도 이들 네 지역은 상당 부분 새로 건설된 이스라엘 국가 영토 내에 위치했다. 내가 입국하고, 여행하고, 연구하는 데 아무런 지장이 없는 곳이었다.

이스라엘과 이란

1950년 봄 나는 이스탄불에서 이스라엘로 향했다. 그곳에서 내가 모은 자료들을 재확인하고 같은 주제에 관심을 가진 학자들도 만났다. 그들

중에는 허시버그J. W. Hirschberg, 헤이드U. Heyd, 아이작 벤-즈비Isaac Ben - Zvi 등도 있었다. 특히 벤-즈비는 오스만제국 통치 당시 팔레스타인의 유대인 정착촌에 관한 책을 쓸 때 내 자료를 상당 부분 이용했다. 그 책이 출판될 즈음 나는 오스만제국의 기록보관소 자료를 설명하는 첫 강의를 진행 중이었다. 1952년 이스라엘동양학회Israel Oriental Society는 강의 주제 중 하나를 예루살렘에서 소책자로 출간했다.

내 전공은 중세 이슬람 역사였지만 히브리와 유대 학문에 대한 관심의 끈을 놓아본 적이 없다. 이런 관심에서부터 중동학을 전공하게 됐기 때문이다. 이 분야와 관련하여 쓴 첫 번째 책은 전쟁 직전 런던에서 운 좋게 만난 한 비범한 인물 덕택에 나왔다. 바로 시몬 라비도비츠Simon Rawidowicz 박사인데, 폴란드 난민으로서 미국으로 이주하기 전 영국에 수년간 정착한 유대인이었다.

라비도비츠 박사는 에너지가 넘치고 결단력 있는 사람이었다. 나치 독일이 유럽 전체를 위협하고 지배하고 유린할 당시 그는 영국 유대인들이 유럽에서 가장 자유로운 지위와 상황에 있다는 점을 명확히 인식하고 있었다. 그는 영국 유대인들에게 특별한 의무가 있다고 느꼈다. 그에 따르면 가장 중요한 의무 중 하나가 유대 문화를 지키는 것이었고, 이를 위해 히브리어 언어와 학문을 연구하는 장을 여는 것이었다. 따라서 그는 유대 연구를 장려하기 위해 히브리어 학술지를 창간하기로 결심했다.

유일하게 독일에게 점령당하지 않았지만 영국도 심각한 전쟁의 위협과 압박 속에 있던 상황이었다. 모든 것이 부족했다. 종이와 인쇄 시설도 구하기 쉽지 않았고, 출판을 하기 위해서는 정부의 허가도 필요했다. 당연히 전쟁 관련 출판물을 제외한 다른 것들은 허가받기 어려웠다. 다른 사람들과 마찬가지로 나도 라비도비츠 박사에게 불가능한 것을 시도하지 말라고 말했다. 가뜩이나 현안에 지친 공무원들에게 히브리어 학술지가 영국이 전쟁에 기울이는 총력에 필수적이라고 설득하는 것은 불가능하다고 설명했다. 이에 대한 그의 반응을 나는 아직도 생생하게 기억한다. "당신과 같은 영국 사람들은 허가permit에 대해 잘 모른다. 당신들에게 낯설기 때문에 이해하지 못하는 것이다. 내가 온 곳에서는 태어나고, 자라고, 먹고, 숨 쉬고, 살고, 그리고 죽기 위해서도 허가를 받아야 했다. 나는 어떻게 하면 허가를 받아낼 수 있는지 잘 안다." 이후에 그는 허가를 받아냈다. 허가만 받아낸 것이 아니라 놀랍게도 인쇄기, 종이, 지원금까지 확보했다. 전쟁 기간이라 정기적이지는 못했지만 이렇게 히브리어 정기간행물이 발간되기 시작했다.

그런데 학술지에 글을 기고할 사람들을 찾기가 쉽지 않았다. 히브리어로 학문적인 글을 쓸 수 있고, 그렇게 할 만한 시간이 있는 학자들이 그리 많지 않았다. 결국 라비도비츠 박사는 나를 설득했다. 나는 아랍 지역의 유대인 역사에 대해 몇 편의 글을 틈틈이 작성했다. 히브리어로 작성하고 라비도비츠 박사가 수정했다. 자존심이 상하지는 않았다. 그는 히브리어를 모국어로 쓰는 사람들의 글을 포함해 모든 기고자들의 글을 수정했기 때문이다. 수년 후에도 나는 한두 편의 히브리어 논문을 작성했고, 연구 결과를 몇 차례 히브리어로 강연하기도 했다. 그 뒤에는 모든 강의를 영어로 진행했다. 모국어인 영어를 통해서만 원하는 바를 정확히, 표현하고자 하는 방식으로 강의할 수 있다는 점을 깨달았기 때문이다. 다른 언어로 강의할 경우에는 이용할 수 있는 단어와 어휘의 한계 때문에 정확한 의사전달에 한계가 있었다.

1950년 나는 처음으로 이란을 방문했다. 대학에서 이란 역사를 가르치고 있었기 때문에, 이란에 대한 직접적인 경험이 필요하다고 느끼고 있었다. 이란은 터키와 국경을 맞대고 있어서, 나는 이스탄불에서 어렵지 않게 국경을 넘을 수 있었다. 그런데 이란에서 만난 가장 큰 어려움은 물이었다. 당시 상수도 시설이 없었던 테헤란에서는 시내 곳곳에 흐르는 좁은 인공수로를 통해 물이 흐르고 있었다. 그곳은 노출되어 있는 수로여서 그 안에 흐르는 물은 심각하게 오염이 되어 있었다. 먹을 물은 그나마 살 수 있었지만 목욕할 물을 구할 수가 없었다. 좋은 호텔에만 가끔 목욕물과 히터가 있을 뿐이었다. 그것도 운이 좋을 때만 공급됐다.

하지만 나는 운이 좋았다. 뜻밖의 곳에서 이 문제를 해결한 것이다. 테헤란에 도착하자마자 영국 대사관에 방문 사실을 알리고 체류자 등록을 해야 한다고 들었다. 그래서 대사관에 가서 내 신분과 체류 호텔 이름을 알리자, 대사관은 일상적인 안내와 주의사항을 전달했다. 대사관 직원은 보건과 관련해 주의사항을 파악하도록 대사관 전속 의사를 만나고 가라고 권했다. 약속을 잡고 의사를 만났다. 그는 먹고 마시는 것에 대해 여러 충고를 해주고, 목욕을 어떻게 할 것인지도 물었다. 내가 그게 가장 큰 문제라고 답했더니, 놀랍게도 그는 필요할 경우 대사관에서 목욕을 하라고 말했다. 대사관에는 자체 우물이 있어서 필요하다고만 얘기하면 모든 것을 준비해줄 수 있었다. 나는 자주 대사관 목욕시설을 이용했고, 지금도 그 의사에게 크게 감사한다.

몇 주 동안 이란 전역을 둘러보면서, 나는 이란이 매력적이고 친절한 나라라고 느꼈다. 사람들은 어수룩한 내 페르시아어 실력에도 관대하고 상냥하게 응해주었다.

음식

나는 초등학교 시절부터 음식의 역사에 관심이 있었다. 그래서 아메리카 대륙의 발견으로 감자, 토마토, 초콜릿 등 이전에는 유럽에 알려지지 않았던 것들이 전해짐으로써 우리의 삶이 얼마나 풍부해졌는지도 알게 됐다. 우리의 미각은 서양과 동양의 교류로 한층 발전됐다. 동서를 아우르는 탐험, 제국 건설, 무역, 작물재배로 양측의 교류는 더욱 활성화됐다. 페르시아어를 공부하면서 나는 셰케르sheker와 칸드qand라는 단어가 음식이나 음료를 달게 만드는 재료임을 알게 됐다. 이 두 단어는 영어의 설탕sugar과 사탕candy의 어원이다. 그리스와 로마제국 지역에 설탕이라는 재료는 없었다. 이는 페르시아에서 도입된 것으로, 아마도 좀 더 동쪽에서 페르시아로 건너간 것일 수도 있다. 이후 설탕은 동서 교역에서 중요한 품목이 됐다.

아마도 가장 흥미로운 것은 커피의 역사일 것이다. 대부분 원료를 우리가 마시는 최종 제품으로 만드는 과정은 매우 짧고 간단하다. 그러나 커피 원두가 한 잔의 커피가 되는 여정은 상당히 길고 복잡하다. 이 '선물'을 최초로 인류에 선사한 사람들은 에티오피아 원주민들이었다. 커피에 관한 기록은 15세기 초에 등장하는데, 커피가 에티오피아에서 예멘으로 수출된 시점이었다. 이후 커피는 홍해 남쪽 끝 예멘에서 이집트, 시리아, 터키 등 북쪽 지역으로 전파됐다. 서양 여행가들이 커피에 감탄하며 처음 접한 곳이 바로 이들 나라였다.

　오스만제국의 기록보관소에서 자료를 수집하고 연구하면서, 나는 음식의 역사에 대한 연구에 다시 눈을 뜨게 됐다. 이와 관련한 상세하고 방대한 자료들이 남아 있었기 때문이다. 제국의 모든 마을에서 작성된 농작물에 대한 세금징수 관련 기록들은 식량 작물들이 어떤 지역에서 얼마만큼 재배되었는지를 알게 해주었다. 또한 이스탄불 황실 기록보관소에 소장된 주방에 관한 기록물들에 따르면, 어떤 음식이 조리되었고 소비되었는지를 알 수 있었다. 어떤 지방에서 재배된 식재료가 어느 정도 사용되었는지도 파악할 수 있었다.

　음식의 역사에는 재미있는 이야기들도 많다. 예를 들어 영국에서 칠면조로 알려진 새의 원산지는 아메리카 대륙이다. 그것은 이 대륙이 발견되기 이전까지 유럽에는 전혀 알려지지 않은 동물이었다. 영국인들은 독특하게 생긴 이 새를 '터키'라고 불렀는데, 이는 그들이 생각하기에 가장 이국적인 나라의 이름을 붙인 것이었다. 근동 지역에 대해 나름 잘 알고 있던 프랑스인들은 이 새를 댕드dinde라고 불렀다. 프랑스어로 '인도로부터'라는 뜻이다. 어느 정도 시간이 지나 칠면조가 중동 지역에 소개되었을 때, 중동인들은 이를 하바시habashi라고 불렀다. '에티오피아에서 온 새'라는 의미로, 그들 역시 에티오피아를 가장 이국적인 나라라고 생각했다. 사실 원산지를 고려해 칠면조에 가장 정확한 이름을 붙인다면 '아메리카 대륙의 새'라고 하는 것이 적절했을 것이다. 그러나 당시 유럽인들에게 아메리카는 익숙한 이름도 지역도 아니었다.

터키의 민주주의

1950년, 나는 내 인생의 가장 감동적인 경험을 맛보았다. 터키 정부가 최초로 자유롭고 진정으로 공정한 선거를 실시한 것이다. 그 선거에서 집권 세력은 패배했다. 가장 놀라운 점은 집권 정부가 승리한 야권에 조용하고 매끄럽게 권력을 이양한 것이었다. 터키 국민들에게나 모든 이슬람 국가에게 이것은 완전히 새로운 경험이었다. 현장에서 선거 상황을 직접 목격한 것은 심오하고 유익한 경험이었다.

　나는 제2차 세계대전 동안 터키를 방문하지 않았으나, 군복무를 하면서 늘 터키의 상황을 예의 주시했다. 터키는 1939년에 영국과 동맹 조약을 맺었지만, 전쟁 내내 모호한 중립 성향을 보였다. 마침내 추축국에 전쟁을 선포한 것은 1945년 2월이 되어서였다. 따라서 1950년의 민주주의 달성은 서양에 대한 터키의 모호한 입장을 완전히 바꾸는 중요한 계기가 됐다.

　그러나 그 이후의 상황은 재앙과도 같았다. 선거에 승리한 야당 지도자 아드난 멘데레스Adnan Menderes가 자신이 권력에 오른 것과 같은 평화적인 방식으로 권력을 넘겨줄 의향이 없음을 분명히 한 것이다. 그는 이것을 정권교체로 보았고 선거 과정을 존중하지 않았다. 터키인들은 이런 그의 권위주의적 시각을 인지하기 시작했다. 멘데레스 정권이 들어선 지 수년 후 앙카라대학교의 정치학과 교수 라운지에서 몇몇 친구들과 나눈 이야기가 지금도 생생하게 기억난다. 우리는 다양한 형태의 정치기관과 역사에 대해 이야기하고 있었다. 한 교수가 모두를 놀라게 하는 발언을 했다. "터키 민주주의의 아버지는 아드난 멘데레스다." 그를 제외한 모든 사람들이 당혹스러운 듯 서로를 보았다. 그리고 그들은 말했다. "아드난 멘데레스가 터키 민주주의의 아버지라고? 무슨 말을 하는 겁니까?" 그러자 그 교수가 답했다. "그는 민주주의의 어머니를 밤마다 괴롭히는 사람이다."

현대 터키의 출현

1950년 런던으로 돌아왔을 때 채텀하우스로 알려진 왕립국제문제연구소와 옥스퍼드대학교출판사가 현대 터키에 대한 책을 집필해달라고 요청했다. 왕립국제문제연구소가 재정 후원을 하고, 옥스퍼드대학교출판사가 출간을 담당하는 구조였다. 두 기관은 이슬람세계와 서양의 관계에 대한 시리즈를 기획 중이었는데, 내가 그 시리즈의 한 부분을 담당해줄 경우 터키 현지조사도 지원하겠다고 언급했다. 횟수에 제한이 없었기 때문에 이 부분에 크게 만족했다. 그래서 집필을 수락했고 터키로 현지조사를 떠날 첫 번째 준비를 시작했다.

두 후원 기관에서 터키 주재 영국 대사인 제임스 보커 경Sir James Bowker을 만나 인사를 나누는 게 도움이 될 거라고 제안한 터라, 나는 그를 만나러 갔다. 그는 나를 점심 식사에 초대했다. 저녁 초대보다는 못하지만 차 한 잔 하자는 것보다는 나았다. 영국식 관례대로 점심 식사를 하면서 이런저런 얘기를 나누다가, 후식으로 커피가 제공될 즈음 본론이 시작됐다. 제임스 경은 왜 내가 터키에 가는지, 어떤 도움이 필요한지 물었다. 나는 터키에 관한 단행본을 집필할 예정이고, 관련 자료를 수집하는 것이 이번 방문의 목적이며, 앞으로 몇 번 더 터키 현지조사를 수행할 것이라고 설명했다.

제임스 경은 말했다. "도울 수 있는 것은 다 하겠소. 터키 정치인들과 정부 관료들도 만나고 싶을 텐데, 누구를 만나고 싶은지 말해주면 내가 자리를 마련해보겠소." 나는 그의 제안에 당황하며 말했다. "그게 현명한 선택일까요? 아시다시피 중동 지역은 정치적으로 아주 민감한 곳입니다. 사실 제 책이 어느 방향으로 향할지도 잘 모르겠습니다. 그들이 좋아할 수도 있지만, 모욕적이고 반反터키적이라고 비난할 수도 있습니다. 그런 상황이 발생하면 그들을 공식적으로 제게 소개해준 대사께서도 곤란을 겪으실 수 있습니다." 대사는 담담하게 답했다. "그런 것은 우리가 감내해야 할 리스크요. 당신은 영국의 학자이고 나는 영국의 대사요. 당신을 돕는 건 내 의무요." 실제로 제임스 경은 많은 정치인과 관료를 소개해주었으나, 다행히 큰 문제는 없었다. 일부 비판적인 부분을 담고 있었지만, 터키인들은 내 책《현대 터키의 등장The Emergence of Modern Turkey》을 좋아했다. 이 책은 터키어로 번역됐고 반세기 이상 판매되고 있다.

이 책의 시작 부분은 이스탄불에서 지낸 첫 번째 안식년으로 거슬러 올라간다. 당시 내가 이스탄불을 방문했던 목적은 터키 국립기록보관소에서 자료를 찾는 것이었다. 그러나 터키에 거주하면서 나는 역사적인 주요 사건들을 직접 접하기도 했다. 급박하게 돌아가는 터키와 중동 정세에 감명을 받기도 했고 고무되기도 했다. 따라서 채텀하우스와 옥스퍼드대학교출판사가 집필 기회를 준 것은 현대 터키 역사에 대한 새로운 관심을 글로 정리하는 데 좋은 계기가 됐다.

1950년대에 나는 여러 차례 터키를 방문했다. 체류 기간은 상황에 따라 달랐다. 터키 도서관에서는 다른 곳에서 접할 수 없는 서적, 간행물, 신문을 읽기도 했고, 때론 현지의 변화 과정을 두 눈으로 관찰하기도 했다. 터키가 북대서양조약기구NATO(나토) 회원국으로 받아들여진 직후인 1952년 나는 앙카라에서 한 저녁 만찬에 참석했다. 터키는 당시 축제 분위기였다. 대다수 사람들이 나토에 정회원으로 가입한 것을 기쁘고 자랑스럽게 생각하고 있었다. 그러나 모두가 반기는 사안은 아니었다. 만찬에 참석한 한 터키 장군은 기억에 남을 만한 발언을 했다. 한 사람이 그에게 터키의 나토 가입을 어떻게 생각하는지 묻자 그는 답했다. "미국인들과 동맹관계를 맺을 때 가장 큰 문제점은 그들이 언제 뒤를 돌아 우리의 등에 칼을 꽂을지 모른다는 것입니다."

원고 집필이 1960년에 완료되고, 옥스퍼드대학교출판사가 이를《현대 터키의 등장》이라는 제목으로 1961년 세상에 내놓았다. 저자인 나도 출판사도 큰 기대를 하지 않았다. 강대국이 아닌 한 나라에 대한 내용인 데다 딱딱한 주석까지 달린 500여 페이지 분량의 책이었다. 그런데 예상 외로 선전하여 양장본이 4쇄까지 연이어 팔려 나갔다. 이런 상황을 고려해 출판사는 추가적인 보완을 요청했고, 페이퍼백 개정판을 1968년에 출간했다.

개정판을 준비할 때 중요한 문제에 직면했다. 현대 터키의 역사를 어느 시점까지 다루어야 할지 결정해야 했다. 개정판을 쓰던 시점이 1950년대 중반과 후반이었으므로, 책의 마지막 부분을 터키 총선이 있었던 1950년으로 정했다. 역사상 최초의 자유롭고 공정한 선거였고, 그 결과 정권이 집권당에서 야당으로 넘어갔다. 이 책은 역사책이므로 최근의 사태에 방점을 두는 것이 아니라, 중세로 거슬러 올라가 최초의 민주적 선거가 치러진 시점으로 내려오는 것이 적절하다고 판단했다. 당시 터키의 급변하는 정세를 다루려면 다른 접근법이 필요했을 것이다.

두 번째 개정판을 펴낼 때도 같은 입장을 견지했다. 초판을 집필할 당시 상황처럼 개정판을 쓸 당시의 정세는 내 인식에 분명히 영향을 주었으나, 나는 종결점을 1950년으로 유지했다. 그러면서 초판 발행 이후 새롭게 밝혀진 방대한 역사적 증거와 연구를 개정판에 포함하기로 마음먹었다. 이후의 영어 개정판들은 1968년 개정판에 기반을 둔 것들이다. 다만 과거 여러 차례 개정 작업을 하면서 찾아내지 못했던 오자와 인쇄 오류를 찾아내 수정했다. 1968년 개정판은 이후 수년 동안 출간된 세 언어 번역본들의 기초가 됐다. 앙카라의 터키역사학회Turkish Historical Society가 출간한 터키어본, 바르샤바의 폴란드학술원이 출간한 폴란드어본, 예루살렘의 히브리대학교출판사가 펴낸 히브리어본이었다.

1988년에 출판된 프랑스어 번역본은 책의 제목이나 방향에 또 다른 면모를 보였다. 초판을 쓴 지 30여 년, 그리고 마지막 개정판을 펴낸 지거의 20년이 지난 이후 다시 내 책을 읽어보니 나 자신을 매질하는 것 같았다. 지금 다시 같은 주제로 책을 쓴다면 다르게 전개하거나 배열할 부분들이 있었다. 그러나 대부분 구조적 문제라기보다는 강조와 표현에 대한 부분들이었다. 몇몇 부분들을 약간 수정했는데, 나를 포함한 여러 학자들이 새로운 증거와 접근법을 제시했기 때문이다. 후대에 발생한 여러 사건들로 인해 과거를 보는 다른 시각들이 등장했기 때문이기도 했다. 그러나 주요 내용과 시각, 전개 방식은 거의 그대로 두었다. 시간이 지나면서 지식과 경험이 더 축적되었지만, 책의 내용을 크게 바꾸지 않는 것이 바람직하다고 생각했다.

프랑스어 번역본을 출간한 출판사는 원래 책 제목을 부제목으로 옮기고 새로운 제목을 붙였다. 《이슬람과 세속주의: 현대 터키의 탄생 Islam and Secularism: the birth of modern Turkey》이었다. 출판사 대표에게 제목을 왜 바꾸었느냐고 묻자, 그는 간단명료하게 답했다. "이슬람은 팔리는데, 터키는 안 팔립니다." 종교적인 것을 강조하기는 했지만 새로운 제목이 전혀 틀린 것은 아니었다. 책의 주요 주제 중 하나가 실제로 이슬람 제국에서 세속적 민주주의 공화국이 등장하는 과정을 다루었기 때문이다. 1994년에 테헤란에서 페르시아어 완역본이 나온 것은 더욱더 놀랍다. 물론 계약이나 동의 없이 불법으로 출판된 번역본이었다. 나는 번역본 출간 소식을 듣고 이란 친구를 통해 책을 구할 수 있었다. 왜 이란의 출판사와 번역가가 장편의 내 역사책을 번역했을까. 그것도 1961년에 출판되었고 1950년까지의 터키 역사를 다룬 책을 말이다. 이란이 향후 추구해야 할 모델을 제시하기 위해서였을까? 아니면 이란이 피해야 할 끔직한 사례를 보여주기 위해서였을까?

돌이켜 보면 몇 가지 요인이 《현대 터키의 등장》의 기본적 접근법, 지배적 개념, 결론을 결정지었다. 첫째 요인은 나 자신의 지적 형성 과정이다. 나는 중세 이슬람 문명을 전공하면서 동양학자이자 역사학자로서 학문적 수련을 받았다. 아랍어와 페르시아어를 공부하고 이어 터키어도 배웠다. 역사학을 공부할 때 중세 이슬람을 먼저 배웠고 이어 오스만제국과 터키 공화국에 대해서도 연구했다. 근대에 들어와 터키인들은 세속적, 현대적, 민주적 국민국가를 설립하기 위해 지속적인 노력을 기울였다. 따라서 그들이 얼마나 위대한 과업을 펼쳤는지, 얼마나 큰 어려움을 겪었는지 너무나 잘 알고 있었다. 결과적으로 나는 터키인들이 달성한 성과가 얼마나 훌륭하고 위대한 것이었는지를 긍정적으로 평가할 수 있었다.

두 번째 결정적이고 중요하기도 한 요인은 내 지적 형성기와 책을 집필하는 동안의 세계 정세였다. 당시 대부분 사람들의 생각과 삶은 그들이 직접 참여하거나 목격한 거대한 투쟁에 영향을 받거나 결정지어졌다. 민주주의 국가들과 공산주의 국가들 간의 동맹으로 파시즘이 패배하고 몰락한 이후, 양 국가들 간의 어설픈 동맹관계는 깨져버렸고 이는 또 다른 갈등과 투쟁을 야기했다. 1950년대 시작된 냉전은 가장 중대한 국제정치적 사안이었다. 우리 앞에 놓인 선택은 분명했다. 서양의 자유주의와 동구권의 공산주의 중 하나를 명확히 선택해야 했다. 이러한 진영의 구분은 상당히 오랫동안 유지됐다.

《현대 터키의 등장》을 구상하고 집필할 당시 터키도 양 진영 중 하나를 선택해야 하는 상황이었다. 이미 극적인 정치적 변화를 겪고 있던 터키에게도 그 선택은 중대했다. 세계대전에서 연합국이 승리를 거두고 냉전이 아직은 전 세계에 확산되지 않았던 낙관적인 시점에서 터키가 보여준 변화의 모습은 지극히 긍정적이었다. 수 세기 동안 이어진 권위주의적 관행과 전통으로 점철된 과거의 틀에서 벗어나 민주주의로 나아가는 터키의 모습은 많은 사람의 관심을 끌 수 있던 것이었다. 수십 년 동안 권력을 독점하다시피 한 정권이 자유롭고 공정한 선거로 무너지고 새로운 시대가 펼쳐지던 곳이 바로 터키였다.

사랑하는 아이들의 출생

딸 멜라니Melanie가 1952년에 태어나고, 2년 후에는 아들 마이클Michael도 세상에 나왔다. 마이클이 예정보다 늦게 태어났는데, 케임브리지에서 중요한 국제학회를 주관하던 터라 그곳을 떠날 수 없었던 나는 출산을 지켜볼 수 없었다. 출생 소식을 즉시 알려달라는 전갈만 남겨놓았다. 머물고 있던 칼리지를 떠나는 날 아침까지 아무 소식이 들려오지 않았다. 하지만 학회가 열리는 칼리지에 도착할 즈음 마이클의 출생 소식이 행사 관계자에게 전해졌다. 내가 이동 중이었기 때문에 관계자는 확성기로 아들의 출생 소식을 알리며 나를 찾았다. 학회 장소에 도착했을 때 동료 하나가 다가와 말했다. "축하합니다. 파더Father 루이스." 옆에 서 있던 또 다른 동료가 놀라서 말했다. "루이스가 성직자라는 사실을 나는 몰랐습니다."

문화 외교

나는 1920년대 런던에서 유년 시절을 보냈다. 나이는 어렸지만 나는 내가 역사상 가장 위대한 제국에 속해 있다는 사실이 자랑스러웠다. 세계의 3분의 1에 달하는 지역에 직접적 혹은 간접적으로 주권을 행사하던 당시 가장 거대한 제국이었다. 세계 곳곳에서 야만성을 문명으로 바꾸고 폭정이나 권위주의를 자유와 정의로 교체하는 위대한 제국이었다고 나는 믿었다.

그러나 이러한 자기만족은 보편적인 것도, 도전받지 않은 것도 아니었다. 열다섯 살 때로 기억하는데, 역사 선생님이 교실로 들어와 이런 말로 수업을 시작했다. "오늘의 주제는 대영제국의 행정이다. 제국의 행정은 두 원칙에 바탕을 두고 있다. 부츠^{boot}(군사력 – 옮긴이)와 채찍이다. 하지만 여러분들이 국가시험에 통과해야 하기 때문에 나는 긍정적인 부분들에 대해서만 상세히 설명하겠다."

이후 시간이 지나면서 대영제국의 존재와 그 긍정적인 역할에 대한 믿음은 국내외에서 공격받았다. 제2차 세계대전이 끝날 즈음에는 대영제국이 몰락을 향해가고 있음이 명확해졌다. 가장 큰 변화는 1947년 인도에서의 철수였다. 인도 점령과 통치가 종식되면서 중동의 중요성도 사라졌다. 가장 중요한 식민지인 인도로 가는 안전한 이동로를 확보하는 것이 중동에서 영국의 가장 중요한 전략적 목표였다. 이에 따라 중동에 대한 영국의 지배력도 급격히 약화됐다. 이런 과정은 중동 국가에서 민족주의가 부상하면서 더욱 가속화했다. 영국 내에서도 제국주의적 역할을 지속하는 것에 대한 거부감이 일었다. 다른 나라를 통치하고 그들의 문제에 대처해야 할 권리도 의무도 없다는 여론이 커져가고 있었다.

아시아와 아프리카에 대한 유럽 제국주의의 영향과 효과를 평가할 때 적지 않은 사람들이 주요 유럽 제국주의 세력, 즉 영국, 프랑스, 러시아, 네덜란드, 포르투갈, 이탈리아의 긍정적이고 부정적인 기록과 성과를 비교한다. 그러나 보다 유익하고 명확한 방법은 동일한 제국의 영향력이 각기 다른 식민지에서 어떻게 나타났는지를 비교하는 것이다. 홍콩, 싱가포르, 아덴Aden (예멘의 남부 항구도시와 주변 지역 – 옮긴이)은 대영제국의 식민지였다. 모두 대영제국의 멍에에서 해방되었지만, 지금은 매우 다른 정치경제적 발전양상을 보인다. 더 극적인 예는 같은 대영제국의 통치에서 벗어난 인도와 주변 지역이다. 인도, 파키스탄, 방글라데시는 같은 식민통치를 경험했지만, 상당히 다른 결과를 보여준다. 유사한 비교가 중동의 여러 지역에서도 가능하다.

제2차 세계대전 직후, 무장 테러 세력이 영국 군대와 군 시설을 공격했다. 키프로스, 팔레스타인, 아덴에서 이런 상황이 발생했다. 이들 세력의 공통 목표는 영국군의 철수와 완전한 독립의 달성을 촉진하는 것이었다. 세 무장 세력은 각각 기독교, 유대교, 이슬람 조직이었다. 당시 이들 세 조직은 모두 '테러 세력'으로 불렸지만, 이들의 활동을 현재의 테러조직과 비교하면 상당히 온건한 부류에 속한다. 예외 없이 이들의 공격 대상은 군사적 목표였다. 때로는 민간인들에 대한 '부수적 피해collateral damage'가 발생하기도 했지만, 그것만은 최대한 피하려고 노력했다.

권력이 이양될 수 있는 지속 가능한 체제 혹은 조직이 부재한 상황이었기 때문에 아프리카 대륙의 대부분 식민지에서는 유럽 제국의 통치가 상당 기간 지속됐다. 그럼에도 중대한 조치들이 취해졌는데, 이들 국가들이 궁극적인 독립을 준비하도록 정치적, 사회적, 문화적 기관들을 발전시키는 것이었다. 이런 과정의 한 부분이 교육 분야였다.

대영제국의 끝자락에서 몇 년 동안 나는 영국 정부를 위해 일했다. 그러나 내 임무는 제국의 업무와 관련되지 않았다. 전쟁 동안 영국 정보부에서 맡은 임무도 제국의 지배를 유지하기 위한 것이 아니었고, 추축국의 영향력 확대를 막는 것에 국한됐다. 그러나 후에는 아주 다른 측면에서 제국의 업무와 연관된 역할을 담당했다. 교육 분야였다. 다른 유럽의 제국들과 달리 대영제국은 식민지에서 교육, 특히 고등교육에 큰 관심을 기울였다. 각각의 식민지에 최소 한 개의 대학을 설립해 운영하는 것을 목표로 두었다. 그리고 역사, 특히 현지인들의 역사를 가르치는데 많은 시간과 노력을 투입했다. 이는 프랑스의 아프리카 식민통치 방식과는 크게 다르다. 아프리카의 많은 프랑스 식민지들 중에서 프랑스 정부가 설립한 대학은 단 한 곳이었다. 알제리의 수도 알제에 설립된 대학이었다. 교육 대상도 주로 식민지에 거주하는 프랑스인들이었고, 역사도 프랑스 역사만 가르쳤다. 프랑스가 통치한 서아프리카의 초등 혹은 중등학교에서 역사 교과서는 보통 "우리의 조상, 갈리아인들^{Gauls}(현재의 북이탈리아, 프랑스, 벨기에 지역의 사람들)…"로 시작했다.

영국 식민지에서도 영국 혹은 대영제국의 역사를 어느 정도 가르쳤으나 주를 이룬 것은 현지 역사 교육이었다. 식민지에서 이런 역사 교육을 하기 위해서는 과거에 기록되지 않았던 현지 역사를 찾아내 집필할 필요가 있었다. 따라서 일부 아프리카 식민지에서 역사적 기록을 찾고 정리하는 데 많은 노력을 쏟았다. 구전으로 내려온 것들이라도 내부에서 찾을 수 있는 자료들을 우선 정리하고, 관련 자료가 없을 경우에는 왜곡 가능성이 있더라도 외부에서 기록한 것들도 수집됐다. 이 업무를 수행하기 위해 식민지 역사 교육을 담당하는 런던의 한 위원회는 학자들을 불러 모았다. 주로 런던대학교의 학자들로, 나도 그들 중 한 명이었다. 이 업무는 배우는 것도 있었고 보람도 있었다. 나는 수단^{Sudan}을 주로 담당했는데, 그곳은 주민 대다수가 아랍어를 구사하고 무슬림인 나라였다. 당시에도 수단은 대영제국의 식민통치로부터 완전히 벗어나지 못한 상태였다.

수단

7세기에 이집트를 정복한 아랍인들은 남쪽으로 향했다. 이집트와 에티오피아 사이의 이 지역을 뭉뚱그려 아랍인들은 '흑인들의 땅'이라는 뜻의 빌라드 알–수단Bilad al-Sudan이라고 불렀다. 이 지명은 수 세기 동안 이어져 내려왔고, 결국 이 지역이 독립 주권국가를 형성한 이후 공식 국명이 됐다. 2011년 수단과 남南수단으로 남북이 분리된 이후에도 수단이라는 국명은 계속 사용되고 있다. 피부색을 뜻하는 단어가 국명이 된 것이 좀 이상해 보일 수 있겠지만, 남에서 북까지 수단 영토 전체에 거주하는 사람들이 모두 흑인이라는 점에서 틀린 것은 아니다. 그러나 카르툼대학교University of Khartoum 초청으로 수단을 방문했을 때, 이 국명에 대한 수단 사람들의 인식이 더욱 복합적이라는 점을 발견했다. 우선 색깔에 대한 인식이 우리와는 달랐다. 북쪽 사람들은 '피부가 붉은 사람들reds'로 불렸는데, 서양 사람이라면 이를 갈색으로 표현했을 것이다. 반면 피부가 상당히 검은 남쪽 사람들은 '피부가 파란 사람들blues'로 알려져 있었다.

색깔에 대한 아랍의 고전적인 시각은 10세기 초 저명한 아랍 작가인 이븐 알–파키흐Ibn al-Faqih가 생생하게 묘사했다. 그는 한 글에서 다음과 같이 기록했다. "이상적인 피부색은 이라크 사람들의 옅은 갈색이다. 인간이 가질 수 있는 가장 적절한 피부색으로, 인간이 자궁에서 모습을 갖추었을 때의 피부색이다. 이라크인들은 태어날 때 슬라브인들과 다른 인종이 여성의 자궁에서 떨어져 나오면서 보여주는 금발과 담황색,

흰색 등 지나치게 밝거나 나병환자와 같이 창백한 혈색을 갖지 않는다. 또한 이라크인들은 에티오피아인들과 기타 흑인들처럼 자궁 안에서 지나치게 구워져 검고 탁한 혈색과 냄새나고 꼬인 곱슬머리를 타고나지 않는다. 이라크인들은 제대로 구워지지 않은 반죽도 아니고 지나치게 타버린 빵의 껍질도 아니다. 그 중간이다." 말할 필요도 없이 이븐 알-파키흐는 이라크 사람이었다.

이븐 알-파키흐의 글을 포함한 여러 자료를 수집해 나는 《이슬람의 인종과 피부색Race and Color in Islam》이라는 책을 1971년 출판했다. 이어 보다 확장된 버전인 《중동의 인종과 노예제도Race and Slavery in the Middle East》를 1990년에 집필했다. 이 두 책이 내 책 중에서 가장 적게 재판되고 번역된 것은 우연이 아니다. 인종과 피부색이라는 주제 자체가 지나치게 민감해서 출판사들이 부담을 가질 수밖에 없었다.

수단의 다양성은 피부색에 국한되지 않는다. 북부와 중부 주민 절대다수는 아랍어를 사용하는 무슬림이다. 반면 남부 지역 주민들은 영어나 아프리카 언어를 쓰고 기독교나 아프리카 전통종교를 믿는 사람들이다. 개인적으로나 집단적으로 두 부류의 수단인들은 긴장 상태에 있거나 때로 충돌하기도 했다. 남부에서 유학 온 카르툼대학교의 한 학생과 나눈 대화가 생각난다. 당시 카르툼대학교는 공식적으로 영어로 수업을 했다. 그러나 절대다수의 학생들은 아랍어를 구사하는 북부 출신이었다. 피부가 검은색, 혹은 수단인들의 표현대로라면 파란색인 그 학생은 남부 출신의 기독교인으로, 대학에서 극소수에 속하는 부류였다. 한 방문객이 아랍어를 구사하는 다수의 무슬림 학생들과 소통할 때 어떤 문제점이 있는지 그에게 물었다. 그는 예상외의 답변을 내놓았다. 북부 학생들과 지낼 때 어려운 점이 많긴 하지만, 그것은 그들이 아랍어를 구사하는 무슬림이기 때문은 아니라고 말했다. 그는 얼마 뒤 아랍어를 배워 그들과 소통했고, 이슬람 종교로 인한 불편도 크게 느끼지 못했다. "진짜 문제는 북부 학생들이 오리엔트 문명에 속해 있기 때문"이라고 그는 주장했다.

여기서 '오리엔트'라는 개념을 명확히 할 필요가 있다. 미국에서는 '오리엔트'가 일반적으로 극동아시아Far East를 의미한다. 영국을 포함한 유럽은 당시 오리엔트를 지중해 동부 연안 일대에서 시작되는 동쪽 지역이라고 구분했다. 수단도 오리엔트에 포함됐다. 남부 출신의 그 학생은 수단이 종교나 언어뿐 아니라 문명적으로도 나뉘어 있다고 느꼈다. 남부와 북부의 가장 근본적인 차이점이 바로 오리엔트 문명과 아프리카 문명의 거리감에서 생긴다는 것이다. 이후 수십 년 동안 남북 관계는 더 악화했다. 결국 수단은 2011년 두 국가로 분리되고 말았다.

카르툼대학교는 당시 수단의 대표적인 고등교육 기관으로, 고든메모리얼칼리지Gordon Memorial College라는 고등학교에서 점진적으로 대학으로 발전했다. 1960년대 나는 이 대학과 수년 동안 연을 맺었다. 그 이전부터도 카르툼대학교 출신 학생들이 오랜 기간 런던에 와서 학위를 받았고, 그중 일부는 역사학 분야에서 박사를 취득했다. 따라서 내가 속한 런던대학교는 카르툼대학교와 상당히 가까운 관계를 맺고 있었다. 특히 몇몇 수단 학생들은 런던대학교에서 학위를 마친 뒤 카르툼대학교에서 중동과 관련 지역 역사를 가르치는 교수가 됐다.

나는 매년 카르툼대학교의 졸업시험을 도왔는데, 어떤 해에는 현장에서 시험을 돕기 위해 직접 카르툼에 간 적도 있었다. 이번에는 학사학위 졸업시험이었다. 당시 카르툼대학교에서 강의를 하던 서너 명의 제자들이 교수회관에서 나를 반겼다. 옛 추억을 떠올리며 즐거운 시간을 보내던 중 한 제자가 학생들을 직접 만나보겠냐고 물었다. 나는 흔쾌히 그러겠다고 답했다. 나중에 알게 되었지만 사전에 조율된 학생들과의 만남이었다. 나일 강변을 따라 걸어 내려가 학생 클럽으로 이동하자, 클럽 안에는 나를 맞이하기 위해 온 학생들이 있었다. 한 제자가 나를 소개했다. "이분이 런던대학교에서 오신 루이스 교수님입니다." 그러고는 나를 돌아보더니 "교수님의 손자입니다"라고 말하며 학생들을 가리켰다. 제자들의 제자들을 만난 것이다. 아주 즐거운 순간이었다.

편안하고 즐거운 분위기 속에서 대화가 시작됐다. 학생들은 자신들의 학업에 대해 내 의견을 물었다. 수단의 학생들은 교수가 말한 것을 꼼꼼히 적고 철저하게 외웠다. 시험은 외운 것을 다시 토해내는 과정이었다. 외부 심사관으로서 나는 이런 학업 방식에 부정적이었다. 학생들의 답안지에는 같은 논조, 논리전개, 사례 등이 담긴 답이 반복될 뿐이었다. 카르툼에 오기 1년 전 나는 수단의 학업 방식에 대해 한 보고서를 작성한 바 있었다. 학생들이 교수와 교과서에서 배운 것들을 재생산하는 방식에 대해서 안타깝게 생각한다고 의견을 달았다. 학생들이 자신의 의견과 질문을 표현할 필요가 있다고 언급했다. 그러나 그다음 해에도 학생들의 답안지는 크게 변하지 않았다. 학생들은 교수가 말한 것을 계속 되새김질했고, 같은 논지, 같은 표현 일색이었다. 다만 내 보고서를 의식했는지 각 답안의 첫 부분만 '내 의견으로는'이라고 시작했을 뿐이다.

그래서 나일 강변의 아늑한 가든 클럽에서 교수와 학생을 모두 만난 그 자리에서 직접 의견을 밝히기로 결심했다. 나는 왜 자신의 의견을 제시하지 않고 배운 것만 답안지에 적어내는지 학생들에게 직접 물었다. 그러자 교수들이 맞장구를 치며 말했다. "우리도 같은 점을 계속 학생들에게 이야기합니다. 우리가 말한 것을 되풀이하지 말고 자신들만의 시각과 의견을 제시하라고 학생들을 독려합니다." 그러자 학생 중 하나가 개인적 의견을 적을 경우 그 답이 맞았는지 어떻게 알 수 있느냐고 물었다. 나는 이 질문에 다음과 같이 답했다. "이것은 역사 시험입니다. 정답과 오답이 있는 수학 시험이 아닙니다. 역사는 사건에 대한 해석이나 의견과 깊은 연관이 있습니다. 같은 역사적 사실에 대해서도 학생들이 교수나 시험관과는 상당히 다른 결론에 도달할 수 있습니다." 내 답변을 듣고 그 학생은 재차 물었다. "하지만 무엇이 옳은 의견이나 해석인지 어떻게 알 수 있습니까?" 정확한 사실과 논리적인 추론에 바탕을 둔 답변은 모두 정답이 될 수 있다고 나는 설명했다. "사실을 어떤 방식으로 해석할지는 여러분들의 몫입니다. 여러분의 의견이 나와 같을 필요는 없습니다. 나는 그저 여러분들이 해석하는 방식을 존중해야 합니다."

내 답변에 이번에는 다른 학생이 반박했다. "교수님들께서 받아들일 수 있는 사실이나 의견을 따르는 게 보다 안전하지 않습니까?" 나는 이 질문에 이렇게 답했다. "만약 그렇게 한다면 시험에 안전하게 통과할 수는 있을 겁니다. 하지만 높은 점수를 얻지는 못할 겁니다. A 혹은 B 같은 상위 등급을 받지 못하고 다만 안전한 C 정도에 만족해야 할 겁니다." 우리는 이 주제를 놓고 상당 시간 옥신각신했다. 그러는 사이에 한 학생이 다시 말했다. "교수님께서 언급하신 방식은 너무 위험합니다." 대부분 학생들이 고개를 끄덕였다. 그리고 학생들은 역사과목 시험 답안지를 계속해서 종전과 같은 방식으로 작성했다. 수단을 포함한 중동의 이 같은 학업 방식은 아직도 크게 달라지지 않고 있다.

카르툼대학교 관계자는 얼마 후 카르툼에서 멀지 않은 옴두르만 Omdurman에 있는 이슬람 교육기관을 방문할 것을 권했다. 나는 흔쾌히 응했다. 그곳에서 총장을 접견하고 여러 학과 교수들을 만났으며 강의실도 둘러보았다. 모스크 안뜰에서 교수 및 학생을 만나는 큰 행사에도 참석했다. 그런데 그때는 무슬림들이 한 달 동안 단식을 하는 라마단Ramadan 기간이었다. 학교 관계자가 내게 음료를 권했지만, 나는 여러 차례 정중히 거절했다. 하지만 그는 고집스럽게 음료를 권하면서 급사에게 "펩시콜라를 가져오라"고 지시했다. 나는 그리 좋아하지도 않는 펩시를, 그것도 라마단 기간에 옴두르만 이슬람대학교의 모스크 안뜰에서 어쩔 수 없이 받아들었다. 땀을 흘리며 목말라하는 교수와 학생들은 나를 착잡한 심정으로 바라보았다. 손님을 환대하는 전통과 이슬람 종교의 교리가 충돌하는 현상이라고 할 수 있다.

몇 년 동안 카르툼대학교의 역사학과와 관계를 유지했으나, 내가 1974년 미국으로 떠나면서 소원해졌다. 이후 새로운 정권이 들어서고 수단 사회와 문화가 급격히 이슬람화하면서 카르툼대학교와의 연줄은 끊어졌다.

미국 강연 출장

영국 외무성은 정기적으로 영국 학자들의 미국 대학 강연 시리즈를 주선했다. 양국 간 문화교류를 위한 것이었다. 《현대 터키의 등장》을 집필하던 당시, 외무성은 내게도 이 강연 출장을 제의했다. 강연의 장점 중 하나는 완벽한 표현의 자유가 보장되는 것이었다. 영국 정부의 정책에 반하는 의견을 피력해도 무방했다. 다만 영국 외무성을 대변하는 게 아니라 개인적 의견을 밝히는 것이라는 점을 언급하면 될 뿐이었다. 나는 외무성의 제안을 받아들였다.

1954년 2월 23일 미국에 도착해 4월 13일 귀국하는 배에 승선했다. 첫 번째 미국 방문이었다. 7주 동안 뉴욕, 필라델피아, 월섬Waltham, 디트로이트, 앤아버Ann Arbor, 스포캔Sopkane, 시애틀, 터코마Tacoma, 포틀랜드, 샌프란시스코, 버클리, 새크라멘토, 로스앤젤레스, 리버사이드, 솔트레이크시티, 앨버커키, 캔자스시티, 세인트루이스, 워싱턴에서 강연을 했다. 대부분 강연은 대학, 칼리지, 국제 문제를 다루는 학회와 위원회에서 진행됐다. 많은 도시에서 라디오 인터뷰가 있었고, 뉴욕과 할리우드에서는 TV 프로그램에 출연했다.

개별적으로 만나는 사람들은 물론 청중들까지, 어딜 가나 나를 친절하게 맞아준다는 사실이 놀라웠다. 거의 매 강연마다 많은 질문들이 나왔는데, 대부분은 추가적인 정보나 내 의견을 요청하는 것이었고 극히 일부 질문들에서만 질문자의 악의나 불온한 의도를 간파할 수 있었다. 단 두 곳에서 강한 반감에 맞닥뜨렸는데, 앤아버의 미시간대학교와 버클리의 캘리포니아대학교에서였다. 이 두 곳에서 미국인이 아닌 중동 출신 학생들로부터 격렬한 질문을 받았다. 미시간대학교에서는 내가 이슬람의 전통적 정치관행을 언급한 부분에 대한 질문이 있었다. 현대 중동 정치에 대한 것들이 아니었다. 반면 버클리에서는 사자왕 리처드(3차 십자군 원정을 주도한 영국의 왕-옮긴이)에서 이라크 내 영국의 식민 정부까지, 영국이 중동에서 자행한 만행에 대해 학생들이 한 시간 이상 꼬치꼬치 캐물었다. 이들 질문에 답변할 때 나는 아랍어로 쿠란과 기타 이슬람의 원전을 인용하면서 질문자들을 무장해제시키기도 했다. 악의적인 질문들은 상당수 내가 강연에서 언급한 것과는 무관했다. 아랍 학생 단체들이 영국이나 프랑스 출신 연사들에 대해 정기적으로 이런 종류의 '환영식'을 마련한다는 것을 나중에야 알게 됐다. 이와 대조적으로 버클리의 캘리포니아대학교 교수진이 마련한 환영 연회는 미국 출장 기간 중 가장 성대했다.

미국도 중동에 전반적으로 관심이 많았다. 그러나 지역에 대한 단순 지식에 기반을 둔 것이지, 특정 사안의 복잡성을 제대로 깊이 인식한 것이 아니었다. 미국의 정치가이자 외교관이었던 애들레이 스티븐슨Adlai Stevenson의 말이 생각난다. '미국인들에게는 모든 질문에 답이 있어야 하고 모든 이야기는 해피엔딩이어야 한다.' 나는 그의 말에 한 가지 더 추가하고 싶다. 대답은 간단명료해야 하고, 이야기에는 영웅과 악당이 있어야 한다. 이런 것들이 미국인들의 생각에 깔려 있는 일반적인 신념이다. 따라서 이들에게 중동은 마치 미국의 중서부Middle West처럼 받아들여진다. 그곳에서 사는 사람들과 잘 지내고 '나쁜 놈'과 문제아를 제거하면, 모든 것이 잘 돌아간다. 모든 어려움도 할리우드 영화의 주인공이 나아가는 길에 놓인 걸림돌처럼 사라진다. 이러한 미국인들의 태도는 종종 중동과 다른 식민지에서 영국이 어려움을 겪는 것이 고집과 오만 때문이라는 오해를 가져온다. 만약 영국인들이 미국인들처럼 마음을 열고 다른 사람들과 잘 지냈더라면 모든 문제가 잘 풀렸을 것이라는 시각이다.

강연마다 한결같은 질문이 이어졌다. 당시 미국과 영국 모두 냉전의 정점을 지나고 있었다. 모든 사람들이 '나쁜 나라' 소련의 위협에 대해 알고 싶어 했고, 소련에게 서양이 어떻게 대응해야 하는지에도 관심이 많았다. 결국 중동에 대해서도 소련과 연관된 사안들을 질문했다. 미국인들은 중동 내 공산주의 전망은 물론 수에즈운하, 이란의 석유, 키프로스 문제 등 서양과 공산권이 경합을 벌이는 국가들의 상황을 알고 싶어 했다. 그러나 내 예상과는 달리 팔레스타인과 관련된 질문은 별로 나오지 않았다.

많은 미국인들이 쇠퇴하는 대영제국과 제국이 겪는 어려움에 동정을 표했으나, 그 어려움의 본질에 대해서는 잘 이해하지 못했다. 그리고 조지 3세King George III가 붉은 군복을 입고 식민지 밀림을 누비는 모습을 기억하는 일부 미국인들에게는 제국주의에 대한 반감이 강하게 남아 있었다. 하지만 이런 시각을 지닌 사람들의 존재감은 점차 희미해지고 있었다. 미국인들도 모든 것이 자신들의 생각대로만 진행되지는 않는다는 점을 인식하고, 제국주의에 대한 분노에 싸여 국제질서를 정확히 이해하지 못했음을 파악하기 시작했다. 이상은 여전히 모호해 보이고, 보편적이고 확실하다고 믿는 신념도 어려움을 완전히 해결해주지는 못한다. 정치인들도 완벽한 해결책을 제시할 수 없다. 이런 상황에서 영국이 어려움을 겪고 있던 인도와 아프리카에 미국인들의 관심이 고조됐다. 그러나 사실 미국인들은 이들 지역에 대한 지식이 별로 없었다. 내가 미국에 방문하기 직전 인도 인사들이 방문해 강의를 했었는데, 인도인들이 영국에 우호적인 입장을 표명하는 것을 듣고 미국인들은 상당히 놀랐다고 한다.

한 가지 언급하고 넘어가야 할 일화가 있다. 세인트루이스의 한 교원 양성 대학에서 학생들에게 강의를 한 적이 있는데, 그 대학의 역사학과 교수가 내게 이런 이야기를 해주었다. 일주일 전 한 이집트 학생의 강의가 그곳 학생들에게 큰 영향을 주었다는 얘기였다. "강의를 들은 학생들이 런던에 수소폭탄이라도 떨어뜨릴 기세였습니다." 교수는 당시 분위기를 이렇게 전했다. 교수는 학생들에게 다른 시각도 제공해야 한다고 생각했고 영국 영사관에 마땅한 강사를 요청했다. 그렇게 해서 내가 그곳에 가게 된 것이다. 미국의 학생들은 국제문제를 이해할 때 미국에 거주하는 다양한 국적의 친구들에게서 가장 큰 영향을 받는다고 교수는 지적했다. 또 그는 영국 학생들이 미국에 조금만 더 많이 있었다면 영국의 시각이 담긴 담론이 확산되었을 것이라고 덧붙였다.

개인적인 인맥이 있는 곳과 그렇지 않은 곳 사이에 상당한 차이가 있음을 여행 내내 느꼈다. 하버드, 컬럼비아, 미시간, 브랜다이스, 버클리, 로스앤젤레스 등 개인적 인맥이 있는 곳은 강의의 사전 홍보가 잘 되어 있었고, 강의 전후에 대학 관계자들과 오찬이나 만찬도 마련되어 있었으며 전반적으로 청중 수도 많았다. 반면 그렇지 않은 곳에서는 상황이 달랐다. 다행히 디트로이트와 시애틀에서는 영국 대사관 공보관 혹은 영사가 열심히 노력한 덕분에 강의가 상당히 성공적이었다. 그러나 다른 지역에서는 별로 큰 반향을 일으키지 못했다. 대부분의 강의가 학부생들을 위한 것이어서 지역 사회에 주는 영향은 제한적이었다.

강의 여행은 워싱턴에서 끝났다. 워싱턴의 중동연구소Middle East Institute에서 서구 열강이 중동에서 펼친 정책을 주제로 강연을 했는데, 영국 대사관의 한 외교관이 초청되어 좌장을 맡았다. 강의가 있었던 주초에 미국에서는 큰 스캔들이 있었다. 아이젠하워 대통령이 스리랑카 주재 미국 대사로 부유한 사업가를 임명했는데, 바로 자신의 대선 캠페인에서 고액의 기부금을 낸 인물이었다. 당시 미국 정계에서는 관례와 같은 임명이었고, 대사 임명을 승인하는 상원외교위원회도 우호적이었다. 상원의원들은 그에게 어려운 질문을 하지 않았다. 우선 스리랑카에 부임하면 가장 먼저 무엇을 할 것이냐고 물었다. 그런데 그의 답변이 참으로 가관이었다. 스리랑카 국왕에게 신임장을 제출하겠다고 답한 것이다. 당시 스리랑카에는 왕이 없었다. 자기가 부임할 나라의 정부형태도 잘 모르고 있다는 약점을 잡은 상원의원들은 그를 더 압박했고, 결국 그의 외교적 무지가 극명하게 드러났다. 그를 수행한 국무부 관리는 장관 후보자가 출국 전 적절한 안내와 지침을 받게 될 것이라고 변론했다.

이 일은 중동연구소에서 강연하기 며칠 전에 발생한 사건이었다. 따라서 질의응답 시간에 누군가가, 미국 정부의 대사 임명 방식을 어떻게 생각하느냐고 물었다. 곤혹스런 질문이었다. 이 미국 강의는 준準공무의 성격이 있었거니와 그날 강의는 영국 대사관 외교관이 좌장을 맡고 있었다. 다행히 묘안이 떠올랐고, 나는 잘 알려진 외교적 수사를 이용해 말했다. "이 자리에서 말할 수 있는 것은 국무장관이 모든 일을 수행할 수 없기 때문에 대사들의 업무 능력이 탁월해야 한다는 점입니다." 내 답변은 설득력이 있었다. 그래서 10년 후 워싱턴을 방문했을 때, 누군가 이 말을 기억했다가 알려줄 정도였다.

미국 강연은 흥미롭고 소중한 경험이었다. 이 여행에서 내 전공과 관련한 학생 및 교수들, 중동과 관련한 다른 전문가 및 공무원들과 널리 사귈 수 있었다. 이 강연 이후에 미국 대학 다섯 곳으로부터 객원교수 제안을 받았다. 나중에 나는, 그중 하나인 캘리포니아대학교 로스앤젤레스캠퍼스UCLA의 객원교수직을 수락했다.

LA에서의 1년

1955년 가을 나는 영국에서 출발해 뉴욕을 거쳐 로스앤젤레스로 향했다. 1년 동안 UCLA에서 객원교수로 근무하기 위해서였다. 내가 소속될 학부의 학장이 공항에 마중을 나왔다. 그의 차를 타고 LA 외곽의 고지대에 위치한 그의 집에 도착해 하루를 묵었다. 그는 긴 여행으로 피곤할 테니 일찍 일어나지 말고 편하게 쉬라고 당부했다. 그의 배려가 고마웠다. 나는 정말로 늦게까지 푹 잤다. 그는 친절하게도 차 한 대를 집에 남겨두었고, 내게 학교까지 직접 운전하고 와서 업무 이야기를 나누자는 쪽지도 남겨놓았다. 그래서 그의 집에서 대학 캠퍼스까지 운전을 했다. 멀지도 않고 복잡하지도 않은 길이었지만 운전은 쉽지 않았다. 영국이 아닌 다른 나라에서 하는 첫 운전인 데다, 운전석 위치가 영국과 달라 헷갈려서 때로 차를 반대편 도로로 몰기도 했다. 설상가상으로 자동변속기에 파워스티어링도 장착되어 있었다. 듣도 보도 못한 시스템이었다. 언덕에 있던 그의 집에서 캠퍼스까지 가는 짧은 운전은 정말로 아찔한 경험이었다.

LA에서 거주하려면 차량을 구입해야 하고 캘리포니아 면허증을 취득해야 한다는 것을 곧 알게 됐다. 당시에도 미국에서 영국 운전면허증을 사용할 수 있었다. 그러나 캘리포니아 주에서는 객원교수를 포함해 교수가 국가공무원으로 분류되었고 모든 공무원은 캘리포니아 운전면허증이 있어야 했다. 따라서 UCLA 객원교수인 나도 캘리포니아 면허시험을 치러야 했다. 시험 시간과 장소가 정해졌다. 시험장에 가서 심사관과 함께 차량에 탑승했다. 그가 코너를 돌아보라고 하자 나는 그의 지시에 따라 운전했다. 심사관이 말했다. "충분합니다." 나는 의아해하며 물었다. "이게 답니까?" 그러자 그는 답했다. "한 가지만 더 보여주면 됩니다." "뭐지요?" 나는 물었다. 그는 내게 '평행주차'를 하라고 했다. 우리는 주차된 두 차 사이에 공간이 있는 적당한 장소로 이동했다. 심사관은 세 번만 움직여서 주차를 해야 한다고 규정을 설명했다. 나는 처참하게 실패했다. 변명을 하자면 차의 운전석도 영국과는 달랐고, 차도 도로의 반대편에 있었다. 세 번 움직여서 주차하기에는 환경이 너무 달랐다. 그러고 나서 일주일 후 다시 시험을 봤고, 다행히 통과했다.

초기에 미국을 방문했을 때 나는 미국 사회에 정착된 반유대주의에 적잖이 충격을 받았다. 영국에서는 상상도 할 수 없는 것이었다. 당시 미국 내 일부 호텔에서는 유대인 손님을 받지 않았는데, 이는 일반적인 관행이었다. 영국에서 이런 차별 대우를 하는 호텔은 숙박업 면허를 유지할 수 없었다.

첫 미국 방문에서 뉴욕의 유대인 변호사와 이야기를 나눌 기회가 있었다. 영국에 가본 적이 없었던 그는 내게 영국의 유대인들에 대해 여러 질문을 던졌다. 우선 그는 다시 영국 의회에 유대인들이 있느냐고 물었다. 내가 그렇다고 답하자 그는 몇 명이 있는지 물었다. 평상시라면 모른다고 대답했을 텐데, 여행 직전 읽은 한 신문에서 하원의 유대인 의원 수를 언급한 기사가 떠올라서 30여 명이라고 답할 수 있었다. 그는 크게 놀라면서 영국에 그렇게 유대인이 많은 줄 몰랐다고 말했다. 나는 더 정확히 말하면 의원 수가 35명이라고 말했다. "아니요. 저는 의원 수가 아니라 유권자 수를 말하는 겁니다." 나는 유대인 의원들은 유대인들이 선출한 게 아니라고 설명해야 했다. 그들은 자신들이 속한 정당의 당원들로, 해당 지역구에서 선출된 것이었다. "정말로요? 미국에서는 그렇지 않습니다. 유대인 의원들은 유대인 밀집 거주 지역에서만 선출될 수 있습니다. 유대인 비거주 지역에서 선출된 유대인 의원은 없습니다." 그는 미국 상황을 설명했다. 물론 이제는 미국도 상황이 바뀌었으나, 당시 영국의 상황은 미국과 달랐다. 대부분 유대인 하원의원은 유대인이 소수이거나 혹은 전혀 없는 곳에서 당선됐다.

그는 심지어 수백 년 동안 유대인 거주까지 불허했던 영국에서 유대인이 어떻게 첫 번째 하원의원에 선출될 수 있었느냐고 물었다. 실제로 1290년 제정된 법에 의해 유대인은 영국에서 추방됐었다. 올리버 크롬웰Oliver Cromwell이 유대인 공동체와 회당 설립을 허용한 1656년까지 유대인은 영국에서 살 수 없었다. 크롬웰이 왜 이런 조치를 취했는지에 대해서는 여러 설명이 있다. 그중 하나는 그가 유대인들이 유용하고 생산적인 주민이 되리라고 생각했다는 것이다. 보다 가능성이 큰 설명은 크롬웰의 종교적 신념 때문이다. 그는 예수의 재림과 종말이 임박했다고 굳게 믿었기 때문에 유대인들을 다시 불러들여 하루빨리 그들을 개종시켜야 한다고 생각했다. 당시에도 하원에서 유대인 당선을 불허하는 법은 없었다. 그러나 의원이 되기 위해 취해야 하는 충성선서Oath of Royalty의 문구 중에 '기독교인의 참된 믿음에 따라'라는 것이 있었다. 이 문구에는 분명히 비기독교인들을 배척하려는 의도가 있었다.

19세기 중반에 로스차일드Rothschild 가문의 사람 하나가 수도 런던의 자유당 후보로 출마해 선출됐다. 그가 의원직을 수행하러 의회로 갔을 때 하원의 한 서기가 충성선서를 요청했다. 유대인인 로스차일드는 종교적 이유로 '기독교인의 참된 믿음에 따라'라는 문구가 담긴 선서를 할 수 없었다. 서기는 그의 선서 거부를 하원에 보고했고, 이 사안을 놓고 하원은 열띤 논쟁을 벌였다. 하원은 로스차일드가 선서를 거부했기 때문에 그의 당선은 무효이며 보궐선거를 실시해야 한다고 결정했다. 영국의 의회제도에 따르면 의회에 어떠한 사유라도 궐석이 생기면 다음 총선을 기다리지 않고 해당 선거구에서 보궐선거를 실시해야 한다. 그래서 보궐선거가 실시되었고 로스차일드는 다시 출마해 또 당선됐다. 의회에서도 같은 일이 반복됐다. 선거 결과가 다시 무효로 선언됐고 또다시 보궐선거가 열렸다. 그리고 그가 세 번째 당선이 되자 하원도 입장을 바꿨다. 선거구 유권자들의 바람을 무시해서는 안 된다는 결정이었다. 하원은 충성선서의 문구를 수정했고 그때부터 유대인들은 의회에 진출할 수 있었다. 로스차일드는 결국 1858년 유대인 최초의 영국 하원의원이 됐다. 그가 선출된 지역구는 영국의 중심 런던이었다. 유대인이 과반을 차지하는 지역이 아니었다.

그러나 미국에서는 유대인의 정체성이 영국에 비해 상당히 부각되어 있었다. 왜 그런지 정확히 규명하기는 어렵지만, 미국에서는 유대인과 다른 종교인들이 자신의 정체성과 그에 따른 차이에 대해 정확히 인식하고 있는 것 같다. 반감이나 적대감은 아니고, 다만 차이다. UCLA에서 강의를 하면서 나는 이를 확실히 느꼈다. 역사학과에서 1년 근무하는 동안 몇 개월도 되지 않아 거의 모든 학과 구성원의 종교를 알 수 있었다. 이들의 종교를 물어본 것도 아니었을 뿐더러, 사실 나는 그런 것에 관심조차 없었다. 그러나 각 구성원의 종교는 학과에서 서로에게 잘 알려진 정보였다. 영국 대학에서 17년을 가르쳤지만 나는 동료 교수들의 종교적 신념이나 종파에 대해 전혀 알지 못했다. 동료들 사이에서도 중요한 사안이 아니었고, 어떤 종교를 가졌든 그에 대해 비난하는 사람도 없었다.

현대 세계에는 다양한 부류의 유대인들이 있다. 다수의 문화에 적응해 살아가는 이들도 있고 다른 종교에 분노와 경멸을 표하는 이들도 있으며, 이런 양극에서 중립적인 입장을 취하는 이들도 있다. 나 같은 유대인들은 사실 다수의 문화를 받아들일 필요가 없었다. 다수 문화의 일부이기 때문이다. 나는 서구 유럽 문화에 대해 어떤 모호한 감정을 가지고 있지 않다. 내 출생, 혈통, 성장 모두가 서구 유럽 문화에 속해 있기 때문이다. 내 정체성은 서구 유럽문화 속에서 태어나고 자란 일반 유럽인들과 크게 다르지 않다.

오래전 런던대학교에서의 한 만찬이 생각난다. 메인 요리는 내가 좋아하는 꿩이었다. 동료 교수 하나가 당황한 표정으로 말했다. "나는 당신이 종교적 의무를 다하는 유대인인 줄 알았습니다. 그런데 꿩고기는 종교적으로 금지된 음식 아닌가요?" 나는 잠시 생각을 한 후 말했다. "예, 맞아요. 하지만 나는 그렇게까지 엄격한 규율에 따르지 않아요." 그러자 그는 다시 물었다. "그런데 햄, 돼지고기 혹은 베이컨이 들어간 음식은 먹지 않잖아요. 돼지고기를 안 먹는다면 꿩고기도 그런 것 아닌가요? 어떤 차이가 있죠?" 나는 그의 물음에 답했다. "내가 태어나서 자랄 때 유대인들은 돼지고기를 먹는 사람과 먹지 않는 사람으로 나뉘어져 있었습니다." 돼지고기와 햄을 먹고 안 먹는 것은 유대인들의 정체성에서 개혁주의자와 근본주의자 간 중요한 구분선이 됐다. 그런데 꿩의 경우 아무도 그것을 먹지 않았기 때문에, 그것은 논외의 사안이었다.

또 다른 일화가 있다. 미국에서 개혁적 성향의 라비와 한 레스토랑에서 저녁을 먹을 때였다. 놀랍게도 라비는 새우를 주문했다. 새우는 유대인들에게 당연히 금지된 음식이다. 나는 놀라서 그에게 말했다. "새우를 드시네요!" 그는 말했다. "예, 우리는 개혁주의자들입니다. 엄격한 종교주의자들이 아닙니다." 나는 다시 물었다. "하지만 돼지고기나 베이컨은 안 드시잖아요." 그는 다시 설명했다. "그건 다른 문제지요. 새우와 해산물은 코셔르kosher(유대교에서 취식 가능한 음식)의 반대인 트라페trafe(유대교에서 '부적당한' 음식을 일컬음-옮긴이)일 뿐입니다. 하지만 돼지고기와 베이컨은 반유대주의적인 것이지요."

학교의 선택

1957년 딸 멜라니가 다섯 살이 되었을 때 나와 아내는 딸아이를 학교에 보내기로 결정했다. 당연히 최대한 좋은 학교를 찾고 싶었다. 당시 런던에는 좋은 여학교 두 곳이 있었는데, 대부분 사람들이 최고의 학교라고 꼽는 곳들이었다. 그중 하나는 영국 성공회에 속한 세인트 폴St. Paul이었고, 다른 하나는 우리가 사는 곳에서 걸어서 5분 정도 거리에 있는 사우스 햄스테드South Hampstead 여학교였다. 나와 아내는 두 학교 모두에 지원해보기로 했다. 세인트 폴 여학교에서는 교장이 학부모를 만나길 원한다는 통지가 왔다. 우리가 학교에 가자 교장은 여러 질문을 던졌고 우리는 적절히 답했다. 나는 교장에게 말했다. "우리 딸을 만나지 않나요?" 교장은 놀란 표정으로 내게 말했다. "다섯 살 된 아이를 인터뷰해서 뭘 알 수 있겠습니까?"

사우스 햄스테드 여학교의 태도는 상당히 달랐다. 매년 그 학교는 100여 명 정도의 여학생을 인터뷰하고 그중 30여 명을 받아들였다. 부모는 면접 장소에 자녀를 데리고 가야 했다. 그리고 선생님들은 자녀들과 직접 인터뷰를 하는 등 여러 절차를 거쳐 약 절반 정도를 1차적으로 선발했다. 그리고 며칠 후 다시 학생들을 불러 추가적인 절차를 진행하고 최종 30여 명을 신입생으로 결정했다. 사우스 햄스테드는 100퍼센트 사립학교가 아니었다. 영국에서는 이런 학교를 '직접 교부금 지원학교direct grant school'라고 하는데, 사립학교이지만 정부에서 일정 부분 지원을 받는 학교라서 국가의 교육 정책과 규정을 준수해야 했다. 정부의 규정 중 하나는 지원자의 종교를 파악하지 않는 것이었다. 그러나 성공회 산하 사립학교인 세인트 폴은 정부의 지침을 따르지 않을 권리가 있었다. 그래서 지원자의 종교를 파악했고, 타 종교 지원자의 경우 극히 일부만 받아들였다. 반면 사우스 햄스테드에서는 이런 선발 방식이 철저히 금지됐다. 그럼에도 전체 학생의 약 3분의 1이 유대인이었다. 종교를 물어보지 않는데 어떻게 이런 수준의 유대인 학생 비율이 유지될 수 있는지 궁금했다. 그리고 최종 결정을 하는 인터뷰 마지막 날 그 이유를 알게 됐다. 한 원로 선생님이 딸아이에 대한 여러 가지 질문을 던졌고 인터뷰를 마칠 즈음 이렇게 물었다. "한 가지 더 궁금한 것이 있습니다. 아시다시피 우리 학교는 교과목에 성경을 포함시킵니다. 따님이 구약과 신약을 모두 읽나요? 아니면 구약만 읽고 있나요?" 궁금증은 이렇게 해결됐다.

학교의 첫 수업은 학생들의 적응을 돕기 위해 보통 수요일에 시작된다. 딸이 학교에 다니기 시작한 첫 주 토요일에 우리 부모님이 집에 오셨다. 멜라니는 새로운 경험으로 인해 흥분해 있었고 이에 대해 이야기하고 싶어 했다. 나는 내 딸과 우리 어머니 사이에 즉각적이고 완벽한 소통이 이루어졌다는 사실에 깜짝 놀랐다. 물론 100년 전 일이었지만 어머니도 다섯 살 나이에 초등교육을 받기 시작했다. 그러나 두 사람이 학교에서 느낀 경험, 수업, 게임 등 여러 가지 사건들을 이야기할 때는 마치 둘이 같은 시점 같은 장소에 있었던 것처럼 통했다. 어머니는 빅토리아 여왕이 권좌에 있을 때인 1900년 초등학교에 입학했고, 멜라니는 반세기가 지난 시점에 입학했다. 그러나 두 사람이 받은 교육은 놀라울 정도록 유사하고 지속적이었다.

이런 상황이 물론 현재까지 이어지지는 않는다. 지나치게 많은 변화가 있어서, 현재의 영국은 내가 자랄 당시의 영국하고는 크게 다르다. 우리 부모님이 살았던 시대의 영국과는 말할 것도 없다. 그러나 딸과 어머니 사이에는 명확한 시간적 지속성이 발견됐다. 멜라니의 어머니, 즉 내 아내도 영국을 잘 알았다. 그러나 그녀는 10대 때 외국에서 영국으로 와서 어린 시절을 영국에서 보내지 않았다. 나와 우리 아버지도 여학교의 분위기를 전혀 몰랐기 때문에 우리는 딸과 어머니의 즐거운 대화에 전혀 끼지 못하고 듣기만 했다. 아마 나는 내 손자와 이런 대화와 소통을 할 수 없을 것이다. 시대가 바뀌었다. 나와 손자는 현재 전혀 다른 세상에 살고 있다.

파키스탄

1957년 초 나는 파키스탄에서 초청을 받았다. 라호르Lahore에 위치한 편자브대학교University of the Punjab의 새로운 캠퍼스 준공식에 참석하는 것이었다. 같은 시기에 라호르에서 개최되는 이슬람 연구 관련 국제회의에도 초대됐다. 따라서 초청장도 펀자브대학교와 서파키스탄(동파키스탄이 분리되어 방글라데시로 독립하기 이전의 서부 파키스탄 지역) 정부가 공동으로 발행했다. 나는 처음이자 마지막이었던 파키스탄 방문을 위해 초청을 즉각 받아들였다. 인도 아대륙Indian subcontinent을 처음 방문하는 것이기도 했다.

파키스탄 방문은 카라치에서 시작됐다. 그곳에서 며칠간 머물면서 옛 친구들을 만났는데, 그중 하나는 대학에서 한동안 법을 공부하면서 알게 된 법학도였다. 파키스탄에서 저명인사가 된 그는 나를 집으로 초대해 만찬을 베풀었다. 내가 도착하자 그는 찬장을 열며 마실 것을 권했는데, 다양한 종류의 스카치위스키 등 고급 주류들이 있는 걸 보고 나는 크게 놀랐다. 당시 파키스탄 정부는 무슬림들에게 음주를 엄격하게 금지했다. 호텔, 레스토랑, 일부 대중시설에 바가 있었지만, 술이 허용된 사람들은 비무슬림들과 치료에 약간의 술이 제공되는 '허가받은 알코올 중독자들'뿐이었다. 그래서 파키스탄 친구가 찬장을 열어 술을 한 잔 권했을 때 상당히 놀랄 수밖에 없었다. 나는 음주 때문에 문제가 될 수도 있지 않느냐고 물었다. 그러나 그는 아무렇지도 않다는 듯 농담조로 받아넘겼다. "아니, 나는 허가받은 알코올 중독자야."

나는 카라치 지역의 저명한 시아파 가문에서 저녁 초대도 받았다. 저녁을 먹으면서 즐겁게 담소를 나누던 중 그 시아파 지도자는 내 책《역사 속 아랍인들》에 신랄한 비판을 제기했다. 나는 그 책에서 무아위야

Mu'awiya(시아파 창시자 알리와 두 아들을 제거하고 우마이야 왕조Umayyad Dynasty 를 세운 인물-옮긴이)의 정치적 수완을 높이 평가했고 그의 정치적 정통성도 인정했다. 시아파에게 무아위야는 철천지원수다. 예언자 무함마드의 가장 가까운 인척이자 사위인 알리의 권력 계승을 막았기 때문에 시아파들이 가장 증오하는 악의 상징과 같은 인물이다. 따라서 그를 칭송하는 것은 유대인 앞에서 히틀러를 찬양하는 것과 마찬가지다. 시아파 지도자 가족은 내게 아주 정중했지만 감정이 그다지 좋지는 않았던 것 같다. 나도 좀 당혹스러웠다. 내 책이 학문적으로는 문제가 없었지만 시아파와 교류하는 데는 분명한 장애가 됨을 느꼈다.

파키스탄 방문에서 가장 기억에 남는 사건은 한 장교식당에서 저녁 식사 중 오간 대화다. 1년 전 발생한 전쟁에 관해 논란이 벌어졌는데, 바로 수에즈 위기Suez Crisis라고 알려진 1956년 제2차 중동전쟁이다. 홍해의 선박 이동을 봉쇄한 이집트의 조치에 이스라엘이 영국 및 프랑스와 공모해 이집트를 침공했다. 미국의 아이젠하워 대통령이 개입해 이스라엘군의 철수를 요구했고, 이스라엘, 영국, 프랑스는 미국의 압박에 물러났다. 파키스탄의 한 장성에게 이 전쟁에 대한 의견을 물었더니, 놀라운 대답이 돌아왔다. "우리의 입장은 매우 분명하다. 우리는 미완성으로 끝난 군사 작전에 강력히 반대한다."

파키스탄 장성의 주장은 영국 총리 앤서니 이든Anthony Eden의 미망인이 출판한 회고록의 한 부분을 생각나게 했다. 1956년 전쟁 직후 그녀와 남편 이든 총리가 한 미국 외교관과 대화를 나누던 중 그 외교관이 총리에게 의미심장한 질문을 던졌다고 한다. "왜 전쟁을 계속하지 않았습니까?" 파키스탄 장성과 미국 외교관으로부터 같은 의견이 나왔다는 것은 아주 흥미로운 질문을 제시한다. 영국과 프랑스, 이스라엘이 진정 원한 것은 무엇이었을까? 하지만 이 질문에 대한 정답을 말해줄 사람은 아직도 없을 것이다.

카라치 일정을 마치고 라호르로 향했다. 공식적인 영접을 받고 그곳에서 가장 좋은 호텔에서 묵었다. 펀자브대학교의 새 캠퍼스 준공식 관련 행사도 공식적인 의전에 따라 진행됐다. 나는 런던대학교를 대표했기 때문에 학사모와 가운을 입었는데, 상투적이지만 학계의 전통을 따라야 했다.

따라서 나는 이슬람학세계총회International Congress of Islamic Studies에 참석하는 다른 공식 일정에 더 관심이 갔다. 이 학회는 전 세계 이슬람 국가와 무슬림 공동체를 대표하는 무슬림 성직자들이 주로 참석하는 무슬림들의 학술대회였다. 그래서 나는 참관을 하거나 행사에 참여하도록 초청을 받은 극소수 비무슬림 그룹(대여섯 명 정도 밖에 없었다)에 속했다. 이런 상황이 약간 어려움을 가져오기도 했지만, 학회 기간 내내 전반적으로는 흥미롭고 유익한 경험이었다.

그곳에서 발생한 두 사건이 특히 생생하게 기억난다. 일정을 끝내고 캘리포니아대학교의 근동역사학 교수인 구스타브 폰 그루네바움Gustave von Grunebaum과 건물에서 걸어 나오던 길이었다. 그때 한 파키스탄 사람이 우리를 막아서며 호텔까지 차로 모셔도 되는지 물었다. 좋다고 말하고 차에 타자 그가 물었다. "이슬람 전문가인 두 분께 질문이 하나 있습니다. 제 질문에 답을 해주실 수 있나요?" 우리는 그렇게 하겠다고 답했다. 그의 삼촌이 최근에 세상을 떠났는데 상당한 유산을 그에게 남겼다고 한다. 삼촌은 자식이 없었기 때문에 그가 유일한 상속자였다. 그런데 삼촌의 재산이 증권거래소에서 주식을 거래하면서 축적한 것이라 고민스러운 상황이 발생했다. 우리를 차에 태운 사람은 신실한 무슬림이었지만 이슬람법을 잘 알지 못했다. 다만 거래와 이윤은 허용되지만 도박과 더불어 대출 및 이자 수취 행위는 금지되어 있다는 정도만 알고 있었다. 따라서 증권거래소에서 부를 축적한 것이 이슬람에서 허용되는지 금지되는지 알고 싶었던 것이다. 만약 삼촌의 재산이 불법적인 것이라면 신실한 무슬림으로서 그는 유산을 받지 않을 것이라고 말했다.

나는 이런 질문은 학자의 의견이 아니라 공식적인 이슬람법 해석인 파트와fatwa에서 답을 구해야 한다고 말했다. 나는 그가 당연히 이교도 서양학자가 아니라 무슬림 법학자들의 해석을 원할 것이라고 생각했던 것이다. 그러나 그는 인상을 찌푸리며 내 의견을 받아들이지 않았다. "우리 무슬림 법학자들이요? 그들은 돈 냄새를 맡으면 어떤 것이라도 합법화시켜줄 겁니다. 그래서 그들의 신앙심보다 당신들의 학문적 지식을 더 신뢰합니다."

구스타브와 나는 그의 주장에 당혹해하며 서로를 쳐다보았다. 그리고 학계에서 주로 이용되는 다소 모호하고 불확실한 답을 제시했다. 그러면서 번거로운 고민에서 벗어나 보다 편안한 삶을 살도록 상속을 받는 쪽으로 그를 설득하려 노력했다.

기억에 남은 또 다른 사건은 저명한 이슬람 사상가 아불-알라 마우

두디Abu'l - Ala Mawdudi의 초대를 받은 일이었다. 그는 학회에 참여한 비무슬림 동양학자들을 자신의 집으로 초대했다. 마우두디는 당시 이슬람권에서 가장 잘 알려진 지도자였으므로 그를 만나게 된 것은 큰 영광이었다. 그가 어떤 말을 할지 잔뜩 기대하고 있었는데, 그의 첫 마디는 그리 놀랍지 않은 것이었다. "당신들 동양학자들은 모두 같은 실수를 되풀이하고 있습니다."

'드디어 올 것이 왔네.' 우리는 생각했다. 그러나 그것은 잘못된 생각이었다. 그는 이어 말했다. "당신들 모두가 아랍어를 배웁니다. 그중 다수가 페르시아어를 배우고, 일부는 터키어를 배웁니다. 과거에는 그것이 올바른 선택이었을 수 있으나, 이제는 시대가 바뀌었습니다. 이제 이슬람세계의 중심은 바로 이곳 파키스탄입니다. 이슬람권의 주된 언어는 이제 우르두어입니다. 이슬람세계에서 무슨 일이 일어나는지는 우르두어를 통해서만 알 수 있을 것입니다." 놀랍고도 흥미로운 발언이었으며, 결코 틀린 이야기도 아니었다. 나조차도 우르두어를 배워야겠다고 생각해본 적이 없었다. 애초에 이슬람의 발상지이자 중심인 중동을 전공해야겠다고 한계를 그어놓았기 때문이다.

내가 파키스탄을 방문할 당시만 해도 방글라데시는 여전히 동파키스탄이었다. 그래서 학회 관계자들이 그곳 방문을 제안했을 때 나는 기꺼이 가겠다고 말했다. 서파키스탄과 동파키스탄 사이에는 육로가 없었으므로 항공편을 이용하든지 아니면 인도를 거쳐서 가야 했다. 그때만 해도 인도에 가본 적이 없었기 때문에 육로를 이용한다면 인도에 가볼 좋은 기회라고 생각했다. 당시 인도와 파키스탄의 관계는 원만하지 않았고, 게다가 나는 파키스탄의 공식 초청을 받았기 때문에, 인도를 경유하려면 허가를 받아야 할 거라고 생각했다. 그래서 펀자브대학교 관계자에게 인도 방문에 관해 이야기를 하면서, 동파키스탄으로 가는 길에 잠시 인도에 들러도 괜찮은지 물었다. "전혀 문제없습니다. 오히려 우리 무슬림형제들이 인도에서 어떻게 억압받는지 직접 보실 수 있길 바랍니다." 관계자는 흔쾌히 내 요청을 받아들였다. 나는 라호르에서 뉴델리까지 항공편으로 이동한 뒤 동파키스탄에 가기 전 인도에서 며칠 동안 머물렀다. 그동안 뉴델리의 무슬림 공동체 인사들을 사귀었고, 물론 인도 학자 및 기관들과도 연을 맺었다. 이런 인연 덕분에 나중에 여러 차례 인도에 갈 기회가 생겼는데, 대부분 델리에 갔었고 한번은 봄베이도 방문했다. 알리가무슬림대학교Muslim University of Aligarh에서는 방문교수로 장기간 머물기도 했다.

1979년대 말에는 뉴델리의 이슬람학연구소Institute of Islamic Studies에서 특별 강연을 해달라는 요청을 받았다. 초청 관계자는 연구소 규정상 강연료를 지불하지 못한다고 양해를 구하면서 대신 감사의 표시로 여행 스케줄을 마련했다고 설명했다. 그들은 카슈미르 호수에 숙박시설이 갖춰진 보트를 임대했고 나와 터키인 동료를 위해 카슈미르까지 항공편도 제공했다. 카슈미르에 도착해 비행기에서 내리자마자 우리는 보트로 안내됐다. 즉시 출항해 호수를 둘러보았는데, 참으로 매혹적인 경험이었다. 여러 측면에서 볼 때 내가 받은 강연료 중에서 가장 값진 보상이었다.

아프가니스탄

1960년대 영국 정부는 당시 아프가니스탄의 왕국Kingdom of Afghanistan과 문화교류 협정을 체결했다. 정부 관계자는 문서에 서명은 했으나 무엇을 교류해야 할지 감을 잡지 못했다. 명확한 해결책이 없는 상황에서 누군가가 나를 아프가니스탄에 파견해 강연을 하고 현지 담당자들과 협의하여 향후 협력 사업을 파악하게 하자는 아이디어를 제시했다. 흥미로운 제안이었다. 아프가니스탄에 가본 적이 없었던 나는 나의 방문 국가 목록에 꼭 아프가니스탄을 넣고 싶었다. 따라서 제안을 즉시 수락했고, 그해 여름 몇 개월 여정으로 아프가니스탄을 방문했다.

당시에는 영국에서 아프가니스탄으로 가는 직항편이 없었다. 테헤란을 경유해야 했기 때문에 테헤란에서 카불로 가는 비행기에 올랐는데, 그때 놀랍게도 어렴풋이 알고 있던 함부르크대학교의 한 교수를 만났다. 그도 나와 비슷한 임무를 띠고 카불로 가는 중이었다. 서독 정부도 비슷한 시점에 아프가니스탄 왕국과 유사한 문화협약을 체결한 것이다.

일정도 비슷했다. 두 사람 모두 카불대학교 대강당에서 강연하는 것으로 현지 임무를 시작했다. 다행스럽게도 그가 나보다 먼저 강연을 할 예정이었다. 강당 귀빈석에는 아프간 교육부 장관, 대학의 집행부 인사, 다른 여러 귀빈들이 자리했다. 대강당 객석의 첫 줄에는 독일, 오스트리아, 스위스 등 독일어권 국가들의 대사관 직원과 교민 대표들이 앉았다. 대강당은 교수와 학생들로 가득 찼다.

독일 교수는 독일어로 강의를 진행했고, 강의는 한 문단 한 문단 순차통역으로 아프간 청중들에게 전달됐다. 놀랍게도 그 역시 베를린 정부 관계자들로부터 나와 똑같은 지침을 받았다. '사진과 그림을 최대한 많이 제시하라'는 것이었다. 그도 나처럼 슬라이드를 준비했다. 슬라이드 발표를 위해 강당의 조명이 점차 어두워지자 깜짝 놀란 청중들이 출구로 몰려나갔다. 그러나 아프간 당국은 이런 상황을 미리 예견했다. 출구는 잠겨 있었고 용맹한 파탄Pathan(인도와 서부 국경에 사는 아프간 사람들-옮긴이) 경비병들이 그 앞을 지키고 있었다. 이들 경비병이 학생들을 제자리로 돌려놓자, 강연이 다시 정상적으로 진행됐다. 순간 이런 생각이 들었다. '그럼 내일 난 뭐하지?'

다음 날 내 차례가 돌아왔고, 독일 교수와 상당히 유사한 방식으로 강의를 했다. 슬라이드를 보여주려고 나도 조명을 꺼달라고 했으나 청중들의 불편을 고려해가며 조심스럽게 이 과정을 진행했다. 아무런 동요도 없었고 누구도 자리에서 움직이지 않았다. 덕분에 나는 중단 없이 강의를 이어나갈 수 있었다. 적어도 내 생각으로는 강연이 순조롭게 진행됐다. 카불에서는 독일어보다 영어를 아는 사람이 더 많을 거라고 생각했는데 실제로도 그랬다. 강연이 끝난 뒤 이런 생각이 맞았다는 걸 알 수 있었다. 아프가니스탄에서는 강연에서 질의응답 시간이 따로 없었기 때문에 강연이 끝나면 모든 게 끝나는 것이었다. 강의를 마치고 이동하는데 몇몇 학생들이 영어로 감사를 표하며, 상당히 주저하면서 질문해도 되느냐고 물었다. 나는 그렇다고 웃으며 말했다. 그들은 질문을 하면서도 상당히 조심스러워했다. "이런 질문으로 불편을 끼쳐

죄송합니다. 하지만 내일 선생님 강의 내용에 대한 시험이 있어서요." 학생들은 말했다. 학생들이 자리를 뜨지 않고 끝까지 경청한 이유를 알 수 있었다.

아프가니스탄에는 파슈토Pashto어와 다리Dari어라는 두 가지 국가 언어가 있다. 파슈토어는 인도어 계통의 언어로 파키스탄에서도 널리 사용되고, 다리어는 페르시아어의 다른 이름이다. 이란에서 사용되는 페르시아어와 같지는 않지만, 영국 영어와 미국 영어보다도 서로 유사하다. 그러나 다른 경우도 간혹 있다. 한 예로 아프간 측은 내게 차량과 기사를 제공했다. 한 정부 기관에서 몇몇 공무원을 만나고 청사 밖으로 나왔는데 차가 보이지 않았다. 그래서 주변 사람들에게 물었다. "기사와 차량이 어디 있습니까?" 이란의 페르시아어로 차량 기사는 '쇼페리 마신chauffeur-i māshīn'이라고 하는데, 쇼페리는 기사, 마신은 차량이다. 그래서 나는 사람들에게 쇼페리 마신을 찾아달라고 말했지만, 어느 누구도 내 질문을 이해하지 못했다. 잠시 후 운전기사가 나타나 내게 설명해주었다. "선생님께서 찾던 사람은 이곳에서 '드라이버리 모토르driver-i motor'라고 불립니다." 완전히 다른 언어이지 않은가!

카불 방문을 마치고 헤라트Herat로 가려고 비행기를 탔는데 내 짐이 사라졌다. 가방 하나였지만 그 안에 모든 게 다 들어 있었다. 걱정이 된 나는 직접 찾아 나서기로 했다. 문제는 '짐luggage'을 어떻게 표현해야 할지 모른다는 것이었다. 우선 페르시아어의 가장 일반적인 단어를 사용해보았으나 통하지 않았다. 아랍어 단어로 말해보았으나 역시 아무도 이해하지 못했다. 국제적으로 가장 많이 쓰이는 영어 단어인 배기지^{baggage}라고 해보아도 결과는 마찬가지였다. 그런데 다행히 한 사람이 내 가방을 들고 나타나더니 말했다. "여기 있습니다. '복시 슈마^{Box-i shuma}'!" 복스^{box}는 아프간에서 사용되는 페르시아어, 즉 다리어로 짐이라는 뜻이었다.

다른 중동 및 이슬람권 국가들과 달리, 아프가니스탄 사람들이 직설적이고 솔직하다는 점에 나는 당시 상당히 놀랐다. 어느 날 카불대학교 관계자들과 내 방문 목적을 설명하던 중 한 젊은 교수가 내게 말했다. "영국-아프간 문화교류에서 본질적인 문제 중 하나는 영국 대학들이 아프간 대학의 학위를 동등하게 인정할 준비가 되어 있는지 여부입니다." 어떤 대답이 나올지는 분명했다. 내가 외교적인 완곡한 어법을 생각하고 있는데, 방문 기간 중 여러 차례 만나 잘 알게 된 아프간 교육부 장관이 그에게 말했다. "바보처럼 굴지 마세요. 어떻게 영국 대학이 우리의 학위를 그대로 받아들여줄 수 있겠습니까?"

얼마 후 그 교육부 장관은 리셉션을 개최하여 카불에 거주하는 외국인 공동체의 주요 인사와 부인들을 초청했다. 당시만 해도 카불에 외국인이 많지 않았다. 초대받은 사람들 중에는 미국 외교관의 부인이 있었는데 강경한 페미니스트였다. 그녀는 교육부 장관을 만나는 것이 아프간 내 여성 인권에 대해 언급할 좋은 기회라고 생각했다. 예상대로 그녀는 장관을 몰아붙이면서 왜 여성 교육에 더 많은 열정을 쏟지 않느냐고 물었다. 근거는 있는 질문이었다. 제3세계 국가들의 교육부 장관들도 이런 질문을 자주 받을 것이다. 그럴 때마나 그들은 나름대로 노력한 바를 설명하려고 애쓰면서 올해는 이런 사업을 할 것이고 내년에는 이런 계획이 있다고 답한다. 그러나 아프가니스탄에서는 다른 답변이 나왔다. 교육부 장관은 놀란 표정으로 그녀를 바라보더니 말했다. "부인, 남학생들을 위한 교육시설도 부족한 상황입니다. 여학생들까지 신경 쓸 겨를이 없습니다." 그의 감정 섞인 답변에 약간은 실망했지만 그의 솔직함에는 경탄할 수밖에 없었다.

나도 이러한 솔직함에 익숙해지기 시작했고 심지어 아프간에서는 그런 방식으로 행동하기까지 했다. 아프간 사람들은 자신들의 국가를 스위스에 비유하기를 좋아했다. 산악으로 둘러싸여 있고 주변 두 국가인 파키스탄, 이란과 언어를 공유하기 때문이다. 그러나 아프간 사람들은 자신들만의 독특하고 강한 정체성이 있었다. 한번은 카불에서 헤라트로 향하는 국내선 비행기에서 옆에 앉은 한 청년과 이야기를 나누게 됐다. 그는 아프가니스탄이 아시아의 스위스가 될 것이라고 말했다. 그의 말에 어떻게 답해야 할지 고민하다, 예의에 좀 어긋나더라도 솔직하게 답변하기로 마음먹었다. 나는 내 손목시계를 가리키며 말했다. "당신들이 아프간을 스위스처럼 만들 수 있을 때 당신 말을 믿을 수 있을 겁니다." 다행히 그는 내 무례한 답변을 심각하게 받아들이지 않고 오히려 방긋 웃었다.

시골 지역을 둘러보려는 내게 초청자들은 랜드로버Land Rover 차량과 기사를 제공했다. 어느 날 아침 우리가 아프가니스탄의 서부 지역을 달리고 있었는데, 앞에 강이 나타났다. 강을 건너야 했지만 다리가 없었다. 아프간에서는 이상할 것 없는 일이었다. 보통 강을 따라 계속 달리다가 수심이 얕은 곳이 나타나면 건너는 것이 일반적인 방법이었다. 물론 얕은 곳을 건널 때도 위험이 따를 수 있기 때문에 운도 따라야 했다. 우리는 '최적의 장소'를 찾기 위해 강을 따라 올라갔다. 적당한 곳에 도착했을 때 나는 진흙탕 속에 빠져 버려진 미국의 지프와 독일의 폭스바겐을 볼 수 있었다. 우리 영국의 랜드로버는 아무 문제없이 강을 건넜다. 강렬한 애국적 자부심을 느낄 수 있는 순간이었다.

공무로 아프가니스탄을 간 것이기 때문에 나는 여러 차례 영국 대사관을 방문해 많은 시간을 보냈다. 저명한 작가 월터 델라 메어Walter de la Mare와 이름이 같은 델라 메어 대사는 해협제도Channel Islands에 거점을 둔 가문 출신이었다. 대사들 중에서도 이례적으로 그의 부인은 보스턴 출신의 미국인이었다. 그랬음에도 그녀는 자신의 부계 및 모계 조상들 모두 순혈 영국인들이라고 기회가 있을 때마다 강조했다. 하루는 나와 대사 부부 세 명만이 오찬을 하게 됐다. 대사 부인은 또다시 자신의 출신에 대해 장황한 설명을 시작했다. 그녀의 조상이 대서양을 건너 영국에서 북아메리카로 이주할 때 부계 및 모계 모두 영국인들이었다는 점을 특히 강조했다. 모든 설명이 끝나고 그녀는 남편을 보며 말했다. "나는 당신보다 더 영국인이에요. 어쨌든 당신은 해협제도 출신이잖아요." 대사는 천천히 숨을 들이쉰 후 말했다. "그래요, 여보. 당신이 나보다 더 영국인English입니다. 그런데 나는 당신보다 더 대영제국British 시민이라오."

여행은 7개월 동안 이어졌고 성공적인 성과를 거두었다. 이후 수년 동안 영국과 아프가니스탄의 문화교류는 활발히 유지됐다. 아프간 학생들에게는 영국 대학에서 공부할 수 있도록 장학금이 수여됐고 전문가들의 교류도 진행됐다. 아프간 법무부 차관 무함마드 샤피크Muhammad Shafiq도 공식 방문차 런던에 왔다. 아프가니스탄이 새 헌법을 공포한 직후라 런던대학교는 그를 초청해 특강을 요청했다. 강연에서 그는 다음과 같이 말했다. "아프가니스탄에 헌법이 공포된 것이 처음은 아닙니다. 30년 전에도 헌법이 제정되었지만 성공적이지 못했습니다. 정부와 국민 모두 헌법에 관심을 갖지 않아서 결국 사문화되고 말았습니다. 그러나 우리는 다시 시도해보기로 결정했습니다."

그는 이어 새 헌법에 대해 상세히 설명했다. 강연이 끝나자 청중과의 질의응답 시간이 이어졌다. 한 사람이 물었다. "과거의 헌법이 정부와 국민 모두로부터 외면받았다고 언급했는데, 최근 제정된 새 헌법이 정부와 국민의 관심을 끌 수 있을 거라고 어떻게 장담할 수 있습니까?" 아프간 사람 특유의 직설적 솔직함을 지닌 샤피크 차관은 질문자의 눈을 똑바로 보면서 말했다. "내가 한 말을 주의 깊게 듣지 않았군요. 나는 새로운 헌법이 성공적일 것이라고 말한 적이 없습니다. 또한 정부와 국민의 관심을 끌 것이라고 언급한 적도 없습니다. 다만 우리가 다시 시도할 것을 결정했다고만 말했습니다. 나는 개인적으로 이번 시도가 성공하기를 희망합니다. 또 정부와 국민이 새 헌법에 관심을 갖게 되길 바랍니다. 그러나 그렇게 될 거라고 저도 확신할 수 없습니다."

샤피크 차관을 다시 만난 것은 몇 년이 지난 후였다. 카이로 도시 건설 밀레니엄 기념식에 참석차 딸과 함께 이집트를 방문했는데, 대규모 개회식 행사장에서 누군가 내 등을 찰싹 때렸다. 돌아보니 그가 있었고 우리는 서로 반갑게 인사했다. 나는 그에게 물었다. "여기서 뭐하고 있어요?" 그는 다소 불평하듯 답했다. "이집트 주재 아프간 대사로 와 있어요." 어쨌든 나는 그에게 축하한다고 말했다. 그는 우리 딸 멜라니가 카이로 관광을 다닐 때 차량과 기사를 제공하는 등 매우 친절하게도 많은 도움을 주었다. 이집트 근무를 끝내고 아프가니스탄으로 돌아간 뒤 그는 외무부 장관을 거쳐 총리 자리에 올랐다. 하지만 러시아인들이 1979년 아프간을 점령했을 때 그는 자택 정원에서 교수형을 당했다. 훌륭하고 능력 있는 한 남자의 슬픈 종말이었다.

모스크바 회의

1960년 25회 동양학자 총회가 모스크바에서 개최됐다. 대부분 서양의 학자들은 모스크바로 향하는 여정을 두려워했다. 총회가 공산주의 선전의 장이 될 것이라는 둥, 공산권 국가들에서 정치적으로 선발된 대규모 대표단이 총회를 장악할 것이라는 둥 상당히 우려스러운 소문이 나돌았다. 실제로 대형 강당에서 개최된 개회식에 참석해야 했고 기나긴 연설을 들어야 했다. 규모에 놀라기보다는 그 지루함에 고통스러울 정도였다. 개회식장 귀빈석에는 많은 인사들이 열렬히 박수를 치며 분위기를 주도했다. 귀빈 가운데 최고위급 인사는 아나스타스 미코얀Anastas Mikoyan 소비에트연방 부총리였다. 기조연설은 아시아와 아프리카 대륙의 인민들을 식민주의로부터 해방시키고, 서양의 동양학 연구도 제국주의적 오리엔탈리즘에서 해방시켜야 한다고 강조했다. 연설들은 3악장으로 잘 편성된 교향곡 같았다. 1악장에서 연설자들은 서양의 참가자들에게 모욕을 주었고, 2악장에서는 제3세계 학자들을 치켜세웠다. 그리고 마지막 3악장에서는 자신들의 방식, 즉 소련의 방식을 진지하게 찬양했다.

총회 진행은 무질서하고 비효율적이었으며, 환영 분위기도 상당히 낯설고 이상했다. 비슷한 주제를 다루는 세션들이 중구난방으로 배치되었고 때로는 상당히 멀리 떨어져 있었다. 한 세션을 끝내고 다른 세션으로 이동하는 것이 사실상 불가능할 정도였다. 프로그램은 아무런 통보도 없이 계속 바뀌었다. 일부 논문의 발표가 취소됐고 예정에 없던 논문들이 특별한 설명도 없이 삽입됐다. 놀라울 정도의 큰 프로그램 변동도 있었는데, 동양학자 총회의 설립 시점부터 별도의 큰 주제로 다룬 이슬람 종교 분과가 통째로 사라졌다. 이 분과에 계획된 논문 발표는 아랍, 페르시아, 터키, 언어, 문학, 역사 등 다른 분과들로 뿔뿔이 흩어졌다. 그리고 갑자기 완전히 새로운 분과가 등장했다. 아프간 연구 분과였다. 아프간 연구는 지난 수년 동안 이란 혹은 인도 분과에 속한 것이었다. 아프가니스탄이 모스크바에 대사관을 설치하면서 이 분과가 갑자기 생겼음을 나중에야 알게 됐다. 급조된 분과여서 발표 논문이 많지 않았으므로, 이 분과에 참가한 학자들은 시간이 남아돌아 고민했다.

총회에 제출된 방대한 양의 논문들은 다양한 주제를 다루었으나, 질적인 면에서는 수준 차이가 컸다. 서양의 학자들은 소련의 동양학자들이 제출한 논문 수가 예상 외로 많다는 점에 놀랐다. 그중에 언어학 관련 논문들은 수준이 상당히 높았고 몇몇 논문은 학술적으로 중요한 내용을 담고 있다는 것에 다수 학자들이 동감했다. 고고학 관련 논문들도 유용하고 흥미로웠다. 그러나 역사, 사회과학 등 정치적 압력에 영향을 받을 수 있는 분야의 논문은 대체적으로 열악했다. 이런 부류의 논문들 상당수는 성격상 선전용이었고 내용도 조잡하고 수준도 초보적이었다. 제대로 된 역사적 인식을 지닌 러시아 학자들은 실제로 역사학이 아닌 다른 분야를 전공했을 것이고, 러시아 출신이 아닌 소수민족 출신 소련 학자들은 더욱 그랬을 것이다. 몇몇 논문들, 예를 들면 터키 독립전쟁 당시의 소련-터키 우호관계를 다룬 논문은 학술대회라기보다는 종교 집회 같은 분위기에서 낭독됐다. 주최 측은 차기 총회 개최 장소를 결정하는 위원회에 정치적 노력을 집중했으나, 다행히 우리 중 일부가 소련의 이 같은 움직임을 간파하고 적절한 대책을 세웠다. 따라서 차기 총회 개최지는 소련의 의지대로 결정되지 않았다.

이런 학술적 모임에서 학자들은 많은 것을 얻을 수 있다. 특히 다른 나라 학자들과 개인적 인맥이나 네트워크를 구축할 기회가 된다. 그러나 모스크바 총회에서는 그럴 만한 기회가 상당히 제한됐다. 우선 참가자 명단이 총회 막바지까지 배포되지 않았다. 또 출국 전날 열린 리셉션을 제외하고 참석자들이 모두 모이는 행사가 없었다. 마지막으로 대학의 강당이나 전시장을 제외하고는 공동의 회합 장소가 제공되지 않았다. 당시 모스크바에는 카페와 바가 거의 없었고, 음주는 부도덕한 행위로 간주되었으며, 외식도 쓸데없는 사치로 여겨졌다. SOAS 대표단으로 함께 와서 같은 호텔에 묵고 있는 동료들과 연락하기조차 쉽지 않았다. 알파벳순으로 정리된 호텔 투숙객 명단과 이들의 객실번호 목록이 배포되지 않았기 때문이다.

그러나 분과회의 중에나 행사장에서 만남의 기회가 있기는 했다. 기회가 자주 오지 않기 때문에 우리는 특히 소련 학자들과 네트워크를 형성하려고 했다. 하지만 러시아인들은 대체적으로 무뚝뚝하거나 먼저 접근해 오지 않았다. 같은 학계에서는 일상적인 직업상의 가벼운 이야기들을 나눌 기회를 찾기 어려웠다. 소련의 식민지 혹은 영향력이 미치는 지역을 연구하는 서양의 일부 학자들은 연구 지역의 현지어로 러시아 학자들과 나름대로 소통을 하고 대화를 나눌 수 있었다. 최소한 학문적인 문제에 대해서는 솔직하고 진솔한 소통을 할 수 있었다. 하지만 이들과의 대화에는 무언가를 폭로하려는 듯한 발언들이 담겨 있었다. 소련의 한 아시아 국가 출신 학자는 마르크스주의가 언급하는 것처럼 중세시대에 자신의 국가에 봉건체제가 있었다고 믿느냐는 질문에 다음과 같이 답했다. "아니요. 하지만 지금은 봉건체제가 존재하지요." 다른 학자는 왜 잘 알려지지 않았고 명확치 않은 주제를 연구하는가 하는 질문에 이렇게 답했다. "내게 이래라저래라 말할 수 있는 사람이 소련에 없기 때문입니다."

숙박, 교통 등 기본적인 준비상황도 마음에 들지 않았다. 한 참가자는 우크라이나 호텔에서 보낸 첫 며칠이 마치 군 입대 후 첫 며칠과 같았다고 말하기도 했다. 군대와 한 가지 다른 차이점이 있다면 목표도 방향도 설정되어 있지 않았다는 것뿐이었다. 소련의 외국인 관광국인 인투어리스트Intourist의 직원들은 게으르고 무례했고, 그 조직 자체도 마치 카프카Kafka의 작품에 등장하는 악몽과 같은 광기 어린 것이었다.

소련 문제에 상당한 지식이 있는 한 영국인 참가자의 말이 아마도 모스크바 총회에 대한 적절한 평가가 될 수 있을 것이다. 소련의 학자들은 자신들이 우리에게 어떤 인상을 주었는지 전혀 신경 쓰지 않은 건 아닌지 묻자 그는 다음과 같이 답했다. "가장 끔찍한 건 그들이 좋은 인상을 주고 있다고 생각한다는 점이다."

5

✦✦

왜 역사를 공부하는가?

한창 열정적으로 학생들을 가르칠 당시 나는 매년 새로 입학한 대학원생들을 세미나 테이블에 불러 모아 차례차례 자기 소개를 하게 하고 연구 주제를 발표하게 했다. 그리고 언제나 모든 학생을 당혹스럽게 만드는 한 가지 질문을 빼놓지 않았다. 왜 역사를 공부하는가? 특별히 이 주제를 선택한 이유가 무엇인가?

학생들의 답변은 여러 부류로 나뉘었다. 그중 제3세계 국가 출신 학생들의 가장 일반적인 답변은 조국에 봉사하기를 원한다는 것이었다. 합당하고 적절한 답변이지만, 소속 국가의 지배이념이나 통치 세력을 맹목적으로 지지하는 게 아니라 냉철한 역사적 비전을 제시한다는 조건을 충족해야 했다. 친정부적 역사 해석은 궁극적으로 조국에 봉사하는 게 아니라고 생각하기 때문이다. 이런 논의는 진실, 엄정성, 객관성에 관한 흥미로운 질문을 떠올리게 한다. 물론 엄정성과 객관성은 무관심이나 중립하고는 다르며, 개인의 정치적 태도와 관련 있다. 나는 학생들에게 중요한 사안들에 무관심하거나 중립을 지키라고 한 적이 없으며, 반대로 역사가로서 정직해야 한다고 당부해왔다. 자신이 속한 국가, 정당, 계층, 교회 혹은 단체의 역사를 이해하고 집필할 때는 다른 사람들의 시각과 마찰이 발생할 수 있다. 자신의 시각이 옳고 다른 사람의 시각이 틀리다고 느낄 때가 많겠지만, 이러한 시각차가 계속된다면 자신의 역사적 연구에 바탕이 되는 가설을 재검토할 필요가 있다. 인간은 항상 옳을 수 없기 때문이다.

이웃 나라와 영토분쟁이 있는 나라의 한 학생이 기억난다. 아주 작은 영토에 불과했지만 이는 오랫동안 양국 간 분쟁의 씨앗이었다. 그는 그 영토에 대해 박사논문을 써서 수천 년 동안 그곳이 자기 나라에 속해 있었음을 입증하고 싶다고 말했다. 그런 사실을 어떻게 알았느냐고 그에게 물었다. 그가 "너무나 잘 알려진 사실"이라고 강조하자, 나는 그에게 말했다. "너무나 잘 알려진 사실을 언급하려 한다면 박사학위를 받을 수 없다. 박사논문은 잘 알려지지 않은 사실을 규명하는 것이다." 그는 깜짝 놀라며 내 말을 반박했다. "하지만 이것은 과학적으로 입증된 적이 없습니다. 나는 그 사실을 과학적으로 입증하고 싶습니다." 나는 다시 설명했다. "과학적 연구를 수행하려 한다면, 연구 결과를 받아들여야 한다. 만약 연구 결과 그 영토가 자네 나라가 아닌 다른 나라의 것으로 밝혀진다면 어떻게 할 건가?" 그 학생은 아무 답도 하지 못했다. 그는 그런 가능성을 고려하는 것조차 싫어했고, 결국 다른 대학으로 옮겼다.

이는 매우 단순한 사례에 불과하다. 학문적 함정과 오류는 자주 발생하는데, 다만 잘 은폐될 뿐이다. 문제는 이런 현상이 상당히 보편적이라는 점이다. 한 국가 내에서도 반목하는 부족들은 서로 다른 영웅담을 가진다. 많은 현대 국가의 역사편찬에도 이런 전통이 기저를 이루었고, 같은 종교에서도 종파에 따라 서로 상충하는 역사편찬이 행해진다.

아랍인이나 인도인, 혹은 다른 어느 나라 사람이라도 자신이 자기 나라 문화를 가장 잘 안다는 인식이 있다. 아무리 많이 공부를 해도 외국인이 잘 알 수 없는 부분이 분명히 있기 때문이다. 그러나 외부 사람들이 무조건 특정 나라의 역사를 이해할 수 없다는 시각은 잘못이다. 실용적인 방법을 적용한다면 현지인보다 더 정확히 그 나라의 역사를 인식할 수 있다. 그런 방법 중 하나는 역사를 그 국가에서 전통적으로 전해 내려오는 방식이나 제약 없이 연구하는 것이다. 이런 방법을 적용한다면, 역사적 증거를 특정한 목적 없이 추적할 수 있고, 정해진 혹은 예정된 결과를 고려하지 않은 채 연구를 시작할 수 있다. 하지만 지나치게 자유로운 이러한 접근법은 현대 서양세계에서 완전히 없어지지는 않았으나 상당히 약화됐다.

오늘날 역사 연구는 상당히 과학적으로 진화했으며, 무분별한 자유보다는 검증 가능한 과학적 방법을 선호한다. 연구자는 방대한 범위의 새롭고 정교한 연구 방법을 이용할 수 있으며, 이들 중 일부는 상당히 기계적이기도 하다. 우리에게는 과거에 읽을 수 없던 문서를 읽고, 해독할 수 없던 문자를 해독할 수 있는 연구 장치와 장비가 있다. 예를 들어, 이 도서관에 있는 한 조각의 문서를 수천 마일 떨어진 다른 대학의 한 조각 문서와 대조해 일치 여부를 판단할 수 있다. 기존에 적혀 있던 글자를 지우고 그 위에 다시 쓴 양피지 문서도 적외선 스캐너로 분리해 원래의 글은 물론 새 글도 정확히 읽어낼 수 있다. 정해진 시간 내에 한 사람이 수집하고, 가공하고, 이용할 수 있는 정보의 양이 기하급수적으로 늘어난 것이다. 과거에는 경험이 풍부한 학자가 몇 개월 혹은 몇 년 동안 수집하던 데이터를 이제는 초보자가 30분만에도 수집할 수 있다. 기술의 발달 덕분이다.

그러나 연구 기술의 발달보다 더 중요한 것은 더 정교해진 연구 방법이다. 역사 연구는 증거를 찾아 문제를 제기하는 것이다. 증거를 바탕으로 문제를 제기하고 억지가 아닌 자연스런 방식으로 해답을 도출하는 것이다. 증거를 제시하고 검증하는 방법도 더욱 정교해졌다. 과거에는 관심을 가지지 않았던 증거들을 이용하기도 한다. 예를 들어 약 75년 전에 작성된 서양의 한 도서관 필사본 카탈로그에는 이집트의 중세 초반 일부 문서들에 대해 '사업적인 편지, 역사적 가치 없음'이라고 간단하게 적혀 있다. 당시 카탈로그 제작자들에게는 문학적 혹은 역사적 문서들만이 가치 있는 것들이었다. 한 필사본에 언제부터 언제까지 이런저런 왕의 역사라고 적혀 있으면, 귀중한 역사적 증거로 분류됐고, 사업 혹은 개인의 서신은 무시됐다. 1,000년 전 카이로에 살았던 한 상인의 거래장부에 누가 관심을 가졌겠는가?

그러나 현대 역사가들은 이러한 사소한 문서에도 깊은 관심을 가지게 됐다. 그들은 과거에는 전혀 알려지지 않았던 사안들을 조명하는 방법을 발견했다. 과거에는 휴지통의 내용물이라고 불렸던, 즉 더는 필요 없었기 때문에 버려진 것들을 조사하면서 많은 역사적 사실을 파악할 방법을 알아낸 것이다. 편지, 사업장부, 온갖 메모들도 중요한 사료가 됐다. 이런 사료를 이용하게 되면서 역사학은 더욱 풍성해졌다. 처음 서양의 학자들이 서양 역사를 연구하려고 창안한 이 방법은 그들의 제자들을 통해 다른 지역으로 확산됐다. 그리고 그러한 사료가 존재하는 모든 곳으로 퍼져나갔다.

대표적인 예로 게니자Genizah로 알려진 문서모음집이 있다. 나는 이 모음집을 연구해본 적이 없고, 이에 대해 연구한 다른 학자들의 서적과 논문을 간접적으로 읽어보았을 뿐이다. 지금까지 타의 추종을 불허하는 최고의 연구는 고故 괴타인S. D. Goitein 교수의 것이다. 프린스턴대학교에서 오랫동안 내 동료 교수이자 이웃이었던 그는 《지중해 사회 Mediterranean Society》라는 책을 집필했다. 중세 이슬람세계에 대한 가장 중요한 저서로, 연구 범위와 깊이 및 중요성에서 비교할 대상이 없을 정도다.

미래 어느 시점에서 당신이 지금 속한 대학의 역사를 쓴다고 가정해보자. 여러 부처에서 작성된 문서들이 필요할 것이다. 만약 학교에 큰 불이 나서 문서들이 다 타고, 남은 것은 오직 휴지통의 종잇조각들뿐이라고 상상해보자. 괴타인 교수는 중동의 한 국가 이집트의 수도 카이로에 거주하던 소수종파 유대인들의 유품을 분석하면서 연구를 시작했다. 소수종파였지만 유대인들이 다양한 업무에 종사했기 때문에 그들이 남긴 사소한 기록들에서 괴타인 교수는 수 세기에 걸친 중세 이슬람세계의 큰 그림을 그려낼 수 있었다. 사소한 자료들에는 개인의 사적인 삶, 공공생활, 가족과의 관계, 상업적 거래, 다른 종파와의 관계, 정부와의 관계, 다른 국가와의 관계 등 다양한 주제들이 담겨 있었다. 따라서 다른 학자들의 추상적인 연구와 달리 괴타인 교수의 세세한 자료는 중세 이슬람세계를 생생하게 이해하는 데 아주 중요한 역할을 한다.

괴타인 교수는 고전문헌학 전공자다. 물론 그는 서양의 학자로서 서구적 시각을 가지고 있다. 그러나 연구를 진행하면서 자신의 연구 주제가 고전적 오리엔탈리즘 전통에서 벗어나고 있음을 깨닫기 시작했다. 서구의 시각을 배제하고 중동의 사회와 경제 역사를 그대로 전하는 데 충실했던 그는, 나중에 자신을 문헌학자라기보다 사회 및 경제사 전문가라고 칭했다. 그는 문헌학자였던 자신에게는 완전히 생소한 개념과 방법, 접근법을 수용하고 이를 연구에 적용할 수 있도록 익혔다. 적지 않은 나이에 그 정도로 학문 분야를 변화시켰다는 것은 매우 이례적인 일이었다. 그는 또 진정한 학자였다. 무리한 주장이나 허세를 부리지 않고 겸허한 자세로 학문에 임했다. 그가 자주 하던 말이 있었다. "학자들 중에는 왕자도 있고 농민도 있다. 나는 항상 농민이기를 바란다." 하지만 나는 그의 말에 동의하지 않는다. 그는 진정한 왕자였다.

선전과 역사

역사학자의 책임과 의무는 자신이 확인한 진실만을 말하는 것이다. 진실 외에 다른 어떤 주장을 내놓아서는 안 된다. 자신이 선전가가 되거나 선전가들에게 이용당하게 내버려두어서는 안 된다. 역사는 누군가에 의해 정치적으로 쉽게 왜곡될 수 있기 때문에 많은 유혹이 존재하는

데, 이는 역사학자가 직면할 수 있는 큰 위험이다. 같은 사건도 상당히 다른 방식으로 해석되고 집필될 수 있다. 역사적 진실이 수학의 정답과 유사하리라고 간주하는 것은 큰 실수다. 수학에서는 정답이 하나이므로 정답이 아닌 다른 것은 다 틀리다고 할 수 있다. 역사가 사건들에 대한 단순한 기술이라면 맞는 것과 틀린 것이 쉽게 구분될 것이다. 그러나 이런 단순한 사안에 사람들은 큰 관심을 보이지 않는다. 역사는 명확한 해석을 요하는 복잡한 사안들로 가득하기 때문에 정확한 해석이 필수적이다. 부정확한 역사보다는 차라리 역사가 없는 것이 낫다. 사람들이 환상과 신화에 노출되기 때문이다.

현대 역사학자들은 좋은 도서관과 기록보관소를 원한다. 공공의 것이든 개인의 것이든 상관없다. 그러나 많은 나라에서 이런 시설이 부족한 게 사실이다. 역사학자들은 또 어떠한 의견이라도 표현할 수 있고, 어떠한 주장이라도 내세울 수 있고, 어떠한 시각이라도 비판할 수 있는 자유를 원한다. 이런 자유가 없고 제약이 많은 시대와 장소가 있어 왔다. 자유로운 사회에서 학자들은 세미나 테이블에 둘러앉아 견해를 피력하고 논쟁을 펼칠 수 있다. 이러한 지속적인 의견 교환이 교육과 연구의 즐거움이다. 사람들이 테이블 주위에 둘러앉는데, 거기에는 교수도 있고, 학생도 있다. 한 사람이 자신의 의견을 개진하고 다른 사람들의 반응을 듣는다. 논문을 쓰는 학생들은 연구한 내용의 초본을 작성해 세미나에서 발표한다. 다른 학생들은 이를 듣고 신랄하게 비판한다. 자신들도 몇 주 후에는 같은 처지에 놓일 것을 뻔히 알면서도 그렇게 한다. 이러한 연구와 토론의 자유는 다른 국가의 역사를 연구하는 데도 크게 기여한다. 왜냐하면 정치적, 이념적 혹은 종교적 이유로 일부 국가의 학자들은 자국의 역사를 연구하는 데 많은 제약을 받기 때문이다. 이들을 도와야 하는 것도 학자들의 윤리적 의무 중 하나다.

나는 역사의 가치를 확고히 믿는다. 역사적 지식에 결함이 존재한다는 것도 잘 알고 있으나 이러한 결함들이 있기에 올바른 역사를 파악해나가는 것이 소중하다. 역사는 과학이 아니다. 역사는 불완전하고 단편적이며, 일치하지 않거나 때로는 모순되는 증거를 기반으로 한다. 이러한 불완전성이 바로 인류의 역경을 정확히 반영하는 것이다. 역사는 명확하지 않은 인류의 삶과 지식에 통찰력을 제공한다. 현대세계에서 발생하는 많은 문제들은 일부 사람들이 인간사를 마치 엔지니어들이 사용하는 기계적 방식으로 분석하고 해석할 수 있다고 믿기 때문에 생겨난다. 인간성은 정밀하게 분석될 수 없고, 우리 사회는 기계적인 방향설정에 따라 움직이지도 않는다.

20세기 내내 인간 사회에 이 같은 기계적인 방향을 설정하려던 잘못된 시도들로 인해 수백만의 사람들이 희생당했다. 인간의 사고와 조직을 특정 이념과 목적 아래 두려는 권위주의적 시도들이었다. 물론 어느 정도의 인도는 가능하고 때로는 유용하기도 하다. 그러나 역사의 흐름을 바꾸려는 생각은 파괴적인 망상일 뿐이다. 역사 연구를 통해 우리는 인류가 직면한 역경의 성격을 보다 잘 이해할 수 있다. 무엇을 할 수 있고, 무엇을 할 수 없는지, 우리가 현재 어디에 있고, 운이 좋다면 어디로 향하고 있는지를 파악할 수 있다. 역사는 안내자이자 선생이다. 역사를 도구로 이용할 수는 없다. 역사를 '적절치 않다'고 이야기하며 자신들이 생각하는 방향으로 수정하려고 하는 사람들은 역사를 쓸모없다고 무시하는 사람들보다 더 위험할 수 있다.

서구에서 발전한 일반적인 견해에 따르면, 모든 연구와 공부의 주된 목적은 알고 이해하는 것이다. 과거를 알고자 하는 욕망은 인간에게 상당히 보편적이나, 모든 인류가 그렇지는 않다. 역사를 중요하게 생각하지 않는 사회들도 간혹 있다. 이슬람 사회는 특히 역사에 관심이 많지만, 자신들의 역사에만 관심을 둔다는 점이 아쉽다. 그들에게 역사는 이슬람 역사를 의미하고, 알라의 가르침에 부합하는 역사만이 가치 있다. 이슬람 이전 자신들의 역사를 포함해 이슬람 외의 역사는 무슬림들에게는 쓸모없다. 따라서 이슬람시대 이외의 역사는 근세까지 주목을 받지 못했다.

역사를 가르치는 목적은 사람들이 아주 기본적인 것이라도 질문하고 자기성찰을 하게 만드는 데 있다. 메모를 하더라도 왜 메모를 하는지 생각해야 한다. 왜 앞뒤의 다른 것들은 무시하고 특정 문장만 노트에 옮겨 적었는지 명확하게 인식해야 한다. 항상 자기성찰을 지속하면서 무의식적인 혹은 의도하지 않은 가정에 빠지지 않도록 해야 한다. 훌륭한 선생은 신진 역사학도들에게 무한한 복잡성과 끝없는 불확실성의 역사 과정에 대해 지속적으로 질문을 던지게 만들어야 한다. 역사학자 아나톨 프랑스Anatole France는 자신의 한 저서에서 '역사학자'에 대해 다음과 같이 언급했다. "위대한 역사학자는 자신의 분야에 새로운 불확실성을 추가해 더 풍요롭게 만드는 사람이다."

나는 젊은 역사학도들에게 항상 공정성을 강조한다. 다른 사람의 주장을 거부하고 반박하는 것은 자유지만 그렇다고 그 사람의 주장을 왜곡해서는 안 된다. 안타깝게도 이런 왜곡은 일상적으로 발생한다. 단순히 역사학을 비하하려는 삼류 비평가들만의 문제가 아니라, 때때로 진지한 역사학자들도 왜곡의 유혹을 뿌리치지 못하는 경우가 있다. 어떤 주장을 반박하고자 한다면 반대 입장을 객관적으로 명확히 입증해줄 사례를 제시해야 한다.

대학원생들이 제출한 논문 초안을 읽을 때 자주 느끼는 점이 하나 있다. 논문에 충분한 논거가 부족하다는 점을 명확히 밝히지 않는다는 것이다. 혹은 확실한 논거가 있어도 그것을 직설적으로 밝히려는 용기가 없다는 것이다. 논거가 충분하고 그 논거의 해석이 맞다고 확신한다면 이를 분명히 밝히고 논거와 논리를 제시하면 된다. 물론 논거는 충분하나 논리가 부족한 논문도 있고, 반대로 논거는 부족하나 논리가 훌륭한 논문도 있다. 이런 장단점을 명확히 밝히면서 논문을 작성할 필요가 있다.

그러나 논거와 논리 모두 논문을 작성하기에 부족하다고 생각한다면 가급적 논문을 제출하지 않고 추가적인 연구를 진행하는 편이 낫다. 그렇지 않고 의도적으로 모호한 용어와 표현을 사용하면서 이런 사실을 감추려 한다면 좋은 논문이 될 수도 없거니와 후에 탄로 나게 되어 있다. 앞에서 언급했듯이 역사 연구에는 불확실성이 많기 때문이다. 역사학자들이 주요한 업적으로 평가하는 것도 나중에 비난을 받을 수 있다. 과거에는 확실했지만 현재 혹은 미래에는 불확실한 것이 될 수 있다. 불확실성은 보다 많은, 그리고 심층적인 연구와 사고를 자극한다는 점에서 도움이 된다. 그러나 확실성으로 위장된 불확실성은 아주 위험하다.

교육이냐 연구냐

가르치는 데는 능하지만 연구 능력이 떨어지는 학자들이 있다. 반면 연구에는 뛰어나지만 강의에는 약한 학자들도 있다. 따라서 학술적 역량을 분배하는 데 어디에 더 중점을 두어야 할지에 대한 논란이 분분하고, 이는 잘 알려진 딜레마다. 오랫동안 나는 대학이 전적으로 연구 중심이어야 한다고 믿는 사람들로부터 많은 불평을 들어왔다. 따라서 강의는 소홀해도 연구 실적이 뛰어난 학자들이 이런 사람들로부터 대우를 받는다. 반면 훌륭한 강의를 해도 연구 실적이 적은 학자들은 이런 사람들에게 경멸의 대상이 되곤 했다.

나는 역사 이외의 다른 학문과 그 교육과정의 수준을 잘 모르기 때문에 그에 대해서는 언급할 수 없다. 그러나 대학 수준의 역사 강의와 관련해서는 인위적인 이분법적 시각에 반대한다. 그보다는 이런 물음이 더 중요하다고 본다. 대학생들에게 역사를 강의할 때 정확히 무엇을 가르치려고 하는가? 역사학에서 수업과 세미나를 하고 학생들의 논문을 지도하는 목적이 무엇인가?

대학 수준의 역사 교육은 단순히 과거의 사실적인 정보 조각들을 전달하는 것이 아니다. 만약 그렇다면 더 고민할 필요도 없다. 사실적인 정보가 필요한 것은 맞지만, 대학에서 역사를 전공할 정도의 학생들이라면 그런 정보를 이미 숙지하고 있거나 최소한 어디서 찾을 수 있는지 알고 있을 것이다. 대학교수가 해야 할 일은 역사적 지식이 어떻게 축적되어왔는지 그 과정을 이해하는 틀을 학생들에게 전달하는 것이다. 만약 교수가 자신의 과거 혹은 현재의 연구를 통해 이런 과정에 대한 경험이 없다면 이를 가르칠 수 없을 것이다.

물론 연구 경험은 없지만 훌륭한 강의를 하는 교수들도 있다. 이들도 저학년 과목이나 다른 전공에서는 중요한 기능을 수행한다. 하지만 대학 수준에서 역사 교육의 목표와 가치는 더 큰 중요성을 가져야 한다. 수집되고 저장되고 전달된 정보 조각들의 축적 그 이상이어야 한다. 그런 종류의 역사는 큰 가치가 없다. 단순한 골동품 수집에 불과하다.

역사학이든 다른 전공이든 간에 대학교수들에게 나타나는 잘 알려진 공통적인 현상이 있다. 대표 저서는 한 권, 주요 연구 프로젝트도 하나뿐인데, 대개 이것은 박사논문을 좀 더 상세하게 수정한 것이다. 혹은 저서를 쓰면서 모은 자료를 이용하거나 저서에서 주장된 논점을 약간 더 발전시킨 것이다. 이것이 무조건 나쁘다는 뜻도 아니고, 이런 관행을 되풀이하는 사람들이 교수 자격 미달이라고 주장하는 바도 아니다. 그러나 자신이 집필한 책이나 기존의 역사책에만 의존해 역사를 가르치는 교수는 훌륭한 역사학 교수가 될 수 없다고 믿는다.

몇 년 전 나는 역사학자가 가설을 세우고 이를 입증하기 위해 사료를 선택하는 접근법에서 벗어나 증거가 이끄는 방향으로 나아가야 한다고 주장한 적이 있었다. 일부 동료들이 이에 대해 다음과 같이 반문했다. "증거를 이용해 입증하고자 하는 가설을 세우는 게 당연하지 않은가. 가설을 구성하고 증거를 모아 입증하는 게 사회과학에서 학자들이 연구를 수행하는 방식이지 않은가. 역사학자들도 이런 방식을 따르는 것이 보편적이지 않은가."

내 주장을 보다 명확하게 설명할 필요가 있다. 물론 역사학자들은 연구를 시작하기 전에 하나 혹은 일련의 가설을 가지고 있어야 한다. 가설은 논지를 전개하고 사례를 제시하기 위해 필요한 증거를 선택하는 데 필수적이다. 이 대목에서 정직성이 필요하다는 게 내 입장이다.

내 입장을 명확히 하기 위해 정설thesis과 가설hypothesis을 구분할 필요가 있겠다. 내가 말하고자 하는 맥락에서 정설은 역사학자가 연구를 시작하기 전에 세워둔 하나 혹은 여러 개의 명제proposition를 말한다. 이것은 관련 증거들 쪽으로 연구자를 인도하여, 그가 세운 가설을 뒷받침하고 사례로 제시할 수 있게 해준다. 정직한 역사학자라면 이 대목에 매우 세심한 주의를 기울여야 한다. 반면 다른 학술 연구나 과학 연구와 마찬가지로 역사 연구에서 연구자는 분명히 하나 혹은 여러 개의 가설을 세워야 한다. 학자의 노트에 적혀 있는 여러 가설들 중에는 지금은 적용되지 않더라도 과거 혹은 미래에는 유용하게 사용될 수 있는 가설이 하나쯤은 있을 것이다.

정직한 역사 연구에는 두 가지 조건이 있다. 첫째, 가설은 분명한 목적과 인식을 가진 것이어야 한다. 둘째, 학자는 증거에 따라 자신의 가설을 어떤 단계에서라도 수정하거나 포기할 수 있어야 한다. 나는 책을 집필하는 과정에서 원래의 시각을 조금씩 수정하곤 했다. 읽고 쓰는 과정에서 새로운 게 등장하면 미련 없이 원래의 주장을 바꾸었다. 책을 쓰기 시작할 때 가졌던 시각과 같은 결론으로 책을 마무리한 적이 거의 없을 정도였다. 시간 낭비라고도 할 수 있겠다. 사회과학, 수학, 생명과학과 마찬가지로 역사학의 과학적 혹은 학술적 연구도 가설을 설정할 필요가 있다. 하지만 연구는 지속적인 수정 과정이어야 한다. 학자는 증거를 놓고 가설을 검증해야지, 가설을 놓고 증거를 검증해서는 안 된다. 증거에 따라 가설을 계속 유지할지 혹은 포기할지를 결정해야 한다.

학생들에게 학문의 기술적인 사항들을 전수하는 것도 상당히 중요하다. 무엇을 각주로 처리해야 하는가? 각주로 처리하지 말아야 하는 것은 무엇인가? 각주는 어떻게 작성해야 하는가? 논문의 장章을 구성하는 것은 무엇인가? 이처럼 논문을 집필하는 데 실질적으로 필요한 요소들이 많다. 사소해 보이지만 좋은 논문과 평범한 논문의 차이를 만드는 중요한 요소들이다. 최근에는 이런 실질적인 문제들을 소홀히 다루는 경향이 있는 것 같다. 기술적인 부분들은 직감으로 알거나 쉽게 파악할 수 있다고 생각하는 것이다.

아돌프 폰 하르낙Adolf von Harnack(독일의 신학자이자 역사학자-옮긴이)은 논문의 막바지에서 학생들이 저지르는 중대한 실수를 명확히 지적했다. 바로 집필 과정에서 수집한 방대한 양의 정보와 각주를 모두 집어넣으려는 시도다. 많은 학생들이 기록보관소에서 자료를 모으고 책을 읽고 메모를 하면서 소비한 노력들을 포기하지 못한다. 하지만 여기서 논문에 직접적으로 필요한 것들은 그리 많지 않다. 하르낙은 이런 학생들에게 "모든 것을 집어넣으려 하지 말라"고 충고한다. 그의 충고는 무시무시하기까지 하다. "화장火葬할 때는 모든 것을 포기하라."

하르낙의 충고는 다소 잔혹해서 나는 학생들에게 그렇게까지 요구하지는 않는다. 다만 포기해야 할 부분들을 미래의 논문을 위해 간직하도록 부드럽게 조언하곤 한다. 자투리 정보들도 후에 논문을 쓸 때 상당히 요긴하게 쓰일 수 있다.

이슬람 역사와 문화적 오만의 위험

역사학자도 인간이다. 따라서 다른 사람들처럼 실수도 하고 실패할 수도 있다. 특정 이념과 권력에 대한 충성심과 편견이 학자의 역사 인식과 표현을 왜곡할 수 있다. 그러나 진솔한 역사가는 이런 위험을 잘 알고 고치려고 노력한다. 과거 서구의 역사학자들은 다른 문명을 부정적으로 인식했고 서구의 것만 좋다고 생각했다. 그러나 현재는 오히려 서구의 것이 모두 나쁘다고 가정하는 편이 더 시류에 맞는다. 이것도 같은 편견이라고 할 수 있다. 서구의 것은 좋은 것이 없다고 주장하는 사람들은 지독한 민족중심주의적 오만함에 쌓여 있는 것이다. 현재의 여러 문제점이 서구의 잘못이라고 주장한다면, 과거 서구 문명이 모든 것의 원천이었고 세계에서 발생하는 모든 사안이 서구에 의해 결정된다는 구태의연한 시각에서 벗어나지 못한 것이다. 자기 것만 옳고 다른 사람 것은 나쁘다고만 한다면, 서구의 것이든 다른 문명의 것이든 모두 다 오만한 것이다.

우리는 이 같은 문화적 오만의 위험을 경계해야 한다. 내 생각에는 '왜 무언가가 발생하지 않았는가?'라는 질문을 던질 때 이런 오만에 쉽게 빠지는 것 같다. 이슬람은 왜 이것을 하지 못했을까? 혹은 중동은 왜 그것을 발전시키지 못했을까? 즉 그들은 왜 우리가 했던 것을 하지 않을까? 이런 질문들은 잘못된 것이다. '왜 어떤 것들이 발생하지 않았을까'가 아니라 '왜 그것들이 발생했을까'라는 질문을 던져야 한다. '왜 서양이 아메리카 대륙을 발견했을까'라는 질문은 적절하다. 그러나 '무슬림은 에스파냐와 모로코에 항구가 있었는데도 왜 아메리카 대륙을 발견하지 못했을까'라는 질문은 적절치 않다.

학문적 공정성을 유지하기 위해 나는 나름대로 자기 비판적 노력을 기울였다. 특히 세 가지 종류의 편견을 항상 조심해왔는데, 서구, 영국, 유대민족의 편견이 그것이다. 만약 내가 셈족과 반셈족에 관한 글을 쓴다면, 나는 유대민족적인 시각에 유의해야 한다. 중동과 서구에 관한 글을 쓴다면, 서구적 시각에 영향을 받지 않으려고 노력한다. 이런 노력을 기울인다고 해서 나 자신의 문화적 배경을 부인하는 것은 아니다. 자신의 문화를 거부하는 것은 어리석은 짓이기 때문이다. 이것은 동정이라기보다는 공감의 문제다. 공감은 다른 사람들의 감정을 간접적으로나마 경험하려는 노력이다. 지나치게 서구의 입장을 대변하는 발언일지는 몰라도 나는 공감하려는 노력이 서구 문화의 특징 중 하나라고 생각한다. 이런 노력이 다른 문명을 알고자 하는 욕망과 이해할 수 있는 능력을 만들어낸다. 서구를 무턱대고 의심하는 것은 이런 서구 문화의 특징, 즉 공감의 노력을 제대로 이해하지 못하는 데서 오는 경우가 많다.

초기 서양의 고고학자들이 중동에서 발굴 작업을 할 때 많은 무슬림들은 상당히 의아해했다. 그들은 주변에 널려 있는 위대한 조상들의 유적에 전혀 관심을 두지 않았다. 그들은 조상들의 발자취를 쓸모없고 가치 없는 역사로 생각했다. 이슬람 이전의 역사는 중요하지 않았다. 오래전에 죽은 사람들의 무덤을 엄청난 노력과 위험을 감수하면서, 그리고 막대한 비용을 들여가면서 발굴하는 것에 대해 이해하지 못했다. 따라서 어떤 다른 동기가 있는지 의심하곤 했다. 스파이 행위 혹은 보물 사냥이라고 생각하기도 했다. 물론 동양학자들 중에는 서양 제국을 위해 일하는 사람들도 있었다. 하지만 대부분은 제국주의에 비판적인 순수한 학자들이었다.

　무슬림들에게 세속적 지식의 추구는 상당히 터무니없는 행위였다. 무슬림의 시각에서 본다면 이슬람 종교와 연관된 것들만이 역사적으로 중요하다. 이슬람의 출현은 역사적 증거를 통해 알려진 중대 사건이다. 이슬람법의 발전은 사도와 그 동료들의 가르침 및 행동을 집대성한 순나Sunna에 바탕을 둔다. 순나는 과거의 행위와 발언을 기록한 역사다. 따라서 무슬림들에게 역사는 종교적으로 상당히 중요하고, 그렇기 때문에 이들에게 역사는 정확한 것이어야 한다. 사도의 전승을 담은 하디스hadith도 역사적 기술인데, 사도가 이런저런 사안에 대해 언급하고 결정한 것을 집대성한 것이다. 따라서 하디스를 기록하고, 수집하고, 평가하는 것도 역사편찬의 일종이다. 이슬람 역사 초기부터 과거를 파악하는 것뿐 아니라 이미 알려진 것이 사실이라는 점을 확실히 하는 것도 무슬림들에게는 주요 관심사였다. 초기 이슬람시대부터 무슬림 학자들은 방대한 전승의 유효성에 대해 큰 관심을 가졌고, 하디스의 진위 여부를 판단하기 위해 많은 노력을 기울였다. 따라서 그들은 더욱 정교한 분류법을 가지고 있었다. 진위 여부와 더불어 '확실한', '개연적인', '약한', '잘못된'과 같은 네 가지 분류 틀을 추가했다. 그들은 또 내용, 전달 방식, 신뢰도에 따라 하디스를 연구하고 분류하는 복잡한 방법론도 고안해냈다.

역사가 사실인지 묻는다는 것은 역사가 때때로 거짓일 수도 있음을 의미한다. 왜 거짓일 수 있을까? 왜 그리고 어떻게 역사를 날조하는 것일까? 이 질문은 모든 사회의 역사가들이 직면한 큰 문제들 중 하나다. 1,000여 년 전 무슬림 하디스 전문가들은 날조된 하디스 문제로 골치를 썩었다. 그들은 또 근거가 '약한' 하디스들에 대해서도 고민했다. '날조' 혹은 '근거가 약한' 같은 분류가 있다는 사실 자체가 때로 하디스가 전적으로 날조되었거나 특정 세력에 의해 인위적으로 만들어졌음을 의미한다. 혹은 실제로 사도와 그 동료들이 언급한 내용이지만 전달 과정에서 일부 왜곡되었을 수도 있다. 하디스의 전달 방식이 구전이기 때문이다. 내가 당신에게 어떤 이야기를 해주었다. 당신은 그에게 이 이야기를 전해야 한다. 그는 또 다른 사람에게 이야기를 전한다. 다섯 번째쯤 전달자가 언급하는 이야기는 처음의 것과는 사뭇 달라질 것이다. 어느 누구도 이야기를 날조하길 원하거나 시도하지 않았지만 말이다. 우리는 이런 과정을 진실의 자연적인 부식erosion이라고 부른다. 여기에 의도적인 진실 왜곡도 있다. 왜 역사를 왜곡할까? 역사적 지식이 부분적으로 부식되는 것은 따로 설명할 필요가 없다. 그런데 왜 의도적으로 역사를 왜곡하고 만들어낼까?

역사의 주요 목적과 용도 중 하나는 정당화다. 과거를 이용하여 현재를 정당화하는 것이다. 왕정주의 역사는 왕정에 정통성을 부여한다. 공화정의 역사는 왕정의 정통성을 부인하고 공화정을 정당화한다. 식민주의 역사는 식민통치를 정당화한다. 야만인들에게 문명을 전해주었고, 그들의 수준을 높여주었다고 강조한다. 반식민주의 역사는 정반대의 목적에 부합한다. 억압적인 외세의 멍에를 떨쳐버리고 자유를 쟁취했다고 주장한다. 과거가 고정불변의 것이라는 생각은 역사를 '무엇이 발생했는지'에 관한 것으로만 본다. 그러나 무엇이 발생했는지에 대한 기록, 연구, 해석, 표현은 항상 변한다. 따라서 역사의 목적이 현재를 정당화하기 위한 것이라고 한다면, 현재가 변하기 때문에 역사도 이에 따라 변할 가능성이 크다. 결국 이런 목적에 부합하려는 역사가들은 새로운 요구사항을 충족하기 위해 지속적으로 과거를 고쳐 쓰게 된다.

이런 지속적인 역사의 수정은 국내보다 세계 역사에 큰 영향을 미친다. 두 나라 사이의 전쟁을 예로 들어보자. 한 국가가 기록한 역사는 다른 국가가 집필한 역사와 다를 것이다. 두 국가 모두 같은 사료와 방법을 이용한다고 할지라도 마찬가지다. 이는 다소 원시적인 형태의 역사라고 할 수 있다. 인류의 역사 기록에는 다행히 합의된 부분을 자주 찾아볼 수 있다. 예를 들어 20세기의 제1차, 제2차 세계대전 역사의 경우 핵심적인 사안들에 대해서는 나름대로의 합의가 발견된다. 그러나 문제는 그렇지 않은 경우들이다. 제2차 세계대전보다 더 최근에 발생한 여러 전쟁들에서, 관련국의 역사 기록에 최소한의 합의점조차 발견되지 않는 경우도 있다. 역사가 신화와 이념에 압도당하는 현상이다.

그러므로 역사를 이해하는 데는 맥락이 상당히 중요하다. 영국의 제국주의와 오랜 투쟁을 벌이면서 결국 성공적으로 인도 독립에 기여한 간디의 역사적 시각을 한 예로 들어보겠다. 그는 문명화된 민주주의적 적과 싸웠기 때문에 투쟁에 성공할 수 있었다. 히틀러, 스탈린, 혹은 사담 후세인과 투쟁을 벌였다면 그는 일주일도 견디지 못했을 것이다. 한때 간디는 독일이 점령한 유럽에 거주하는 유대인들에게 비폭력적인 '소극적 저항passive resistance'을 하라고 충고했다고 한다. 하지만 간디는 히틀러가 영국인이 아니라는 사실을 간과했던 것 같다.

6

학자로 살아온 날들

1960년대 중반 일본학사원Imperial Japanese Academy이 런던의 영국학사원 British Academy에 특별 메시지를 보냈다. 두 섬나라 간 제2차 세계대전 전후관계를 개선하고 강화하기 위한 시도의 일환으로 일본학사원이 학자 교류를 제안한 것이었다. 영국학사원에서 선발한 영국 학자 한 명을 초청하여, 한 달 동안 일본에 머물면서 문화를 접해보고 교육기관을 방문해 학자들과 소통하는 자리를 마련한다는 내용이었다.

마찬가지로 영국학사원도 일본 학자를 초청해 유사한 목적의 활동의 장을 마련하자는 제안도 있었다. 영국학사원은 일본의 제안을 수락했고, 극동 지역 전문가 한 명을 파견하겠다고 제안했다. 그런데 놀랍게도 일본은 이 제안을 수락하길 꺼려했다. 그들은 영국의 극동 전문가들을 잘 알고 있다면서 다른 학문 분야의 전문가를 파견해주길 바란다고 밝혔다. 영국학사원 행정부서는 나를 지목했는데, 그 이유는 당시 내가 학사원에서 동양학 분과를 책임지고 있었기 때문이었다. 나는 흔쾌히 제안을 받아들였다. 일본학사원의 공식 초청으로 일본을 방문한다는 것은 여러모로 매력적이었다. 일본 측도 내 방문을 수용했고, 일본항공JAL의 도쿄 왕복항공권을 보내왔다.

영국학사원에서 일하던 동료들은 일본 측이 일등석 항공권을 보내오자 모두 깜짝 놀랐다. 사실 영국 측에서는 이런 조건을 생각하지 못했다. 영국을 방문하게 될 일본 학자에게도 호혜정신에 입각해서 같은 일등석 왕복항공권을 제공해야 하는 상황이 됐다. 재정적으로 넉넉지 않았던 영국학사원에게는 큰 부담이었으나 다른 대안이 없어 조건을 그대로 받아들이기로 결정했다. 얼마 후 나는 도쿄로 향하는 비행기의 일등석에 앉았다. 생애 처음 느껴보는 호화로움과 안락함이었다.

공항에서는 일본학사원 대표가 나왔고 그는 나와 호텔까지 동행하여 체크인 절차까지 확인했다. 호텔 비용은 전부 일본 측이 부담했다. 사례금은 수표로 제공됐고, 즉시 은행에 가서 현금으로 바꿀 수 있었다. 그런데 문제가 발생했다. 은행 직원이 즉석에서 수표를 현찰로 바꿀 수 없다는 것이었다. 수표는 계좌로 입금한 뒤, 계좌에서 현찰로 인출되어야 했다. 나는 일본에 계좌가 없으니 체류하는 동안 계좌를 개설하겠다고 말했다. 그런데 이마저도 불가능하다는 답변을 들었다. 단기 방문자는 특별 허가가 없는 한 계좌를 개설할 수 없고, 허가가 있어도 상당한 시간이 걸린다고 은행 직원은 설명했다. 그런데 나를 수행하던 일본학사원 직원이 '일본의 효율성'을 보여주었다. 그는 수표를 자신에게 승인해달라고 하더니 자신의 이름으로 계좌를 열고 수표를 입금했다. 잠시 후 그는 입금된 금액 전체를 현찰로 인출해 내게 건낸 뒤 계좌를 폐쇄했다. 문제가 해결됐다.

그러나 다른 문제들도 속속 등장했다. 가장 심각한 것은 언어였는데, 나는 태어나서 처음으로 거리 이름조차 읽을 수 없는 나라에 있었던 것이다. 택시로 이동하는 것은 어렵지 않았다. 누군가가 쪽지에 일본어로 주소를 적어 택시기사에게 전해주었기 때문이다. 하지만 나는 걸어서 둘러보는 게 좋았다. 방향감각이나 시각적 기억력이 다소 떨어져서 자주 길을 잃곤 했지만 말이다. 나는 내가 사는 동네에서도 길을 가끔 잃어버린다.

내 거점은 영국 대사관이었다. 매일 아침 나는 대사관에 들러 하루 일정을 확인한 뒤 택시를 타고 이동했다. 일본어로 '영국 대사관'이라고 쓴 쪽지를 가지고 다니면서 매일 아침 이 쪽지를 택시기사에게 보여주었다. 기사들은 언제나 착오 없이 나를 대사관까지 데려다주었다.

나처럼 언어유희를 즐기는 사람에게 적어도 기본적인 단어를 배우는 것은 필수적이었다. 그래서 나는 '영국 대사관'을 일본어로 배우겠다고 마음먹었다. 일본학사원 직원에게 '영국 대사관'의 일본어 발음을 물은 뒤 이를 받아 적고 외웠다. 다음 날 택시를 탔을 때 내가 일본어로 '영국 대사관'이라고 말하자 기사가 좀 당황하는 눈치였다. 나는 다시 시도했고 택시기사는 더 황당해했다. 세 번째로 내가 다시 시도하자, 그는 손을 내밀며 무언가를 달라고 했다. 분명히 '말도 안 되는 소리 집어치우고 쪽지를 달라'는 뜻이었을 것이다. 결국 나는 쪽지를 내밀었다.

언어 능력에 자부심이 있던 내게 이런 상황은 실망스러울 뿐 아니라

치욕스럽기까지 했다. 오기가 발동했다. 일본학사원 직원에게 영국 대사관을 일본어로 다시 한 번 발음해달라고 요청했다. 그리고 내가 실수했다는 것을 알게 됐다. 단어는 제대로 받아 적었지만 억양이 문제였다. 다시 택시를 탔을 때는 음을 낮추고 목 안쪽에서 깊게 단어들을 발음했다. 택시기사는 정확히 알아들었다. 목적지에 도착할 때까지 나는 콧노래를 불렀다.

영국에서 일본어를 연구하던 한 동료가 생각났다. 영국인이 일본을 방문할 수 없었던 시절, 그는 일본 여성과 사랑에 빠져 결혼을 했다. 둘은 런던에서 행복하게 살았고, 그는 일본어에 능통하게 됐다. 전쟁이 끝나고 그가 처음으로 일본을 방문했을 때, 일본어를 할 때마나 사람들이 웃음을 참느라 애쓰는 모습을 보고 그는 당황했다. 그는 어렵게 용기 내어 사람들에게 왜 그런지 물었다. 사람들이 말했다. "당신은 어린 소녀처럼 일본어를 합니다."

일본 방문 프로그램에는 유명인사 면담, 학술기관 방문, 강의가 포함됐다. 일본 측 관계자는 일본에서 외국인이 강의를 할 때는 주로 세 가지 진행 방식을 따른다고 설명했다. 첫째, 영어로만 강의를 하는 것이다. 이 경우 영어 구사능력이 있는 소수의 참석자들이 강의를 듣고 토론에 참여한다. 당시 일본에서 이런 강연은 흔치 않았지만 할 수만 있다면 가능하긴 했다. 둘째, 강사가 원고를 사전에 제출하고 강의를 진행하는 방식이다. 청중이 강의를 따라올 수 있도록 원고를 복사해 배포하고, 강사는 보통 배포된 강의안을 읽어 나간다. 셋째, 가장 자주 이용되는 방식으로, 연사가 영어로 강의를 진행하고 통역사가 옆에서 순차

통역을 하는 것이다. 강사와 다수의 청중 사이에 소통이 이루어지므로 가장 효과적인 방법이라고 할 수 있다. 일본 측 관계자가 이에 대한 재미있는 에피소드를 얘기해주었다. 한 영국인 강사가 웃기는 이야기를 한참 동안 설명했다. 그런데 통역사가 이를 한 문장으로 짧게 전하자 청중이 크게 웃었다. 실제로 통역사가 전한 말은 간단했다. "재미있는 농담입니다. 웃어주세요."

전쟁 이전 파리에서 공부하던 한 일본 친구가 있었다. 교토 출신인 그는 귀국 후 교토대학교의 교수가 됐다. 일본에 와 있는 동안 나는 그를 다시 만나 이야기를 나누고 싶었다. 그래서 교토 방문을 준비했으나 외국인이 철도로 도시에서 도시로 이동하는 일은 그리 간단치가 않았다. 읽지도 말하지도 못하는 외국인인 나는 의사소통을 위한 활발한 몸짓을 개발할 수밖에 없었다. 마치 불구인 사람이 무언가를 표현하는 것처럼 말이다. 그렇게 해서 나는 교토에 도착할 수 있었다. 몇 년 후 나는 일본에 두 번째로 방문했다. 일본의 한 대학에 객원교수로 초빙됐는데, 다행스럽게도 그때는 가이드 겸 통역사가 항상 나를 수행했다. 확실히 모든 것을 훨씬 수월하게 추진할 수 있었다.

일본 왕실에는 오래된 전통이 하나 있었다. 왕족들이 정부 업무에 개입하지 않고 다른 직업을 선택해 종사하는 것이었다. 일반적으로 왕족은 군 장교 직책을 선호했다. 그러나 일왕의 막내 동생인 미카사^{Mikasa} 왕자는 이례적으로 학자의 길을 택했다. 더욱이 그는 중동 역사와 고고학 전문가가 되어 그 분야를 깊이 연구했고, 결국 한 대학의 교수로 임용됐다. 중동에서 그를 여러 번 만난 인연으로 나는 도쿄의 왕궁에서 열린 오찬에 초대받았다.

왕자는 도쿄 외곽 산악 지역으로 나들이 일정도 마련해주었다. 그곳에서 신사를 방문하고 종교 지도자도 만났다. 그로부터 얼마 전 영국 대사관은 영국 여왕이 일본을 공식 방문할 예정이고 일본에 거주하는 영국 교민들을 위한 만찬이 개최될 것이라며 나 또한 그곳에 초대했다. 나는 대사관에서 알려준 일정에 특별한 일이 없음을 확인하고 참석의사를 밝혔다. 그런데 얼마 후 대사관에서 근무하는 친구가 급히 전화를 걸어왔다. 만찬 일정이 예정일 보다 하루 늦춰졌다며 참석 가능 여부를 물었다. 하지만 이미 일본 왕실의 초청을 수락한 날짜였고, 왕자의 지시로 산악 지역 순례를 위한 모든 준비를 마친 상태였다. 나는 이런 상황을 대사관에 잘 설명했다. 마지막 순간에 선약을 바꿀 수는 없어 여왕 주최 만찬에는 참석할 수 없다는 점을 명확히 알렸다.

이런 과정이 초청 대학의 관계자에게까지 알려졌다. 산악 지역 여행이 있던 날, 왕자와 대학관계자들은 상당히 즐거워하며 내게 고마움을 전했다. 그들의 표현을 빌리면 '여왕의 부름을 거절하고' 자신들과의 여행 약속을 지켰다는 것이었다. 정확한 표현은 아니었지만, 그렇다고 완전히 틀린 말도 아니었다.

버킹엄 궁에서의 오찬

1960년대에 처음이자 마지막으로 여왕이 주최하는 버킹엄 궁 오찬에 초대받았다. 영국 정부는 당시 아라비아반도의 걸프 토호국들sheikhdoms

에서 철군하겠다는 의향을 공식적으로 밝혔다. 이에 걸프 지역의 각 부족 지도자들이 런던을 잇달아 방문하고 있었다. 급작스럽고 예상치 못한 철군 이후 발생할 수 있는 여러 문제들을 영국 왕실과 논의하기 위해서였다. 이들 부족 지도자들은 공식적으로는 영국의 철수 결정을 환영한다고 선언했으나, 은밀하게 자신들의 우려를 밝히면서 점진적인 철군을 간청했다. 규모는 작았지만 이들 지도자들도 분명히 국가수반들이었기 때문에, 공식적인 환영과 환대의 절차들이 있었다. 따라서 몇 주 동안 왕실과 준왕실 행사들이 연이어 개최됐다. 초대 손님의 목록도 점차 길어졌고 그 덕분에 내 이름도 포함되었다. 왕실의 문장이 새겨진 초대장이 도착했을 때 나는 흥분했다. 여왕 폐하와 필립Philip 왕자가, 어느 나라인지는 잊어버렸지만 한 걸프 국가의 지도자를 환영하는 오찬에 나와 아내를 초대한 것이다. 당연히 초대를 수락했다. 공식 왕실 오찬인 만큼 여러 주의 사항들이 있었다. 복장은 '모닝 드레스morning dress'로, 회색 연미복에 나비 넥타이였다. 물론 나는 그런 옷이 없었지만, 대여할 수 있었기 때문에 살 생각은 하지 않았다. 버킹엄 궁전 주차 허가증도 받았는데, 기념으로 간직하고 싶었으나 사용 직후 반납해야 했다.

반세기가 지나서도 또렷이 남아 있는 두 가지 기억이 있다. 첫 번째 것은 참석자 소개였다. 리셉션홀로 안내된 15명에서 20명 정도의 참석자들이 반원 모양으로 정렬했다. 그리고 여왕이 초청 대상 선정과 오찬 준비를 담당한 관료와 함께 입장했다. 여왕은 반원을 천천히 돌며 손님들과 일일이 인사를 나눴다. 여왕 옆에서 관료는 초청자의 이름과 간단한 이력을 설명했다. 이 과정이 끝나자 참가자들은 여왕과 몇 분 동안 서서 다과와 담소를 나눴다. 그리고 걸프 왕국의 지도자와 고위 인사들인 주빈들이 도착했다. 주빈들도 반원 모양으로 정렬했고, 여왕이 참석자들을 주빈들에게 소개했다. 놀라운 것은 여왕이 어떠한 서면 쪽지나 시각용 프롬프터 없이 참석자 한 명 한 명의 이름과 직업을 정확하게 주빈들에게 소개했다는 점이다. 여왕이 뛰어난 기억력의 소유자이거나 아니면 분명 무언가 다른 비밀 장치가 있었을 것이다.

오찬 전 음료를 마시던 중, 왕실 직원 한 명이 내게 다가와 필립 왕자가 찾는다는 말을 전했다. 나는 왕자가 있는 쪽으로 갔다. 왕자는 걸프 지도자와 이야기를 하고 있었는데, 소통에 문제가 있었다. 필립 왕자는 아랍어를 전혀 몰랐고, 걸프 지도자도 영어에 상당히 서툴렀다. 두 사람 사이에는 통역사가 있었지만, 어떤 이유인지는 몰라도 통역사가 상황에 대처하지 못하고 있었다. 알아듣지 못했거나 통역할 단어를 정확히 떠올리지 못한 모양이었다. 걸프 지도자는 내게 다시 설명했고, 다행히 나는 그의 말을 정확히 이해하여 필립 왕자에게 영어로 전했다. 상당히 자부심을 느낀 순간이었다. 그러나 안타깝게도 당시 어떤 말을 전했는지는 기억이 나지 않는다.

오찬 자체는 그리 흥미롭지 않았다. 그저 그랬다. 같은 테이블에 앉았던 한 여성 참석자는 왕궁 만찬에서 제공되는 음식들은 항상 따뜻하지 않다고 설명했다. 아마도 왕궁 조리실과 만찬장의 거리가 상당히 멀었기 때문일 것이다.

역사와 현재

역사가의 주요 관심사는 과거다. 찾아낼 수 있는 자료를 이용하여 과거를 연구하고 집필과 강의를 통해 그 결과를 다른 사람들과 소통하는 것이다. 하지만 때때로 미래에 어떤 일이 발생할 것인지에 대한 질문을 받기도 한다. 이런 질문에 대해 대부분의 역사가들은 과거를 연구할 뿐 미래에 대해서는 모른다고 답한다. 혹은 자신들은 역사가이지 예언가가 아니라고 강조한다. 그러나 이런 식의 답변이 계속 반복되는 미래에 대한 질문을 잠재울 수는 없다. 소련이 국제무대에서 굳건한 위상을 가지고 있던 냉전시대에 로마에서 열린 한 역사가들의 회의가 기억난다. 우리는 역사가들이 미래에 대한 예측을 내놓아야 할지 여부를 토의하고 있었다. 토론 내내 침묵을 지키고 있던 한 소련 학자에게 참석자들은 직접 의견을 물었다. 그러자 그는 "소련에서 역사학자가 직면하는 가장 어려운 과제는 과거를 정확히 파악하는 것"이라고 말했다. 공산당 지도부가 역사를 지속적으로 날조하는 것에 대해 그는 비유적으로 말한 것이었다.

역사가가 미래를 예측해줄 거라 기대하는 것은 적절치 않다고 생각한다. 그러나 역사가가 할 수 있고 또 반드시 해야 하는 것들도 있다. 역사가는 흐름을 파악할 수 있다. 현재까지 진행되어온 것을 관찰하고 발생하는 변화를 감지할 수 있다. 이를 바탕으로 미래를 예측하는 것이 아니라 미래에 어떤 상황이 발생할 수 있을지 그 가능성들을 제시할 수 있다. 가까운 미래가 아니라 먼 미래의 역사적 흐름을 예견하는 것이다. 그러나 다양한 목적과 동기에 의해 때로 역사가들이 현재에 집착하는 경우가 생기곤 한다. 역사적 흐름을 기록하고 관찰하는 것이 아니라 그 흐름에 영향을 주거나 혹은 방향을 바꾸고자 하는 정치적 목적에 기인하는 경우가 많다.

대부분 역사가들이 이런 방식의 연구 경험이 있다. 나도 전쟁 기간 중 영국의 국익을 위해 역사적 흐름을 파악하려 노력했다. 학계로 돌아온 이후에도 다른 많은 동료들과 마찬가지로 국가의 정책적 필요에 의해 종종 연구를 수행하기도 했다. 더불어 수없이 많은 중동 지역을 방문하면서 왕, 대통령, 수상 등 최고위급 관료를 만났고, 영국에서도 많은 중동 국가 대사들과 회동을 가졌다. 다양한 사안들에 대해 논의했고 때때로 그들의 요청에 의해 혹은 자발적으로 내 의견을 강력히 피력했다.

한 가지 에피소드가 생각난다. 역사가의 전문적 방법론을 동원한 연구였지만 역사적 흐름에 영향을 주었던 현실적 연구를 한 적이 있었다. 1971년 5월 27일 소련과 이집트가 카이로에서 '우호협력협정'에 서명했다. 당시 중동의 정치역학을 고려할 때 양국 간의 협정 체결은 상당히 중대한 사안이었다. 세계 정치에도 큰 영향을 줄 정도였다. 소련과 아랍 국가의 협정이었기 때문에 협정문은 아랍어와 러시아어로 작성되고 서명됐으며, 두 언어 버전 모두 효력이 있었다. 소련과 이집트 정부는 영어 번역본을 발표했는데, 각 언어에서 영어로 번역된 것이었다. 영어 번역본은 공식적이긴 했지만 법적효력은 없었다. 흥미롭게도 소련 및 이집트의 영어 번역본은 미국식이 아닌 영국식 철자법에 따랐는데, 양국의 영어 번역본은 여러 군데에서 차이가 있었다.

나는 우연히 이러한 차이점들을 발견하고는 관심을 가지게 됐다. 내가 받은 협정문은 이집트 대사관에서 온 것으로, 아랍어 원문과 이집트 정부의 영어 번역본이었다. 다음 날 국제정세를 논하는 토론모임에 참석했다. 토론 중 협정문 일부를 인용하려고 했는데, 깜박 잊고 가져오지 않았다. 그래서 옆에 있던 동유럽 전문가에게 협정문 사본을 빌려달라고 요청했고 그는 기꺼이 자신이 가져온 사본을 넘겨주었다. 그의 사본은 소련 대사관에서 제공한 것으로, 러시아어 원문과 소련 정부의 영어 번역본이었다. 대충 훑어보는 도중 즉각적으로 전날 읽은 이집트 정부의 영어본과 다른 점들을 발견했다. 그래서 소련의 번역본을 구해서 역사적 연구 방법을 통해 꼼꼼히 비교를 시작했다.

차이가 생각보다 더 광범위하고 중대했으므로, 추가적인 비교연구도 병행했다. 소련이 체결한 이집트와의 협정문과 다른 동맹국, 위성국, 중립국과의 협정문들도 비교했다. 그러고는 역사적 분석 방법을 이용해 이러한 차이를 분석하는 긴 논문을 작성했다. 이 논문은 저명한 학술지에도 실렸다.

늘 그렇듯이 안타깝게도 이 장문의 논문은 학계 이외에는 큰 파장을 일으키지 못했다. 그래서 학술지와는 별도로 연구 내용을 신문기사처럼 짧게 요약했다. 이 글은 1971년 10월 8일 〈타임스〉 지에 실렸고, 이 기사는 이집트 외교계를 발칵 뒤집어놓았다. 이 보도는 이집트 정부와 소련과의 추가적인 협력 사업에 적지 않은 영향을 준 것으로 보인다. 이듬해인 1972년 7월 18일 안와르 사다트Anwar Sadat 이집트 대통령은 소련 군대가 이집트에서 떠날 것을 공식 요청했다.

불안과 우려의 순간이었다. 소련은 철군할 것인지 혹은 체코슬로바키아와 헝가리에서처럼 이집트를 점령할 것인지를 고민했던 것 같다. 다행히 소련은 위험을 감수하지 않기로 결정했고 이집트에서 조용히 철군했다. 이후 이집트의 대외 정책이 크게 변했다. 사다트는 집권 내내 친서방 일변도의 정책을 추구했다.

'터키인으로' 알제리를 여행하다

대학에서 보조강사로 일할 당시 한 터키 외교관을 알게 됐다. 그는 런던에 부영사로 부임해 있었는데, 같은 사회 초년생으로 연배도 비슷하고 고민도 비슷한 데다 어린 자녀를 둔 학부모로서 말이 잘 통했다. 우리는 곧 서로 잘 이해하게 되었고 친구가 됐다. 그가 런던을 떠난 이후에도 우리의 우정은 평생 지속됐다. 언젠가 그로부터 한 통의 편지가 런던으로 날아왔다. 편지에는 그가 알제리 대사로 부임했다는 소식과 함께, 내게 알제리를 방문해 자신의 관저에서 머물 것을 제안하는 내용이 담겨 있었다.

그의 제안을 받아들여 떠난 알제리 방문은 환상적이었다. 대사가 다른 손님들을 초대했을 때 자연스럽게 그 그룹에 동참했고, 모든 일정에서 함께 움직였다. 언어에 문제가 없었기 때문에 큰 불편이 없었다. 당시 내 터키어 실력은 상당한 수준에 올라 있었고, 대사와 대사관 직원들과도 터키어로 대화했다. 알제리 사람들은 나를 터키 대사관 직원으로 생각하는 것 같았다. 그들은 자유롭게 자신들의 의견과 입장을 표명했고, 유럽인이 있는 자리에서는 하지 않았을 발언까지도 서슴지 않았다. 그래서 알제리 사람들의 진솔한 의견들을 들을 수 있었다.

한번은 저녁 만찬 자리에서 1967년 아랍-이스라엘 전쟁에 대한 대화가 오갔다. 옆 테이블에 앉아 있던 알제리 사람은 전쟁 중에 대부분의 아랍 국가들이 영국과 미국 대사관을 보호하기 위해 군대를 수도에 배치했는데, 알제리 정부는 이집트 대사관을 보호해야 했다고 말했다. 그 이유를 묻자 그는, 프랑스와의 오랜 투쟁 끝에 알제리가 독립에 성공했을 때 이집트 정부가 민간 및 군사 사절단을 연속적으로 보내주었기 때문이라고 설명했다. 그런데 이집트 사절단은 상당히 고압적인 태도를 보이면서 알제리 정부 관계자들 및 인사들에게 새로운 정부 구성 및 운영에 대해 마치 지시하듯 조언했다는 것이다. 알제리 사람들은 분노했다. 사실 이집트는 전쟁에서 군사적 승리를 거둔 경험이 거의 없었다. 그런 이집트 사람들이 프랑스에 맞서 싸워 승리를 쟁취한 자신들을 가르치려 한다는 점에 알제리 사람들은 자존심이 상했다. 그는 알제리인들도 팔레스타인을 지지한다고 말했다. 그러나 그것은 다른 아랍 국가들과 좋은 관계를 유지하기 위해서가 아니라, 이스라엘 건국을 지원한 제국주의에 피해를 입은 제3세계 민족의 대의를 지지하는 것이라고 설명했다.

내가 다른 나라를 처음 방문할 때마다 항상 하는 일이 한 가지 있다. 바로 서점을 방문하는 일인데, 어떤 책들이 출판되고 사람들이 무엇을 읽는지를 파악하기 위해서다. 마찬가지로 알제리에서도 도착하자마자 서점들을 둘러보았는데, 놀랍게도 프랑스어 책들만이 즐비하고 아랍어 서적이 전혀 없었다. 이곳저곳 여러 책방들을 들러보았지만 아랍어 책은 찾아볼 수 없었다. 결국 한 책방 주인에게 왜 아랍어 서적이 없느냐고 물었다. 그는 귀찮은 듯 손을 저어가며 말했다. "아랍어 책을 원하면 카스바Kasbah에나 가보세요." 그래서 오래된 성채에 둘러싸인 카스바에 갔다. 그곳의 지붕 덮인 시장통에서 아랍어 책을 파는 서점들을 찾긴 했는데, 여기서 파는 아랍어 서적들이라고는 모두 교과서들뿐이었다.

얼마 후 수도 알제에서 열린 한 만찬에서 우연히 도서관 사서 옆에 앉게 됐다. 나는 그에게 서점에서 아랍어 서적을 볼 수 없었다고 말하며 왜 그런지 물었다. 그는 그 이유를 설명해주었다. "프랑스가 알제리를 지배했을 때, 우리는 프랑스어 서적만을 접할 수 있었습니다. 아랍어 책들도 없었고 아랍 문화도 없었지요. 독립을 쟁취한 이후 아랍어 책들을 다른 아랍 국가에서 들여오려고 시도했고 이집트 사절단이 아랍어 서적들을 제공했습니다. 현대 아랍 문학과 문화에 관한 것들이었는데, 책의 내용이 너무나 실망스러웠어요. 프랑스 통치하에서 우리는 그나마 어느 정도의 문화와 지식 수준을 누리고 있었음을 깨닫게 됐습니다."

터키

1960년대에 영국과 터키의 문화교류를 관장하는 포괄적인 조약이 있었는데, 내가 알기로 이 조약은 아직까지 유효하다. 이 조약에 의거해 영국인 세 명과 터키인 세 명으로 구성된 6인 위원회가 구성됐고, 런던과 앙카라를 번갈아 오가며 매년 회의가 열렸다. 오랫동안 앙카라 주재 영국문화원British Council 원장, 런던의 관련 부처장, 그리고 내가 위원회에서 영국을 대표했다. 터키를 대표하는 세 위원은 외교부의 문화교류국장, 교육부 대외협력국장, 앙카라대학교의 영어과 교수였다. 여섯명 중 네 명의 관료는 임기에 따라 계속 바뀌었다. 여섯 명의 동일한 위원이 회의를 연속적으로 해본 적이 없을 정도였으나, 학계 출신의 두위원은 계속 남아 있었다.

특별히 한 회의에 대한 기억이 소중하게 남아 있다. 대부분 위원회회의는 영어로만 진행됐지만 그 회의에서는 터키 관료 둘 중 하나가 영어를 전혀 하지 못해서 통역을 이용해야 했다. 그 관료가 프랑스어를 구사하기 때문에 프랑스어로 회의를 진행할 수도 있었으나 그것은 조약의 규정에 어긋나는 것이었다. 회의의 성격이 영국과 터키의 문화교류를 다루었기 때문에 영어와 터키어가 공식 언어였다. 영어로 의사소통이 안 될 경우 통역을 동원해야 했다. 그래서 터키 위원들이 터키어로 발언하면 영어로 통역해주는 통역사가 영국 위원들 곁에 있었고, 영어를 터키어로 전하는 통역사가 터키 측에 자리했다. 나는 터키어를 상당히 잘했기 때문에 통역 과정을 듣는 것 자체가 상당히 흥미로운 경험이었다.

당시 영국 정부는 경쟁을 통해 선발된 터키 학생들이 영국 대학에서 공부할 수 있도록 국가장학금을 제공했다. 터키 대표는 자신과 터키 정부가 영국 정부의 장학금 제공에 얼마나 감사하는지 장황하게 설명했다. 그의 발언은 상당히 길었다. 더 나아가 장학금 대상자에 비해 신청자가 상당히 많다며 영국 정부가 장학금을 확대할 방안을 모색해준다면 더욱 고마울 것이라고 강조했다.

통역사는 터키 대표의 발언을 영어로 주의 깊게 잘 전했다. 정확한 통역이었다. 우리 측 대표도 능숙한 연설조로 화답했다. 영국 정부의 장학금이 터키 학생들에게 소중한 유학의 기회를 제공하고, 양국 관계 강화에 중요한 역할을 하고 있음에 기쁘다고 그는 말했다. 영국 측 위원들은 장학생 수를 늘릴 필요가 있다는 점에 동감했다. 예산상의 이유 때문에 즉각적인 약속을 할 수는 없지만, 조만간 그 수를 확대하기 위해 최선을 다하겠다고 설명했다. 이런 모든 설명들을 종합해서 터키어 통역사는 부정을 의미하는 터키어 한 단어 '욕Yok'으로 통역했다. 이것은 완벽하게 정확한 통역이었다. 하지만 우리의 정중하고 상세한 설명은 생략되고 말았다.

외국인 학생들과 그들의 대사관

학자로서 느낄 수 있는 여러 만족감이 있다. 그중에서도 자신이 하고 싶은 일을 하면서 생계를 유지한다는 것이 가장 기쁜 일일 것이다. 학자에게 연구는 자부심을 갖는 일이자 생계 수단이기 때문에 더욱 열정적으로 자신의 분야에 즐겁게 헌신할 수 있는 것 같다. 그래서 다른 직업과는 달리 학자들은 은퇴 이후에도 장수하는 경우가 많다. 은퇴를 하더라도 삶이 크게 달라지지 않고 하던 일을 계속할 수 있기 때문이다.

학자는 또 독립적으로 자신의 성향과 신념에 의거해 일할 수 있다. 학자는 학생과 제자를 얻는 기쁨도 있다. 제자들이 훌륭한 학자, 교수, 연구자가 되는 걸 지켜보는 게 가장 기쁜 일 가운데 하나다. 오랜 시간 학계에 있으면서 나는 여러 차례 '자랑스러운 아버지(지도교수)'가 될 수 있었다.

이제는 상당수가 이미 은퇴하기도 했지만, 카이로, 알렉산드리아, 예루살렘, 텔아비브, 암만, 다마스쿠스, 베이루트, 바그다드, 바스라, 리야드, 테헤란, 타브리즈, 파키스탄의 여러 도시에 내가 가르친 제자들이 있다. 영국으로 유학 온 학생들도 있었다. 학생들은 각자의 의지로 와서 연구와 토론의 완전한 자유를 즐겼다. 식민주의의 잔재가 강력하게 남아 있었지만, 학생들은 영국에 와서 대영제국의 제국주의가 남긴 악영향을 비판하는 연구를 수행하기도 했다. 영국 학계에서 이를 발표하고 영국 박사학위를 받는 경우도 있었다. 바로 이것이 민주주의적 제국주의라고 할 수 있는 것이다.

적지 않은 학부 졸업생과 절대다수의 대학원 졸업생은 자국에 돌아가서 교사 혹은 교수가 됐다. 시간이 지나면서 나는 중동 전역에 제자들로 구성된 네트워크를 구축할 수 있었다. 이는 상당히 유용한 소통 체계를 제공했다. 나는 제자들과 지속적으로 연락했고, 중동 국가를 방문할 때는 직접 만나 소통했다.

그러나 중동 국가에 돌아간 제자들의 상황이 다 좋지는 않았다. 교육 기관이 많지 않은 부유한 걸프 산유국들을 제외하면, 대부분 중동 국가에서 대학교수는 박봉에도 과도한 업무를 담당해야 했다. 강의 시수는 서양 국가의 대학에 비해 상당히 많지만 월급은 한 달 중 열흘 정도만 자신과 가족을 부양할 수 있는 수준이었다. 이런 현실 때문에 제자들은 돈을 벌기 위해 다른 방편을 찾거나 그렇게 할 수 있는 시간을 확보해야 했다. 이는 재앙과 같은 결과를 초래했다. 훌륭한 박사논문을 쓴 능력 있고 유망한 학생들이 귀국 후 더는 학문적으로 훌륭한 논문을 게재하지 못했다. 일부 학생들은 겨우 자신의 박사논문을 출판하는 데 그쳤다. 다른 학생들은 그마저 할 시간과 여유를 갖지 못했다. 안타깝게도 재능이 낭비되고 마는 것이었다.

런던에 주재하는 중동 국가 외교관들 중에서 나는 이집트 관리들과 가장 자주 연락을 취했다. 이집트 외교관들은 자국 학생들에게 깊은 관심을 가지고 배려하려 노력했다. 그들은 학생들을 개인적으로 잘 알고 있었고, 그들의 문제들도 파악하고 있었으며, 할 수 있는 범위 내에서 학생들의 문제를 해결해주려고 최선을 다했던 것으로 기억된다. 그러나 일부 다른 중동 국가의 외교관들은 그렇지 않았다. 자국 학생들의 문제를 귀찮게 여기는 경우도 보았다. 엄밀히 말하면 이들 외교관들은 자국 학생들을 책임지는 업무를 해야 했다. 왜냐하면 영국에서 유학하던 대부분의 중동 출신 유학생들은 자국 정부로부터 장학금을 받고 있었기 때문이다. 이처럼 정부장학금을 받는 학생들은 대사관이 관리하는 게 일반적이었다. 따라서 대부분의 중동 국가 대사관에는 교육관이 파견되어 자국 학생들을 돌보는 임무를 맡았다. 대부분의 교육관들은 자신들의 업무를 잘 수행했으나 모두가 그런 것은 아니었다.

이집트 학생과 문제가 있다면 이집트 대사관의 교육관과 직접 전화

통화를 할 수 있었다. 그는 그 학생이 누구인지, 어떤 문제점이 있는지 명확히 파악하고 있었다. 따라서 우리는 그 학생을 도울 실질적인 방법을 의논할 수 있었다. 그러나 SOAS에서 일할 당시, 나는 이라크 대사관과 이런 연락을 전혀 취할 수 없었다. 우선 이라크 외교관들은 자국 학생들을 잘 알지 못했고, 학생들의 기록만 유지하고 있을 뿐이었다. 문의를 하면 그 기록을 보내주겠다고만 답했고, 학생들의 문제를 그들과 상의할 수도 없었다. 만약 내가 그런 연락을 취하면 이라크 대사관의 문제 해결 방법은 학생들을 본국으로 소환시켜버리는 것이었다. 이라크 학생들은 철저히 정부의 관리 대상이었다. 학비를 낼 때나 현지조사 등 여행을 할 때도 정부로부터 여비를 받기 위해 공문을 제출해야 했다. 그 때문에 그들은 자주 증명서를 작성해달라고 요청했고, 공문 없이는 어떤 경비도 받을 수 없었다. 나는 이라크 교육관에게 학생들은 연구자이지 그런 식으로 감시를 당해야 하는 잡범이 아니라고 충고한 적이 있었다. 그러나 그 충고가 이라크 대사관의 학생 관리 방식에 어떤 영향을 주지는 못했다.

한번은 박사학위 등록으로 문제가 있었다. SOAS에서 수학하는 모든 대학원생은 우선 석사학위로 등록해야 한다. 어느 누구도 처음부터 박사학위로 등록되지 않는다. 학업 수행능력에 따라 학생들은 석사학위 시험을 치르거나 이를 건너뛰고 바로 박사학위 과정으로 이동한다. 그러나 이 과정에 시간이 걸릴 수밖에 없다. 수행능력을 평가받을 수 있는 소논문이나 보고서들이 있어야 하고, 여러 위원회의 승인도 받아야 한다.

잊지 못할 이라크 학생 하나가 있다. 그는 굉장히 뛰어난 학생이었는데, 그의 잘못이 아니라 대학의 행정적 지연으로 인해 그의 박사과정 이동이 최종위원회에서 다루어지지 못했다. 따라서 10월에 시작되는 새 학기까지 기다려야 했는데, 그러던 중 이라크 대사관에서 전화가 한 통 걸려왔다. 그 학생의 장학금 지급을 중단할 수밖에 없다는 것이었다. 내가 그 이유를 물었더니, 대사관의 답변은 간단했다. 그 학생이 박사과정에 등록하지 못했기 때문이라는 것이다. 박사학위 때문에 런던에 왔는데, 등록을 못했으니 더는 이곳에 있을 이유가 없다고 했다. 이에 나는 상황을 설명했다. 그러나 학교 측 실수라는 점을 명확히 밝혔음에도 대사관은 원칙을 따라야 한다면서 학생을 귀국시킬 수밖에 없다고 했다. 나와 학교 당국이 여러 차례 설득했으나 대사관의 입장은 단호했다. 그때가 5월이었고, 10월까지는 아무것도 할 수 없는 곤란한 상황이었다.

결국 대사관 측은 약간은 누그러진 조치를 제시했다. "본국소환조치는 하지 않겠지만, 장학금을 지급할 수는 없습니다." 나는 반문했다. "경제적 지원도 전혀 없이, 그를 이곳에 방치하겠다는 겁니까?" 대사관은 그럴 수밖에 없다고 답했다. 나는 화가 나서 말했다. "머리에 권총을 겨누면서 학생들이 좋은 결과를 얻어내도록 할 수는 없습니다." 대사관 담당자는 "그런 표현에 대해서는 심히 유감"이라며 역시 흥분조로 말했다. 나도 받아쳤다. "정확히 그 표현을 써서 공문을 작성해 대사관에 보내겠습니다." 실제로 나는 그렇게 했고, 결과적으로 이라크 대사관은 학생을 본국으로 보내지 않았다. 그러나 장학금 지급 또한 중단했다. 나는 학교에서 지원할 수 있는 방안을 찾아 학생에게 일부 생활비를 제공했다. 이라크 동료 학생들도 자신들의 생활비에서 조금씩 떼어 그 학생을 도왔다. 10월까지 버틸 수 있도록 여러 사람이 애썼다. 10월이 되어 위원회가 열렸고 그는 박사학위에 등록할 수 있었다. 그리고 몇 주 후 이라크 정부장학금을 다시 받을 수 있게 됐다.

대사관의 본국송환조치는 더욱 심각한 문제를 야기한다. 귀국조치를 당할 경우 학생들은 정부가 지출한 모든 비용에 대해 책임을 져야 한다. 일종의 노예상태가 되는 것이다. 학생들뿐 아니라 부모도 연대책임을 져야 한다. 앞에 언급한 이라크 학생의 경우 이미 런던에서 2년 동안 머물렀기 때문에 이라크 정부로부터 상당한 금액을 받았을 것이다. 만약 그가 본국으로 소환당했다면, 항공료, 학비, 생활비까지 모두 정부에 반납해야 한다. 모든 비용을 다시 정부에 지불해야 하기 때문에 교수와 학교 행정당국도 때로 어려운 입장에 처할 수밖에 없다. 우리는 시험에서 이라크 학생들에게 낙제 점수를 줄 수 없었고 학교 당국도 학생에 대해 사소한 문제를 제기하기 어려웠다. 작은 문제라도 있으면 대사관은 학생들을 귀국시켜버리고 모든 비용을 책임지게 했기 때문이다.

한 이라크 학생이 실제로 자살한 일도 있었다. 그는 정신병자가 아니었다. 지극히 정상이었고 훌륭한 학생이었는데 한 시험에서 낙제하자 스스로 목숨을 끊었다. 시험이라는 것은 교수가 요구하는 수준에 도달하지 못했다는 것이지, 학생이 전반적으로 학교생활을 못했음을 의미하지 않는다. 그러나 한 과목이라도 낙제할 경우 이라크 대사관은 장학금 중지 혹은 귀국 조치를 내리곤 했다. 그 학생은 이런 부담을 견디지 못한 것이었다. 귀국할 경우 본인은 물론 가족까지 엄청난 고난에 처하게 될 것이기 때문이었다. 불쌍한 그 학생은 총으로 자신의 목숨을 끊어버렸다.

귀국 후 모든 학생들이 학계에 남지는 않았다. 소수의 학생들은 공무원이 되거나 정치 일선에 나서기도 했다. 한 팔레스타인 학생이 기억난다. 그의 이름은 무사 압둘라 알–후세이니Musa Abdullah al - Husseini로 예루살렘의 유명한 후세이니 가문 출신이었다. 내 기억에 의하면 그는 예루살렘에서 악명 높았던 그랜드 무프티Grand Mufti의 조카였다. 그는 내가 담당한 첫 번째 졸업학년의 한 학생으로, 1940년 중동사로 학사를 받았다. 학위수여식이 끝나고 예루살렘으로 돌아가기 전 그는 중립국가였던 에스파냐로 향했다. 그리고 에스파냐에서 다시 독일로 넘어가 삼촌인 그랜드 무프티와 함께 전쟁이 끝날 때까지 그곳에서 머물렀다. 그동안 한 독일 대학에 등록해 박사학위를 받았는데, 독특한 경력이라고 할 수 있다. 영국에서 1940년 학사를 마치고 1943년 혹은 1944년에 독일에서 박사를 취득한 것이다.

전쟁이 끝난 뒤 그는 나를 만나러 런던의 연구실로 왔다. 그는 어떻게 에스파냐를 거쳐 독일에 가게 되었는지 그리고 독일이 패한 후 어떻게 영국군에 체포되어 포로수용소가 있던 세이셸군도로 추방되었는지 상세히 설명해주었다. 그런데 세이셸군도에서 그는 테니스를 치고, 승마를 즐기는 등 상당히 즐거운 휴가를 보냈다고 말했다. 또 석방된 이후에는 예루살렘에 가서 당시 요르단 왕국의 영토였던 구시가지Old City에서 관광사무소를 열었다고 이야기해주었다. 그리고 시간을 내서 영국에 온 것이라고 말했다. 그는 서로 다른 전쟁 경험에 대해 이야기를 나누고 싶어서 스승인 나를 찾았던 것이다.

그리고 그는 예루살렘으로 돌아갔다. 그러고는 아무런 연락이 없었다. 그의 소식을 다시 들은 건 1951년 예루살렘에서 요르단의 압둘라 국왕King Abdullah이 암살당했을 때였다. 놀랍게도 무사 압둘라 알-후세이니는 국왕 암살 혐의로 체포되어 재판에 넘겨졌다. 그는 자신의 소행임을 자백했고, 결국 사형에 처해졌다.

기억에 남는 입학 인터뷰

학계에서 우리가 종종 해야 하는 업무 중 하나는 대학에 입학원서를 제출한 학생들을 인터뷰하는 것이다. 런던에서 나는 한동안 학부 입학위원회 일원으로 학생들을 인터뷰했다. 웨일즈 국경 인근의 학교를 졸업한 여학생 지원자가 있었다. 그녀는 중국 역사를 공부하기 위해 중국어를 배우겠다고 말했다. 시골 출신의 여학생이 상당히 이례적인 전공을 신청한 것이었다. 우리는 왜 중국 역사를 공부하고 싶으냐고 물었다. 그녀는 중국에 매료되어 중국에 대해 구할 수 있는 책들을 닥치는 대로 읽었고, 중국 역사와 문화에 대해서도 그녀가 찾을 수 있는 자료들을 섭렵했다고 말했다. 그리고 이제 대학에 진학해서 중국어를 배운 후 중국 역사에 대해 진지하게 학문적으로 공부하겠다는 포부를 가지고 있었다.

중국어와 중국 역사에 대해 어느 정도 알고 있던 동료 교수는 그녀에게 관련된 질문을 던졌다. 하지만 나는 중국어와 중국 역사에 문외한이었다. 내 차례가 왔을 때 나는 역사에 대해 일상적인 질문을 했다. "중국 역사에 관심이 있다고 했죠? 고대, 중세 혹은 현대 역사 중 어느 분야에 관심 있나요?" 여학생은 잠깐 생각에 잠긴 후 말했다. "교수님, 중국 역사에서 고대, 중세, 현대가 무엇을 의미하는지 설명해주시면, 저도 답을 할 수 있을 것 같습니다."

매우 지적인 답변이었다. 인터뷰라는 상황을 고려하면 용기 있고 대범한 답변이었다. 우리는 그녀의 입학을 결정했으나 불행하게도 그녀는 입학하지 않았다. 아마도 다른 대학에서 더 좋은 조건을 제시했거나 그처럼 바보 같은 질문을 해대는 교수들이 있는 대학에 오고 싶지 않았을 수도 있다. 그럼에도 그녀의 답변은 내 뇌리를 떠나지 않았고, 나 자신의 역사에 대한 접근법을 재평가하는 계기가 됐다. 중국 역사뿐 아니라 이슬람 역사도 유사한 방식으로 재고할 필요가 있었다.

런던을 떠나다

1974년 미국으로 떠나기 전 영국에서의 마지막 2년 동안 내 삶은 고달팠다. '고통스러운'이라는 단어를 쓴다 해도 지나치지 않을 것이다. 결혼생활의 파탄은 일상생활의 모든 부분에 악영향을 주었다. 학부생을 가르치고 대학원생의 논문을 지도하는 직업상의 의무만을 겨우 감당할 수 있었다. 새로운 역사 연구 프로젝트를 수행할 에너지도 의지도 모두 상실했다. 당시에는 연구도 집필도 할 엄두를 내지 못했다.

구렁텅이에서 나를 구원한 것은 미국 출판사 하퍼 앤드 로^{Harper & Row}에서 날아온 편지 한 통이었다. 중동의 원어 자료들을 영어로 번역한 원고를 정리해 중세 중동 역사서 한 권을 편집할 의향이 있는지 묻는 내용이었다. 당시 내가 모든 것을 잊고 집중해서 할 수 있는 바로 그런 일이었다. 나는 즉각 동의했다. 읽고 편집하는 작업은 복잡한 정신 상태에서도 할 수 있을 것 같았다.

내가 해야 할 일은 이미 출판된 번역물들에서 발췌한 원고를 편집하는 것이었다. 중동 역사에 관해 이미 상당한 자료들이 영어로 번역, 출판되어 있었다. 하지만 주제와 스타일이 너무 다양해서 이들 자료를 역사적 흐름에 따라 정리할 필요가 있었다. 원문 자료를 통해 중동 역사를 이해할 수 있는 단행본을 학생들에게 제공하자는 것이 출판사의 구상이었다. 그리고 출판사가 지적한 바와 같이 이는 어찌 보면 단순한 작업이었다. 자료를 모아 자르고 붙이기만 하면 됐다. 상당히 쉽고 빠르게 진행될 수 있는 일이라는 생각으로 나는 일을 당장 시작하기로 결정했다.

그러나 이러한 예상은 빗나가고 말았다. 자료를 구하는 것은 어렵지 않았다. 아랍어와 다른 중동어로 된 자료를 번역한 영어 자료는 정말 많았다. 그러나 번역본은 스타일, 성격, 관심분야, 그리고 가장 중요한 정확도에서 천차만별이었다. 필연적으로 번역은 번역자의 기호와 관심, 투입할 수 있는 시간, 그리고 목표 독자층을 반영할 수밖에 없다. 따라서 역사가에게는 아주 중요한 부분이 생략되어버리는 경우도 많다. 이처럼 다른 기준으로 출판된 번역 자료들을 단순히 모아놓는다면,

번역가들의 대표 선집이 될 수는 있겠지만 중세 이슬람 역사나 문명에 대한 전문가들의 선집이 될 수는 없다.

번역은 그 자체가 예술이라고 할 수 있기 때문에 동시대의 관용구가 삽입될 수밖에 없다. 그러나 역사적인 글을 번역할 때에는 지나치게 시대를 반영해서는 안 된다. 역사의 맛을 버려가면서 삐걱대는 현대적 관용구를 사용해서는 안 된다. 나 같으면 중세의 자료를 현대의 속어와 구어를 사용해서 영어로 번역하는 짓은 절대 하지 않을 것이다. 그러나 지나치게 고어를 사용하면서 고풍 효과를 재현하려고도 하지 않을 것이다. 중세 학자들이 집필한 글이라면, 당시에는 상당히 동시대적인 표현을 사용했을 것이기 때문이다. 어쨌든 번역의 첫 번째 과제는 원문이 무엇을 의미하는지를 파악하는 것이다. 두 번째 과제는 보다 어려운 것으로 문학적 수준을 유지하는 것이다. 원문의 스타일, 표현 방법 등을 영어 번역문에서도 어느 정도는 보존해야 한다.

나는 이미 수집된 영어 번역본 자료들에서 잘라내기와 붙여넣기로 보충하면서 편집 작업을 시작했다. 그러던 중 기존의 자료를 아예 버리고 다시 새롭게 모든 작업을 시작하기로 결정했다. 중요하다고 판단되는 자료들이 늘어나기 시작했다. 출판사는 원래 한 권의 단행본을 요청했으나, 내가 다시 수집한 자료는 한 권에 담기에는 너무나 많았다. 출판사는 내 요청을 받아들여 두 권으로 나눠 출판하는 것을 허용했다.

두 권으로 구성된 결과물은 아랍어, 페르시아어, 터키어, 히브리어 원문 자료에서 영어로 번역된 글들로부터 발췌한 문서들과 필수적인 설명 주석으로 구성됐다. 제1권은 정치와 전쟁을 다루었고 제2권은 종교와 사회에 대한 내용이었다. 두 권의 단행본은 《이슬람, 선지자 무함마드에서 콘스탄티노플 몰락까지Islam, from the Prophet Muhammad to the Capture of Constantinople》라는 제목으로 출판됐다.

책은 베스트셀러가 되지는 못했지만 꾸준히 팔렸다. 후에 옥스퍼드대학교출판사에서 페이퍼백으로도 출판됐다. 중동과 관련한 내 저서들 중에서 아마도 이 책은 가장 자주 인용된 자료일 것이다. 이유는 명백하다. 중동 사람들이 자신들과 자신들의 역사를 언급한 것에 이렇게 쉽고 풍부하게 접근하기는 어렵기 때문이다.

프린스턴대학교에서 함께 강의하고 연구한 동료 교수 찰스 이사위Charles Issawi는 종종 곤란한 질문을 던지곤 했다. "당신 책들 중에서 수백 년 후에도 사람들이 가장 많이 읽을 거라고 생각하는 책이 어떤 건가요?" 만약 그럴 수준이 되는 책을 선택하라면, 나는 바로 이 두 권의 단행본을 주저없이 고르겠다.

런던에서 보낸 마지막 해에 결혼생활이 정리되고 있었다. 내 아내와 SOAS의 한 동료 교수가 부적절한 관계를 맺은 것이 이혼의 가장 큰 이유였다. 당시 언론에서도 이 사건을 다루었다. 그해 미국에서 온 한 객원교수가 있었는데, 한번은 그와 이야기를 나눌 기회가 있었다. 그는 내게 말했다. "대학 동료들이 정말로 신사들이더군요." 나는 물었다. "그렇지요. 그런데 왜 갑자기 그런 말씀을 하십니까?" 그는 이유를 설명했다. "당신의 이혼 이야기를 들었습니다. 그래서 동료 교수들에게 그 이야기를 해보려고 했는데, 누구도 그에 대해 한마디도 하지 않더군요. 그 이야기를 꺼낼 때마다 그들은 주제를 바꾸거나 자리를 피해버렸습니다. 정말로 신사들입니다." 나는 내 동료들이 정말로 그랬을 것이라고 믿고, 그들에게 상당히 고마워하고 있다.

같은 해에 SOAS에는 프린스턴대학교에서 온 다른 객원교수 아브롬 우도비치Avrom Udovitch도 있었다. 그는 한 해 동안 내가 겪었던 고통을 옆에서 지켜보았다. 이혼이 최종 결정되던 날 내가 세 통의 전보를 받도록 모든 것을 조율한 인물이 바로 우도비치 교수였다. 첫 번째 전보는 프린스턴대학교 근동학과 학과장이 보낸 것으로 내게 학과주임을 제안하는 것이었다. 두 번째 전보는 프린스턴 고등학술연구소Institute for Advanced Studies(사학을 전문으로 하는 연구소-옮긴이) 소장이 나를 연구소 위원으로 위촉하는 것이었다. 마지막 전보는 프린스턴대학교 총장이 보낸 것으로 위의 두 제안을 수락해달라는 공문이었다. 한 대학 내에서 두 개의 기관이 이처럼 공조해 초청하는 것은 유일무이한 사례였다. 두 기관은 서로 독립적인 곳들로 공통점이 있다면 같은 대학에 소속된 것뿐이었다.

1974년 런던을 떠나 프린스턴으로 향하기 전 몇 달 동안 나는 오랜 친구이자 동료인 타키 바티키오티스Taki Vatikiotis와 함께 자주 시간을 보냈다. 그는 프린스턴에서 런던으로 자리를 옮긴 학자였기에 서로 교환할 정보와 충고가 많았다. 그가 한 말들 중에서 한 가지가 특별히 기억에 남는다. "여기 런던에는 자네의 친구들이 여럿 있을 것이네. 하지만 프린스턴에는 동료, 이웃 그리고 특별한 경우 동맹관계의 지지자들만 있을 뿐이지. 그곳에서는 이곳 런던에서처럼 자네가 생각하는 친구를 갖지 못할 것이네."

대서양을 건너

1974년은 아주 새로운 해였다. 고통스런 이혼 과정이 끝나고 나는 조국과 기존의 직장과 삶을 떠났다. 그리고 뉴저지New Jersey의 프린스턴에 도착했다. 새로운 국가, 두 개의 새로운 직장, 새로운 삶, 새로운 집, 새로운 연인이 생겼다.

　프린스턴에 도착할 즈음 내 재정 상태는 엉망이었다. 내 변호사와 당시 아내의 변호사는 위자료를 연금식이 아닌 일시금으로 지급하는 것이 서로에게 유리하다고 합의했다. 그 합의에 따르긴 했지만 큰돈을 지급해야 했기 때문에 대출을 많이 받아야 했다. 결과적으로 나는 무일푼이 됐고 빚만 잔뜩 졌다. 따라서 런던에서 프린스턴으로 이사할 때 수중에 거의 돈이 없었고, 영국을 떠날 때 가지고 나갈 수 있는 파운드화의 상한선에도 한참 못 미치는 돈밖에 없었다. 이런 상황에서 나를 구해준 것은 프린스턴대학교의 회계연도가 7월에 시작한다는 사실이었다. 학기가 시작하는 9월에 프린스턴에 도착했기 때문에, 두 달 치 월

급이 나를 기다리고 있었다. 이후 내 재정상황은 주로 강의료와 인세 덕분에 점차 나아지기 시작했다.

프린스턴 정착 초기에 재정상황을 안정시키는 데 크게 기여한 또 하나의 요인이 있었다. 놀랍게도 이스라엘 기술연구소인 하이파 테크니언Haifa Technion이 수여하는 하비상Harvey Prize을 수상하게 된 것이다. 상금은 3만 달러로, 그중 3분의 1을 멕시코 여행에 썼다. 또 3분의 1은 주식 시장에 투자했고, 나머지 3분의 1은 집을 확장 수리하는 데 지출했다. 결과적으로 이 마지막 선택이 가장 가치 있는 것이 됐다. 나는 가장 큰 침실을 서재로 리모델링했다. 1만 5,000권에 달하는 소장 서적들을 정리하기 위한 책장들이 서재의 벽을 채웠다. 공간이 부족해 지하실도 서재로 개조한 후 나머지 책들을 그곳에 만든 선반들에 보관했다.

소도시 프린스턴에 내가 적응하는 데 가장 큰 도움을 준 것은 새로운 여성과의 관계였다. 영국을 떠나기 직전에 시작된 새로운 관계였다. 1974년 초 이란 대사관이 주최한 연회에서 나는 터키 귀족 출신의 여성을 만났다. 당시 그녀는 런던에 잠깐 체류하던 중이었다. 우리는 첫눈에 반했고 같은 해 내가 중동을 방문할 때 본격적인 만남을 시작했다. 이혼 후에도 전처는 우리의 결혼이 파국을 맞게 된 것은 이 터키 여성 때문이라고 주장했다. 그러나 이는 근거 없는 주장이다. 그녀와의 첫 만남은 이혼 재판 날짜가 잡힌 이후였다. 이혼이 완전히 결정된 뒤에야 우리의 관계는 본격적으로 발전하기 시작했다. 이혼 이후 우리의 관계는 빠르게 깊어졌고, 내가 미국으로 이주할 즈음 그녀는 나와 같이 미국으로 갈 의향을 내비쳤다. 그래서 학교에 커플 숙소를 요청했고 거처가 마련된 뒤 동거를 시작했다.

결혼이 산산조각 난 뒤 이 여성은 소위 말해서 나를 재건하는 데 헌신적으로 기여했다. 그녀는 내 인생과 나 자신에 대한 자신감을 회복시켜주었다. 나를 과거의 정열적인 모습으로 되돌려놓았고, 이 점에 나는 정말 깊이 감사한다. 또한 내가 프린스턴 사회에 성공적으로 적응하게끔 큰 도움을 주었다. 그녀는 지인들을 초청해 성대한 연회를 자주 직접 마련했다. 또 하나 예상치 못한 보너스는 눈에 띄게 좋아진 내 터키어 실력이었다.

시간이 지나면서 우리는 우리의 관계에 대해 서로 다른 시각을 가지고 있음을 알게 됐고, 10년 후 관계를 정리하기로 합의했다. 그녀는 터키로 돌아갔으나 우리는 여전히 친구로 남았다.

이혼 당시 전처와 나는 우리가 살던 집과 가재를 나누기로 합의했다. 집은 담보 대출이 많았고, 집을 팔아 대출을 갚고 나면 남는 돈이 거의 없었으므로 별 문제가 안 됐다. 가재도구를 어떻게 분할할지가 어려운 문제였다. 나는 미국으로 이주했고 전처는 런던에 남았기 때문에 가구 대부분은 전처에게 돌아갔다. 나는 다른 부분에서 보상을 받았는데, 이때 딸 멜라니의 역할이 컸다. 멜라니는 당시 의사와 결혼했고, 사위가 미국의 병원에 직장을 구해서 미국으로 건너갈 준비를 하고 있었다. 딸은 내가 카펫을 가져야 한다고 중재했다. 카펫들은 터키, 이란, 아프가니스탄 및 다른 중동 국가들에서 가져온 것들로, 멜라니는 이 카펫들이 "아버지가 누구인지 그리고 무슨 일을 하는지 상징적으로 보여주는 것"이라고 강조했다. 전처도 딸의 주장에 동의했다. 하지만 이후 전처와 멜라니 사이에는 불편한 긴장이 감돌았다.

결국 미국에 올 때 카펫과 그림만 잔뜩 가지고 왔을 뿐 가구는 하나도 없었다. 나는 집에 가구를 채워 넣을 준비를 했다. 이 과정에서 아주 우연한 행운이 따랐다. 미국으로 이주하기 몇 주 전 사전조사차 짧게 프린스턴을 방문했는데 그때 대학 동료이자 이웃인 한 교수에게서 저녁 초대를 받았다. 그리고 그의 집에 있는 우아하고 아름다운 가구에 매료되고 말았다. 그는 그것들이 일본계 미국인 장인 조지 나카시마 George Nakashima의 공예품이라고 말해주었다. 나카시마는 프린스턴에서 그리 멀지 않은 펜실베이니아 주 뉴호프New Hope라는 곳에서 공방을 운영하고 있었다. 나중에 프린스턴에 도착해서 가장 먼저 한 일은 나카시마와 연락하고 그의 공방을 방문한 일이었다.

나카시마의 사업 방식은 특이했다. 그는 주문받은 가구만 제작했다. 손님이 공방을 방문해 만들고 싶은 가구의 종류를 말하면, 그는 그것을 토대로 대략 설계도면을 그리고 공방을 안내하며 유사한 가구를 보여준다. 논의 끝에 손님이 가구의 모양과 크기, 나무의 종류를 최종 결정하면 작업이 시작된다. 이상한 방식이라고 볼 수도 있지만 손님들은 그의 요청을 불평 없이 수락했다. 왜냐하면 만약 손님이 가구를 조금이라도 마음에 들어 하지 않을 경우 나카시마는 전액을 환불해주고 가구를 가져갔기 때문이다.

나도 이런 방식이 낯설었지만 따르기로 했다. 공방을 방문하고 얼마 후 그가 전화로 가격을 말했다. 일반 가구점에서 유사한 제품을 구입했을 때 지불해야 하는 금액과 큰 차이가 없었다. 나는 동의했고 돈을 송

금했다. 몇 주 후 내가 주문한 가구들이 도착했다. 완벽하고 멋지게 만들어진 가구들이었다. 왜 그가 가구제작 및 다른 세공에서 그토록 유명한지 한눈에 알아차릴 수 있었다. 그가 죽은 뒤에도 그의 공방에서 만들어진 가구들은 찬사를 받았고, 높은 가격으로 거래됐다.

내가 런던에서 자랄 당시, 양가 조부모, 삼촌, 고모 및 이모, 사촌 등을 포함한 대가족 식구는 모두 버스로 20분 이내의 거리에 살았다. 하지만 현재 내 가족, 즉 자식, 손자, 증손자는 미국 전역에 흩어져 산다. 미국 내에서도 우리 가족은 모두 다양한 시점에 여러 이유로 거주지를 옮기며 멀리 떨어져 살게 됐다. 이제 우리 가족은 모두 미국식으로 살고, 모든 가족을 직접 만날 수 있는 기회도 극히 드물다. 전화와 이메일로 가끔 소식을 전할 수는 있지만, 가까이 사는 것만큼 기쁨을 가져다주지는 않는다.

프린스턴에서의 삶

나는 프린스턴으로 옮겨온 것을 단 한순간도 후회한 적이 없다. 그와 정반대로, 내 인생 최고의 선택이었고 가장 긍정적인 변화였다고 생각한다. 프린스턴에서 아늑하고 편안한 한적함과 이웃과의 친밀함을 즐겼다. 뉴욕과 워싱턴을 연결하는 통로에 위치했지만 작은 도시 프린스턴은 조용한 곳이었다. 대부분의 건물은 산뜻하고 고풍스러워서 영국에서 막 도착한 사람에게도 익숙한 풍경을 제공했다. 미국의 교육시설 건축은 유럽풍을 따르려 하지만 겉치레에 치중하는 다소 위선적인 모습이다. 그러나 프린스턴의 건축물들은 도시 생성의 역사를 간직하고 있어 각 역사적 단계에서 지어진 건물들의 특색이 잘 나타난다.

프린스턴으로의 이주는 내게 여러 이점을 가져다주었다. 첫째, 자유로운 시간이 많아졌다. 대학과 연구소가 공동으로 나를 고용하면서, 나는 1년에 한 학기만 강의를 하면 됐다. 나머지 시간에는 대학원생의 논문만 지도하면 됐기 때문에 강의 부담이 없었다. 학생의 연구를 지도하는 것은 교수로서의 책임이고, 논문지도는 1년 내내 이어져야 한다. 두 번째 이점은 학사업무로부터의 자유였다. 외국에서 온 새로운 교수에게는 학교행정을 맡기지 않는 것이 일반적인 관례인데, 영국에서 수십 년 동안 관여해온 행정업무를 벗어나게 된 것은 큰 기쁨이었다. 솔직히 말하면 나는 행정업무에 소질이 없었다. 내가 그 분야에 관심이 있었다면, 큰돈을 벌기 위해 사업에 뛰어들었거나 막강한 권력을 추구하는 정치인이 되었을 것이다. 돈도 권력도 실질적으로 존재하지 않는 대학 교육과 연구에 오랫동안 종사해왔지만, 그럼에도 학자의 삶이 주는 독특한 만족이 상당히 매력적이라고 생각한다.

또 다른 이점은 프린스턴이 살기 좋은 곳이고 프린스턴대학교가 강의하기 좋은 곳이라는 사실이다. 아주 높은 학문적 수준, 대학의 재정 능력, 학생의 성취도, 동료 교수들의 상냥함, 이 모든 것들을 갖춘 대학이 바로 프린스턴이다. 프린스턴에서 나는 강의 방식을 바꾸어야 했다. 영국의 지적 담론에서는 일반적으로 허용되는 소소한 역설irony이 미국에서는 용납되지 않았다. 역설은 완벽하게 이해되지 않거나 다른 뜻으로 해석되곤 했다. 학자와 학생들은 이런 역설을 알려고 하지 않거나,

혹은 대충 수긍은 하지만 그 이유에 대해 확신이 없다는 식의 반응을 보였다. 반면 나를 포함한 상당수 영국 학자들은 역설이 없는 것은 소금과 후추 없이 요리를 하는 것과 같다고 생각한다. 마지막 이점은 강의와 연구의 하부구조가 잘 조직되어 있다는 점이다. 예를 들면 도서관에서 책을 찾아다주는 등의 일을 돕는 조교가 있었다. 영국 대학에서는 교수들이 직접 도서관에 가서 책을 찾아오는 게 관례로, 미국의 이 시스템은 당시 거의 찾아보기 힘든 시스템이었다. 이런 것들은 내 시간을 많이 아껴주었다.

다른 중요한 변화도 있었다. 적어도 신체상으로는 본격적으로 노화가 시작되어서 더 이상의 자료 수집은 중단하기로 결정했다. 연구자로서, 교수로서, 한 명의 독자로서 나는 연구와 공부를 하는 기간 내내 관심 있는 분야의 자료들을 수집해 쌓아놓았다. 필요한 자료들을 접할 때마다 메모를 적어 관련 파일에 끼워 넣었다. 그런데 프린스턴에서 새로운 삶을 살기 시작하면서 이 작업을 중단하고, 이제는 수십 년 동안 수집한 이 자료들을 하나하나 꺼내보는 일을 시작했다. 본격적으로 자료들을 정리하고 분류해 단행본으로 출판하기 위해서였다. 바로 이것이 내가 은퇴 이후에도 경이로울 정도로 많은 책을 집필할 수 있게 된 배경이다. 은퇴 이후 15권의 단행본을 출판했는데, 이는 교수로 재직하면서 집필한 책보다 더 많은 수다.

역사가를 포함한 학자들은 주로 두 부류의 책을 쓴다. 첫 번째는 일종의 전문서적으로, 역사학자들은 특정 주제에 대해 전문적인 글을 쓰곤 한다. 주제를 정하고 관련 자료를 읽고 분석한 후 여러 해에 걸쳐 책을 집필한다. 상당수의 역사 전문서적과 학술지에 실리는 대다수의 역사학 관련 논문이 이 부류에 속한다. 다른 젊은 역사가들처럼 나도 한때 이런 부류의 책을 여러 권 집필했다. 하지만 다른 원로 학자들처럼 나 역시 다른 부류의 책도 출판했다. 자신의 역사적 통찰력을 바탕으로 특정 문명이나 시대에 대해 포괄적인 접근법을 서술하는 책들이다. 이 작업은 단순히 관련 자료를 수집해 분석하는 것과는 다르다. 일생 동안 읽고 분석해서 얻고 축적한 통찰력을 글로 풀어내는 것이다.

두 번째 부류의 책은, 1974년 뉴욕의 예시바대학교Yeshiva University가 주최하는 고테스만Gottesman 강연 시리즈에 초청되면서 집필할 기회를 얻게 됐다. 강연과 청중의 성격상 전공 분야의 범주를 벗어나 이론과 실제에서 역사학의 본질을 언급할 수 있는 좋은 기회였다. 물론 내게 친숙한 역사학적 연구 분야에서 사례들을 모아 언급했다. 하지만 역사학 전반을 아우르는 보다 심도 있는 통찰력을 제시하고 큰 틀에서 담론을 이끌어내려고 시도했다. 프린스턴대학교출판사는 이 강연 시리즈 자료와 토론 내용을 모아 1975년《역사의 회상, 복원 그리고 창조History Remembered, Recovered, Invented》라는 단행본을 세상에 내놓았다. 초판 이후 이 책은 당시 큰 인기를 얻었고 여러 번 재판을 거듭했다.

전문서적 집필도 게을리하지 않았다. 무슬림과 유럽의 만남 그리고 이슬람세계의 유대인들을 주제로 두 권의 단행본을 펴냈다. 또한 1,400여 년 동안 종교가 이슬람세계의 정치와 정부에 어떤 영향을 주었는지를 언어적, 역사적으로 다룬《이슬람의 정치적 담론The Political Language of Islam》이라는 단행본도 집필했다. 중동의 인종과 노예제도를 다루는 책도 출판했다.

특정 주제에 대한 여러 전문서적 외에, 나는 또 여러 언어에서 번역됐고 서로 관련이 없을 것 같은 다양한 주제들의 자료를 모아 단행본을 출판했다. 다양한 분야의 자료들이라서 하나의 주제로 책을 펴내기 어려운 것들이었다. 하지만 이러한 자료들의 결합은 흥미로운 다양성을 언급하는《모자이크 중동A Middle East Mosaic》이라는 결과물을 만들어냈다. 이 책에는 바나나를 처음 접한 이탈리아인의 반응, 대서양의 파도를 처음 본 프랑스 주재 터키 외교관의 감회, 서양 여성들의 당혹스런 행동과 사회적 지위에 대한 무슬림들의 묘사 등이 포함되어 있다. 이 단행본은 내가 가장 좋아하는 책 중 하나이며, 이 책에 대한 긍정적인 평가들도 나를 즐겁게 했다. 또한 많은 학자들이 지속적으로 자주 인용하는 책이다. 현지 언어를 공부하지 않아도 혹은 방대한 중동 관련 자료를 읽지 않아도 다양한 주제들에 대한 지식을 얻을 수 있기 때문이다.

유능하고 적극적인 학자들과 학생들을 보유한 프린스턴대학교는 내 학문적 활동을 자극했다. 훌륭한 학문적 환경에 속해 있다는 느낌을 주었고, 또한 대학은 현실 세계와 동시대의 사람들과 교류할 수 있는 기회를 주었다. 특히 새롭게 자라나는 젊은 학자들과의 교류는 중요한 자극제가 됐다. 유일한 불편함은 정규직 교수가 아니라는 점이었다. 따라서 행정적 사안들에 대해 정확히 전달받기가 어려웠다. 소문으로 듣는 말들이 가장 효과적인 정보 수집 방법이었으나, 이런 정보는 때로 늦거나 부정확할 수 있었다.

어느 날 교수 연구실에서 일하고 있는데 중국 역사학 교수가 전화를 해서는, 시간이 되면 자기 연구실에 방문해주겠느냐고 물었다. 그는 내가 관심을 가질 만한 사람이라면서 중국과학원Chinese Academy of Sciences에서 온 한 방문객을 만나주길 바랐다. 그는 터키어 계통의 언어를 구사하는 중국 서부의 무슬림 소수민족 전문가였다. 그런데 의사소통에 문제가 있었다. 중국학자는 영어나 그 외 유럽어를 전혀 몰랐고 나도 중국어를 몰랐다. 동료 교수가 통역을 자처하고 나섰지만 그마저도 쉽지 않았다. 그는 내가 터키어를 한다는 걸 알고 있었기 때문에 소통에 큰 문제가 없을 거라고 생각했다.

그러나 그의 생각이 틀렸다. 중국학자는 중앙아시아 터키어와 다소 유사한 위구르 터키어를 구사했다. 반면 나는 이스탄불 터키어만 할 줄 알았고, 중앙아시아 터키어에는 단편적인 지식만 있었다. 두 언어의 관계는 덴마크어와 노르웨이어 혹은 프랑스어와 포르투갈어의 관계처럼 상당한 거리가 있다. 이러한 어려운 상황이었으나 어쨌든 학자적 자세로 의사소통을 시도했다. 이스탄불 터키어와 중앙아시아 터키어 사이에 발음의 변화를 파악하고 소통 방법을 찾아나갔다. 유사성이 짙은 숫자에서 시작해서 신체 기관의 이름을 비교해가며 발음의 변화를 찾아내고 제한된 주제에 대해서는 나름대로 소통할 수 있는 방식을 만들어냈다. 재미있는 대화도 있었다. 중국학자는 자신이 지금은 존재하지 않는 중국 유대인 공동체 카이펑Kaifeng의 후손이라고 언급했다. 그래서 나는 유대교에 대해 어떤 것을 알고 있는지 물었다. 그는 네 마디로 짧게 대답했다. "하나의 신. 돼지고기 금지."

간단한 표현이 강력한 의미를 전달하는 경우가 많다. 다른 재미있는 예가 있다. 프린스턴대학교에서 가장 저명한 동료 학자들 가운데 사회역사가 로런스 스톤Lawrence Stone 교수가 있었다. 한때 교수회관 식당 직원들이 파업 중이어서, 교수들은 도시락을 싸 가지고 다니거나 차를 타고 시내까지 나가서 점심을 해결해야 했다. 어느 날 스톤 교수 부인이 남편을 위해 닭고기 요리를 싸서 학교에 왔다. 두 사람은 교수회관에 앉아 함께 식사를 했는데, 이 광경을 목격한 한 교수가 농담조로 말했다. "이석일조Two Stones with one bird."

고등학술연구소

미국으로 이주하기 전 고등학술연구소를 방문한 적이 있었다. 런던에서 근무할 당시 고등학술연구소 소장이 전화를 걸어 연구소 업무에 도움이 필요하다며 프린스턴에 와줄 것을 요청했다. 소장은 과거에는 없었던 새로운 연구 분야의 학자를 선발하기 위해 준비 작업을 하고 있었다. 그런데 연구소 내부에서 학자 선발에 대해 반발이 있었고, 소장은 내가 프린스턴을 방문해 그 분야의 학자가 필요함을 설명해달라고 부탁했다. 그의 제안을 수락한 후 대서양을 건너 이틀 만에 돌아오는 왕복항공권을 급히 구했다. 담당 분야의 학자는 어려운 과정을 거쳐 임명됐다. 물론 그는 이런 상황이 있었다는 것을 알지 못했다.

1974년 프린스턴대학교와 고등학술연구소가 공동으로 제시한 정규직 교수 지위로 프린스턴에 왔을 때, 나는 연구소의 구조적인 문제를 보다 잘 이해할 수 있게 됐다. 연구소는 두 부류의 학자들로 구성되어

있었다. 한 부류는 수학자와 물리학자들이었고, 다른 한 부류는 주로
역사학자들이었다. 후에는 사회과학자들도 연구소에 합류했다. 모든
학자에게 널찍한 연구실과 서재, 그리고 필요시 연구보조원이 제공되
었고, 연봉도 상당이 높았다. 연구소는 학자들을 위한 아파트도 보유하
고 있었는데, 연구소와 멀지 않은 곳에 있었고 계약 기간도 꽤 여유가
있었다. 보통 은퇴한 뒤에도 아파트를 계속 사용할 수 있었지만 항상
그렇지는 않았다. 이런 점을 고려할 때 내가 연구소가 아니라 대학에서
숙소를 제공받은 것은 상당히 다행스런 일이었다. 은퇴를 해도 쫓겨날
위험이 없었으니 말이다.

내 경우는 유일무이한 사례로, 프린스턴대학교에서 절반의 비용을
대고 연구소에서 나머지 절반을 지급하는 형태였다. 이러한 이중 임용
덕분에 나는 많은 학문적 활동을 할 수 있는 시간과 환경을 누릴 수 있
었다. 내게는 최상의 조건이었다. 연구소는 여가 시간, 공간, 자유를 주
었는데, 이 셋 중에 제일 좋았던 것은 자유였다. 앞서 언급한 바와 같이
연구소에 다양한 전공이 존재한다는 점은 서로에게 지나친 간섭을 피
할 수 있게 해주었다.

이중 임용의 특혜는 1986년 은퇴 이후에도 이어졌다. 대학은 친절하
게도 캠퍼스 내 연구실을 계속 사용하게 해주었고, 더욱 이례적이고 귀
중한 혜택인 주차 허가증도 내주었다. 사실 나는 연구소 사무실도 계속
사용하고 싶었다. 넓은 서재에 상당히 많은 책들이 보관되어 있었고,
집필 활동을 주로 하던 공간이었기 때문이다. 그러나 연구원 하나가 내
계약이 대학 은퇴와 더불어 종료되어야 한다고 집요하게 주장했다. 결

국 사용하던 사무실을 비워야 했고 이는 상당한 불편을 초래했다. 우선 오래전에 예약된 프랑스 특강을 취소해야 했다. 사무실 퇴거도 쉬운 일이 아니었다. 연구소 사무실 서재에는 1만 5,000여 권에 달하는 서적과 논문들이 있었다. 이 방대한 자료를 옮기기 위해 나는 집에 또 다른 서재를 만드는 공사를 해야 했다. 그런데 사무실을 비워달라고 강력히 주장한 인물은 바로 미국으로 오기 전, 내가 런던에서 프린스턴까지 어렵게 시간을 내서 날아가 연구소 임용을 지지했던 바로 그 학자였다. 그는 그런 사실을 전혀 모르고 있었다.

정치

워싱턴 정계와의 관계는 영국에 거주할 때, 즉 미국으로 이주하는 것을 상상조차 하지 않았을 때로 거슬러 올라간다. 워싱턴 정치인들과는 강연투어차 미국을 방문했을 때 처음 만났다. 당시 워싱턴에서 강대국들의 대중동 정책이라는 주제로 소규모 청중에게 강연을 했는데, 청중 가운데 한 젊은 청년이 있었다. 그는 상원의원 헨리 잭슨Henry M. Jackson의 보좌관 리처드 펄Richard Perle이었다. 강연을 듣고 나서 그는 잭슨 상원의원이 나를 직접 만나 중동에 대한 견해를 듣는 것이 좋겠다고 판단했다. 그는 즉시 만남을 주선했고 얼마 지나지 않아 나는 잭슨 의원을 만나 이야기를 나누었다. 이렇게 시작된 상원의원과의 대화와 친분은 그가 일흔한 살의 나이로 세상을 떠난 1983년까지 이어졌다.

그는 정말 훌륭한 사람이었다. 그를 개인적으로 안다는 것 자체가 영광이었다. 그는 정치인politician 가운데 극소수에게만 해당되는 진정한 정치가statesman였다. 확고하고 순수한 강직함을 지닌 애국자이자 신사였다. 그와 여러 차례 만났는데, 그중에 기억이 생생한 한 사건이 있다. 1976년 대통령 예비선거 기간에 발생한 사건이었다. 잭슨 의원은 민주당 경선에 참여했고 이미 매사추세츠와 뉴욕에서 승리를 거머쥔 상태였다. 뉴욕에서 그와 만나 얘기를 하던 중 그가 안타까운 심정을 토로했다. 그는 승기를 잡았으나 경선에서 사퇴를 결심했는데, 이유는 간단했다. 선거자금이 떨어졌기 때문이었다. 지나치게 청렴한 그는 항상 정치자금을 모으는 데 어려움을 겪어왔다. 선거 캠페인 기간 중 일상적으로 있는 기업과의 '거래'에도 그는 전혀 관심이 없었다. 다음 결전 장소는 펜실베이니아였다. 이미 여러 언론기관의 여론 조사에서 그가 우위를 차지하던 곳이었다. 그러나 그는 모든 것을 경쟁 상대인 지미 카터Jimmy Carter에게 넘겼다. 카터는 막대한 정치자금을 가지고 선거운동을 벌이던 경쟁자였다. 만약 잭슨 의원이 민주당 후보로 선출되고 궁극적으로 대통령이 됐다면 미국과 세계 역사는 다른 방향으로 흘러갔을 수도 있다.

그의 청렴함은 나를 자주 감동시켰다. 또 다른 사례가 있다. 모든 상원의원들이 강연으로 거둬들인 수입을 공개해야 하는 규정이 생겼다. 이때 돈 문제에서는 최고의 양심을 지닌 잭슨 의원의 행동이 만천하에 알려졌다. 새로운 규정에 따라 잭슨 의원도 여러 해 동안 자신이 벌어들인 강연료를 공개했는데, 그의 강연료는 전부 재단에 이체되어 있었다. 어려운 학생들에게 장학금을 주는 재단이었다. 두 가지 점이 사람들을 놀라게 했다. 첫째, 상원에서 강연료 수입을 직위를 이용한 부적절한 수입이라는 결론을 내기 훨씬 이전에 그는 이미 그런 기준을 가지고 있었다. 그는 재단의 자금을 개인적으로 이용한 적이 없었다. 둘째, 더욱 놀라운 것은 오랫동안 그가 원칙을 정하고 실행했던 이런 행동을 누구에게도 알리지 않았다는 점이다. 이는 상원의 규정이 공표된 이후 세상에 알려졌다.

잭슨 상원의원은 내 학문적 견해에 감명을 받았던 것 같다. 그래서 여러 차례 상원위원회에 나와 증언해줄 것을 요청했다. 위원회에서 내가 질문에 답변한 내용들은 상원 회의록으로 출판됐다. 잭슨 의원과의 관계는 1983년 그가 사망한 이후에도 한동안 지속됐다. 나는 수차례 여러 위원회에서 증언했고, 상원 내 여러 소규모 그룹들에 초청되어 의견을 개진했다.

1970년대 후반 잭슨 의원은 대통령직이 공화당에 넘어갈까 봐 크게 우려했다. 따라서 민주당이 전세를 역전시키기 위해 무언가 특별한 조치를 취해야 한다고 했다. 그는 에드워드 케네디^{Edward Kennedy} 상원의원을 내세우자고 주장했다. 물론 케네디 의원이 부족한 점이 많았지만, 가르치고 준비시키면 된다고 믿었다. 잭슨 의원은 케네디 관저에서 모임을 주선했고, 케네디 의원은 물론 여러 전문가들과 선거 참모들이 참석했다. 나도 그들 중 한 명이었다. 비공식 만찬이었으므로 모든 것이 오프더레코드^{off-the-record}였다. 그 자리에서 우리는 미국의 외교정책에 대해 진지하게 토의했다. 케네디 의원이 사회를 보고 우리는 테이블에 둘러앉았다. 진지하고 적극적인 토론이 이어졌으나 케네디 의원은 의사 진행발언 외에는 대부분 침묵했다.

며칠 후 나는 언론의 질문공세를 받았다. 이란에 대해 내가 일반적으로 언급한 내용들도 있었지만 특히 이란 국왕(샤Shah, 혁명 이전 이란 지도자의 칭호-옮긴이) 역할에 대한 질문들이었다. 수소문한 결과 논란이 되었던 발언은 케네디 상원의원이 육군사관학교에서 언급한 내용임을 알아냈다. 그는 자신의 발언이 논란거리가 되자, 내게서 들은 말이라고 기자들에게 답한 것이었다. 정말 부적절한 처신이었다. 우선 사적인 모임에서 있었던 대화를 공개한 것이 잘못이다. 그리고 더욱 잘못된 것은 인용 자체도 정확하지 않았다는 것이다. 잭슨 의원에게 전화를 걸었더니 그도 역시 분노하고 있었다. 그는 케네디 의원 사무실에 연락해서 발언 철회 조치를 내리게 하면서 사태를 마무리지었다. 다행히 이후 어느 누구도 이 논란을 다시 언급하지는 않았다.

1970년대 초 나는 이란에 있었는데, 케네디 상원의원과는 이때 이란에서 다시 한 번 만났다. 한 만찬에서 우연히 함께 자리한 것이다. 케네디 의원은 사전 통보도 없이 이란을 방문했고, 이란 국왕은 이를 상당히 불쾌해했다. 미국 대통령 가문 출신인 케네디 상원의원의 방문은 국빈방문이어야 하며 이를 위해 여러 적절한 조치들을 취해야 한다. 따라서 국왕은 사전에 공식적인 통보가 있어야 했다고 생각했다. 국왕은 불쾌했지만 귀빈의 방문을 환영하는 행사를 추진하기로 결정했다. 그는 이 문제를 이란의 전통적인 외교 방식으로 처리하기로 결심했다. 예우를 갖추는 동시에 간접적으로 모욕을 주는 미묘한 방식이었다. 국왕은 왕궁에서 공식만찬을 열었으나 정작 본인은 참석하지 않았다. 대신 아직 10대인 어린 손녀딸이 만찬을 주재하도록 했다. 이란의 시각에서 본다면 이런 손님 접대는 분명한 메시지가 있는 것이었다. 그러나 케네디 상원의원은 만찬에 아주 만족해했다. 아마도 국왕이 직접 참석한 것보다 10대 소녀가 참석한 것이 더 즐거워웠던 것 같다.

나도 그 만찬에 초대됐다. 왕궁에서 차량과 기사를 보내주었는데, 왕궁의 의전차량과 기사가 숙소에서 왕궁까지 나를 데려간 것은 상당히 이례적이고 즐거운 경험이었다. 왕궁 차량을 운전하는 기사는 모든 교통 규칙을 무시할 수 있었다. 반대편 차선으로 달리고, 신호를 무시하고, 교차로를 마음대로 지나고, 속도제한도 받지 않았다. 좀 아찔한 경험이었지만 어쨌든 안전하게 목적지에 도착했다. 상원의원은 자신이 모욕당하고 있다는 걸 전혀 모른 채 만찬을 한껏 즐기고 있었다. 오히려 이란 정부가 자신을 극진히 대접했다고 믿고 있었다.

이란 국왕

1971년 10월 나는 런던 주재 이란 대사관으로부터 한 초청장을 받고 상당히 기뻐했다. 페르시아제국 건설 2,500주년을 기념하는 최고급 기념식에 초청받은 것이었다. 이란에서는 최대 국가 행사로, 2,500년 전 사이러스 대제Cyrus the Great가 당시 세계에서 가장 큰 제국을 건설한 것을 기리는 행사였다. 헬리콥터로 페르세폴리스Persepolis에 도착한 이란 국왕은 전 세계에서 초청된 거물급 인사들 앞에 놓은 높은 연단에 섰다. 그리고 사이러스 대제의 무덤을 향해 그를 기리는 연설을 했다. 그의 연설은 의미심장한 말로 끝이 났다. "오, 위대한 사이러스 대제여, 편안히 쉬시길 기원합니다. 그러나 우리는 깨어 있을 것입니다."

1979년 이슬람혁명이 발발하기 한 해 전 나는 왕궁에서 그를 다시 만났다. 그는 거대한 서재의 한 끝에 놓인 책상에 앉아 있었다. 아마도 무솔리니에게서 배운 술수라고 생각했다. 자신을 알현하려는 방문자가 위압적인 분위기 속에서 한참을 걷게 만드는 것이다. 내가 그의 곁에 다가섰을 때 그의 첫 질문에 날이 서려 있었다. "왜 그들이 나를 계속 공격하는가?" 나는 그가 무슨 말을 하고 있는지 전혀 감을 잡을 수 없었다. 나는 정중하게 물었다. "누구를 말씀하시는지요, 폐하." 그러자 그가 서양의 주요 신문들 이름을 또박또박 언급했다. "〈뉴욕타임스〉, 〈워싱턴포스트〉, 〈런던타임스〉, 〈맨체스터가디언〉, 〈르몽드〉. 이 이상한 다섯 자매가 서양의 파멸을 가져올 춤을 추고 있지 않는가. 왜 그들은 내가 이 중동 지역에서 서양 국가들에게 최고의 친구라는 점을 인식하지 못하지? 왜 나를 이렇게 비난하는 거지?"

갑자기 장난기 섞인 답이 생각나서 말했다. "글쎄요. 폐하께서는 서양의 외교정책이 마르크스의 원칙에 따라 움직인다는 것을 기억하셔야 합니다." 국왕이 무슨 말인지 몰라 눈을 크게 뜨자 나는 설명했다. "칼 마르크스가 아니라 그루초 마르크스Groucho Marx(미국의 유명한 코미디언으로 4형제 모두가 희극배우로 활동함-옮긴이) 말입니다. 마르크스 형제들이 등장하는 영화를 보셨죠?" "당연하지." 나는 계속해서 설명했다. "이 장면 기억하시나요? 그루초가 나는 나를 회원으로 가입시키려는 클럽에는 절대 회원으로 가입하지 않을 거라고 말하는 장면입니다. 바로 그런 것이 서양의 외교정책입니다. 우리는 우호적인 관계를 추구하는 국가에 대해서는 전혀 걱정하지 않습니다. 반대로 우리와 적이 되려는 국가들에게 큰 관심을 가지고 대응하지요." 국왕은 그제야 상황을 완벽하게 이해했다고 말했다.

국왕과 대화를 나누기 전날 몇몇 이란 친구들과 점심 식사를 했다. 한 친구가 국왕의 손녀딸이 프린스턴대학교 학부생이라며 그곳에서 잘 지내고 있느냐고 물었다. 나는 답했다. "나는 전혀 아는 바가 없는데. 단 한 번도 내 수업을 들은 적이 없고, 내가 아는 한 그녀는 역사학과 근처에도 오지 않은 것 같아. 그리고 프린스턴대학교에 다니는 학생들에 대해 내가 다 알 수는 없지." 친구는 내가 다음 날 아침 국왕과 만난다는 걸 알고 있었기 때문에 나를 위해 그런 말을 한 것이었다. 그리고 내가 프린스턴에서 왔기 때문에 국왕이 자신의 손녀딸에 대해 물어볼 가능성이 크다는 것을 간접적으로 귀띔해준 것이었다. 그리고 그는 말했다. "만약 지금 나한테 대답한 것처럼 국왕에게 말한다면 별로 좋은 인상을 주지는 못할 거야." 나는 그의 말을 받아쳤다. "아니 그럼 내가 어떻게 답을 해야 하지? 나는 국왕의 손녀딸이 어떻게 지내는지 전혀 모르고 한 번도 본 적이 없는데." 그러자 그는 전화기를 가리켰다. 국왕의 정책 덕분에 이제 이란에서도 미국으로 직통전화를 할 수 있다고 그는 설명했다. "프린스턴에 전화해서 알아보는 것이 어때?"

우연히 다행스럽게도 프린스턴대학교의 외국인 학생 담당자가 친한 친구의 부인이었다. 나는 담당자와 그의 전화번호까지 알고 있었다. 바로 저명한 경제사학자인 찰스 이사위의 부인 자니나 이사위Janina Issawi였다. 전화를 걸었더니 자니나가 직접 전화를 받았다. 잠시 동안 이런저런 이야기를 나누었다. 나는 이미 점심 식사를 마친 시간이었지만, 그녀는 아침 식사 중이었다. 가볍게 이야기를 꺼냈다. "저는 지금 테헤란에서 전화를 하고 있습니다." 그녀는 깜짝 놀라더니 어떤 특별한 용건이 있는지 진지하게 물었다. 나는 "그렇다"고 말했다.

나는 상당히 조심스럽게 말을 시작했다. 국제전화는 전부 도청될 거라고 생각했기 때문이다. 나는 말했다. "내가 좀 중요한 사람을 만날 예정인데, 그분의 지인이 우리 대학에 있다고 해서요." 폴란드인의 지혜라고 할까. 그녀는 즉각적으로 상황을 파악했다. 만약 내가 일반적인 미국인하고 이런 이야기를 했다면, 그들은 눈치 없이 "누구를 만난다는 얘긴데? 무슨 얘기를 하는 거야?"라고 되물었을 것이다. 어려운 상황에서 태어났기에 어떠한 상황이라도 한 번 의심하고 넘어가는 그녀의 태도를 미국인들은 잘 이해하지 못할 것이다. 어쨌든 그녀는 상황을 이해했다. 나는 물었다. "그녀가 요즘 어떻게 지냅니까?" 그녀가 답했다. "구제불능이에요. 대학에서 곧 쫓겨날 거예요." "뭐라고요?" 나는 깜짝 놀랐다. 자니나에게서 들은 국왕의 손녀딸 이야기는 충격적이었다. 그녀는 해가 중천에 떠서야 일어나고 오전 수업은 거의 결석으로 일관했다. 나머지 오후 수업들도 공부하러 오는 게 아니라 친구를 만나러 온 것처럼 행동했고 공부에는 전혀 관심이 없었다. 몇 차례 학사경고를 받았지만, 조금도 달라지지 않았다. 그래서 대학은 그녀를 퇴교 조치하는 것으로 결론을 내렸다.

나는 그녀에게 부탁했다. "내가 프린스턴에 돌아갈 때까지 퇴교 조치를 한 학기만 미룰 수 없습니까?" 그녀가 답했다. "이미 결정된 사안이에요. 바꾸기가 어려워요." 나는 시도라도 해봐달라고 간청했다. 그러자 그녀는 한 시간 후 다시 전화를 달라고 말했다. 내가 다시 전화를 걸자 그녀는 한 시간 동안 자신이 한 일을 설명했다. 그녀는 서류를 들고 국왕 손녀딸이 속한 학과로 찾아가 학과장과 이야기를 나누었다. 학과장은 이 사안을 학장에게 가져갔고 학장은 다시 총장에게 검토를 요청했다. 하지만 모든 담당자는 이미 결정된 사안에 맞서기를 원하지 않았다. 그렇지만 자니나는 여기서 포기하지 않고 한 번 더 노력해보겠다며 30분 후에 다시 전화를 달라고 말했다. 내가 전화를 걸었을 때 자니나는 기쁨에 차서 총장의 최종 유예 승인을 받았다고 흥분하며 말했다. 국왕의 손녀딸은 한 학기를 더 다닐 수 있게 됐다. 그러나 정신을 차리고 열심히 하지 않을 경우, 퇴교 조치가 실행될 예정이었다. 나는 크게 안도했고 자니나에게 고마움을 표했다. 다음 날 나는 국왕을 만났다. 오전 내내 거의 세 시간 동안 그와 이야기를 나누며 시간을 보냈지만 국왕은 손녀딸에 대해 전혀 물어보지 않았다. 아마 큰 관심이 없었을 수도 있었지만, 나와 자니나의 전화통화 내용을 도청해서 이미 다 알고 있었을 가능성이 크다고 생각한다.

이러한 내 노력은 좋은 결과를 가져왔다. 우선 퇴교 조치가 내려질 것이라는 심각한 경고를 받은 후 국왕의 손녀딸은 달라졌다. 공부를 시작했고 학교에 머물 수 있게 되었으며 궁극적으로는 우수한 성적으로 졸업했다. 해피엔딩으로 대학생활을 마무리했으나 이듬해 본국에서 이슬람혁명이 발생했다. 만약 그녀가 퇴교 조치를 당해 이란으로 돌아갔다면 왕족의 일원으로서 큰 봉변을 당했을 것이다. 하지만 혁명이 진행되는 동안 그녀는 프린스턴에 있었다. 물론 그녀의 삶은 크게 변했다. 경호원도 없어지고 왕족의 지위에서 받은 다른 처우도 모두 사라졌다. 이란혁명 정부의 눈에는 그녀도 '악마의 손녀딸'이었다. 이란 국왕은 이란 내 지식인들 사이에서는 지탄의 대상이었기 때문에 절대다수의 사람들이 실제로 혁명을 지지했다. 그러나 이란의 새로운 이슬람 지도부가 국왕보다 더 숨 막히는 정치를 할 것임을 사람들은 인식하지 못했다. 이후 국왕의 손녀딸은 용기 있고 품위 있게 이란의 새로운 이슬람혁명 지도부에 맞섰다.

국왕의 손녀딸이 프린스턴을 졸업하게끔 내가 기울인 노력은 또 다른 좋은 결과를 가져왔다. 그녀의 아버지가 커다란 철갑상어 알caviar 통조림을 보내준 것이다.

아들의 미국 이주

1972년 내 아들 마이클이 고등학교를 졸업할 무렵 나는 예루살렘에 사는 친구로부터 편지를 받았다. 자신의 아들이 군복무차 입대하는 바람에 집에 비는 방이 생겼다는 내용이었다. 친구는 마이클이 긴 방학 기간을 이용해 한 달간 자신의 집에 머물도록 하자고 제안했다. 마이클은 즉시 동의하고 예루살렘으로 향했다. 그런데 한 달 후 나는 마이클로부터 예루살렘에 더 머물고 싶다는 편지를 받았다. 그러나 내 친구 집에 계속 머무는 것은 부담스러우니, 키부츠kibbutz(이스라엘의 집단 생활공동체-옮긴이)에서 한동안 생활하겠다고 말했다. 마이클의 말에 따르면 임시회원 자격으로 키부츠에 거주하는 최소단위 기간은 석 달이었다. 마이클은 그 조건을 받아들였다. 영국으로 돌아오는 것이 계속 미뤄졌다. 석 달이 지난 이후에도 마치 크파르 블룸Kfar Blum 키부츠에서 영원히 살 것처럼 마이클은 돌아올 생각을 안 했다. 그곳에서 마이클은 클리블랜드에서 여름 봉사대원으로 온 제시카를 만났다. 둘은 결혼했고 이후 마이클의 삶은 바뀌었다. 제시카는 미국으로 가서 대학에 진학하도록 마이클을 설득했고 마이클도 그녀의 조언을 받아들였다. 그는 뉴저지의 러트거스Rutgers주립대학교를 선택했는데, 이 대학을 선택한 이유는 간단했다. 아버지가 뉴저지에 거주하면서 세금을 내고 있기 때문에 학비가 사실상 거의 면제된다는 사실을 마이클은 알고 있던 것이다. 키부츠에서 배운 정신에 따라 아들은 내게 어떠한 학비부담도 주고 싶지 않아 했다. 마이클과 그의 아내 제시카 모두 러트거스대학교를 졸업했고, 이후 마이클은 파이베타카파Phi Beta Kappa(미국의 우수 대학졸업생 모임-옮긴이)의 일원이 됐다. 그리고 프린스턴대학교의 정치학 대학원에 진학했다. 프린스턴에 거주하고 공부하면서 두 사람은 내게 큰 선물을 주었다. 첫 손자인 재커리Zachary가 생긴 것이다.

유대교 전통에 따르면 신생아는 생후 8일째 되는 날 할례를 받아야 한다. 그래서 할례의식을 담당하는 모헬mohel을 찾아야 했으나 프린스턴에는 모헬이 없었다. 다행히 뉴브런즈윅New Brunswick에 거주하는 모헬을 찾아냈고 그는 기꺼이 할례의식을 치르러 와주겠다고 했다. 관례에 따라 작은 파티를 열었고, 마이클과 제시카는 자기 친구들을, 나는 내 동료들을 초대했다. 내 동료이자 고등학술연구소 소장인 해리 울프 Harry Wolf도 왔는데, 그는 매우 바쁜 사람이었다. 그가 모헬에게 다가가 물었다. "실례하지만 할례의식에 시간이 얼마나 걸리나요?How long is this going to take?" 모헬이 그를 힐끗 보더니 답했다. "선생님, 내게 짧게 자르라고 부탁하는 겁니까?Are you asking me to cut it short?" 후에 나는 모헬이 누구인지 알게 됐다. 그는 코미디언 재키 메이슨Jackie Mason의 동생이었다. 해학적인 감각이 집안 내력이었던 것 같다.

정체성과 시민권

제2차 세계대전 기간 중 나는 런던에서 한 만찬에 참석하고 있었다. 그때 멀리서 다가오는 항공기 엔진소리가 들렸다. 참석자 모두 긴장하면서 걱정스런 의문을 품었다. 저것이 영국 전투기일까 아니면 독일 전투기일까, 우리 편일까 아니면 저쪽 편일까? 대학 동료였던 한 참석자가 '우리 편' 전투기들이라고 자신 있게 말했다. 그는 독일에서 영국으로 이주한 유대인 피난민으로, 8년을 런던에 거주했고 결국 대영제국 시민으로 귀화했다. 그런데 파티를 주최한 집주인의 부인이 그를 차갑게 노려보더니 말했다. "아니요, 전투기들은 '우리 편'이지요." 그녀가 내 동료의 말이 틀렸다는 뜻으로 한 말은 아니었다. 그녀도 영국 전투기들이라고 생각했으나, 귀화한 내 동료가 '우리 편'이라는 용어를 쓴 것에 반발한 것이었다. 솔직히 말하면 나도 그녀의 의견에 동감했다. 당시 순수 영국인들의 이런 반응은 일반적이었다. 미국에서도 그렇지만 영국에서도 5년 이상 거주하면 외국인들에게 귀화가 허용됐다. 원칙적으로 큰 문제가 없다면 시민권을 받을 수 있었지만 완전히 영국인이 되는 것은 아니었다. 대부분 순수 영국인들은 귀화한 외국인이 '우리' 혹은 '우리 편'이라는 단어를 쓰면 좀 언짢아했다. 외국어 억양으로 이런 단어를 발음할 때는 더욱 그랬다.

그런데 미국으로 이주했을 때 나는 영국과는 정반대의 현상을 발견했다. 귀화한 외국인 시민들이 미국을 '우리'로 생각하고 표현하는 것은 필수적인 일이고, 그렇지 않을 경우 비난을 받을 수도 있었다. 단순히 일상생활에서 '우리'라는 용어를 쓰는 것 이상의 차이가 있었다. 귀화 외국인의 전반적 지위도 영국과는 달랐다. 다른 유럽 국가들과 마찬가지로 영국에서도 귀화한 외국인이 학문, 과학 및 기술, 경제, 스포츠 등 다양한 분야에서 큰 성공을 거둘 수 있었다. 그러나 정치나 정부 요직에서는 상당히 소외됐다. 헨리 키신저Henry Kissinger(독일 출생으로 하버드대학교에서 정치학 박사를 받고 정계 및 외교가에서 활동한 인물-옮긴이) 혹은 즈비그뉴 브레진스키Zbigniew Brzezinski(폴란드 태생으로 하버드대학교에서 정치학 박사를 받고 백악관 국가안보담당 보좌관을 지냄-옮긴이)와 같은 위대한 인물이 영국에서는 등장할 수 없었고, 사실 지금도 쉽지 않다. 유럽 대부분 국가들에서도 마찬가지다.

이런 차이는 유럽과 미국 사회의 본질적 성격 때문에 생긴다고 할 수 있다. 프랑스인 혹은 독일인이 된다는 건 민족적 정체성을 바꿔야 하는 일이고, 수 세대를 거쳐야 완성될 수 있는 어려운 과정이다. 그러나 미국인이 되는 것은 정치적 충성의 대상을 바꾸는 것으로 덜 어렵고 덜 복잡한 사안이다. 영국에는 두 가지 과정이 존재한다. 귀화한 외국인이 대영제국 시민이 될 수는 있지만 잉글랜드인, 스코틀랜드인, 혹은 웨일스인이 되지는 않는다.

시민권을 가진 나라의 국적을 취득하는 과정은 나라마다 다르다. 영국에서는 오래전부터 명확하고도 간단한 원칙이 있었다. 영국 통치하에 있는 땅에서 태어난 모든 사람은 태어남과 동시에 대영제국 사람이 되는 것이다. 히스로Heathrow 공항 환승 지역에서 태어나더라도 마찬가지다. 수 세기 동안 이어져온 이 원칙은 마거릿 대처Margaret Thatcher 수상집권 시절 다수가 지지함으로써 바뀌었다. 현재 적용되는 법에 따르면 합법적으로 체류하는 부모로부터 대영제국에서 태어난 사람만이 자동적으로 시민권을 갖게 된다. 부모가 모두 영국인일 필요는 없다. 그러나 두 사람 모두 법적으로 허용된 체류자여야 한다. 최근에는 미국에서도 국적법을 영국과 유사하게 바꾸어야 한다고 주장하는 사람들이 있다.

프린스턴으로 이주한 직후 베를린에서 개최된 학회에 초대받았다. 주로 터키인들이 다수인 독일의 새로운 무슬림 소수민족에 대한 주제로 토론하는 자리였다. 흥미로운 주제였기에 나는 기꺼이 초청을 수락했다. 학회를 주최한 당사자들은 상당히 진보적이었고 개방적이었다. 특히 타 민족에 대한 편협한 인종주의로 대표되는 나치주의의 아픈 역사가 다시 되풀이되지 않도록 하겠다는 강한 의지를 가지고 있었다. 베를린에 있는 동안 한 터키인이 나를 찾아와서는, 독일 내 터키인 공동체를 만나보지 않겠느냐고 제의했다. 나는 그의 제안에 응했고 그날 저녁 베를린에 거주하는 터키인들과 저녁 식사를 했다. 그런데 그들로부터 받은 인상은 학회를 주최한 독일인들과는 크게 달랐다. 독일인들은 이주 외국인들과 공존의 분위기를 만들기 위해 많은 노력을 기울였다. 그러나 터키인들은 자신들이 편견, 차별, 적대심의 희생자라고 느꼈다. 특히 만찬을 주최한 터키인 공동체 대표의 환송 발언을 듣고, 나는 깜짝 놀랐다. "1,000여 년 동안 독일인들은 60만 유대인들을 받아들이지 못했습니다. 그런데 어떻게 200만 터키인들을 관용으로 받아들일 수 있겠습니까?" 그 학회 이후 터키계 독일인의 숫자는 더 많이 늘었고, 당연히 주류 독일인들과의 긴장도 고조됐다. 베를린 교외의 크로이츠베르크Kreuzberg는 현재 터키인이 주류가 된 지역이다. 그래서 종종 이 지역은 소아시아Klein - Kleinasien로 불리기도 한다.

최근 유럽의 무슬림 공동체가 새로운 양상을 보이고 있다. 무슬림들의 꾸준한 유럽 이주와 높은 출산율, 유럽의 출산율 저하로 인해 전체 유럽 인구에서 무슬림들이 차지하는 비중이 지속적으로 커지고 있다. 이런 현상을 반영하듯 시리아 학자인 사디크 알-아즘Sadiq al - 'Azm은 자신의 글에서 유럽의 미래를 두 개의 큰 방향으로 설명했다. "이슬람화한 유럽이 등장할 것인가 아니면 유럽화한 이슬람이 부상할 것인가?" 어떤 미래가 있을지 예상하기 정말 힘든 상황이다.

학위의 차이

영국에서 미국으로 이주한 나는 다른 외국인들에 비해 상당한 이점이 있었다. 가장 중요한 이점은 언어였다. 같은 영어를 구사하는 국가로 이주했기 때문이다. 그러나 얼마 되지 않아 명백한 유사성은 차이점도 많이 감추고 있음을 알게 됐다. 영어의 상이한 용법뿐 아니라 대학 관행에서도 큰 차이가 있었다. 잘 아는 영국 시인이 있었는데, 그는 코넬대학교Cornell University 영문학과 학과장직을 수락하면서 미국으로 이주했다. 그는 영국에서 옥스퍼드대학교의 연구원으로 일했었고, 코넬대학교에서는 시詩 분야만 담당했기 때문에 강의 부담이 크게 줄었다. 자신이 정한 주제로 가끔 강연을 하고, 논문이나 진로를 상담하려는 학생들을 만나는 것이 그가 맡은 업무였다. 더욱이 영국 기준으로 본다면 연봉도 꽤 높았다.

그런데 코넬대학교를 방문해 그를 마지막으로 만났을 때, 그는 영국으로 돌아가기로 결정했다고 말했다. 그가 미국에서 만족할 만한 생활을 하고 있다고 생각한 나는 깜짝 놀라 이유를 물었다. 그는 자신이 시인이라는 점에서 자신의 언어가 사용되는 곳에서만 즐거움을 얻을 수 있다고 말했다. 코넬대학교 학생들도 영어를 잘하지 않느냐고 물었더니 그가 말했다. "물론 잘하지요. 하지만 내가 구사하는 영어가 아닙니다." 나는 그의 말이 무슨 뜻인지 이해할 수 있었다. 공통의 사회적 환경, 교육, 전통, 대중 속의 해학과 구전으로 형성된 암시적 유대감이 미국과 영국에서 같을 수는 없다. 시인은 그런 공통의 유대감이 필요했던 것이다.

학부 교육을 제대로 하려면 학생들이 어느 정도 기본 지식을 가지고 있어야 한다. 만약 대학에서 첫 2년 동안 중학교 나이에 배워야 할 것들을 공부한다면 교육의 성과를 기대하기 어려울 것이다. 고등학교에서 미국 학생들은 더는 역사를 필수로 공부하지 않는다. 대신 '사회 연구' 라는 주제를 공부하는데, 이는 역사를 일부 포함하지만 상당히 단편적 이고 제한적이다. 대학에서도 상당히 좁은 주제를 다루는 역사 과목이 개설될 뿐이다. 만약 학생들이 1789년에서 1815년까지의 프랑스 역사 에 관한 과목을 듣는다면, 혁명 기간과 나폴레옹시대의 프랑스 상황에 대해서는 잘 알 수 있을 것이다. 그러나 혁명 이전과 이후에 대해서는 이해하기 어려울 것이고, 더 나아가 전혀 모를 수도 있다.

독일의 역사학자 하인리히 폰 지벨Heinrich von Sybel은 학생들이 자신의 세대 이전 수 세기의 역사에 대해 잘 알고 대학에 들어와야 한다고 말 했다. 나는 그의 말이 맞다고 생각한다. 만약 누군가 14세기에 대해 얘 기한다면, 조금이라도 역사적 지식이 있는 사람들은 이성의 재등장, 즉 르네상스를 떠올릴 것이다. 또 누군가 17세기를 언급한다면, 제대로 배운 사람들은 바로크 건축양식, 비발디 혹은 종교전쟁을 생각해낼 것 이다.

지난 수십 년 동안 역사학에서도 학문적 수준이 떨어지는 것을 목격 해왔다. 요즘은 현지 언어도 모르는 사람들이 다양한 학술적인 연구 프 로젝트를 수행한다. 과거에는 소수의 전문가들이 중동 연구를 진행했 고, 학생 수도 그리 많지 않았기 때문에 높은 수준을 유지할 수 있었다. 1950년대와 1960년대에 중동에 대한 관심이 크게 높아졌는데, 중동과 의 정치적, 군사적, 상업적 이해관계가 커졌기 때문이다. 거기다 막대 한 석유자본이 중동 관련 학문의 발전을 가속화했다. 중동 관련 서적과 논문, 중동학을 가르치는 학과에 대한 수요가 커졌다. 그런데 좋은 글을 쓸 학자들이나 중동을 제대로 가르칠 학자들의 수가 절대적으로 부족했다. 학문의 질이 떨어지는 것은 당연했다. 16세기 영국의 재무관을 지낸 토머스 그레셤Thomas Gresham의 유명한 법칙이 있다. '악화惡貨는 양화良貨를 구축한다.' 그러나 다행히 최근 중동 역사학 분야에 좋은 글들을 쓰는 젊은 학자들이 속속 등장하고 있기 때문에, 앞으로는 더 큰 개선이 있을 것으로 기대한다.

미국은 교육의 양극화 형상이 뚜렷하다. 소수의 우수한 학생들에게는 어릴 적부터 최상의 교육이 제공되는 반면, 다수의 학생들이 받는 교육은 수준이 크게 떨어진다. 미국도 영국식 최상위반 유지 방식으로 향하고 있는 것 같다. 이 최상위 클래스는 지적으로 뛰어나고, 섬세하며, 최고의 소통 능력을 갖는다. 하지만 이런 소통은 다수의 사람들이 이해하기 어려운 방식인 경우가 많다. 이들을 제외하면 나머지 다수의 비슷비슷한 아이들이 누릴 수 있는 최고의 미적 감상거리는 TV의 좋은 광고일 뿐이다. 교육의 이러한 양극화는 상당히 위험한 결과를 초래할 수 있다.

미국 사람들로부터 자주 받는 질문이 있다. 미국의 전반적인 지적 환경과 학문적 수준이 영국과 어떤 점에서 다른가라는 물음인데, 이는 대답하기 어려운 질문이다. 영국에서 나는 수도에 위치한 대규모 대학인 런던대학교에서 강의한 반면, 미국에서는 작은 도시에 위치한 작은 대학 프린스턴에서 가르치고 있다. 그러나 내가 언급하는 차이들이 규모의 차이 혹은 미국과 영국의 차이에서 기인한다고 단정하기는 어렵다. 또 하나의 요인도 있는데, 바로 시간에 대한 개념이다. 미국에서는

100년이 긴 시간이지만 영국에서는 100마일이 긴 거리다. 미국으로 건너온 뒤 나는 이런 사례를 자주 보았다. 요즘 영국을 방문할 때마다 전형적인 미국식 생활 방식이 이제 영국에서도 전형적인 현상이 된 것을 보고 놀랄 때가 있다.

그럼에도 교육 시스템은 양국 간에 차이가 분명히 있다. 영국에서는 고등학교 마지막 2년 동안 집중적으로 교육을 하기 때문에 대학 전공도 자연히 이때 결정된다. 그러나 미국 대학들은 이런 시스템을 거부한다. 대학 첫 2년 동안 학생들에게 다양한 교육을 받을 기회를 제공하고 이후 나머지 2년 동안 전공을 선택해 집중적으로 공부하도록 한다. 다른 미국 대학들에 비해 학부 교육을 강조하는 프린스턴에서조차 학부생들이 집중적인 전공 공부보다는 폭넓은 교양과목을 선택할 수 있도록 허용한다. 그래서 미국의 대학원 시스템은 영국보다 훨씬 복잡하다. 영국 대학은 학부에서 훌륭한 성적을 거둔 학생들이 대학원에서 바로 논문을 쓸 준비가 되어 있다고 간주한다. 반면 미국 대학은 논문을 시작하기 전에 여러 수업을 통해 학문적 소양을 갖추도록 요구한다.

좋은 교육을 받을 수 있는 최선의 방법은 영국에서 학사학위를 받고 미국에서 박사학위를 받는 것이라고 생각한다. 그런데 불행하게도 많은 사람들은 역방향으로 간다. 미국에서 학사학위를 받고 영국에서 박사학위를 받는 이런 방식은 양쪽 시스템에서 나쁜 것만 취하는 것이다.

1960년대 초 SOAS의 우수한 학생이 나를 찾아와서는 학교를 그만두겠다고 말했다. 말없이 떠나기가 미안해서 인사를 하러 왔다고 했다.

그녀가 면담을 요청했을 때, 그녀의 학사기록을 확인했더니 그해 최고의 학부학생들 중 하나였다. 보통 학생들이 학교를 그만두는 이유는 경제적인 문제일 때가 많다. 영국에서는 면담 중에도 학생의 사생활에 대해서는 묻지 않는 게 관례이지만, 나는 만약 학교를 그만두는 것이 경제적 여건 때문이라면 도울 방도를 찾아보겠다고 말했다. 그녀는 경제적 문제가 아니라고 말했다. 사랑 때문이었다. 한 청년과 사랑에 빠졌고 결혼하기로 결심했는데 그 청년은 고등학교 성적이 좋지 않아서 어느 대학에서도 입학허가를 받지 못했다. 그는 열여덟 살에 일터로 나가야 했고, 그런 남자친구를 두고 자신이 대학에서 편하게 공부하는 것이 싫다고 그녀는 말했다.

나는 이 여학생을 아직도 생생히 기억한다. 당시 열아홉 내지 스무 살이었던 그녀는 "부인이 남편보다 교육 수준이 더 높을 경우 행복한 결혼생활을 유지하기 어려울 것"이라고 말했다. 나는 그 말에 충격을 받았다. 외눈을 가진 사람과 사랑에 빠지면 한쪽 눈을 빼낼 거냐고 묻고 싶었다. 물론 꾹 참았지만 그런 생각을 했던 게 여전히 기억난다. 내가 해줄 수 있는 일이 없었다. 그녀는 학교를 그만두었고 이후 어떠한 소식도 듣지 못했다.

이 사건을 계기로 나는 페미니스트가 됐다. 이런 전환점이 없었더라면 인식하지 못했을 문제들에 눈을 떴다. 학교생활과 졸업 이후 직업전선에서 여학생들이 직면하는 어려움과 과제를 이해하게 된 것이다.

미국으로 이주하면서 페미니즘 성향은 더욱 강화됐다. 미국 대학에서 여성의 지위가 영국보다 훨씬 나빴기 때문이다. 옥스퍼드와 케임브리지 대학교는 미국의 하버드, 예일, 프린스턴 대학교보다 먼저 여학생을 받아들이고 여성 교수를 채용했다. 내가 런던대학교에서 교수생활을 시작했을 당시에도 영문학대학의 부학장이 여성이었다. 1937년 학술지에 게재된 내 첫 논문도 케임브리지대학교의 중세경제사 교수의 긍정적인 평가서 덕분에 세상에 나오게 됐다. 그녀는 그 학술지의 편집인이었다.

프린스턴으로 온 이후 나는 여학생들이 박해와 차별을 받는다고 느낀다는 걸 알 수 있었다. 이유는 바로 미국의 사회적 분위기 때문이었다. 그래서 나는 이 여학생들을 돕기 위해 여러 방면으로 뛰었다. 일흔 살의 나이로 은퇴할 즈음, 나는 일곱 명의 박사학위 학생을 지도했는데 이 중 여섯이 여학생이었다. 내가 여학생들에게만 잘해준다는 소문이 돌기도 했지만 개의치 않았다. 이들은 모두 성공적으로 박사학위를 끝내고 현재 학계에서 활동한다. 내가 처음 미국에 왔을 때와 비교하면 지금은 상황이 많이 개선됐지만, 아직도 학계에서는 여성들이 많은 어려움에 직면하고 있다.

미국은 자유로운 사회다. 출판사만 제대로 만나면 어떤 책도 출판할 수 있고, 열심히 노력하면 적절한 출판사를 찾는 것도 그리 어렵지 않다. 그러나 분명히 제한도 있다. 특히 특정 주제를 논할 때는 주의해야 하고, 이런 것들이 대학교육에도 영향을 미친다. 영국에서 가르칠 때는 어떤 주제, 어떤 의견에 대해서도 내 생각을 표현할 수 있었다. 그러나 미국에서는 보다 주의를 기울여야 한다. 공격하지 말아야 할 몇 가지 민감한 사안들이 있다. 발이 민감한 사람들로 가득한 교실에서는 교수라 할지라도 그 발을 밟지 않도록 조심해야 한다.

　금기사항도 많다. 과거에도 인류의 역사에는 항상 금기시되는 것들이 있었다. 예를 들어 18세기와 19세기 초에는 종교적 금기사항이 철저히 지켜졌다. 기독교의 기본교리에 대해 의문을 제기하는 것은 허용되지 않았다. 19세기에는 섹스가 금기시되는 사안이었으나 18세기에는 섹스가 자유로웠고, 섹스파트너를 찾기도 어렵지 않았다. 그러나 19세기 빅토리아시대 영국에서는 신체의 성기를 직접적으로 언급하는 것은 물론이고 '다리leg'라는 단어를 말하는 것도 금기시됐다. 현대에 들어와 섹스와 종교에 관련된 금기는 극복했으나 다른 금기사항들이 그 자리를 대신했다. 과거의 금기사항들처럼, 새 금기들도 사회적으로 철저히 지켜져야 한다. 그것을 어기면 처벌을 받게 되는데, 법적인 처벌은 아니더라도 소속 단체나 직장에서 불이익을 받는다. 과거와 마찬가지로 우리 사회에는 이단을 찾아내 처벌하는 종교재판관들 같은 존재가 아직 있다. 금기사항과 관련한 것이므로 구체적인 언급을 하지는 않겠다.

8

이웃

아랍어로 된 이슬람 고전 자료를 읽기 시작한 때부터 나는 이슬람 문명에 담긴 풍부한 유머에 매료됐다. 물론 수많은 문명마다 나름대로 독특한 형태의 유머가 있다고 생각한다. 그러나 이슬람 문명에서처럼 오래전부터 문학의 주류를 차지하지는 않았다. 이슬람의 선지자 무함마드가 등장한 7세기부터 현재까지 무슬림들은 자신들, 지도자, 사회, 관습, 성스런 사안들에까지 다양한 유머를 만들었고, 그것을 구전으로 전하거나 기록으로 남겼다. 무프티, 카디qadi(이슬람 법관-옮긴이), 이맘imam(종교 지도자라는 의미이나 원래는 예배 인도자-옮긴이), 데르비시dervish(이슬람 신비주의의 지도자-옮긴이) 등을 포함해 모든 종교 지도자는 물론 신앙생활에 대한 농담들이 존재한다.

놀라운 것은 이런 농담이 아랍어, 페르시아어, 터키어 그리고 다른 이슬람세계의 언어로 된 문학작품뿐 아니라 심지어 종교적인 글에도 풍부하게 녹아 있다는 것이다. 또 고전뿐 아니라 현대적 작품들에까지 지속적으로 유머가 나타난다. 이런 전통은 최근 들어서 정치 분야에 대한 풍자로 이어졌다. 정치적 유머는 모든 사회에 존재하지만 특히 억압적인 체제에 많이 등장한다. 절망을 표출할 수 있는 다른 창구가 없기 때문이다. 중동에서는 이집트가 이런 정치적 풍자로 가장 유명하다.

　나세르Nasser 대통령 집권 시절 유명했던 농담이 하나 있다. 당시 이집트에는 물자부족이 심각했다. 나일 강 유역에 사는 한 사람이 배가 고파 낚시를 나갔는데, 강에서 큰 생선을 한 마리 잡았다. 그는 생선을 부인에게 내밀며 자랑스럽게 말했다. "여기 생선이 있소. 이거면 우리 가족이 한 끼는 먹을 거요." 부인이 한숨을 쉬며 말했다. "날것으로 먹으면 그럴 거예요. 그런데 기름도 없고 버터도 없고 전기도 없어요. 요리할 방법이 없어요." 남편도 화를 내며 말했다. "생선을 날것으로 먹을 수는 없지." 그러고는 생선을 다시 강에 던져버렸다. 생선이 물 위에 떠올라 소리쳤다. "나세르 대통령, 만세!"

　친구가 얘기해준 나세르 이야기가 하나 더 있다. 나세르 대통령과 친분이 있던 에티오피아의 하일레 셀라시에Haile Selassie(1930년에서 1974년까지 에티오피아 지도자였으나 이탈리아가 에티오피아를 점령했을 때 영국으로 망명했다-옮긴이) 황제는 나세르가 자신에 대한 농담들을 수집하는데 열을 올렸으며 절친한 동료들과의 모임에서는 그것들을 공유하기도 했다고 내 친구에게 말했다(우연의 일치인지는 몰라도 SOAS는 셀라시에 황제에게 명예 방문교수 지위를 부여하기로 결정했다. 당시 내가 관련 학과의 학장이었기 때문에 임명장 수여식을 담당했다. 나는 황제에 대한 예우를 갖추어 대접했고 임명장을 그에게 건넸다. 그는 내게 사의를 표하고는 농담을 던졌다. "당신도 학생들과 문제가 있소?").

나세르가 자신의 농담을 수집하는 것에 대한 농담도 있다. 이집트인들의 이야기에 따르면, 나세르가 어느 날 더는 자신에 대한 농담을 허용치 않기로 결심했다. 경찰총장을 불러 이런 농담들을 만들어 유포하는 자를 찾아 체포하라고 지시했다. 1주일 후 경찰총장이 체포한 용의자를 데리고 대통령궁을 방문했다. 그는 말했다. "바로 이놈이 각하에 대한 모든 농담을 만들어낸 자입니다." 나세르가 그 사람에게 물었다. "네가 나에 대한 농담을 만들어 유포한 사람이냐?" 그 남자가 말했다. "그렇습니다." 체포되어 온 자가 순순히 시인하자 나세르는 사실 여부를 직접 확인하고 싶었다. 여러 사람들이 있는 가운데 나세르는 자신에 대한 농담을 하나하나 열거하기 시작했다. 그리고 각각의 농담 끝에 그에게 물었다. "네가 이 농담을 만들었느냐?" 그 사람은 계속 그렇다고 답했다. 모든 확인을 끝내고 나세르가 그에게 말했다. "자네도 나처럼 이집트 사람이지 않은가? 내 생각에는 자네도 나처럼 이 나라를 사랑하는 것 같은데, 왜 이런 짓을 하는가? 내가 이집트를 위대하고 자유롭고 존경받는 나라로 만들었다는 걸 자네도 잘 알지 않는가?" 그 마지막 발언에 대해 그가 말했다. "그런 말도 안 되는 농담은 제가 만든 적이 없습니다."

이집트의 정체성과 1967년 전쟁

1957년 펀자브대학교 개교기념 행사에 참석한 이후 나는 파키스탄 지인들과 아주 좋은 관계를 유지해왔다. 그들을 통해 1967년 전쟁 이후의 중동 상황에 대한 정보를 간접적으로 제공받았다. 때로는 정확하지 않고 시의적절하지 않은 정보도 있었지만 나름대로 도움이 됐다. 전쟁에서 대패한 이후 나세르 대통령의 권위는 크게 추락했고, 이집트 군대는 긴급하게 재구축되어야 하는 상황에 처했다. 나세르는 서양에 도움을 요청할 수 없음을 잘 알고 있었다. 서양과의 관계가 그간 좋지 않았기 때문이다. 그렇다고 소련에 의지하고 싶은 생각도 없었다. 소련도 한때 그를 실망시켰다고 생각했기 때문이다.

한편 파키스탄은 당시 훨씬 강력하고 큰 나라인 인도와의 전쟁에서 좋은 성과를 거두었다. 그래서 나세르는 이집트 군대를 재정비하기 위해 파키스탄에 도움을 요청했다. 파키스탄 정부도 중동의 정치대국인 이집트와의 협력을 강화하기 위해 기꺼이 응했다. 그러나 한 가지 조건이 있었다. 현지 상황을 파악하고 파키스탄 정부가 도울 수 있는 부분을 조언하기 위해 실효성을 조사하는 팀의 파견을 허용하라는 것이었다. 파키스탄 정부는 나세르에게 조사팀이 모든 곳을 제한 없이 방문할 수 있도록 협조해줄 것과 조사팀의 모든 질문에 성실하고 숨김없이 답해줄 것을 요청했다. 나세르는 이를 수락했다. 다른 선택이 없었기 때문이었다.

얼마 후 실제로 소규모 조사팀이 이집트로 파견됐다. 그들은 이집트 전역을 돌면서 사람들과 얘기를 나누었다. 그런데 조사팀은 크게 실망했다. 사람들이 진실을 이야기하지 않는다고 본국에 보고할 정도였다. 그런데 그 이유가 더 재미있었다. 거짓말을 하는 것이 아니라 정말 몰라서 제대로 답을 못 하는 것이었다. 이집트 육군을 방문한 조사팀의 보고서에는 다음과 같은 내용이 들어 있었다. "상병은 병장에게 거짓말하고, 병장은 소위에게 거짓으로 보고하고, 소위는 대위에게 거짓말하고, 대위는 소령에게 거짓으로 보고하는 등 보고 체계가 모두 엉망이다. 이런 엉망진창의 보고가 국방부의 최고 지휘관까지 올라가고 있어, 지휘부는 어떤 상황이 발생하고 있는지 전혀 파악하지 못한다." 조사팀의 대표였던 파키스탄 장성은 카이로의 최고 지휘부는 거짓말 피라미드의 최상부에 앉아 있을 뿐이라고 결론지었다. 파키스탄 정부는 이 조사팀의 보고를 근거로 이집트의 요청을 거절한다는 최종 결론을 내렸다. 따라서 아무런 군사적 지원도 실행되지 않았다.

1960년대 후반에 접어들 즈음 이집트는 소련에 크게 의존했고, 거의 식민지가 되어가는 분위기였다. 당시 이집트 남부를 방문하고 있던 나는 한 가게 주인과 대화를 나누게 됐다. 그는 어려운 경제상황을 한탄하며 내게 말했다. "영국, 프랑스, 미국 등에서 오는 관광객들의 발길이 뚝 끊어졌어요. 장사가 잘 안 됩니다." 나는 그에게 한마디 던졌다. "하지만 러시아인들이 많이 오지 않습니까?" 내 말이 끝나기 무섭게 그는 하수구에 침을 뱉으며 말했다. "러시아인들이요! 그들은 담배 한 갑도 안 삽니다. 그리고 당신에게 담배 한 개비도 권하지 않을 겁니다." 나는 그의 말을 이해했다. 러시아인들은 대부분 필요한 물건들을 자국에서 구입해 왔다. 그리고 그리 사교적이지도 않았다.

또 다른 한 이집트인은 영국과 소련이 모두 이집트를 자신들의 필요에 따라 이용하는 소로 간주했다고 언급했다. 하지만 두 국가 간에는 차이점이 있다고 그는 말했다. "영국인들은 우유를 원했지만, 러시아인들은 소고기를 원한다."

얼마 후 나는 멕시코에서 열린 동양학자 국제학술대회에서 친구이자 동료 학자인 이집트인을 만났는데, 그는 멕시코에 한참 먼저 도착했다. 학술대회를 기회 삼아 방문한 멕시코에 대해 잘 알고 싶었던 그는 멕시코에서 자신이 발견한 것에 대해 크게 놀랐다. 에스파냐인들은 멕시코를 정복하고 자신들의 언어와 종교를 강요했다. 아랍인들이 이집트를 정복하고 아랍어와 이슬람을 강요했던 것처럼 말이다. 그러나 멕시코 사람들은 현재 자신들을 에스파냐 사람이라고 부르지도 그렇게 생각하지도 않는다. 반대로 그들은 고대 멕시코 문명을 자랑스럽게 여긴다. 이집트인 친구는 이 부분에 대해 이렇게 말했다. "멕시코 사람들은 어떻게 자신들의 기억과 정체성을 유지할 수 있었는가? 우리 이집트인들은 우리의 과거를 모두 잃어버렸고, 근대에 와서 서양의 학자들에 의해 겨우 그 고대 문명을 되살려내고 있다."

나도 그의 관찰력에 놀랐고 그의 질문에 답을 해주려고 노력했다. 나는 두 가지 중요한 차이점을 언급했다. 첫째 아랍인들은 바로 옆에서 왔고 아직도 존재하고 있는 반면, 에스파냐인들은 수천 마일의 거리를 이동해 멕시코로 왔다. 둘째, 아랍인들이 7세기에 이집트를 정복했을 당시, 고대 파라오 문명은 그리스, 로마, 기독교의 팽창이라는 여러 단계를 거치면서 이미 상당 부분 소멸했다. 반면 에스파냐 정복 직전까지도 멕시코의 정체성과 정체성에 대한 인식은 생생히 살아 있었다.

이집트인 친구는 내 관점을 이해하긴 했지만 만족스러워하지는 않았다. 그는 다음과 같이 말했다. "그런데 이집트에는 거대한 유적들이 많이 남아 있는 위대하고 찬란한 문명이 있다. 그러나 멕시코의 유산은 상대적으로 많이 남아 있지 않다."

멕시코의 문화유산을 양으로 평가하는 것은 정당하지 않다고 생각하지만, 그보다 더 큰 문제가 있다. 이것은 단순히 멕시코와 에스파냐의 문제만이 아니다. 미국인들은 자신들이 사용하는 언어를 영어라고 칭하지만, 그렇다고 해서 자신들을 영국인이라고 하지는 않는다.

욤 키푸르 전쟁

1973년 10월, 이집트 대통령 사다트는 유대교 명절인 속죄일 욤 키푸르 Yom Kippur에 이스라엘 점령군에 대한 그의 유명한 공격을 시작했다. 전쟁의 시작 단계는 성공적이었다. 이스라엘군은 완벽한 기습을 당했다. 이집트 군대가 휴전선을 넘어 이스라엘이 점령한 시나이반도로 진격해 온 것이다. 동시에 시리아군도 이스라엘이 점령한 골란고원Golan Heights 을 급습했다. 두 지역은 1967년 전쟁 이후 이스라엘이 점령한 곳이었다. 그러나 이스라엘의 신속한 반격은 초반의 불리한 전세를 뒤집었다. 오히려 기습 공격 이전보다 이집트와 시리아에 더 불리한 상황을 가져왔다. 이스라엘군은 수에즈운하를 넘어 이집트 본토 내에 교두보를 구축했다. 이후 휴전 합의가 도출됐고 여러 협상이 진행됐다. 협상의 결과로 6년 후 이스라엘과 아랍 국가 간 최초의 평화조약이 체결됐다.

평화조약이 체결된 직후 나는 이집트에 있었는데, 당시 이집트의 분위기를 생생히 기억한다. 이집트인들의 유머와 해학이 가장 빛을 발한 시기였던 것으로 기억된다. 이집트인들은 유머를 좋아하는데, 특히 어려운 시기에 그들의 유머감각이 더욱 살아난다. 당시는 이집트 근대 역사에서 가장 어려운 시기 중 하나였다. 하루는 카이로에서 열린 만찬에 참석했는데, 만찬에는 대학에서 종교적인 쪽과 세속적인 쪽 양편에서 온 여러 교수들이 있었다. 이집트의 여느 만찬 자리와 마찬가지로 이들은 곧 농담을 시작했다.

"이보게들, 골다 메이어Golda Meir(이스라엘의 여성 정치인이자 수상 - 옮긴이)와 안와르 사다트의 대화를 들어보았는가?" 한 교수가 말을 꺼냈다. "아침에 메이어 수상이 사다트에게 '봉주르Bonjour'라고 인사했더니, 사다트 대통령이 '우부르Ubur'라고 답했다네(아랍어로 '건넘'을 의미하는 '우부르'는 1973년 전쟁에서 이집트 군대가 수에즈운하를 건너 이스라엘 진영으로 기습에 성공한 것을 의미한다. 그리고 봉주르와 우부르는 같은 각운으로 끝난다)." 그는 농담을 이어갔다. "저녁에 사다트가 메이어에게 '봉수아르Bonsoir'라고 인사했더니, 메이어는 '데버스와르Deversoir'라고 답했네(데버스와르는 이집트 본토에 있는 제방으로 이스라엘군이 이곳을 넘어 반격에 성공했다)."

휴전이 합의되었을 당시 이스라엘군은 이집트 수도 카이로에서 동쪽으로 101킬로미터 지점까지 진격했다. 이스라엘 측 휴전협상 담당자였던 아렐레 야리브Arele Yariv 장군은 이 지점에 본부를 설치하고, 이집트 대표가 오기를 기다렸다. 사다트 대통령은 국방장관 무함마드 압둘 - 가니 알 - 가마시Mohamed Abdel - Ghani al - Gamasi를 불러 그곳에 가서 이스라엘 측 대표를 만나 이집트의 항복에 대해 논의하라고 지시했다.

얼마 후 나는 가마시 장관의 보좌관을 만났는데, 그는 내게 몇 가지 이야기를 전해주었다. 그의 말에 따르면 당시 가마시 장관은 쉽게 예상할 수 있듯이 공황상태에 있었다. 전쟁의 패배가 충격적이었기 때문이었다. 이스라엘군이 카이로 인근까지 진격한 상황이었고, 가마시 장관은 협상 테이블에서 크게 모욕을 당할 것이라고 확신했다. 그러나 그에게 다른 선택은 없었다. 그는 전쟁을 수행한 국방장관이었고, 국가수반이 고통스런 항복협상을 담당하라고 지시했다. 결국 그는 야리브 장군의 막사로 갔다. 그리고 비통한 마음으로 그와 마주 앉았다.

그러나 분위기는 그의 예상과 크게 달랐다. 야리브 장군의 첫 말은 "차나 커피 한 잔 하시겠습니까?"였다. 가마시 장관은 크게 안도했다. 그리고 두 사람은 동등한 입장에서 편안하고 친근한 대화를 이어나갔다. 두 사람은 사생활에 대한 이야기도 나누었는데, 이때 위기가 찾아오기도 했다. 가마시 장관이 부인의 병세가 상당히 심각하다고 이야기하자, 야리브 장군이 한 가지 제안을 했다. "부인의 병을 전문적으로 치료하는 의사들이 이스라엘에 있습니다. 의사를 보내드려도 되겠습니까?" 이 제안에 가마시 장관은 모욕을 당했다고 생각했다. 이스라엘 의사들이 이집트 의사들보다 훌륭해서 이집트 의사가 실패한 치료를 성공적으로 할 수 있다는 것으로 들렸다. 야리브 장군은 자신의 제안이 불쾌했을 수도 있음을 즉각 알아차리고는 가마시 장관의 기분을 풀어주려고 노력했다. 그러자 대화는 다시 우호적인 방향으로 흘러갔다.

나는 야리브 장군을 개인적으로 잘 알고 있었다. 가마시 장관의 부관으로부터 들은 이야기를 야리브 장군의 설명과 비교해볼 수 있었다. 두 사람의 이야기는 크게 다르지 않았다.

최종적으로는 승리했지만, 이스라엘 국민은 전쟁의 전개 과정에 불만이 많았다. 특히 이스라엘군이 기습에 맥없이 당했다는 점에서 군부에게 크게 실망했다. 초반 전세는 분명히 이집트군이 승기를 잡은 것이었다. 그래서 이스라엘 내부에서는 이 전쟁을 놓고 상당히 심각한 격론이 이어졌다.

같은 시점에 이집트 대통령 사다트는 수에즈운하를 건너 초반 기습에 성공한 것을 대대적으로 홍보하려고 노력했다. 하지만 대통령의 이 같은 주장에 적지 않은 사람들이 의문을 제기했다. 일부 이집트인들은 사다트 대통령의 이런 태도를 "우리의 승리?"라고 비꼬았다. 이런 여론에 대해 사다트 대통령은 다음과 같은 답을 내놓곤 했다. "만약 나를 믿지 못하겠다면, 이스라엘 사람들이 자신들의 정부와 군을 비판하는 목소리를 들어보시오."

골다 메이어, 이집트와의 평화

프린스턴대학교 학생들은 전통이 깊은 토론모임을 운영하고 있다. 대학의 역사가 250년이 넘고, 설립 이후부터 이 토론모임이 유지되어왔다. 프린스턴대학교의 많은 졸업생들은 국제사회에서 상당히 두각을 나타냈고, 또 모교에 상당히 많은 기부를 해왔다. 간헐적이지만 이 토론모임에서 저명인사를 대학으로 초청해 강연을 듣는 것이 중요한 관례가 됐다. 1975년 토론모임의 학생들은 골다 메이어가 총리직을 마친 직후 그녀를 초청했다. 그녀는 기꺼이 초청을 수락했고, 여러 행사에 적극적으로 참여했다. 한번은 한 학생이 메이어의 건강을 걱정하는 마음에서 금연을 진심으로 권유하자, 일흔일곱 살이었던 메이어는 웃으며 답했다. "고마워요. 그런데 내가 젊은 나이에 죽는 것은 아닐 것 같아요."

메이어가 대학에 머무른 며칠 동안, 일부 여학생들이 메이어의 사진과 더불어 "그런데 그녀가 타자는 칠 수 있나?"라는 글을 넣은 대자보를 붙였다. 워낙 강한 이미지의 메이어 총리를 약간 비꼬아, 국제사회와 지나치게 충돌하는 이스라엘을 비판하는 내용이었다. 프린스턴의 학풍을 제대로 이해하지 못한 새내기 여학생들이 메이어의 방문을 반대한 것이다. 그럼에도 메이어의 강연은 대학 내 가장 좋은 시설에서 치러졌다. 가장 큰 강당에서의 강연은 인파로 넘쳐났다. 원로 졸업생인 토론모임의 회장은 메이어를 적절하게 소개하고 그녀를 강단으로 모셨다.

연단에 선 메이어는 새로운 강연 방식을 제안했다. "이런 자리에서의 강연이 보통 지루하다는 데 여러분들도 동의할 겁니다. 가장 흥미로운 부분은 질의응답 시간일 겁니다. 회장께서 동의하신다면, 나는 강연을 건너뛰고 싶습니다. 여러분들은 내가 누구인지, 내가 어디서 왔는지, 내가 무엇을 말할지 잘 알고 있을 겁니다. 그러니 강연을 생략하고 바로 질의응답으로 들어갑시다." 청중은 그녀의 제안을 환영했다. 회장은 약간 놀란 표정을 보였지만, 이내 동의했다. 그리고 상당히 유익한 질의응답 시간이 이어졌다.

당시 유네스코는, 이스라엘은 받아들이지 않았으나 팔레스타인해방기구PLO: Palestine Liberation Organization는 인정했다. 한 학생이 이에 대해 물었다. "왜 유네스코는 이스라엘을 거부하고 PLO만 받아들인 겁니까?" 골다 메이어의 대답은 상당히 정확했다. "이 질문은 내가 아니라 유네스코에 물어봐야 할 것 같은데요." 그러자 학생은 다시 물었다. "물론 그렇습니다. 하지만 유네스코가 왜 그런 결정을 내렸는지 총리님의 의견을 듣고 싶습니다." 메이어는 굳은 표정으로 명확하게 말했다. "학생도 아는 바와 같이 유네스코는 유엔 교육과학문화기구입니다. 그 기구의 책임자들은 PLO가 이스라엘보다 교육, 과학, 문화 분야에 더 많이 기여할 수 있는지 신중하게 검토하고 결정해야 할 것입니다." 메이어의 발언에 강당은 다시 차분해졌다.

골다 메이어는 매우 강인하고 모든 일에 최선을 다하는 인물이었다. 오늘날에도 그렇지만 특히 그 당시에 여성이 정치계에서 성공하기 위해서는 강한 성품을 가져야 했다. 메이어는 자체 여과 시스템을 가진 정치인이어서 자기가 듣고 싶은 것만 들었다. 내가 말한 것들 중에 그녀의 시각과 부합하는 게 있다면 메이어는 즉시 그것을 받아들이고 이용했다. 또한 그녀의 생각과 맞지 않는 것들은 한 귀로 흘려버렸다. 예를 들어 1969년 그녀를 만났을 때, 나는 이집트가 평화협상에 참여할 준비가 되어 있다고 말했다. 그러자 그녀는 부엌에서 차와 케이크를 준비해 대접할 뿐이었다. 듣고 싶지 않음을 간접적으로 표현한 것이었다.

텔아비브에서 그녀를 여러 차례 만났는데 특히 기억에 남는 대화는 이것이다. 나는 그녀에게 말했다. "저는 한동안 이집트에 있었습니다. 그 과정에서 상당히 확신을 갖게 되었습니다. 이집트는 이스라엘과 평화협상을 할 준비가 되어 있습니다. 나는 확신합니다. 의심의 여지가 없습니다."

여러 차례 이집트를 방문했을 때마다 나는 매번 같은 사람들과 만나 대화를 나누었다. 시간차를 두고 특정 국가를 방문하면서 같은 사람들과 이야기를 나눈다면, 그 나라의 분위기와 태도의 변화를 파악할 수 있을 것이다. 동일한 표본 그룹을 대상으로 교차 여론조사를 하는 것과 비슷한 효과를 거두는 것이다.

1969년 나는 몇 년 만에 다시 이집트를 방문했다. 나세르 대통령이 살아 있던 때였는데, 그는 여전히 국정을 장악하고 있었다. 나세르 대통령을 직접 만나기도 했지만, 그와 진지한 대화를 나눌 기회는 없었다. 대신 옛 친구들을 포함해 많은 사람들을 만났는데, 그들과 대화를 나누면서 분위기가 바뀌었음에 놀랐다. 이집트도 평화를 원하고 있다는 확실한 인상을 받았다. 이런 주제로 쓴 글이 〈인카운터Encounter〉지에 실리기도 했다. 여기서 이집트가 평화를 갈망한다는 내용을 언급했는데, 글을 게재하면서 내 이름을 밝히지 않고 가명을 썼다. 이집트 친구들이 곤경에 빠지는 것을 원치 않았기 때문이다(당시에도 이집트는 무자비한 독재 정권하에 있었다. 외국인, 특히 유대인 방문객이라는 점에서 경찰 당국은 나를 철저히 감시했을 것이다. 경찰은 내가 어디를 방문했는지, 누구를 만났는지 속속들이 알고 있었을 것이다). 나는 이집트가 평화를 정착시키기 위한 준비가 되어 있으며, 협상을 통해 이집트와 이스라엘이 평화조약을 체결할 수 있을 것이라는 의견을 밝혔다. 그 글은 평화조약이 체결되기 10년 전에 쓰였다.

이후에도 나는 이집트를 계속 여러 차례 방문했다. 1970년 나세르가 사망하기 직전부터, 1971년, 1973년 욤 키푸르 전쟁이 끝난 직후, 그리고 1974년이다. 1970년 나세르 사망 직후 사다트가 대통령직을 물려받았는데, 나는 그를 직접 만나보지는 못했다. 하지만 그의 보좌관과 고문들을 만나볼 수는 있었다. 이런 만남을 통해 나는 이집트 정부와의 직접적인 접촉이 긍정적인 결과를 가져올 것이라고 확신했다.

1969년 텔아비브 방문 이후 다시 이스라엘에 가게 됐고 그때 또 메이어 총리를 만났다. 나는 이집트인들이 준비되어 있으며 직접적인 접근법이 가시적인 결과를 도출할 수 있다고 그녀를 설득하려 노력했다. 그녀는 나를 믿지 않았고 오히려 내가 이집트인들에게 속았다면서 말도 안 되는 주장이라고 지적했다. 나는 국방장관 모셰 다얀을 만나 같은 내용으로 설득했다. 그는 나를 믿어주는 것 같았지만 내 생각을 좋아하지 않는 눈치였다. 이집트와 협상하는 것 자체를 원하지 않았다. 그는 말했다. "우리가 대화를 시작한다면, 그들에게 무언가를 주어야 한다. 그 외에 다른 어떤 이야기를 나눌 수 있겠는가?" 그는 그 당시에도 이스라엘이 시나이반도를 계속 점령할 수 있을 거라고 믿었다.

나는 메이어를 설득했고, 다얀도 설득했으며, 이츠하크 라빈Yitzhak Rabin(이스라엘 군인이자 정치가로 총리를 역임하고 1993년 오슬로 협정으로 노벨 평화상 수상했다-옮긴이)도 설득해보았다. 심지어 라빈에게 서한을 보내기도 했지만 모두가 내 말에 귀를 기울여주지 않았다. 그들은 나를 믿지 않았다. 아니 믿고 싶어 하지 않았다. 그러나 메나헴 베긴Menachem Begin(이스라엘의 정치인으로 총리를 역임했으며 이집트와의 평화조약 체결로 노벨 평화상을 수상했다-옮긴이)은 나를 믿어주었다.

이집트-이스라엘 평화조약

이스라엘-이집트 평화 과정은 오랜 시간이 걸렸다. 이스라엘에서는 입장을 재고하라는 국민의 뜻이 담긴 정권 교체도 있었다. 메나헴 베긴 수상이 1977년 총리 자리에 오른 것은 바로 이 때문이었다. 그런데 역설적으로 베긴 총리는 소속 정당 리쿠드Likud당에서도 극단적 민족주의 우파였고, 항상 강경노선을 걸어왔다. 그러나 이집트와 평화적 관계를 구축하려는 세력은 좌파 성향의 노동당Labor Party이 아니라 오히려 리쿠드당이었다. 후에 노동당 소속의 이츠하크 라빈은 리쿠드당의 평화협정 체결에 대해 다음과 같이 말했다. "내가 총리가 되었을 때, 나는 베긴에 대해 걱정해야 했다. 그러나 베긴은 베긴에 대해 걱정하지 않았다." 상당히 근거가 있는 설명이었다.

알제리에 독립을 허용한 것은 강경파 드골이었다. 중국과 관계 개선의 물꼬를 튼 미국 대통령은 공화당 출신의 닉슨이었다. 이처럼 우파 애국주의 세력들이 진보 정치인들은 해내지 못하는 일을 완수하는 경우가 많다. 진보 정치인들은 우파로부터 강력한 공격과 견제를 받기 때문이다. 그래서 일부 사람들이 네타냐후Benjamin Netanyahu(이스라엘의 정치가로 2014년 4월 기준 현 이스라엘 총리이자 집권 리쿠드당 당수-옮긴이)에게 이런 희망을 걸어본다. 닉슨은 중국과 평화적 관계를 구축했고, 드골은 알제리를 독립시켰으며, 베긴은 시나이반도를 돌려주었다. 네타냐후 총리가 노동당 출신의 시몬 페레스^{Shimon Perez}(이스라엘 정치가로 총리를 지내고 2014년 4월 기준 현재 이스라엘의 대통령임 - 옮긴이) 전 총리가 해내지 못한 일인 팔레스타인과의 평화관계 구축을 실현할 수도 있지 않을까? 그러나 현재의 이스라엘 - 팔레스타인 분쟁은 과거와 상당히 다른 양상을 보이므로 쉽지 않을 것이다.

결국 안와르 사다트 대통령은 이스라엘이 이집트에게 소련보다는 덜 위협적인 존재라고 상당히 합리적으로 생각했다. 소련과 비교한 이스라엘의 힘에 대해서는 정확히 판단한 것이지만, 이미 오래전부터 평화를 달성하고자 했던 이스라엘의 의도에 대해서는 사실 뒤늦은 판단이었다. 사다트가 마침내 1977년 11월 역사적으로 예루살렘을 방문했을 때 그는 베긴 이스라엘 총리로부터 영접을 받았다. 그리고 정부 인사들은 물론 야당 지도자들과도 만났다. 내가 들은 것은 확실하지만 아직도 사실인지는 확인할 수 없는 이야기가 하나 있다. 사다트가 골다 메이어를 만나서 악수했을 때, 그녀가 그에게 이렇게 말했다고 한다. "왜 이렇게 늦게 왔습니까?"

사다트가 예루살렘을 방문하고 이스라엘 국회인 크네세트^{Knesset}에서 연설했을 때, 그는 두 명의 이집트 경호원과 이스라엘인 통역을 대동했다. 이 통역사가 내게 전한 이야기가 있다. 사다트가 경호원과 함께 이스라엘 국회에 입장해서 연설을 하는 내내, 의회는 쥐 죽은 듯 조용했다. 옷핀 떨어지는 소리가 들릴 정도였다. 사다트가 연설을 마칠 때까지 의원들은 숨죽이며 그의 말을 경청했다. 그런데 베긴 총리가 답사를 위해 연단에 섰을 때, 의원들은 평상시대로 행동하기 시작했다. 왔다 갔다 하고, 서로 이야기하고, 연설을 방해하는 등의 행동이었다. 이 장면을 보고 당혹스러워 하던 두 명의 경호원 중 한 명이 말했다. "도대체 이게 뭐하는 짓이지?" 다른 한 명이 답했다. "이게 바로 민주주의야." 그러자 처음 말을 꺼낸 경호원이 고개를 절레절레 저으며 말했다. "그 래, 정말 좋은 거네."

이스라엘과 이집트 간 평화는 정상적으로 유지됐다. 사실 많은 사람들이 반신반의했다. 비관론자들은 이집트가 시나이반도를 되찾은 후에 평화조약이 깨질 것이라고 말했고, 또 다른 사람들은 사다트가 사망하면 평화적 관계가 끝날 것이라고 주장했다. 이 조약이 사다트 개인의 업적이라는 분석이었다. 또 다른 사람들은 이스라엘과 다른 아랍 국가 간 분쟁이 발생하면 평화조약이 유지되지 못할 것이라고 지적했다. 이들이 우려하는 모든 상황이 발생했다. 이집트는 시나이반도 전체를 되찾았으나 조약은 유지됐다. 사다트가 암살당했지만 조약은 깨지지 않았다. 그리고 1982년 이스라엘의 침공으로 레바논에서 전쟁이 발생했다. 이집트는 이스라엘의 군사적 조치에 강하게 반발했으나 평화조약 파기를 언급하지는 않았다. 이집트와 이스라엘 간 평화조약은 여러 충격적 사건에도 불구하고 살아남았다. 그리고 아직도 정상적으로 유지되고 있다.

이집트와 이스라엘의 평화조약을 비난하기 위해 아랍 국가들은 '개별적 평화separate peace'라는 용어를 자주 사용했다. 아랍 국가들은 이집트가 이스라엘과 개별적으로 평화조약을 체결함으로써 아랍의 대의를 저버렸고, 다른 아랍 국가들을 곤경에 빠뜨렸다고 아직도 주장한다.

사다트와 베긴이 평화조약에 일차적으로 합의할 당시, 사다트는 이스라엘이 '팔레스타인인들의 합법적 권리'를 인정하는 조항을 넣길 원했다. 소도시 변호사 출신인 베긴 총리가 이 '합법적 권리'가 의미하는 것이 무엇인지 물었다. 사다트는 베긴을 안심시켰다. 그는 팔레스타인인들을 완전히 내팽개칠 수는 없다고 설명했다. 다만 이집트의 지도자로서 그는 이집트를 위한 협상만을 할 수 있었다는 점을 팔레스타인인들에게 말하고 싶어 했다. 팔레스타인인들도 자신들의 협상을 추진해야 한다는 것이었다. 사다트는 팔레스타인인들도 자신들의 '합법적 권리'에 이스라엘이 동의하도록 협상을 추진할 수 있는 길을 열어준 것이었다. 사다트가 원했던 것처럼, 현재 이 권리의 규정과 적용에 대한 이스라엘과의 협상은 팔레스타인인들의 의지에 달려 있다.

나는 캠프 데이비드Camp David(1979년 이집트와 이스라엘이 평화협정에 서명한 장소로 미국 메릴랜드 주에 있는 미국 대통령 전용 별장-옮긴이)에 있었던 사람으로부터 다음과 같은 이야기를 들었다. 카터 대통령도 '팔레스타인인들의 합법적 권리'에 대해 베긴과 같은 질문을 했다. 그러자 사다트는 베긴에게 설명해준 것과 같은 답변을 했다. 카터 대통령은 소스라치게 놀라 말했다. "그러면 당신이 팔레스타인인들을 포기할 준비가 되었단 말인가요?"

이집트와 이스라엘의 평화조약 체결은 중동의 세력 균형에 지대한 영향을 끼쳤다. 처음으로 이웃 국가들이 이스라엘을 인정하는 조치가 등장한 것이었다. 그러나 보다 포괄적인 중동 평화를 달성하기 위한 돌파구가 마련됐다는 희망은 아직도 실현되지 않고 있다. 팔레스타인인들은 한동안 협상을 거부했는데, 그러다가 1993년 오슬로에서 협상에 참여했다. 사실 오슬로 협정은 팔레스타인의 의지가 아니라 다른 환경적 변화 때문에 시작됐다. 그중에서도 냉전의 종식과 소련의 몰락이 가장 큰 변화였다. 다행히 오슬로 협정은 이스라엘과 팔레스타인 협상 대표자들만 참석한 자유로운 협의의 장이었다. 장소와 기타 실무적 도움을 제공한 노르웨이를 제외하고는 어떤 외부의 중재 없이 진행됐다. 미국도 협상이 어느 정도 진척된 이후 마지막 단계에 참여하기 시작했다.

이집트-이스라엘 협상에서 평화조약 체결이 공식적으로 발표될 때까지도 미국은 참여하지 않았다. 당시 나는 백악관을 방문하고 있었다. 사다트가 평화를 달성하기 위해 이스라엘을 방문하겠다고 선언했다는 뉴스가 나왔을 때, 이 소식은 충격적으로 받아들여졌다. 미 정치권도 깜짝 놀랐다. 나는 그때 백악관에서 즈비그뉴 브레진스키 국가안보 좌관 사무실에 있었다. 브레진스키는 비관적인 입장을 밝혔다. "이것은 재앙입니다. 사다트는 코가 납작해질 거예요. 베긴이 그에게 아무것도 주지 않을걸요." 사실 당시 나는 백악관에 이렇다 할 만한 연줄이 없었고, 학계 동료로서 관심사가 비슷한 브레진스키와 약간 친분이 있을 뿐이었다. 나는 왜 베긴이 사다트에게 아무것도 주지 않을 거라 생각하는지 그에게 물었다. 그는 자신의 책상으로 가서 편지를 하나 들고 왔다. 세계유대인총회World Jewish Congress의 창립자이자 오랫동안 회장을 역임한 나훔 골드만Nahum Goldmann에게서 온 편지였다. 그 편지 내용에 따르면 평화협상은 없다는 것이었다. 나는 물었다. "베긴이 나훔 골드만에게까지 자신의 계획을 숨기고 있다고 생각합니까?" 브레진스키가 답했다. "물론 아니지요. 베긴과 사다트의 사이가 좋지 않다는 것은 알고 있습니다. 그렇다고 그렇게까지 하지는 않을 겁니다."

브레진스키와 내가 전혀 모르고 있던 것이 있었다. 사다트가 그 유명한 연설을 행하기 훨씬 이전부터, 이미 그는 베긴과 오랫동안 비밀협상을 하고 있었다. 두 사람은 사전에 주요 쟁점에 대해 합의를 끝낸 상태였다. 사다트가 연설을 결정했을 때 이미 모든 것이 사실상 준비되어 있었다. 베긴이 극비리에 사다트와 접촉한 것이 협상 과정의 시작이었다. 양측 간 협상은 두 창구를 통해 진행됐다. 모로코 국왕과 루마니아의 니콜라에 차우셰스쿠Nicollae Ceausescu였다. 이스라엘과 이집트의 협상 대표들 간의 회의가 비밀리에 모로코와 루마니아에서 열렸다. 두 장소는 모두 권위주의 정부 통치하에 있는 나라들이라는 장점이 있었다. 언론이 눈치를 채고 보도할 위험이 전혀 없는 곳이었다. 루마니아에서 염탐을 시도했던 기자들은 사형에 처해졌다.

백악관 잔디밭에서

1993년 워싱턴의 백악관 잔디밭, 환호하는 군중들 앞에서 이스라엘의 이츠하크 라빈 총리와 PLO의 야세르 아라파트 의장이 악수했다. 클린턴 대통령의 중재로 마련된 자리였다. 상호 최대의 적이었던 두 사람이 공식석상에서 처음으로 악수를 나누었다. 아랍과 이스라엘 간 평화를 위한 기본원칙Declaration of Principles에 서명한 것을 기념한 행사였다. 이 행사는 전 세계 언론의 헤드라인을 장식했다.

TV 방송에서는 이 모든 것이 너무나 순조롭고 우아하게 보였겠지만 사실상 행사 준비는 엉망이었다. 태양은 이글거렸고 그늘도 휴식공간도 전혀 없었다. 나는 모자도 없었고 〈워싱턴포스트〉 신문만 있었다. 상당히 오래 기다려야 할 것으로 예상했기 때문에 읽을거리를 준비했던 것이다. 나는 워싱턴 주재 터키 대사 부부 옆에 앉았다. 대사가 〈워싱턴포스트〉 신문이라도 한 장 달라고 해서, 나는 그가 신문을 읽고 싶어 하는 걸로 알고 섹션 한 부분을 통째로 줬다. 그는 신문지를 접어 두 개의 모자를 만들더니 부인과 나누어 머리에 썼다. 나도 신문지를 접어 내 벗겨진 머리를 덮고 싶었으나 잘 되지 않았다. 그래서 속으로 그가 내 것도 만들어주었으면 하는 생각을 했다.

우리는 기다리고 기다렸다. 이윽고 행사가 시작됐다. 감동적인 순간이었다. 한 세기 동안 서로 충돌한 두 민족이, 또 수십 년 동안 전쟁을 벌인 양측의 지도자들이 서로 악수하고, 평화와 상호 인정 및 공존을 이야기하는 것을 내 평생 직접 볼 수 있을 거라고 생각하지 못했다. 양측 지도자와 인사들이 행사에 참석해 두 손을 맞잡고 악수를 나눈 순간은 정말로 멋졌다.

노르웨이는 독재국가가 아니지만 오슬로 협정 내용을 철저히 비밀에 부치는 데 성공했다. 이집트-이스라엘 평화조약 체결 전에 진행된 협상과, 이스라엘과 PLO의 협정 서명 전에 진행된 협상에는 상당한 유사성이 있다. 이스라엘이 오슬로 협정에 서명하자마자, PLO는 이스라엘을 공식적으로 인정했다. 이 역사적 상호조치 이후 다른 일들도 술술 풀렸다. 이후 요르단이 이스라엘과 포괄적인 평화조약을 체결할 수 있었다. 또 모로코, 튀니지, 오만과 카타르를 포함한 걸프 국가 등 많은 아랍 국가들이 이스라엘과 직접적인 접촉을 시작할 수 있었다. 물론 팔레스타인과의 평화협상 과정이 최종 타결되지 않으면서, 이런 접촉들은 답보상태에 있거나 중단된 상태다. 시리아의 경우, 라빈 총리부터 페레스 총리까지 여러 이스라엘 정부가 하피즈 알-아사드Hafiz al - Assad 대통령에게 영토를 양보하려고 했었다. 그러나 이 시리아 대통령은 이에 대한 보답으로 어떤 것도 제공하려 하지 않았다. 이스라엘은 골란고원을 통째로 반환하는 방안을 제안하면서 평화조약을 체결하는 것 외에 다른 어떤 양보도 요구하지 않았다. 그러나 알-아사드는 이마저도 거절했다. 평화조약 체결과 관계 정상화도 그는 거부했다. 이런 그의 태도는 1996년 강경파 리쿠드당의 네타냐후가 총선에서 승리하는 데 크게 기여했다.

국민들도 사다트의 행보를 받아들일 준비가 되어 있었으므로 그는 자신이 옳은 길을 걷는 것이라고 설득할 필요가 없었다. 그는 국민들을 이끈 것이 아니라 여론을 따른 것이었다. 후에 이집트인들은 1973년 전쟁에서 위대한 승리를 거두었다고 확신했으나, 전쟁 직후 국민들의 반응은 그렇지 않았다. 전쟁이 10월에 벌어졌고, 나는 두 달 후인 12월부터 1월 초까지 이집트를 방문했다. 당시 이집트인들은 전쟁에서 완패했음을 너무나 잘 알고 있었기에 여론은 분노로 들끓었다. 저명한 언론인이었던 한 이집트인 친구는 내게 "앞으로 오랫동안 이집트는 아랍

세계의 혈액은행이 될 것"이라고 말했다. 이집트인들은 실질적으로는 자신들의 일이 아닌 전쟁 때문에 고통받고 있다고 생각했다. 항상 아랍의 대의를 주창했던 다른 이집트인 친구는 내게 말했다. "이제 이런 '아랍' 문제는 지겹다. 우리는 이제부터 이집트만을 생각해야 한다." 이런 주장은 1973년 전쟁 이전에도 있었지만, 물론 전쟁 이후 더 많아졌다. 그래서 사다트는 평화의 필요성에 대해 국민을 설득할 필요가 없었다. 국민은 이에 대해 너무나 잘 알고 있었고, 특히 1973년의 치욕적인 전쟁 이후, 이집트 국민들은 완전히 전쟁에 지쳤다.

　1973년 전쟁에서 승리했다고 국민들을 설득하는 데 성공하면서, 사다트는 보다 쉽게 이스라엘과 접촉할 수 있었다. 어떤 의미에서는 이집트가 전쟁에서 승리한 부분도 있다. 이스라엘이 철통같이 지키던 수에즈운하를 넘어 시나이반도를 잠시나마 장악했었기 때문이다. 그러나 여기까지였다. 이후 이집트는 초반의 승세를 계속 이어나가지 못했고, 몇 주 후 이스라엘은 다시 수에즈운하를 건너 나일 강 계곡까지 진격했다. 그럼에도 초반의 혁혁한 전과를 통해 이집트인들은 1967년 6일 전쟁에서 심하게 손상을 입었던 국가적 자존심을 어느 정도 회복할 수 있었다.

　평화조약의 세부사항을 논의할 때도 큰 문제가 없었다. 시나이반도가 이집트 영토라는 점에는 어느 누구도 의문을 제기하지 않았기 때문이다. 타바Taba라는 작은 지역을 놓고 약간의 실랑이는 있었다. 한동안 모셰 다얀 등 이스라엘의 일부 강경파 정치인들은 시나이반도의 일부라도 차지할 수 있을 것이라고 생각했다. 다얀은 한때 샤름 엘-셰이크

Sharm el‑Sheikh(시나이반도 남단의 휴양도시‑옮긴이) 없는 평화보다는 평화 없는 샤름 엘‑세이크를 선택하겠다고 말했을 정도다. 그러나 이스라엘인 다수는 그런 시각에 동의하지 않았다. 내가 골다 메이어, 모셰 다얀, 다른 이스라엘 지도자들에게 말했던 바와 같이, 이집트의 입장은 명확했다. 이집트 영토를 차지하고 있으면서 이스라엘이 이집트와 평화적 관계를 맺을 수는 절대 없다는 것이었다. 양측 간 협상의 시작점은 이스라엘이 이집트 영토에 대한 어떠한 소유권도 주장하지 않겠다는 점을 이집트 정부에 확신시켜주는 것이었다. 이러한 신뢰가 구축된 이후에는 어느 쪽도 협상에 큰 어려움을 느끼지 못했다. 이집트도 이스라엘의 영토를 원하지 않았고, 이스라엘도 이집트의 영토를 원하지 않았다. 양측이 나란히 이웃으로 공존하는 것이 그리 어렵지 않았다.

영토는 협상카드다. 상대편이 원하는 어떤 것을 가지고 있으면, 협상을 이끌어나가는 데 유리하다. 이스라엘은 이집트의 시나이반도 상당 부분을 차지했고, 이집트는 이 점령지 반환을 원했다. 이스라엘은 그렇게 하겠다고 말했고, 영토를 돌려주는 대신 평화조약을 체결하자고 제의했다. 이집트도 서명할 준비가 되어 있었다. 같은 일이 요르단과의 평화조약 체결에서도 있었다. 이스라엘과 요르단 사이에 소소한 영토조정이 있었고, 그 결과 평화조약이 체결됐다. 오슬로 협정이 서명된 다음 해인 1994년이었다.

팔레스타인

이스라엘과 팔레스타인 사이의 갈등은 성격이 매우 다르다. 이스라엘과 이집트는 이웃한 국가이고, 국경을 맞댄 이웃 국가들끼리 심각하고 장기적인 갈등이 나타나는 것은 인류 역사에서 흔한 일이다. 이스라엘이 시리아와 레바논과 겪었던 충돌도 같은 맥락에서 이해할 수 있다. 그러나 이스라엘과 팔레스타인은 두 개 국가 간 갈등이 아니다. 한 지역 내에 두 개의 민족이 존재하는 것이다. 두 민족은 자신들의 생존과 미래에 대한 각기 다른 개념을 가지고 있다. 특히 수 세기에 걸쳐 이 개념은 더욱 극단적인 방향으로 변모해왔다.

팔레스타인이라는 명칭은 2세기 바르-코크바 반란Bar - Kokhba Revolt(132년 유대 지도자 시몬 바르 코크바가 로마의 지배에 저항해 일으킨 반란-옮긴이)을 진압한 이후 로마인들이 처음으로 사용한 지명이다. 로마인들은 빈번히 문제를 야기하는 유대민족에 특단의 조치를 내렸다. 유대인들의 정체성과 존재 자체를 제거하는 것이 유일한 방법이라고 판단한 그들은 유대인들을 다른 곳으로 추방해버렸다. 유대 왕국의 수도 예루살렘은 일리어Aelia로 개명됐고, 지역 전체의 이름도 팔레스티나Palestina 혹은 시리아-팔레스티나로 바뀌었다. 후자는 시리아의 일부라는 뜻으로, 오래전에 절멸한 블레셋 혹은 필리스틴인Philistines들이 살았던 지역이다. 이런 조치들을 통해 로마인들은 유대민족과 고대 조국 간 어떠한 연계성도 지워버리려 했었다.

팔레스티나라는 명칭은 로마제국에 이어 비잔틴제국에서까지 유지됐다. 아랍이 이 지역을 점령한 이후에도 한동안 사용됐으나 이후 사라 져버렸고, 이 지역을 일컫는 독자적인 이름은 사실상 없었다. 유럽에서는 이 지역이 보통 '성지'로 알려졌다. 이후 르네상스시대에 로마가 명명했던 팔레스티나가 다시 쓰이기 시작했고, 현재까지 이 지역을 일 컫는 가장 일반적인 용어로 정착됐다. 즉 유럽에서 다시 사용하기 시작한 용어로, 유대인이나 아랍인이 아닌 유럽인들과 그 밖의 서양인들만 사용하던 용어였다. 유대인들은 성서상의 이름을 사용하길 원했고, 아랍인들에게는 이곳에 대한 특별한 이름이 필요하지 않았다. 이곳은 거대한 아랍세계의 한 부분일 뿐이었고, 이곳을 지칭하던 용어인 시리아도 있었다. 중세 십자군이 팔레스타인 지역을 점령했던 시기를 제외하고는 로마 점령부터 오스만제국의 멸망까지 이런 상황은 지속됐다.

제1차 세계대전 중 이 지역을 장악한 영국에 의해 팔레스타인은 고대 이후 처음으로 독자적인 실체를 갖게 됐다. 대영제국이 이곳을 위임통치하게 되었고 유엔의 전신인 국제연맹도 이를 승인했다. 이 공식적인 과정에서 팔레스타인은 국제사회의 공식명칭이 됐다. 오래전에 잊힌 이름이 되살아난 것이다. 재미있는 사실도 있다. 1948년까지 영국이 위임통치를 하던 기간 중에 '팔레스타인', '팔레스타인인'이라는 용어는 아랍인들이 아닌 유대인들에 의해 사용됐다. 아랍인들은 이 용어를 좋아하지 않았다. 시온주의자들과 결탁한 대영제국이 아랍제국에서 이 지역을 떼어내기 위한 제국주의적 술수라며 아랍인들은 팔레스타인이라는 이름을 거부했다.

영국의 위임통치가 끝난 1948년 이스라엘 건국에 반발하는 전쟁이 발생했다. 대부분의 팔레스타인 지역은 전쟁에서 승리한 유대인들의 차지가 됐다. 유대인들은 고대 지명인 이스라엘을 국명으로 채택했다. 나머지 지역은 이집트, 시리아, 그리고 가장 많은 팔레스타인 지역을 차지한 요르단에 속하게 됐다. 이들 나라에서도 새로운 정부가 구성되었지만 어떤 지도자도 팔레스타인 국가 설립을 위한 실질적인 조치를 취하지 않았다. 시리아는 점령지를 고대 시리아의 일부로 보고 합병해 버렸다. 이집트는 보다 조심스런 입장을 취하면서 점령 지역을 그대로 두고 한때는 자치를 허용하기도 했으나, 자치는 오래가지 않았다. 가장 많은 땅을 차지한 요르단은 모든 지역을 요르단의 직접 통치하에 두고, 요르단 왕국의 일부로 선포한 뒤 거주자들을 요르단 국민으로 포함시켰다. '유대인을 제외한 모든 거주자들'은 요르단 국민이 될 수 있었다. 이후 여러 중동 전쟁에서 이스라엘이 이들 지역을 점령했고, 이에 따라 요르단은 거주자 국적 부여 조치를 철회할 수밖에 없었다. 이때가 역사상 처음으로 아랍에서 팔레스타인 지역에 사는 아랍인들의 정체성이 정립된 시점이다. 이들이 사는 지역을 부르는 '팔레스타인'이라는 용어가 아랍권에서도 받아들여졌다.

　이스라엘과 팔레스타인 간 오랜 분쟁이 복잡하고 해결하기 어려운 데는 바로 이러한 배경이 있다. 이는 이집트, 시리아, 레바논에서처럼 국경분쟁이 아니고, 한 국가의 성격과 정체성에 관한 갈등이다. 이스라엘-팔레스타인 양측 모두 각각 언급하는 시대는 다르지만, 역사적인 소유권을 주장하고 있다. 특히 아랍인과 유대인 양측의 극단주의자들은 다양한 시대의 역사적 증거와 타당성을 제시하면서 전체 지역이 자신들의 역사적, 민족적 유산이라고 주장한다. 최근에는 두 국가 설립 구상이 부상하고 있는데, 양측이 주장하는 역사적인 소유권에 기반을 두어 영토를 분리하고 이스라엘과 팔레스타인 두 국가를 설립하자는 것이다. 그러나 어느 쪽도 상대방의 주장을 받아들이지 않을 것이기 때문에 이런 종류의 해결방안은 쉽지 않다.

미국 측 중재자인 랠프 번치Ralph Bunch는 1949년부터 1950년까지 로도스 섬에서 열린 첫 번째 이스라엘과 팔레스타인 간 협상을 주재했다. 장시간의 토의 끝에 양측은 휴전협정에 서명했고, 이 협상을 성공적으로 이끈 결과 랠프 번치는 노벨평화상을 수상했다. 당시 협상 분위기를 전하는 일화가 있다. 양측이 협상에서 난관에 봉착했을 때, 한 중재자가 화가 나서 유대인과 무슬림들이 있는 회의석상임을 망각하고 소리쳤다. "왜 당신들은 기독교인들처럼 이 문제를 해결하지 못합니까?"

오랜 시간이 지난 뒤 나는 이 문구가 다시 인용되는 것을 듣고 크게 놀랐다. 물론 분위기를 밝게 하려고 나온 말이지만 말이다. 토론토대학교에서 열린 한 세미나였다. 장기화하는 아랍-이스라엘 분쟁을 논의하던 한 교수가 같은 말을 인용했다. "왜 당신들은 기독교인들처럼 이 문제를 해결하지 못합니까?" 그의 발언에 웃음이 터져 나왔다. 그런데 한 참석자는 그의 발언에 불만을 표시했다. "그의 발언은 적절치 않습니다. 수십 년 전 로도스 협상에서 그 말을 듣고 양측이 휴전협정에 합의했지만, 아직도 분쟁이 지속되고 있지 않습니까?"

아라파트

1970년대 나는 한 대학의 초청으로 튀니지를 방문했다. 특강이 끝나고 만찬에 초대됐는데, 만찬을 주최한 인사는 내게 놀라운 이야기를 전해주었다. 권총집을 차고 어린 올리브나무 가지를 흔들어 화제가 됐던 1974년 유엔총회 연설 직전 PLO의 야세르 아라파트가 미국으로 향하는 길에 튀니지를 경유했다. 하비브 부르기바Habib Bourguiba 튀니지 대통령은 만찬을 마련했는데, 만찬 중에 부르기바 대통령은 아라파트에게 혁명 지도자가 될 것인지 아니면 정치 지도자가 될 것인지 결정해야 한다고 말했다. 아라파트는 물론 정치 지도자가 되고 싶다고 답했다. 하지만 정치 지도자가 되기 위해서는 국가가 있어야 하기에 그때까지는 혁명 지도자가 될 수밖에 없다고 강조했다.

부르기바는 그의 말에 동의했고, 국가를 당장이라도 설립할 수 있는 방안이 있다고 말했다. 아라파트는 깜짝 놀라서는 그 방법을 물었다. 부르기바는 아라파트에게 유엔총회 연설에서 총회 결의안 181호를 수용할 준비가 됐다고 선언하면 된다고 조언했다(1947년 도출된 이 결의안은 팔레스타인에 유대 국가와 아랍 국가 설립을 권고했다. 이 결의안에 의거해 이스라엘은 국가 설립을 선언했고 유엔이 이를 승인했다). 이 결의안을 수용하면 팔레스타인 국가의 법적 지위는 이스라엘의 지위와 같아진다. 그렇게 되면 유엔도, 미국도, 이스라엘조차도 이를 받아들여야 한다. 팔레스타인에 팔레스타인 국가가 들어설 수 있는 것이다.

아라파트는 경악했다. 부르기바의 제안에 따른다면 결국 나머지 팔레스타인 땅을 포기해야 함을 의미하기 때문이었다(1947년 유엔총회 결의안에 따르면 당시 팔레스타인인들이 영토의 87퍼센트와 인구의 68퍼센트를 차지했지만 유엔은 영토의 42퍼센트를 할당했다-옮긴이). 부르기바는 잠정적일 뿐이라고 하면서 팔레스타인 영토의 나머지 부분을 완전히 포기하는 게 아니라고 설명했다. 우선 국가를 설립하고 시간이 무르익은 후에 나머지 땅을 돌려받기 위해 조치를 취하면 된다는 것이었다. 이 과정에서 팔레스타인은 유엔의 정식회원이 되어 발언권을 가지게 될 것이고, 아라파트는 최소한 팔레스타인 일부분에서라도 국가 지도자가 될 것이라고 부르기바는 강조했다. 아라파트는 고개를 저었다. 국제사회가 지켜보는 유엔총회 연설에서 팔레스타인의 나머지 영토를 포기한다고 공식적으로 언급할 수는 없다고 말했다. 이런 조치가 중간단계의 전술이라고 해도 공식화할 수는 없다는 게 그의 입장이었다.

요르단

오랫동안 나는 거의 매년 요르단을 방문했다. 요르단 왕실과 개인적인 친분이 있었기 때문이다. 이를 통해 나는 아랍세계에서 발생하는 일을 파악하는 데 큰 도움을 받았다. 또 요르단 주변 국가인 터키, 이집트, 레바논도 자주 방문했다. 하지만 1979년 이슬람혁명 이후 이란을 방문한 적은 없었다. 놀랍게도 한번은 종교 간 대화를 주제로 하는 세미나에 참석해달라는 초청장을 받았다. 흥미롭고 중요한 주제였으나 초청을 수락하지 않았다. 이슬람혁명 정부가 후원하는 행사에 가서 이 주제를 토론하고 싶지는 않았다.

1970년대 초 나는 암만에서 개최된 역사학자 총회에 초청받았다. 요르단 후세인Hussein 국왕의 동생이자 그를 후계할 왕세제王世弟인 하산 Hassan 왕자가 주최하고 의장을 맡은 회의였다. 동생이 왕위를 물려받는 것이 서양 사람들에게는 이상해 보일 수도 있지만 중동의 왕정국가에서는 일상적인 관행이었다. 다른 지역과 마찬가지로 이슬람세계에서도 왕위 계승은 잘 정착됐다. 그러나 다른 지역과 다른 점도 있는데, 권력은 지명 혹은 선출의 형태로 승계된다. 국왕이 집권 중에 때가 되면 가장 능력 있는 왕실의 일원을 후계자로 추대했다. 보통 동생이 되는 경우가 많고, 때로는 조카가 후계자로 임명되는 경우도 있었다. 이슬람 역사에서 가장 중요한 두 왕조의 후계구도, 즉 바그다드의 압바시야 왕조 칼리파들과 오스만제국의 술탄들을 들여다보면, 형제들이 연이어서 왕위를 계승했음을 알 수 있을 것이다.

따라서 후세인 국왕이 동생을 후계자로 임명하는 것은 지극히 자연스러웠다. 장자 계승의 원칙, 즉 군주의 맏아들이 왕위를 계승할 수 있는 권리는 유럽의 관례이고, 최근에야 이 관례가 중동 지역에 소개된 것이다. 그것도 군주제보다는 공화정국가에서 더 자주 나타난다. 하산 왕자는 왕세제 이상이었다. 그는 정부 운영에 적극적으로 참여했고, 요르단의 국내외 정책의 모든 분야에서 중요한 역할을 수행했다. 국왕의 잦은 해외 순방기간 동안 그는 왕세제 역할뿐 아니라 실질적인 대리 통치자 임무를 맡았다. 특히 국왕이 지병으로 업무 수행이 불가능했고 치료를 위해 해외 체류가 잦았던 말년 기간 동안, 하산 왕자는 실질적으로 국정을 담당했다.

1970년대 중반 나는 후세인 국왕과 두 동생 하산 왕자 및 무함마드 왕자의 초대를 받았다. 요르단 동부 사막에 마련된 아주 훌륭한 베두인 파티였다. 왕실에 충성하는 많은 부족 지도자들도 참석한 성대한 행사였다. 약간 높은 지대에 세워진 거대한 텐트 안에 앉아 우리는 점심이 준비될 때까지 커피와 차를 연신 마시고 아주 단 과자들을 먹었다. 이윽고 점심이 제공되자 손님들은 거대한 금속 쟁반 앞에 둘러섰다. 쟁반 위에는 밥이 수북이 쌓여 있었고, 그 위에는 양고기가 있었다.

사실 수저가 없어서 식사가 편치는 않았다. 이슬람 문화에서는 오른손만을 이용해 식사를 해야 하고, 왼손은 전통적으로 화장실에서 세정을 위해서만 쓴다. 서서 한 손으로 밥을 먹어야 했고, 옆에 서 있는 사람과 정중하게 이야기도 해야 했다. 당시 내 옆에는 국왕과 왕세제가 있었는데, 손님이었기 때문에 왕실의 법도를 지켜 공손하게 대화를 계속 해야 했다. 기름기가 잔뜩 밴 손으로 고기를 들고 먹어가면서 그렇게 하기란 정말 어려운 일이었다.

여흥을 위해 행사를 주최한 부족장은 부족 내 최고 시인을 초대했다. 그는 왕에게 경의를 표하는 아주 긴 시를 읊었는데, 이 같은 찬사는 아랍의 중요한 전통이었다. 왕은 모래 위 양탄자에 다리를 꼬고 앉아 왕의 위대함을 찬양하는 장편의 시 낭송을 들었다. 상당히 감미로운 운문이었다. 시인이 낭송을 중단하자 국왕은 시 낭송이 끝났다고 생각하고 일어서서 시인에게 감사의 말을 시작했다. 그런데 시인이 소리쳤다. "잠깐만요. 아직 끝나지 않았습니다." 국왕은 즉시 다시 앉았다. 그리고 또 한동안 시가 끝날 때까지 시인의 낭송을 내버려두었다.

의자는 전통적으로 중동 문화가 아니다. 사막 지역에는 나무가 많지 않기 때문에 목재가 귀하고 비싸서, 보통 예술가의 조각 재료로만 쓰인다. 따라서 가구는 양모와 가죽으로 만들어지는 경우가 많은데, 목축을 많이 하기 때문에 양모와 가죽이 풍부하다. 사람들은 보통 카펫 위에 놓인 쿠션이나 방석에 앉아 금속 쟁반 위의 음식을 먹는다. 이 방석은 유럽에서 '오스만'이라고 불렸다. 〈뉴요커New Yorker〉 지에 게재된 만평 중 내가 가장 좋아하는 것이 하나 있다. 여덟 개에서 열 개의 방석을 쌓아놓은 그림에 '오스만제국'이라는 문구가 있는 만평이다. 사람이 많이 참석하는 베두인 만찬에 가보면 앉을 곳이 없음을 알 수 있다. 그렇다고 모래 위에 앉을 수도 없고, 식탁도 없고 의자도 없기 때문에 음식이 놓인 선반 주위에 모여 서서 식사를 하는 경우도 많다.

전채, 앙트레, 샐러드, 디저트, 브랜디 등 식사를 코스로 제공하는 것은 기본적으로 서구 방식이다. 물론 이런 문화가 점차 세계적으로 널리 퍼지고 있지만, 중동의 관례는 모든 음식을 동시에 식탁에 차려낸다. 메인 요리도 하나 이상으로, 순서에 신경 쓸 것 없이 알아서 원하는 대로 먹으면 된다. 가정에서는 메인 요리가 한 가지이면 손님을 제대로 접대하지 못하는 것으로 간주된다. 그러나 사막 속 베두인 식사에서는 한 가지 고기만 나오는데, 보통 양 한 마리가 통으로 제공되고, 손님이 많을 경우 여러 마리를 직접 잡아 요리한다.

양은 눈알이 진미이고, 눈알을 먹을 때는 손으로 튕겨서 입으로 넣는다는 말을 내내 들어왔다. 그러나 나는 눈알을 먹어본 적도 없고, 또 그렇게 독특한 방식으로 먹는 사람도 못 봤다. 한번은 집주인이 특히 맛있는 고기 부위를 주어서 그것을 입안으로 톡 털어 넣은 적은 있었으나, 눈알은 아니었다.

무슬림들과 특히 모두는 아니라도 베두인들의 문화 중에서 재미있는 한 가지는 빵을 존중한다는 것이다. 빵조각이 땅에 떨어지면, 주워서 입을 맞추는 사람들을 여러 번 보았다. 빵은 음식으로서는 알라의 가장 큰 선물이므로, 그런 대접을 받아야 한다. 빵 위에 음식이 아닌 다른 것을 올려놓는 행위는 나쁜 행동으로 간주된다. 빵을 존중하지 않는 것은 이 소중한 선물을 준 알라를 경외하지 않는 것이다.

다시 요르단 왕실 이야기로 돌아가겠다. 후세인 국왕은 네 번 결혼해 네 명의 아들을 두었다. 마지막 부인인 리사 할라비Lisa Halaby는 팬아메리칸항공Pan American Airways 회장인 나집 할라비Najeeb Halaby의 미국 국적 딸이었다. 두 사람은 그녀가 항공사의 암만 지점에서 일할 때 만났다. 이슬람으로 개종한 이후 그녀는 누르Noor라는 이름을 얻었다. 네 번째 부인이었지만 후세인 국왕은 이례적으로 그녀에게 왕비의 칭호를 부여했다. 과거 중동의 군주들은 왕비를 두지 않았다. 집권한 여왕도 없었고 통치자 국왕의 부인인 왕비도 없었다. 누르는 요르단의 첫 번째 왕비가 됐다.

1990년대 후반 나는 암만대학교에서 하산 왕자가 한 강연을 들었다. 그는 연설 중에 이스라엘과 접촉할 수 있는 가능성에 대해 언급했다. 당시 그런 발상은 이례적인 것이었으나, 그럼에도 하산 왕자는 실제로 그런 일이 일어났으면 좋겠다고 말했다. 물론 조건이 있었다. "이스라엘도 이 지역에서 이질적 존재가 아닌 진정한 일원이 되기 위한 특단의 조치를 취해야 할 것"이라고 그는 강조했다. 나는 이라크인 친구와 강연장에 있었는데, 그도 나와 마찬가지로 하산 왕자의 초대를 받은 지인이었다. 왕자의 발언에 대해 그는 나를 보며 물었다. "그의 말을 어떻게 생각하나요?" 그의 질문에 나는 그 무렵 발생한 라빈 총리의 암살사건을 언급하면서 내 생각을 밝혔다. "이스라엘인들은 이미 변하기 시작했어요. 라빈 총리를 암살하지 않았습니까." 이라크인 친구는 나의 재치 있는 답변에 감탄했다. 강연이 끝나고 우리는 하산 왕자의 차를 타고 왕국으로 돌아가던 중이었는데, 그때 당황스럽게도 이라크인 친구가 왕자에게 말했다. "이스라엘이 중동 환경에 순응해야 한다는 전하의 강연에 대해 버나드가 재미있는 논평을 내놓았습니다. 꼭 들어보셔야 합니다." 도망갈 구멍이 없었다. 왕자는 나를 보더니 그 논평이 무엇인지 물었고 나는 내 의견을 다시 밝혔다. 그는 한 단어로 내 의견에 반응했다. "정곡을 찔렸군."

왕위 계승자였던 하산 왕자가 다른 사람으로 교체되는 과정은 상당히 고통스러운 것이었다. 1999년 2월 나는 후세인 국왕의 장례식에 참석했다. 그때 하산 왕자는 국왕이 임종 직전 행한 조치들에 대해 설명해주었다. 후세인 국왕은 하산 왕자를 불렀다. 그리고 누르 왕비의 열여덟 살 아들 함자Hamza를 후계자로 임명하라고 했다. 하산 왕자는 두 가지 문제점을 언급하면서 이에 불만을 터뜨렸다. 첫째, 자신도 아직 후계자에 불과한데 자신의 후계자를 지명하고 임명해야 하는 상황이 적절치 않다는 것이었다. 왕위의 계승자가 필요한 것이지 계승자의 계승자를 지명하는 것은 급하지 않다고 그는 설명했다. 둘째는 보다 심각한 것이었다. 누르의 아들 함자는 나이로 보건대 네 번째 아들이며, 그 위로 세 명의 형이 있다는 사실을 하산 왕자는 재확인했다. 형 세 명을 제쳐두고, 넷째 아들을 후계자로 임명하는 것은 분란을 야기할 수 있다고 그는 지적했다. 국왕의 뜻이 정 그렇다면, 왕실위원회를 소집해 이를 논의하자고 하산 왕자는 제안했다. 이는 아랍 부족사회에서 상당히 일반적인 절차였다. 요르단 군주제도 부족 시스템에 바탕을 두고 있었다.

그러나 국왕의 뜻은 단호해서 하산 왕자의 이의 제기에 대노했다. 왕은 공식 서한을 작성하여 하산 왕자를 왕세제 지위에서 축출하고 장남 압둘라를 왕세자로 임명했다.

얼마 후 왕은 서거했고 압둘라 왕자가 왕위를 물려받았다. 그가 취한 첫 번째 조치는 후세인 국왕의 부인에게 다시 왕비의 지위를 부여한 것이다. 국왕의 서거와 동시에 왕비의 지위를 상실했기 때문이었다. 그리고 누르 왕비의 열여덟 살 난 아들 함자를 왕위 계승자로 공식 임명했다. 이는 국왕이 죽기 전 압둘라 왕자에게 부탁한 것으로, 그는 이를 수용하고 정확하게 이행했다. 모든 게 누르 왕비가 원하는 방향으로 흘러갔으나, 이 상황이 오래가지는 않았다.

후에 통치기반을 확고히 한 압둘라 국왕은 추가적인 조치를 취했다. 그중 하나가 자신의 부인 라니아Rania에게 왕비 지위를 부여한 것이었다. 서양에서는 일반적이고 이제는 국제적으로도 그러하지만 중동에서는 이례적인 조치였다. 두 번째 조치는 함자의 왕세제 임명을 취소하고, 그의 다섯 살 난 아들 후세인을 왕세자로 임명한 것이었다. 하산 왕자도 분명히 압둘라 국왕처럼 할 수 있었을 것이다. 그러나 그는 이런 술수를 원하지 않았었다.

함자 왕자는 이제 왕위 서열에서 완전히 배제됐고, 미망인 누르도 미국으로 돌아갔다. 압둘라 국왕은 아버지의 발자취를 그대로 따랐다. 후세인 국왕도 동생인 하산 왕자를 배제하고 결국 장남을 후계자로 삼았다. 후세인 국왕의 장례식에 참석하고 나서 한두 번 더 요르단을 방문했으나, 그 이후에는 단 한 번도 요르단에 가지 않았다.

예루살렘에서의 콘서트

예루살렘을 방문할 때마다 나는 자주 예루살렘재단Jerusalem Foundation의 작은 아파트 숙소에서 머물곤 했다. 이 훌륭한 숙소는 미슈케노트 샤아나님Mishkenot Shaananim이라 불렸다. 미슈케노트는 '거주지'라는 뜻이고, 샤아난Shaanan의 복수인 샤아나님은 고대 히브리어로 '고요한'을 의미한다. 현대 히브리어에서는 '만족스런'이라는 의미도 갖는다. 어쨌든 예루살렘재단이 의도적으로 고대 히브리어 단어들로 숙소 이름을 지은 것이 분명했다.

미슈케노트 아파트에 묵고 있던 어느 날 오후, 문을 두드리는 소리가 났다. 문을 열었더니 어디선가 본 듯한 남자가 문 앞에 있었다. 그는 정중하게 말했다. "제 바이올린 연습 때문에 불편하지 않으신가요? 연주

소리가 선생님 아파트에서도 들릴까 봐 걱정입니다." 나는 전혀 문제가 없다고 반복해서 말했다. 그는 말을 이었다. "오늘 저녁에 콘서트가 있어서 마지막 연습을 하고 있습니다." 나는 "아 그렇군요!"라고 답했다. 그리고 바로 그때 그 사람이 세계적인 바이올리니스트 아이작 스턴 Isaac Stern임을 알아차렸다. "콘서트 좋아하십니까? 오늘 밤 콘서트에 오시겠어요? 초대하겠습니다." 그가 크게 말했다. 나는 초대해주면 영광이겠지만 이미 내 친구와 딸을 저녁 식사에 초대했다고 말했다. 그러자 그는 더 훌륭한 제안을 던졌다. "그분들도 모시고 오시죠. 세 분을 위한 자리를 마련해두겠습니다." 나는 그의 자상한 초대를 수락했다. 콘서트는 훌륭했다. 더욱 중요한 것은 스턴과의 소중한 우정이 시작되었다는 것이었다.

내 팔순 잔치는 전통적인 학계의 관행에 의거해 치러졌다. 프린스턴 대학교의 동료들이 기념논문집을 출간해주었고 동료들, 친구들, 다른 인사들이 논문을 보내주었다. 집에서도 50여 명의 손님을 초대해 가족과 파티를 열었는데, 제자들과 친구들의 덕담이 감명 깊었다. 내 주소록을 살펴본 딸이 아이작 스턴에게도 초청장을 보냈으나 불행하게도 그는 유럽의 콘서트 때문에 올 수 없었다. 그러나 그는 멋진 대안을 찾아냈다. 인사말과 함께 '생일 축하합니다'를 바이올린 연주로 녹음해서 그 테이프를 내게 보냈다.

미슈케노트에는 다양한 사람들이 방문해 머물렀다. 강의차 예루살렘을 방문한 나 같은 학자들, 연주회에 참여하는 음악가들, 발굴 작업에 참여하는 고고학자들도 있었다. 어느 날 아침 나는 예루살렘재단의 식당에서 한 바이올리니스트와 아침을 먹었다. 보통 영어를 구사하는 여종업원이 있었지만, 그날 근무하던 종업원은 영어를 전혀 몰랐다. 그래서 나는 히브리어로 나와 바이올리니스트의 아침 식사를 주문했다. 바이올리니스트는 놀라서 나를 보며 말했다. "히브리어를 할 줄 아세요?" 나는 그렇다고 답했다. 그러자 그가 말했다. "그러면 왜 영어로 강의하시나요? 히브리어로 강의하는 게 더 좋지 않을까요?"

"피아노 치시나요?" 나는 답변으로 그에게 물었다. 그는 말했다. "당연하죠. 모든 전문 음악가들은 어느 정도 키보드를 다룰 줄 알죠." 나는 말했다. "그러면 당신도 피아노로 연주회를 갖는 것이 어때요?" "아, 그렇군요." 그는 머리를 긁적거리며 수긍했다. 영어는 내 악기다. 나는 여러 언어를 구사할 수 있지만 이들 언어로 감동을 주는 연주를 할 수는 없다.

물론 예외적으로 영어 아닌 다른 언어로 연주를 해야 했던 때도 있었다. 1996년 앙카라대학교에서 명예박사를 받았을 때였다. 일반적으로 명예박사는 여러 사람에게 동시에 수여되고, 수상자들 중 한 명이 모두를 대표해 연설을 하도록 사전에 조율된다. 내게 수상소식을 알려준 서한에는 이런 내용이 없어서 나는 누군가가 연설을 할 거라고 생각했다. 나는 아무것도 준비할 필요가 없었다.

그러나 내 생각은 틀렸다. 터키에 도착하자, 주최 측 인사가 나를 마중 나왔고, 이스탄불에 호텔도 마련해주었다. 다음 날 앙카라로 이동하기 전에 하루를 쉬는데, 그가 지나가는 말로 중요한 사실을 말해주었다. 수상자가 나와 터키 전 총리 술레이만 데미렐Suleyman Demirel 두 명이라는 것이었다. 두 사람 모두 짧은 수상소감을 말하는 식순이 잡혔다. 그것도 터키어로 해야 하는 연설이었다.

심각한 문제였다. 대서양을 건너고, 앙카라까지 이동하느라 정말 지쳤는데 연설까지 준비해야 했다. 그것도 모국어가 아닌 외국어로 말이다. 그렇다고 피할 방법도 없었기 때문에 연설문을 준비하기 시작했다. 다소 자전적인 연설로, 학생 때 터키어를 처음 접한 것과 터키에 첫발을 디딘 것에서 부터 시작하는 연설이었다. 다음 날 나는 앙카라대학교에서 연설을 한 뒤 안도의 한숨을 쉬었다. 주최 측은 내 연설에 크게 만족했으나, 어쩌면 인사말일 뿐이었을 수도 있다. 나는 아직도 어느 게 맞는지 모르겠지만 표면적으로 그리 나쁜 연설은 아니었다.

테디 콜렉

이스라엘에 있는 친구 중 가장 오래 알고 지낸 사람은 테디 콜렉Teddy Kollek이다. 그는 흥미로운 인물이기도 하다. 그는 1965년 예루살렘 시장에 당선됐다. 당시 이스라엘의 통제하에 있던 예루살렘은 서西예루살렘이었고, 동東예루살렘은 요르단의 통치하에 있었다(1967년 6일 전쟁 중에 이스라엘은 동예루살렘을 장악했다). 1948년에서 1967년까지 동예루살렘에 있던 구시가지는 요르단이 통치했으므로 유대인들은 구시가지에 들어갈 수 없었고, 당연히 그곳에서 살 수도 없었다. 고대 유대인 지구Jewish Quarter에 살던 유대인 주민들도 추방당했고, 이미 죽은 유대인들의 시신도 고대 공동묘지에 있는 무덤에서 다른 곳으로 옮겨졌다. 묘비는 대부분 바닥재나 화장실 벽으로 재사용되는 등 다른 곳에 쓰였다.

당시 요르단 정부는 허가를 받지 않은 어느 누구도 동예루살렘과 그 안의 성지를 방문하는 것을 허용치 않았다. 어떤 국적, 어떤 종교를 가졌든 모든 유대인들, 모든 이스라엘인들은 동예루살렘에 들어갈 수 없었다. 이스라엘에 거주하는 기독교인들과 무슬림들도 구시가지의 성지를 방문할 수 없었다. 그러나 단 하루의 예외가 있었으니, 바로 성탄절이었다. 기독교 정교의 성탄절이 아닌 서구 기독교의 성탄절이었다. 이는 서구의 압력을 의식한 조치라고 볼 수 있다. 요르단은 성탄절 단 하루에만 이스라엘 거주 기독교인들이 구시가지에 들어가서 성묘교회 Church of the Holy Sepulchre를 몇 시간 내로 방문하는 것을 허용했다.

아주 춥고 바람이 불던 성탄절에 나는 예루살렘에 있었다. 테디는 구시가지 경계선에 다과 테이블을 마련했다. 커피, 차, 과자가 구시가지를 다녀오는 기독교인들에게 무료로 제공됐다. 나는 그의 행동에 크게 감명받았다. 왜냐하면 이런 행동에 전혀 정치적 목적이 없었기 때문이다. 대부분 방문객들은 예루살렘 출신이 아니었고, 이스라엘 전역에서 성지를 방문한 사람들이었다. 따라서 그들이 선거에서 테디에게 표를 줄 수도 없었고, 예루살렘 내 자신의 선거구에서도 특별한 정치적 이득이 없었다. 단순히 인간적 연민에 바탕을 둔 행동으로, 쓰라린 갈등의 분위기를 훈훈하게 해보겠다는 것이었다. 그는 인간성이 남다른 인물이었다. 이후에도 그가 보여준 행동들에서 따스한 마음을 느낄 수 있었다.

테디 콜렉은 도시를 위해 많은 일을 한 훌륭한 인물이었다. 나는 한 번은 그에게 자신들이 거주하는 도시의 시장 이름은 모르더라도 예루살렘 시장의 이름을 아는 사람들이 분명 많을 것이라고 말한 적이 있다. 그는 그렇게 생각하지 않는다고 말했다. 나는 "바로 내가 그중 한 명"이라고 강조했다. 실제로 나는 프린스턴 시장의 이름을 몰랐다. 그는 "25년 동안 시장이 같은 사람이었다면 아마도 그의 이름을 알았을 것"이라고 웃으며 말했다. 아마도 맞는 말일 것이다. 민주주의 체제에서 정치인들은 일반적으로 자신에게 표를 던지는 사람들을 만족시키려고 노력한다. 그러나 테디는 인도적인 측면에 더 많은 관심을 두었다. 재선을 위해 노력하기보다는 예루살렘 시민들과 이 도시를 걱정하는 수백만의 세계인들을 위해 헌신적으로 일했다. 바로 이것이 그의 위대함이다.

테디와 나는 이후에도 자주 만났고, 깊은 우정을 쌓아갔다. 우리의 우정은 2007년 그가 삶을 마감할 때까지 계속 이어졌다. 그와의 추억이 담긴 소중한 것들 중에 메주자mezuzah(유대교 전통으로 글귀를 담아 대문 기둥에 걸어두는 작은 상자)가 있다. 내가 텔아비브에 아파트를 임대했을 때 테디가 내게 준 선물이었다. 그 안에는 다음과 같은 글귀가 있었다. "예루살렘이 아닌 텔아비브에 숙소를 정한 너를 용서하면서."

엄밀히 말하면 텔아비브가 나를 선택한 것이었다. 1980년 나는 텔아비브대학교로부터 매력적인 제안을 받았다. 매년 계속 연장 가능한 객원교수 자리였다. 내 책무는 대학에서 두 차례 공개 강연을 하는 것과 학문적 자문을 받고자 하는 학생들을 만나는 것이었다. 프린스턴에서의 일정에 여유가 생기면서, 나는 기꺼이 이 제안을 수락했다. 수년 동안 그곳에서 내가 한 많은 강연들 중 일부는 학술지에 게재됐고, 어떤 강연은 내 책의 일부가 되기도 했다. 그러나 다수는 출판되지 않았다. 텔아비브대학교 홈페이지에서 이 강연을 아직도 열람할 수 있다. 여러 해 동안 이들 강연은 많은 수강생을 끌어 모았다. 대학 강당이 매번 만석이 됐고, 때론 강당의 자리가 부족해 스피커가 있는 인근 강의실을 개방해야 했다. 그러나 이제 나도 늙고 청중도 나이가 들어가면서, 정기적으로 강연에 참여하는 사람들은 200명 전후로 줄었다.

이스라엘에 있는 친구 및 대학과의 좋은 관계로 나는 많은 혜택을 받았다. 사무실이 있었고, 이곳을 통해 중동의 다른 나라들을 쉽고, 빠르고, 시차 없이 방문할 수 있었다. 이는 내게 큰 의미를 갖는다. 나이가 들어가면서 장거리 여행이 점차 힘들어지기 때문이다.

골란고원에 대한 영국인의 시각

1940년대 후반 나는 영국 외무성의 최고 아랍 전문가인 제프리 아서 Geoffrey Arthur를 알게 됐고, 그후 오랫동안 그와 친밀한 관계를 유지했다. 그는 아랍어를 능숙하게 구사했고, 여러 아랍 국가에서 근무했다. 그 결과 외무성에서 중동, 북아프리카, 유엔을 담당하는 국장이 됐다(왜 유엔을 중동 및 북아프리카와 같은 부서에서 담당하는지 나는 의아하게 생각했었다). 우리는 한 달에 한두 번 외무성 산하 클럽 혹은 대학교 내 클럽에서 만나 점심이나 저녁을 먹었다. 이를 통해 현안에 대한 서로의 의견을 교환했다. 보통 그가 현안 뉴스를 전해주고 내가 그것에 의견을 밝혔으며, 물론 때로는 그 반대가 되기도 했다. 1970년대 그가 이스라엘을 처음 방문한 이후, 우리는 기억에 남을 만한 대화를 나누었다.

그는 공식적인 용무로 이스라엘을 방문했고, 이스라엘의 고위 정치인들과 관료들을 만났다. 그는 중동에서 합리적이고 어른다운 정치인들과 대화를 할 수 있어서 너무 기뻤다고 말했다. 아랍 정치인들과는 신경질적인 아이들과 이야기할 때처럼 말을 주의 깊게 들어야 하는 상황이었기 때문이다. 나는 이 말을 이스라엘 정치인들에게도 했느냐고 물었다. "물론 했지요. 내 말을 듣자 그들은 고맙게 생각했어요. 그런데 한 사람이 '만약 당신이 우리에 대해 그렇게 느낀다면 왜 좀 더 이스라엘에게 잘 해주지 않습니까?'라고 묻더군요." 이 질문에 대해 그는 자신의 임무가 영국의 이익을 대변하는 것이었고, 중동 지역에 이스라엘인들보다는 아랍인이 훨씬 많다는 점에서, 영국은 이를 반영하는 정책을 취할 수밖에 없다고 답했다고 했다.

이스라엘 관리들은 그에게 이스라엘의 이곳저곳을 보여주었다. 1967년 전쟁 당시 이스라엘이 점령한 골란고원도 비행기로 상공에서 볼 수 있도록 해주었다. 비행기가 골란고원으로 향할 때 시리아 영토인 이곳이 이스라엘 북부의 안정에 심각한 위협이 된다고 그는 생각했다. 그런데 그가 비행기에서 아래를 내려 보았을 때 갑자기 입에서 한마디가 툭 튀어나왔다. "당신들이 이 땅을 돌려주어서는 안 되겠네요!"

아랍 국가들을 방문할 때마다 나는 다음과 같은 주장을 수도 없이 들었다. "우리는 시간을 가지고 인내하면서 기다릴 것이다. 역사는 우리 편이다. 우리는 십자군을 몰아냈고, 오스만제국에서도 벗어났고, 영국의 지배도 떨쳐냈다. 언젠가는 유대인들도 제거할 것이다." 이런 이야기들을 계속 듣다가 한번은 내가 반박했다. 아마도 요르단 친구들과 함께한 모임에서였을 것이다. "미안하지만, 뭔가 잘못 알고 있는데." 내 친구들이 놀라 물었다. "무슨 말을 하는 거야? 실제 일어난 사건들이 잖아." 나는 이렇게 설명해주었다. "정확하지는 않아. 십자군을 몰아낸 것은 투르크족이고, 오스만제국을 무너뜨린 것은 영국인들이지. 영국의 위임통치를 종식시킨 것은 유대인이고 말이야. 다음에는 누가 그 역할을 할지 궁금해지네."

9

+ +

문명의 충돌

인류 역사에는 많은 문명이 존재했다. 특히 종교적 신앙체계에 근거한 다양한 문명들이 많았다. 대부분의 종교는 '상대주의적relativist' 접근법에 바탕을 두는데, 이 용어는 가톨릭교회가 다른 종교를 어느 정도 수용하기 위해 고안한 것이다. 또 다른 접근법으로는 다른 종교를 폄하하려는 사람들이 사용해온 '승리주의적triumphalist' 접근법이 있다.

상대주의적 시각을 간단히 설명하면 다음과 같다. 인간이 서로 소통하기 위해 다양한 언어를 만들어낸 것처럼, 신과 소통하기 위해 다양한 종교를 만들어냈다. 신은 이들 다양한 종교를 이해한다. 모든 종교의 지위가 다 같지는 않지만 신은 이를 이해한다. 이와 반대로 승리주의적 종교를 따르는 사람들은 자신들은 신이 인류에게 내린 최종 계시를 받은 행운아들이라고 믿는다. 따라서 유대교나 불교 신자들과는 달리 이 종교를 이기적으로 자신들만 누려서는 안 된다고 생각한다. 어떠한 역경과 곤란이 있더라도 이를 헤쳐 나가 인류 모두에게 이 최종 계시를 전파해야 한다고 강조한다. 이런 승리주의적 접근법을 대표하는 종교가 바로 기독교와 이슬람이다. 두 종교의 공통적 자세는 다음과 같이 요약될 수 있다. "나는 옳고, 당신은 틀렸소. 지옥에나 가시오." 두 종교는 국제사회에서 여러 역할을 해왔고, 현재까지도 경쟁적인 관계에 있다.

아시아의 고대 문명들, 특히 중국과 인도의 문명은 찬란하고 창의적이었으며 인류의 발전에도 크게 기여했다. 그러나 이들 문명은 배타적이지 않았고, 자신들의 시각이 유일한 진리라고 주장하지도 않았다. 이들의 종교체계는 때로 상당히 영향력이 컸으나 대부분 간접적이고 상당히 절제된 모습을 보였다. 그러나 기독교와 이슬람은 다르다. 두 종교는 역사적 배경이 유사하지만 주관적인 사명이 있기 때문에 충돌이 불가피하다.

이탈리아의 도시 카피스트라노Capistrano 출신의 프란체스코회Franciscan 성 요한Saint John(그의 이름을 딴 에스파냐 선교단이 세운 도시가 현재 캘리포니아의 오렌지카운티에 있는 산후안 카피스트라노다 - 옮긴이)은 한 설교에서 모든 사람이 각자의 종교에서 구원받을 수 있다는 말도 안 되는 사상을 유대인들이 퍼뜨리고 있다고 비난한 적이 있었다. 성 요한은 유대인과 무슬림들에 대해 많은 말을 남겼는데, 그가 두 종교를 극도로 싫어했기 때문이다. 그는 유대인들을 집단 학살하고 무슬림들에게는 십자군을 보내야 한다고 강조했다. 그럼에도 위에 언급한 그의 말이 틀린 것은 아니다. 탈무드에 따르면 모든 정의로운 신앙은 천국에 자리가 마련되어 있다.

그러나 이런 유대교의 해석은 기독교와 이슬람에서 통용되지 않는다. 두 종교는 자신들의 종교만이 인간을 구원할 수 있다고 주장한다. 이를 받아들이면 구원을 받지만, 그렇지 않은 다른 종교는 불완전하며 포기되어야 한다. 기존에 있었던 앞선 종교라면 불완전한 것이기에 버려야 하고, 나중에 나온 종교라면 잘못된 것이다. 신이 인류에게 내린 최종 계시를 받았다고 믿는 사람들에게, 기존 종교를 믿는 사람들은 시대에 뒤떨어진 신앙을 가진 사람들이다. 그렇다 해도 기존 종교에는 아주 작으나마 진리가 있을 수는 있다. 이것이 바로 유대인에 대한 중세 기독교인의 인식이었으며, 유대인과 기독교인에 대한 전통적 무슬림의 인식이었다.

쿠란과 선지자 무함마드의 언행록에 기록된 바에 따르면 기독교인은 유대인보다 더 긍정적으로 묘사된다. 이는 선지자 무함마드가 기독교인과 적대적이지 않았기 때문인데, 이런 태도는 시간이 지나면서 역전된다. 그 한 가지 이유는 바로 유대인이 삼위일체를 믿지 않기 때문이다. 삼위일체는 절대적 유일신을 믿는 무슬림들에게는 다신론의 한 형태다. 또한 예수의 신성이란 무슬림에게는 우상숭배의 한 형태인데, 유대인은 예수의 신성을 받아들이지 않는다. 더더욱 중요한 점은 기독교인과는 달리 유대인은 역사적으로 국제무대에서 무슬림과 경쟁구도를 형성하지 않았고, 때로는 여러 역사적 시점에서 무슬림에게 유용한 존재이기도 했다는 점이다. 하지만 이스라엘 건국 이후 최근의 정치상황에서는 이러한 시각도 완전히 바뀌었다.

무슬림과 기독교인은 오랫동안 서로 공격하고 영토를 침범했다. 처음에 이러한 충돌은 상호 간 차이보다는 유사성에서 비롯됐다. 양측은 의미 있는 논쟁을 벌였다. 중세 내내 특히 에스파냐나 시칠리아 같은 접경 지역에서 대립했다. 기독교인이 무슬림에게 혹은 무슬림이 기독교인에게 다음과 같이 말했다. "너는 이단자다. 불지옥에 떨어질 것이다." 양측은 이 말이 무슨 뜻인지 명확히 이해했다. 사실, 같은 것을 의미하기 때문이다. 두 종교의 천국 개념은 약간 다르지만 지옥의 개념은 같다. 불교도, 힌두교도, 혹은 유교도에게 이런 말을 던진다면 별 의미가 없을 것이다. 유사한 주장을 펴는 두 종교가 같은 지리적 공간에 존재한다면 문제가 발생하는 게 당연하다.

무슬림의 주장에 따르면, 선지자 무함마드는 비잔틴제국, 이란, 에티오피아의 통치자들에게 서한과 사신을 보내 이슬람의 사명을 알리고 최종 완성본의 계시를 담은 진실한 신앙을 수용하라고 촉구했다. 이를 받아들이지 않은 이란은 정복당했고 결국 이슬람을 받아들였다. 그러나 여러 군사적 패배와 희생에도 기독교는 비잔틴제국과 에티오피아에서 끝내 살아남았다. 유럽 본토의 기독교도 큰 영향을 받지 않았다. 두 경쟁적 종교의 오랜 갈등은 그 이후로도 계속됐다. 인류에 대한 신의 최종 계시를 전파하는 문제에서 주도권을 놓고 양측이 지속적으로 충돌한 것이다.

선지자 무함마드의 추종자들은 이란에 이어 이라크, 시리아, 팔레스타인, 이집트 등 기독교 국가들과 북아프리카를 정복했다. 그리고 유럽을 침략해 시칠리아, 에스파냐, 포르투갈을 장악한 뒤에는 프랑스까지 침공했다. 수백 년이 지난 후 기독교인들은 에스파냐, 포르투갈, 시칠리아를 탈환했으나 북아프리카는 탈환하지 못했다. 더불어 오랫동안 십자군 전쟁을 이끌어왔음에도 기독교의 성지를 회복하는 데 궁극적으로 실패했다.

이슬람 세력의 두 번째 공격은 오스만제국이 중동에 등장하면서였다. 오스만제국은 고대 기독교 도시인 콘스탄티노플을 정복하고 유럽을 침공했다. 오스만제국과 동맹을 맺은 바르바리Barbary(이집트를 제외한 북아프리카의 원주민-옮긴이) 해적들도 북부 아프리카 해안을 출발해 기독교세계의 해안 지역을 약탈했고 북으로는 아이슬란드까지 진출했다. 이들은 수십만 기독교인들을 생포해 알제 등 북아프리카 지역 노예시장에 팔아넘겼다.

이 두 번째 공세도 결국 패배로 끝났다. 영국, 프랑스, 러시아 등 유럽의 강대 제국주의 세력과 네덜란드, 이탈리아까지 이슬람 영토를 잠식하기 시작했다. 제1차 세계대전을 전후로 오스만제국은 급격히 쇠락했고 결국 몰락했다. 그러나 이런 유럽의 지배도 제2차 세계대전 이후 종식됐다. 일부 사람들은 현재 발생하는 상황이 무슬림들의 세 번째 공세라고 주장하기도 한다. 무슬림들이 신의 최종 계시를 모든 인류에게 전파하는 신성한 사명을 수행하고 있다는 것이다. 물리적인 침략이나 정복을 통해서가 아니라, 유럽 이주를 통해 인구변동을 야기하는 방식을 통해서다.

과거에는 이슬람과 기독교의 충돌이 이질성보다는 같은 세계관, 같은 역사적 배경, 종교적 사명에 대한 같은 인식 등 유사성에서 기인했다는 점을 많은 사람들이 알고 있었다. 그러나 서구에서 세속주의가 팽배하면서 그들의 인식에 큰 변화가 생겼다. 대다수 서구인들은 이슬람의 정치 및 종교적 실체는커녕 무슬림의 일반적 인식체계도 제대로 파악하지 못한다. 따라서 이슬람이 야기하는 여러 문제와 위협을 정확히 이해하지 못하고 당혹스러워하기만 한다.

정치와 이슬람

위대한 독일 역사학자 레오폴트 폰 랑케Leopold von Ranke에 따르면 모든 역사는 동시대적이다. 서구와 마찬가지로 이 시각은 이슬람세계에도 적용되며, 아마 더 적절할 수도 있다. 왜냐하면 이슬람세계는 이제야 겨우 사회적, 문화적, 경제적, 종교적 변화의 수순을 밟고 있기 때문이다. 중세 기독교세계를 세속적인 근대 산업국가들로 변모시킨 것처럼 이제 그 변화가 이슬람세계에 나타나는 것이다. 이슬람세계에서 종교는 아직도 공적, 사회적 중요성을 띤다. 그것은 권위의 원천이고, 충성의 중심이고, 정체성의 기준이다. 르네상스, 신대륙 발견, 종교개혁, 계몽주의, 산업혁명과 같은 대변혁을 거치면서 유럽에서 이미 사라진 현상이다.

하지만 더 심각한 것이 있다. 이슬람에는 기독교에서는 존재한 적이 없었던 종교와 정치 간 연계성이 폭넓게 작용한다. 기독교의 창시자는 '카이사르Caesar의 것은 카이사르에게, 하느님의 것은 하느님께 돌릴 것(마태오복음 22장-옮긴이)'을 추종자들에게 명령했다. 예수 사후 300여 년 동안 기독교인들은 소수파였고, 권력을 갖지 못했으며, 종종 극심한 박해를 받았다. 콘스탄티누스 대제가 개종한 이후에야 기독교는 국가의 종교가 됐다. 그러고 나서 종교기관인 교회가 설립되었고, 교회법이 제정되었고, 종교재판소와 성직자가 등장했다. 기독교 역사 전 기간 동안, 사실상 모든 기독교 사회에서는 두 종류의 권위가 받아들여졌다. 서로 다른 사안을 관장하는 것들로 하느님과 카이사르, 즉 교회와 국가 혹은 종교적 사안과 세속적 사안이다. 이 두 권위가 때로는 결부되고, 때로는 분리되고, 때로는 조화를 이루고, 때로는 갈등을 보이고, 때로는 한쪽이 지배하고, 때로는 다른 한쪽이 우위에 있었다. 그러나 항상 두 권위는 존재했다.

그러나 근대 이전의 이슬람에서는 기독교와 달리 하나의 권위만 존재했다. 이슬람 창시자 무함마드는 소위 '약속의 땅'에 들어갈 수 있었다. 그는 순교하지 않았고, 오히려 죽기 전까지 군사적, 정치적 성공을 거두었다. 고향인 메카에서 메디나로 이주한 이후, 그는 새로운 국가를 만들었으며 결국 메카를 정복하고 통치할 수 있었다. 무함마드는 최고 권력자가 되어 군대를 통솔하고, 전쟁과 평화를 결정하고, 세금을 거두고, 재판을 담당했다. 한마디로 정리하면 모든 종류의 통치권을 행사했다. 따라서 무슬림들은 그가 미래의 후손들을 위해 이상적인 국가와 통치 시스템을 만들었다고 믿는다.

따라서 이슬람의 역사에서, 보다 엄밀히 말하면 초기 형성기부터 신앙과 권력, 즉 올바른 신앙과 세속적 지배에 관한 명확한 해석이 등장했다. 종교적 권위와 세속적 권위가 하나라는 것이다. 이는 현재 모든 지역의 무슬림들이 보편적으로 가지고 있는 공동의 인식체계다. 이런 인식은 초기 구약성서에서부터 유대교와 기독교까지 유례를 찾아볼 수 없는 것이다. 이란의 이슬람혁명 지도자 아야톨라 호메이니Ayatollah Khomeini의 유명한 말이 위의 사실을 뒷받침한다. "이슬람은 정치다. 그렇지 않을 경우 아무것도 남지 않는다." 물론 현대에 모든 무슬림이 이런 시각을 갖고 있지는 않다. 그러나 아야톨라 호메이니는 많은 무슬림들이 받아들이고, 이슬람 역사에서도 명확히 등장하는 종교와 정치의 긴밀한 관계를 언급한 것이다.

하지만 종교와 정치의 결합이 일부 사람들이 주장하는 것처럼 테러를 정당화하지는 않는다. 이슬람의 교리, 전통, 법은 이슬람의 이름으로 테러를 감행하는 사람들을 결코 용납하지 않는다. 이슬람법은 무차별적인 민간인 살해 혹은 협박을 위한 인질납치와 같은 행위를 명시적으로 금지한다. 쿠란의 여러 구절에 따르면, 어느 누구도 다른 인간의 신체적 자유를 구속할 수 없다. 이슬람법에서는 인질을 주고받는 것에 관련한 법규가 있지만 이는 강제적인 것이 아니라 자발적인 것이다. 타인의 부담을 신체적으로 질 수는 없고 합의에 의해 인질이 교환되곤 했는데, 이는 특정 의무에 대한 이행을 약속하는 한 방식이었다. 이런 관행이 한때는 상당히 일반적이었으나, 현대의 인질납치와 협박 행위와는 전혀 성격이 다르다. 같은 맥락에서 이슬람법은 지하드jihad를 허용하는데, 이는 이단자와 배교자로부터 신앙을 지키기 위한 전쟁이다. 그러나 전투에 임하는 방식에 명확한 규칙을 둔다. 민간인을 공격하지 않는 것이 대표적이다. 전투를 규율하는 이러한 규칙이 등장한 배경에는 이슬람시대 초기에 많은 전투가 발생한 데 있다.

이슬람세계에서 역사적 전통과 종교적 사명은 상당히 독특한 방식으로 유지되어왔다. 메카와 메디나 두 성지를 방문하는 대규모 행사가 매년 존재하는데, 이를 통해 전 세계에서 모인 수백만 무슬림들은 공통의 의식과 절차를 통해 자신들의 전통과 사명을 되새길 수 있다. 오늘날 현대적 통신기술과 미디어를 통해 서구도 비슷한 기회를 가지게 됐다. 그러나 대부분의 경우에서 이런 기술의 발전이 제대로 활용되지 못하며, 서구인들의 역사적 지식과 인식은 아직도 크게 결여된 상태다. 이슬람세계는 여전히 종교를 통해 정체성을 유지한다. 유럽, 아시아, 중동이라는 개념도 이슬람세계에서는 상당히 최근에 도입된 것이다. 반면 서구는 더는 기독교세계라는 용어를 사용하지 않는다. 만약 그렇게 한다면 많은 사람들이 잘못된 용어라고 비판할 것이다. '서양'이라는 용어에는 분명히 '이슬람'이라는 단어가 풍기는 영향력이 없다.

여러 글에서 나는 이슬람세계와 서구의 중대한 차이점들을 끊임없이 지적해왔다. 1950년대 후반부터는 이슬람세계의 분위기가 바뀌고 있다는 점도 인식할 수 있었는데, 이러한 인식의 변화는 다양한 통로를 통해 이루어졌다. 즉 이슬람세계에서 무슬림들이 쓰고 말한 것들을 읽고 듣고, 무슬림 학생들과 대화를 나누고, 이슬람 국가들을 여행함으로써 그것이 가능했다. 무슬림들이 자신들의 언어로 말하고 쓴 것을 지속적으로 따라가는 것은 아주 중요했다. 다시 말해 해당 지역의 언어적 지식을 바탕으로 진행되는 상황을 파악하는 것은 필수적이다. 그러나 이것만으로는 충분치 않다. 이슬람세계는 과거로 회귀하려는 경향이 상당히 일반적이므로, 과거의 역사를 정확히 알고 있어야 한다.

한동안 이슬람세계도 서구화를 지향했었다. 서구에 반감이 있었지만, 자체의 정체성과 충성심, 불만과 야망을 서구의 방식으로 인식하려고 했었다. 그러나 20세기를 거치면서 이런 경향은 벽에 부딪혔고, 다시 이슬람의 정체성과 충성심의 징후가 고조됐다. 이 중 가장 대표적인 현상이 바로 무슬림형제단Muslim Brothers이라고 알려진 조직의 등장과 발전이다. 이는 신앙심이 깊은 초등학교 교사 하산 알-반나Hassan al-Banna가 이집트에서 창설한 이슬람 단체이다.

무슬림형제단은 사회, 종교, 교육 분야에서 활동을 시작하여, 이후 경제적, 정치적 활동으로 그 관심 분야를 확장했다. 무슬림형제단은 이집트 내 영국군의 주둔을 정당화한 1936년 영국-이집트 조약Anglo-Egyptian Treaty에 항의하는 시위를 주도했다. 이어 영국과 유대인 시오니스트에 대항하던 팔레스타인인들에 대한 지원에 나섰다. 1948년 무슬림형제단은 이스라엘과 맞서 싸우던 아랍 군대에 자원병들을 보냈고 현재까지도 여러 정치적 사안들에서 중요한 역할을 수행해오고 있다.

이런 지나친 정치적 활동을 제한하기 위해 이집트의 누크라시 파샤Nuqrashi Pasha 총리는 무슬림형제단을 해산하고 모든 자산을 몰수하겠다는 결정을 내렸다. 그러자 1948년 무슬림형제단 대원이 총리를 암살했고, 얼마 후 무슬림형제단 지도자 알-반나도 정체를 알 수 없는 조직에 의해 암살당했다. 이후 한동안 무슬림형제단은 지하에서 비밀조직으로 활동했으나, 1951년 4월 어떠한 군사적인 활동에도 참여할 수 없다는 조건으로 다시 합법적인 조직으로 인정받았다.

무슬림형제단 대원들은 수에즈운하 지역에서 주둔하던 영국군에 맞서 다양한 활동을 펼쳤다. 그리고 1952년 쿠데타로 권력을 장악한 '자유장교단Free Officers'과 모종의 관계가 있던 것으로 알려졌다. 하지만 이집트의 지배 세력과 무슬림형제단의 관계는 이후 다양한 국면을 거쳐 왔다. 때로는 양측이 극한의 대립을 보이기도 했다.

무슬림형제단과 연관 조직들은 아랍어를 구사하는 국가들에서 주로 활동했다. 그러나 이란, 터키, 소련의 이슬람공화국들에서도 유사한 조직들이 있었다. 무슬림형제단은 또 팔레스타인인들 사이에서도 인기를 얻어, 한때 팔레스타인 게릴라 조직 중 가장 강력한 세력인 파타Fatah와도 유대를 맺었다.

무슬림 정체성과 세속주의의 쇠퇴

많은 논의가 진행된 '문명의 충돌'에 대해 처음 글을 쓴 것은 1957년 8월 마지막 주 워싱턴 존스홉킨스대학교 국제관계학대학원School of Advanced International Studies에서 개최된 학회에 제출한 발표 자료에서였다.*
이 발표 논문에서 나는 당시 미국인들에게 고통스러운 문제에 대한 답을 제시하려고 노력했다. "중동에서 어떠한 영토도 합병하거나 점령하지 않았고 오히려 중동 국가들이 독립하는 데 역사상 유례가 없는 지원을 했던 미국이 왜 서구에 대한 적대감의 대상에 포함되어야 하는가?"

---

*이 학회 발표 논문집은 필립 타이어Philip W. Thayer가 편집하여 1958년《중동의 긴장 Tensions in the Middle East》이라는 단행본으로 출판됐다(Johns Hopkins Press, 1958, pp. 50~60). 발표 내용은《바벨에서 아랍 통역사까지From Babel to Dragomans》에 실렸다(pp. 232~239).

미국인들이라면 이런 의문을 당연히 가질 수밖에 없을 것이다. 나는 이런 의문에 대해, 중동 지역의 절대다수 무슬림들은 기독교 유럽의 정체성과 충성심의 가장 중요한 요소인 국가와 민족을 부차적인 것으로, 혹은 중요하지 않은 것으로 생각한다고 설명했다. 국가와 민족에 대한 정체성과 충성심에 기반을 둔 애국심과 민족주의는 무슬림들에게 생소하고 받아들이기 어려운 개념이었다. 이슬람세계에서 정체성과 충성심의 기초는 종교였기 때문이다. 서양인들은 한 민족 안에 여러 종교가 존재한다고 생각한다. 반면 무슬림들은 한 종교 안에 여러 민족이 있다고 생각한다. 따라서 민족은 한 국가 내에서는 어느 정도 중요성을 갖지만 국제적 차원에서는 부차적이다. 중동에서 기독교세계로 간주되는 서양 국가들은 하나의 그룹으로 분류된다. 항상 그렇지는 않지만 때때로 러시아도 여기에 포함된다.

1950년대 터키 기록보관소에서 현지조사를 할 때였다. 나는 일반 방문비자로 받을 수 있는 체류기간보다 더 오랫동안 터키에 머물렀다. 따라서 단기 체류비자를 신청해야 했는데, 큰 어려움은 없었다. 양식을 작성해서 담당 기관에 제출했고, 며칠 후 체류 허가증을 받아가라는 연락이 왔다. 허가증을 받아들고 나오는 순간, 허가증에 내 종교가 '개신교'로 적혀 있는 걸 발견했다. 나는 다시 담당자에게 가서 말했다. "잘못된 부분이 있습니다. 내 종교가 개신교로 적혀 있는데, 나는 개신교도가 아닙니다. 유대인입니다." 담당자가 말했다. "신청서에 당신이 개신교라고 썼을 것입니다. 그렇지 않고서야 우리가 어떻게 그렇게 기입할 수 있겠습니까?" 나는 다시 말했다. "내가 그렇게 썼을 리 없습니다. 나는 내가 누구인지 잘 알고 있습니다." 담당자는 재차 힘주어 말했다. "당신이 '영국인'이라고 썼네요. 영국인은 개신교입니다. 모두가 그렇게 알고 있어요." 더는 말이 통하지 않았다. 나는 상급자에게 다시 장황한 설명을 해야 했고, 허가증의 오류를 바로잡는 데는 상당한 시간이 더 걸렸다.

비슷한 사건이 테헤란에서도 있었다. 나와 영국인 동료가 체류 허가를 받기 위해 담당 기관에 갔을 때였다. 거기서는 터키보다 더 종교적 정체성이 강조됐다. 나는 내 종교를 정확히 기입한 후 큰 어려움 없이 체류 허가를 받았다. 그런데 동료가 곤란을 겪었다. 그는 종교란에 '기독교'라고 적었으나 이란 당국이 볼 때 이는 충분치 않았다. 담당자들은 "우리는 당신이 어떤 기독교를 의미하는지 알아야 합니다. 그리스정교, 아르메니아정교, 가톨릭, 개신교 중 어느 것입니까?" 그는 세속적 집안 출신이어서 신앙생활을 하지 않는다고 설명했으나 그의 설명은 받아들여지지 않았다. 결국 그는 하나의 특정 종파를 선택해야 했고, 그러고 나서야 임시 체류 허가증을 받을 수 있었다.

20세기 중반이 되면서 이슬람세계에서는 공동의 무슬림 정체성에 대한 인식이 강해졌다. 동시에 비이슬람 지역에 대한 공동의 적대감도 고조됐다. 몇 가지 예를 들어보겠다. 1945년 11월 밸푸어 선언Balfour Declaration(영국의 외상 밸푸어가 1917년 11월 2일 팔레스타인 지역에 유대인 국가 설립을 약속하는 서한을 시오니즘운동 지도자에게 보냄-옮긴이)을 비난하는 시위가 이집트에서 조직됐다. 시위 주도자들은 영국 정부와 영국의 동맹 시오니즘 세력에 강력한 비난을 보냈다. 시위는 반유대인 폭동,

그리고 보다 포괄적으로 비이슬람 세력과 시설에 대한 공격으로 이어졌다. 몇몇 가톨릭, 아르메니아정교, 그리스정교 교회들이 공격을 당해 피해를 입었다.

적의 개념을 확대 해석하는 이런 시위와 공격은 1952년 1월에도 발생했다. 수에즈운하 지역에 대한 영국의 지속적인 점령에 항의하는 시위가 수에즈에서 개최됐다. 반영국 시위대는 콥트Coptic 기독교 교회를 약탈하고 방화했다. 여러 교파의 이집트 기독교인들이 목숨을 잃었다. 이슬람시대 이전부터 이집트에 살아온 콥트 기독교인들은 이 나라의 가장 오래된 주민들이다. 2011년 말 내가 이 책을 집필하는 동안에도 여러 반기독교 공격 사건들이 발생해 수십만의 콥트 기독교인들이 이집트를 떠났다. 일부 흥분한 무슬림들은 이들 이집트 기독교인들도 적의 일부로 간주하고 공격의 대상으로 삼고 있다. 선지자 무함마드가 '불신의 무리들은 한 족속이다Unbelief is one nation'이라고 언급했다는 주장도 있으나 이는 와전된 이야기일 것이다. 이런 주장에 따르면 세상은 기본적으로 둘로 나뉘는데, 진실한 신자들의 공동체와 불신자들의 세상이다. 이 두 부류 속에 하위 집단들이 있지만, 크게 중요하지 않은 것으로 받아들여진다.

이러한 종교적 인식은 1958년의 레바논 내전과 그다음 해 이라크에서 발생한 민족주의자들과 공산주의자들 간의 충돌과 같은 사건들로 더욱 고조됐다. 1959년 3월 17일 이집트의 모스크에서는 이라크 북부 도시 모술Mosul에서 사망한 사람들을 애도하는 예배가 개최됐다. 예배 중 한 설교 내용이 이집트 주요 신문들의 1면에 실렸다. 기사는 다음과 같은 내용을 담았다. "오 전능하신 하느님, 주님의 뜻을 따르는 사도의 공동체에게 힘을 주시고, 이들의 적들을 경멸하시옵소서. … 우리는 진정으로 순교자들의 피를 복되게 해주시길 간청하옵니다. … 주님의 영광을 위해 그들은 피를 흘리고 순교했습니다. 진정으로 주님을 믿으며 그들은 기쁜 마음으로 자신들을 희생했습니다. 숭고한 이들을 주님이 옆에 두신 올바른 자, 순교한 자, 정직한 자의 반열에 올려주시길 기원합니다." 이와 같은 종교적 열정으로 인해 레바논 등 중동 국가들에 거주하는 기독교인들은 상당히 긴장하기 시작했다.

이러한 새로운 종교적 열정을 대표하는 또 다른 사건이 1967년 봄 시리아에서 발생했다. 당시 시리아는 아주 세속적인 군사정권의 통치하에 있었다. 4월 25일 한 젊은 장교가 군 잡지에 어떤 글을 기고했다. 반종교적 내용을 담은 상당히 세속적인 글이었다. 당시 무자비한 독재정권이 집권하고 있었기 때문에 사람들은 정부가 언론의 자유를 억제하고 재산을 몰수해도 결코 반발할 수 없었다. 그런데 신과 종교를 부인하는 내용이 국가 지원을 받는 잡지에 실린 것은 절대로 묵인될 수 없는 사안이었다. 무슬림들이 이 글에 대해 들고 일어났으며, 시위가 전국 각지에서 일어났다. 정부는 다양한 방법으로 대응했다. 우선 핵심 종교 지도자들을 체포했는데, 큰 효과가 없었다. 그러자 정부는 글이 게재된 잡지를 모두 회수하고, 저자와 편집위원회 위원들을 체포했다.

그리고 마지막으로 이런 정치적 위기에 대응하는 중동의 전형적인 방법을 동원했다. 5월 7일 다마스쿠스 라디오Damascus Radio는 이 사건에 대해 다음과 같이 논평했다. "자이슈 알-샤읍Jaysh al - Shab(국민의 군대라는 의미─옮긴이)에 게재된 사악한 글은 미국과 이스라엘의 음모와 연관된 것이다. 당국의 조사 결과 저자는 국민들을 분열시키고 국가 내 혼란을 야기하려는 사악한 목적으로 잠입한 CIA의 하수인으로 밝혀졌다." 이후에도 이를 입증하는 추가적인 '증거들'이 방송을 통해 공개됐다. 결국 시리아 정부는 이 음모가 미국, 영국, 요르단, 사우디아라비아, 이스라엘, 반정부 세력인 드루즈Druze(시리아와 레바논의 급진 시아파) 세력이 꾸민 짓이라는 최종 결론을 내렸다. 5월 11일 저자와 편집위원들은 군사법정에서 종신형을 선고받았다. 이 사건이 발생한 이후 3년 동안, 그 이전 30년 동안 지어진 것보다 더 많은 수의 이슬람 사원이 세워졌다.

이때부터 이런 종류의 세속주의 성향의 표현이 정부기관에서 사라졌다. 정권과 과격 이슬람 야권 사이에 심각한 갈등이 있던 이집트에서도 이슬람은 국민의 정체성과 충성심에서 핵심적인 역할을 담당했다. 예를 들어 1965년 이집트군 최고사령부가 발행한 행동지침은 이스라엘은 물론 놀랍게도 예멘과의 전쟁까지도 불신자에 대한 지하드로 규정했다. 중세 이슬람에서 지하드가 현대에 와서 소멸된 것인지 아니면 계속 유효한지에 대한 장병들의 질문에 답할 때, 정훈장교들은 지침서에 따라 알라를 위한 지하드는 현재도 유효하며 사회 정의와 인류의 발전을 위해 노력하는 것으로 재해석된다는 점을 전파하도록 지시받았다. 지하드가 불가피한 적들은 이슬람 사회의 발전을 막으려는 세력과 이념, 즉 제국주의, 시온주의, 아랍의 반동주의 세력들이다.

"이슬람의 사명에 대한 이러한 재해석, 지하드에 대한 이러한 이해를 바탕으로 우리는 예멘에서의 군사적 행동이 지하드이며, 이스라엘에 맞서는 군사적 행동이 알라를 위한 지하드임을 잊지 말아야 한다. 이들 전쟁에 참전하는 자들에게는 알라를 위한 지하드의 전사로서 그에 응당한 축복을 받을 것이다. 우리의 군사적 행동은 알라를 위한 신성한 전쟁이다. '그들을 발견한 곳에서 그들을 멸하고 그들이 너희들을 추방한 곳으로부터 그들을 추방하라(쿠란 2장 191절).'" 1973년 6월 이집트 군대에 배포된 정훈 지침서에도 유사한 사항이 있었다. 1973년 10월 전쟁에서 수에즈운하를 도하하는 군사작전명도 바드르Badr(보름달이라는 뜻-옮긴이)였다. 바드르는 선지자 무함마드가 이단자 적들과 행한 여러 전투들 중 하나였다. 지침서에는 적의 실체를 시오니즘이나 이스라엘이 아닌 유대인으로 규정하고 있었다는 것이 좀 의아하다.

이슬람과 반유대주의

나는 영국에서 유대인으로 태어났고, '유대-기독교 전통Judeo-Christian tradition'을 바탕으로 하는 문명 속에서 성장했다. 유대-기독교 전통이라는 용어는 현대적인 개념이다. 중세에 이 용어를 사용했다면 유대교와 기독교 양측으로부터 비난을 받았을 것이다. 그러나 유대-기독교 전통은 실제로 고대로부터 있었다. 기독교가 성지에서 유대교의 한 분파로 등장했다고 볼 수 있기 때문이다. 기독교가 유대교로부터 완전히 분리됐고 때론 아버지의 종교라 할 수 있는 유대교와 심각한 갈등을 보이기도 했지만, 두 종교는 상당히 유사한 부분들을 공유했다. 대표적인 것이 히브리 성경이다. 기독교인들은 이를 구약으로 개명하고, 여기에 기독교 사도가 받은 계시와 교리를 추가해 신약도 덧붙였다.

흔히 사용되지는 않지만 유대－이슬람 전통Judeo-Islamic Tradition이라는 용어도 있다. 고대 유대 국가가 몰락한 이후부터 현대 유대 국가가 설립될 때까지, 유대인들은 이곳저곳에서 소수민족으로 살아왔다. 절대다수가 주로 기독교도와 이슬람교도인 국가들이었다. 유대인 공동체는 많은 곳에 있었고, 인도와 중국에도 있었다. 그러나 이들 지역의 유대인들은 해당 국가의 역사와 문화 그리고 자신들을 위해 중요한 역할을 담당하지는 못했다. 아마도 이들 지역에서 유대인 공동체 규모가 작았기 때문일 수도 있고, 유대인의 정체성을 부각시키는 것이 불필요한 관심을 유발할 수 있다는 부담감 때문이었을 수도 있다.

유대-이슬람 전통은 몇 가지 중요한 측면에서 유대-기독교 전통과 다르다. 우선 무슬림은 구약이나 신약을 그대로 받아들이지 않는다. 두 경전이 신의 최종 계시인 이슬람의 쿠란에 대체됐다고 생각한다. 그러나 무슬림이 유대인과 공유하는 게 있는데, 기독교인이 무시하고 거부한 것들이다. 대표적인 것이 공적, 개인적 삶의 모든 부분을 관장하는 신성한 율법이 있다는 시각이다. 일부 율법은 놀라울 정도로 유사한데, 예를 들어 유대교와 이슬람 모두 돼지고기를 금한다.

유대인과 무슬림 모두 이러한 친밀성을 잘 알고 있었다. 이슬람 및 기독교세계에서 살던 유대인들이 억압을 받아 순교를 당하던 중세시대에 한 라비는 생존을 위해 이슬람으로 개종한 척하는 것이 허용된다는 종교적 해석을 내렸다. 하지만 기독교로 위장 개종하는 것은 안 된다고 강조했다. 예수가 하느님의 아들이라고 말하는 것보다는 무함마드가 하느님의 사도라고 말하는 게 덜 불경하다는 것이었다. 반대로 19세기 초 첫 무슬림 학생들이 정부장학금을 받고 유럽으로 유학을 떠날 때, 이슬람 종교 지도자들은 이들에게 유대인의 음식을 먹되, 기독교인의 음식은 먹지 말라고 가르쳤다. 유대인이 음식과 관련해 무슬림과 거의 유사한 율법을 가지고 있기 때문이었다. 반면 기독교들은 아무거나 먹는다고 생각했다.

팔레스타인 문제로 유대인과 무슬림 사이에 긴장이 고조되는 분위기 속에서도 두 종교의 이러한 유사성은 이슬람을 보다 우호적으로 이해하는 데 큰 도움이 됐다. 이러한 인식은 이슬람 문학과 역사를 공부하는 데, 그리고 국내외에서 무슬림들과 교류하는 데 긍정적으로 작용했다. 그러나 불행하게도 이런 학문적 노력이 이스라엘과 팔레스타인의 관계 개선에 커다란 영향을 주지는 못하는 것 같다. 언젠가 미래에는 양측 사이에 우호적이고 정상적인 관계가 정립되길 기대할 뿐이다.

이스라엘과 전 세계에 거주하는 유대인은 전통적으로 크게 두 부류로 나뉜다. 아슈케나지Ashkenazi와 스파르디Sefardi다. 이 두 단어는 성서에 등장하는 지명 이름인데, 정확히 어디인지는 알려지지 않았다. 개인적으로 아슈케나지는 흑해 주변의 지역으로 그리스어 지명인 유시노스Euxinos와 관련된 것 같다. 그러나 중세 초기부터 유대인들은 이 두 단어를 각각 독일과 에스파냐를 지칭하는 것으로 사용했는데, 이 두 곳은 유럽에서 가장 큰 유대인 공동체가 있던 나라들이었다. 박해를 받아온 에스파냐의 스파르디 유대인들은 1492년 최종적으로 추방됐고, 이들 대부분은 오스만제국에서 피난처를 찾았다. 독일에 거주하던 아슈케나지 유대인들은 점차 동쪽으로 이동했다. 이 과정을 거쳐 폴란드, 리투아니아, 러시아에 거대한 유대인 공동체를 형성했다.

현재 이스라엘에서 아슈케나지라는 용어는 서부든 동부든 가리지 않고 유럽 출신의 유대인들을 일컫는 단어가 됐다. 스파르디는 에스파냐에서 이주해온 유대인들의 후손뿐 아니라 이집트, 시리아, 이라크, 이란, 아프가니스탄, 예멘에 거주하던 토착 유대인들을 의미한다. 이들 중동의 유대인들은 에스파냐 근처에도 가본 적이 없는 사람들이다.

아슈케나지와 스파르디 두 부류의 유대인을 지켜보면서, 두 그룹이 다시 결합하는 것을 지켜보면서, 그리고 이들이 출신 지역과 국가에서 가져온 전통과 태도의 차이를 지켜보면서, 나는 진정한 분열은 지리적, 종파적, 혹은 공동체적인 것이 아님을 깨닫게 됐다. 오히려 기독교세계 출신 유대인들과 이슬람세계 출신 유대인들이 서로 섞여 살면서 나타나는 문명의 충돌이 분열의 원인이었다.

이런 내 생각이 터무니없게 들릴 수도 있으므로, 좀 더 설명해보도록 하겠다. 유대교는 종교이자 문화이자 생활 방식이다. 유대교는 문명이 아니다. 유대인은 자체 문명을 건설할 만큼 수가 많지 않았고, 억압을 받았기 때문에 그럴 자유도 없었다. 그러나 유대인은 기독교와 이슬람 두 문명에 중요한 요소였다. 기독교인과 유대인은 많은 것을 공유하는데, 양측의 모든 종교문화의 기초인 구약이 가장 대표적인 예다. 박해를 당하고 추방되기도 했지만 유대인은 서구 문명의 중요한 일부였으며, 문명의 발전을 위해 많은 기여도 했다.

이슬람권 중동에 반유대주의 전통이 있는지 여부에 대해 최근에 많은 논쟁이 이어지고 있다. 일부 사람들은 이슬람이 등장한 직후부터 반유대주의가 있어왔다고 주장한다. 반면 어떤 사람들은 반유대주의는 서구에서, 특히 기독교세계에서 근대에 등장한 이념이라고 설명한다. 이런 논쟁을 시작하기에 앞서 우선 반유대주의의 정의를 파악하는 게 유용할 것이다. 유대인을 증오하는 것으로만 반유대주의를 규정하는 것은 충분치 않다. 자신과 다른 사람들을 싫어하는 것은 어쩌면 당연한 현상이고, 자신과 다른 사람을 박해하는 것도 어쩌면 보편적인 인간의 본성과 행동일 것이다. 모든 사회와 지역에서 이런 현상을 발견할 수 있고, 일부 역사학자들은 그리스-로마제국에서도 반유대주의가 있었다고 언급한다. 그 증거로 유대인들을 비난하는 내용이 담긴 당시의 글들을 제시한다. 하지만 나는 이를 반유대주의로 보지 않는다. 자신들과 다른 민족이나 집단을 공격하는 내용의 라틴어와 그리스어 고대 문서와 자료들이 상당히 많다. 즉 유대인만이 특정 대상이 아니었다. 대표적인 사례로 로마의 역사가 아미아누스 마르켈리누스Ammianus Marcellinus는 사라센Saracen(고대 그리스로마시대에, 그리스로마인이 아라비아 북부의 아라비아인[이슬람교도]을 부르던 말-옮긴이)에 대해 친구는 물론 적도 될 자격이 없다고 언급했다. 나는 유대인들에 대해 이보다 더 심한 표현을 사용한 것을 본 적이 없다. 반유대주의는 이와는 좀 다른 적대감이다. 반유대주의는 유대인들을, 타고나기를 그렇게 태어난 사람들 그리고 인류의 적이라고 규정하는 것이다.

특히 기독교인들에게 이런 적대감이 있어왔다. 아마도 예수의 십자가 처형과 연관된 것일 테다. 이러한 접근법은 중세 기독교 유럽에서 등장해 여러 변화를 거치며 극단적으로 발전했다. 중세 후기에 가장 잘 알려진 사례가 있는데, 박해를 이기지 못한 많은 유대인들이 기독교로 개종했거나 개종한 척했었다. 그러자 허위 개종자들을 색출하기 위한 종교재판이 열렸고, 이 재판은 인종적 기준을 적용했다. 유대인인지 아닌지 가려내기 위해 개종자의 조상들을 추적했는데, 기독교인이라고 주장해도 소용이 없었다. 이런 방식이 다시 19세기 독일에서 적용됐으며, 바로 이때 반유대주의라는 용어도 처음 사용됐다. 유대인을 공격하는 것은 극명하게 인종적 기준에 의한 것이었다.

이슬람세계 혹은 아랍세계에서 반유대주의의 역사는 기독교세계와 크게 다르다. 물론 유대인이 무슬림과 동등하지는 않았다. 유대인은 기독교인과 마찬가지로 진정한 신앙을 가지지 못한 열등한 종교인으로 분류됐다. 이슬람의 신성한 율법은 유대인과 기독교인을 다양한 방법으로 차별했다. 그러나 대부분의 중세 및 근대 이슬람 역사 내내 유대인은 기독교인보다는 더 나은 대접을 받아온 것으로 보인다.

물론 쿠란과 선지자 무함마드시대의 기록에 따르면 이슬람시대 초기에는 유대인보다 기독교인이 더 긍정적으로 평가됐다. 무함마드가 기독교인들과는 큰 문제에 부딪치지 않은 반면 유대인들과는 여러 차례 논쟁을 벌였기 때문이다. 그러나 무함마드 사후 이슬람제국이 성장하면서, 기독교세계가 강력한 경쟁자이자 적으로 대두됐다. 유대인들은 그리 중요한 존재가 아니었고, 오히려 여러 면에서 쓸모 있는 사람들이었다. 따라서 유대인들에 대한 태도가 상당히 바뀌었다. 물론 상당히 우호적이었거나 기독교인보다 더 큰 관용을 베풀었다는 얘기는 아니다. 어쨌든 유대인에 대한 변화된 시각은 오스만제국시대까지 이어졌다. 오스만제국에서 유대인은 제국의 부를 창출하는 상당히 유용한 존재로 평가됐다.

이후 유대인에 대한 시각을 변화시키는 사건들이 단계적으로 나타났다. 첫 단계는 아랍 기독교인들이 특히 프랑스어로 된 반유대주의 글들을 번역해 배포하면서 유럽의 반유대주의가 중동에 유입됐다. 1870년대 드레퓌스 사건Dreyfus affairs(유대계 프랑스 육군 포병 대위 드레퓌스가 독일 첩자라는 용의로 유죄를 선고받았으나 이어진 상고심에서 무죄를 인정받고 복직한 사건-옮긴이)이 진행되는 동안 이런 움직임이 활발했다. 물론 이 사건 이전에도 반유대주의가 중동에 유입되는 움직임이 있었다. 어쨌든 이 사건을 계기로 반유대주의가 중동에서도 빠르게 확산됐다.

이런 과정은 나치가 독일에서 권력을 차지하면서 더욱 가속화했다. 이것이 두 번째 단계로, 나치는 아랍인들에게서 상당한 지지를 끌어내는 데 성공했다. 따라서 나치 방식의 반유대주의도 아랍세계에서 폭넓게 확산됐다. 세 번째 단계는 소위 반유대주의의 이슬람화라고 할 수 있다. 앞서 두 번째 단계는 상당히 세속적이고 민족주의적이며, 현대적인 표현을 빌리자면, 인종주의적인 이념의 확산이었다. 그러나 이 마지막 세 번째 단계에서는 종교적인 색채가 강하게 깔렸다. 반유대주의를 이슬람, 선지자 무함마드, 경전을 통해 정당화하는 시도들이 이어졌다.

이후 오랫동안 유대인들은 대부분의 아랍 국가들을 방문할 수 없었다. 재미있는 이야기가 있다. 1970년대 초 헨리 키신저가 셔틀 외교

shuttle diplomacy(분쟁 중인 두 나라 사이를 제3국의 중재자가 해결을 시도하는 외교-옮긴이)의 일환으로 사우디아라비아를 방문했을 때였다. 사우디 당국자들은 당연히 그가 유대인임을 잘 알고 있었다. 하지만 그는 미국의 국무장관이었기 때문에, 파이살Faisal 국왕은 어쩔 수 없이 그를 만나야 했다. 그런데 아무래도 국왕은 유대인이 사우디에 입국한 것을 그냥 넘길 수 없었다. 그는 환영연설에서 키신저에게 말했다. "키신저 장관, 우리는 당신을 인간으로서 환대합니다." 키신저 장관도 기가 죽지 않고 말했다. "제 가장 친한 친구들도 인간입니다."

이슬람의 귀환

1970년대 초반 나는 객원교수로 인도에 체류했는데, 그때 런던대학교가 호주에서 개최되는 한 학술대회에 나를 대학 대표로 파견하기로했다고 통보했다. 내가 선택된 이유는 아주 간단했다. 영국에서 호주로 다른 사람을 파견하는 것보다 인도에 체류 중이던 나를 보내는 것이 비용을 줄일 수 있기 때문이었다. 나는 인도에서 호주로 가는 항공편을 찾아보았다. 가장 편한 방법이 싱가포르를 경유하는 것이었는데, 한 번도 가본 적이 없었기 때문에 그곳에서 며칠 머물기로 했다. SOAS에서 가르친 제자가 싱가포르대학교에 교수로 있어서 그에게 연락을 취해 싱가포르에서 투숙할 호텔의 예약을 부탁했다. 그는 호텔을 예약했고 고맙게도 공항까지 마중을 나오겠다고 답했다.

공항에 도착하자 그는 나를 태워 호텔로 향했다. 그리고 가는 길에는 내게 말했다. "그런데 내일 아침 10시에 리콴유李光耀 총리와 약속이 잡혔습니다." 나는 깜짝 놀라 말했다. "도대체 왜?" 그는 말했다. "우리가 총리에게 교수님이 싱가포르에 들르니 만나보시라고 말했고, 총리가 그러겠다고 했습니다."

다음 날 아침 10시 약간 불안한 마음으로 리콴유 총리 사무실을 방문했다. 그는 어떤 의식이나 대접도 없이 바로 본론으로 들어갔다. "당신이 이슬람 전문가라고 들었습니다. 문제가 있습니다. 싱가포르에는 말레이시아와 남아시아 출신의 무슬림 소수민족이 있습니다. 그들을 돕기 위해 정부는 많은 노력을 기울이고 있습니다. 대학 입학, 공공부문 채용, 정부 발주 사업에서 많은 특혜를 주는 등 정말 그들을 도울 수 있는 모든 것을 하고 있습니다. 오해하지 마십시오. 나는 절대로 자유주의자는 아닙니다. 그러나 거대한 두 이슬람 국가들, 즉 인도네시아와 말레이시아 사이에 있는 이 나라에는 아직도 불만이 가득한 무슬림 소수민족이 있습니다. 그들을 도우려고 많은 노력을 기울였지만, 그들은 삶이 크게 나아지지 않는다고 불평합니다. 두 가지 질문을 드리고 싶습니다. 무슬림들은 왜 그런가요? 그리고 우리가 무엇을 해야 하나요?" 나는 첫 번째 질문에 그가 만족할 만한 답을 주지 못했다. 그리고 두 번째 질문에 대해서도 답을 하지 못했다.

실제로 1970년대 이후부터 이슬람세계의 종교적 열정이 급부상했다. 당시 이슬람세계에서 발생한 사건들을 추적해본다면, 그리고 당시 무슬림들이 자신들의 언어로 언급한 내용들을 분석해본다면 이를 잘 알 수 있을 것이다. 1976년에 쓴 어떤 글에서 나는 이슬람세계의 이러한 새로운 움직임을 지적했다. '이슬람의 귀환The Return of Islam'이라는 제목의 이 글은 월간지 〈코멘터리Commentary〉에 실렸다. 이 글의 일부분을 좀 길게 인용해보겠다.

현재 이슬람세계에서 발생하는 것과 과거에 발생했던 것을 우리가 정확히 이해하길 원한다면, 이슬람의 두 가지 특수성을 파악해야 한다. 하나는 무슬림의 삶의 한 부분으로서 이슬람의 보편성universality이다. 또 다른 하나는 이슬람의 구심성centrality이다. 무슬림에게 종교는 정체성과 충성심의 기초이자 핵심이라는 점에서 보편적인 것이고 중심적인 것이다. 이슬람 공동체에 속한 사람들과 속하지 않은 사람들을 구분해내는 것이 바로 종교다. 무슬림 이라크인은 비무슬림 이라크인보다 다른 나라의 무슬림에게 훨씬 더 가까운 유대를 느낀다.

이슬람은 그 시작부터 권력을 가진 종교였다. 종교 지도자인 선지자 무함마드가 이슬람 국가를 건설했기 때문이다. 무슬림의 세계관에 따르면 권력은 무슬림에 의해서만 행사되어야 한다. 다른 종교인들이 이슬람 국가 내에서 보호를 받을 수는 있다. 물론 거기에는 이슬람의 우월성을 인정한다는 조건이 따른다. 무슬림이 비무슬림을 지배하는 게 당연하고 일반적이다. 비무슬림이 무슬림을 지배하는 것은 알라의 율법과 자연의 법칙에 어긋난다. 카슈미르, 팔레스타인, 레바논, 혹은 키프로스 같은 나라들처럼 무슬림이 완전한 권력을 갖지 못한 곳은 비정상적인 지역이다. 다시 강조하지만, 이슬람은 서구의 제한적인 개념에서의 종교가 아니다. 이슬람은 공동체이고, 충성심이고, 삶의 방식이다. 현재 이슬람 공동체는 무슬림 정권과 제국이 몰락하고 무슬림이 외부 불신자들에게 지배를 당하던 치욕의 시대에서 서서히 회복하고 있는 것이다. 토요일이 안식일인 유대인들, 그리고 일요일이 안식일인 기독교인들이 이제 이런 이슬람의 귀환에 직면하고 있다.

1970년대 말 나는 에스파냐의 코르도바를 방문했다. 이슬람학 국제학술대회에 참석하기 위해서였다. 터키에서도 여러 동료들과 친구들이 참석했고, 우리는 서로 반갑게 인사를 하고 터키어로 이야기했다. 그때 한 사람이 다가와서는, 자신을 현지 이슬람센터에서 일하는 사람이라고 소개했다. 그리고 우리를 센터로 초대하고 싶다고 말했다. 나도 초대를 받았는데, 아마도 나를 터키인으로 오해한 모양이었다. 놓치기아까운 좋은 기회였기에 터키인 동료들과 함께 그 센터를 방문했다. 아주 흥미로운 방문이었다. 센터 관계자들은 현재 상황에 대한 자신들의 인식과 이 상황을 극복하기 위해 자신들이 해야 할 일에 대해 설명했다. 그들이 열정적으로 설명한 것을 요약하면 다음과 같다. "이곳 에스파냐는 수 세기 동안 이슬람 영토였습니다. 고대 이슬람 국가였으나 불신자들이 정복하여 주민들이 강제로 기독교를 받아들였습니다. 현재 이곳에 사는 사람들은 무슬림의 후예이나 기독교 세력에 정복되어 이슬람을 버려야 했습니다. 따라서 이들이 다시 진정한 신앙을 회복하고, 이 나라를 다시 이슬람의 영토로 회복시키도록 노력하는 것이 우리가 이제 해야 할 일입니다."

이런 인식을 가진 사람들이 점점 더 많아지고 있다.《무슬림의 유럽 발견과 중동The Muslim Discovery of Europe and the Middle East》을 집필하고 있을 때였다. 나는 에스파냐 주재 모로코 대사관의 보고서들을 읽었는데, 대부분 18세기에 작성된 것들이었다. 재미있는 표현들이 있었다. 당시 모로코 외교관들은 에스파냐의 도시 혹은 지역 이름을 언급할 때마다 지명 뒤에 "알라께서 이곳을 이슬람의 품으로 빨리 회복하시길"이라는 문구를 반복적으로 붙였다.

코르도바에서 터키인 동료들과 함께 유명한 성당을 방문했다. 과거에는 이슬람 사원이었던 곳이다. 온건한 이슬람 신자인 한 터키인 동료가 말했다. "한때 이슬람 사원이었던 이 신성한 곳에 오니, 오후 기도를 드리고 싶네요." 이 말을 들은 다른 친구들이 놀라서 절대 그러지 말라고 그를 설득했다. "그런 문제를 만들 생각은 하지도 말게. 그것은 우리가 나중에 최종적으로 할 일이네." 그들은 말했다. 친구들이 만류하자, 그는 더욱더 그렇게 하고 싶어 했다. "우리가 두려워할 필요가 없잖나. 우리의 유산에 자부심을 가져야 해." 그러자 한 친구가 무언가 생각난 듯 말했다. "일부 그리스인들이 이스탄불의 소피아 성당Hagia Sofia(과거에는 그리스정교 교회였으나 오스만제국 당시 이슬람 사원으로 개조되었으며 현재는 박물관으로 사용되고 있다)에 와서 미사를 드린다면 자네 마음이 어떨 것 같나?" 그는 무슨 말인지 명확히 이해했고 기도를 드리겠다는 생각을 접었다.

여러 곳을 여행하면서 서구와 이슬람 세계 사이에 나타나는 정체성과 소속감의 미묘한 차이를 인식할 수 있었다. 대부분 서양 국가들에서는 다른 사람과 술을 마실 때 건강을 기원하며 건배한다. 반면 터키에서는 서로의 명예를 기원하며 건배한다. 명예의 사회적 의미를 두고도 서양과 이슬람권은 다르다. 서양 사회는 종종 의무/죄책감 사회라고 불리기도 한다. 모든 사람이 주어진 의무를 수행해야 하며 그렇지 못할 경우 죄책감을 가져야 한다. 반면 이슬람 사회는 명예/수치심 사회로 묘사된다. 가장 중요한 것은 명예이며, 만약 명예가 더럽혀지면 수치심을 느낀다. 의무/죄책감은 명백히 개인적인 사안인 반면, 명예/수치심은 집안과 집단에 영향을 준다. 의무/죄책감은 주관적이고 개인적인 것이다. 즉 개인이 자신의 내면에서 느끼는 것이다. 그러나 명예/수치심은 다른 사람의 평가와 깊은 관계가 있으며, 평판이라고 할 수도 있다. 자신이 속한 사회에서 각 개인이 가지는 지위라고 할 수 있으며, 외면적이다. '명예살인honor killings'이라고 불리는 것이 중동의 전통이 된 것도 바로 이 때문이다. 물론 이슬람은 이를 금하고 있으며, 이슬람법도 이를 법적으로 금한다. 그러나 종교도 이를 완전히 중단시키지는 못한다.

〈코멘터리〉지에 내 글이 실린 지 3년 만에, 미국인과 유럽인은 '정치적 이슬람political Islam'에 갑자기 깊은 관심을 가질 수밖에 없었다. 이란에서 이슬람혁명이 발생한 것이다.

이란혁명

1979년에 중동에서 큰 정치변동이 발생했는데, 바로 이란혁명이었다. '혁명'과 '혁명적'이라는 용어들은 현대 중동에서 자주 사용되어왔다.

실제로 혁명이라는 용어는 정통성을 수용하는 수단으로 폭 넓게 사용된다. 개인적, 종파적, 지역적 그리고 부족 지배 집단에 의해 이용되는 정치적 용어다. 그러나 이란혁명은 진정한 의미의 혁명이라고 할 수 있다. 프랑스 혹은 러시아 혁명을 지칭할 때 사용할 수 있는 단어와 거의 같은 의미다. 정치 권력과 통치 이념이 분명히 바뀌었다. 프랑스와 러시아 혁명과 마찬가지로 이란과 공통의 담론을 가지고 있는 지역, 즉 이슬람세계 전체에도 방대한 영향을 미쳤다. 이란혁명 직후 나는 강연을 위해 인도네시아를 방문했다. 그곳에서 나는 학생 기숙사에 자랑스럽게 걸린 호메이니의 초상화를 보고 크게 놀랐다. 이슬람세계의 서쪽 끝 모로코에서도, 북쪽의 중앙아시아에서도 이와 유사하게 반응했다.

이란혁명의 중요한 특징 중 하나인 반미감정이 등장해 확산된 것은 사실 미국의 특정 정책이나 행위의 결과가 아니었다. 소련의 경쟁 세력에 대한 선전 방식과 유사한 것일 뿐이다. 미국이 서구, 좀 더 구체적으로 말하면 이슬람의 역사적 경쟁자이자 적인 기독교세계의 주도적 세력으로 부상했다는 것이 반미감정의 근본적인 원인이었다.

이란혁명 과정에서 나타난 또 다른 두드러진 특징 중 하나는 테헤란 주재 미국 대사관 점거에 대한 미국의 '미적지근한' 대응이었다. 오랫동안 억류된 미국 외교관들에 대해 어떠한 조치도 취해지지 않았다. 결국 이들은 1년 넘게 대사관에서 인질로 잡혀 있었다. 뒤늦게 구출작전이 시도됐으나 너무나 터무니없이 실패하고 말았다.

이란 인질사태와 이에 대한 대응 과정을 통해서 우리는 위기를 극복하는 태도와 방식에서 중요한 교훈을 얻을 수 있다. 이란의 기록을 포함한 여러 자료를 통해 우리는 당시 상황을 재구성할 수 있다. 처음 이란 대사관을 점거한 이란 청년들은 인질을 장기간 억류할 의도가 없었다. 대사관 점거는 최고 혁명 지도자 호메이니의 승인도 받지 않은 돌발 행동이었다. 그러나 미국의 미온적인 반응을 파악한 호메이니와 점거 세력들은 자신감을 갖게 되었고 계속해서 인질을 억류하는 것이 좋겠다고 판단했다. 결국 인질은 444일 동안 대사관 내에 억류되고 말았다.

지미 카터 대통령이 같은 하느님을 믿는 신자로서 사태를 해결하자고 호소하는 편지를 호메이니에게 보낸 것, 미국이 이란 국왕의 입국을 불허하고, 과거의 친구인 국왕을 도우려 하지 않은 것 등이, 이란과 다른 중동의 무슬림들에게 미국과 친구가 되느니 적이 되는 게 더 이익이리라는 판단을 하는 데 일조했다. 냉전 동안 소련에 대해 어떠한 적대적인 말이나 행동을 할 경우 신속하고 엄중한 보복을 당하게 된다는 것이 일반적인 국제사회의 시각이었다. 그러나 미국에 대해 적대적인 말이나 행동을 할 경우에는 보복을 당하기보다 오히려 보상을 받곤 했다. 외교관들, 의원들, 언론인들, 학자들도 이런 상황이 발생하면 다음과 같은 질문을 던졌다. "오, 우리가 잘못한 것이 있나요? 만약 그렇다면 이를 바로잡기 위해 우리가 무엇을 해야 하나요?"

이란 사태는 더 심각한 결과를 초래했다. 이란 사태와 국제사회의 반응을 지켜보던 소련이, 이슬람세계와 미국의 강력한 대응을 전혀 걱정하지 않은 채 아프가니스탄 침공을 감행한 것이다. 실제로 큰 틀에서는 이들의 판단이 맞았다. 그러나 그들은 아프간 사람들의 반응을 과소평가했다. 이란 인질사태는 미국 내 정치판도에도 변화를 주었다. 로널

드 레이건Ronald Reagan이 대통령에 당선된 것이다. 이란은 레이건 대통령이 육혈포를 차고 갑자기 나타나 기꺼이 총을 쏠 수 있는 카우보이라는 점을 알고 있었다. 이란은 레이건 대통령 취임식 날 즉각적으로 인질을 석방하고 사태를 종료했다.

이란혁명으로 인해 미국은 정치적 이슬람에 주목하기 시작했다. 이후 1980년대와 1990년대를 거치면서 이 사안에 대한 미국 내 관심과 우려는 더욱 고조됐다. 내가 행한 역사 연구가 이 사안과 갑자기 연관을 맺게 되면서 이후 나는 워싱턴에 자주 불려갔다. 정부주관 세미나에 참석하고 싱크 탱크think tank 기관들에서 자주 강연을 했다. 그리고 현재까지 나는 이슬람세계가 먼지 가득한 기록보관소의 문서와 학문적 세미나의 주제에서 벗어나 저녁 뉴스에 등장하는 과정을 지켜보고 있다.

교황 요한 바오로 2세와 카스텔 간돌포에서

1978년 폴란드 추기경 보이티와Wojtyla (요한 바오로 2세의 본명−옮긴이)가 요한 바오로 2세 교황으로 선출된 것은 로마가톨릭교회뿐 아니라 유럽, 그리고 세계 전체에도 의미 있는 사건이었다. 보이티와 추기경은 수백 년 만에 등장한 최초의 비이탈리아인 교황이었다. 더욱 중요한 것은 그가 다른 동구권 국가들과 마찬가지로 소련이라는 초강대국의 지원을 받는 공산 독재국가 폴란드 출신이라는 점이다. 폴란드가 가톨릭 국가이긴 하지만 공산주의 독재를 겪고 있는 나라라는 점에서, 기독교세계의 가장 중요한 직책인 교황으로 폴란드인이 선출된 것은 국제사회가 공산주의 정권들에 대해 우려를 제기하는 계기가 됐다. 더불어 그의 선출은 폴란드 국민에게 희망을 가져다주었다.

임기를 시작하면서부터 교황 요한 바오로 2세는 공산주의 독재정권 하에서 고통을 겪는 폴란드인들과 다른 동구권의 희생자들을 돕기 위한 움직임을 보였다. 그러나 쉽지 않았다. 이미 폴란드 북부의 항구도시 그단스크Gdansk에서 레흐 바웬사Lech Walesa가 이끄는 노동조합 파업 사태가 독재정권에 대한 저항의 가능성과 어려움을 동시에 보여주었기 때문이다. 심사숙고하고 여러 곳의 자문을 구한 후에 교황은 폴란드의 공산주의 지도자들도 거부할 수 없는 묘안을 생각해냈다. 로마 인근 산악지대에 있는 교황의 하계 별장 카스텔 간돌포Castel Gandolfo로 폴란드 인사들을 초청하는 것이었다. 1980년대부터 그는 여름에 폴란드 친구들과 동료들 몇몇을 초대해 그의 별장에서 한동안 지내게 했다. 폴란드 당국은 이런 움직임을 예의주시했으나 금지하거나 막지는 않았다. 교황은 또 서구 진영에서도 여러 인사들을 동시에 초대했다. 폴란드인 초청 인사들과 비슷한 직업, 이해, 관심을 가진 사람들을 선발했다. 이를 통해 폴란드 인사들은 서양의 동료들과 자유롭고 제약 없는 대화의 기회를 누릴 수 있었다.

서양 손님을 선택할 때 교황은 폴란드 사회과학자인 크리스토프 미칼스키Krysztof Michalski의 도움과 자문을 받았다. 빈에 오래 살았던 미칼스키는 그곳에 자신이 설립한 인문과학연구소Institute of the Human Sciences 소장을 맡고 있었다. 이 연구소는 다양한 기간의 장학금 및 연구 지원금을 제공하고, 학회를 개최하고, 여러 출판 사업을 지원하는 등의 기능을 했다. 특히 동양과 서양의 대화와 화해에 지대한 관심이 있었다. 나는 한동안 이 연구소를 자주 방문했고, 미칼스키의 초청을 받아 동서 간 대화 사업에서 어느 정도 역할을 담당했다.

내가 교황의 초대를 받은 것도 미칼스키의 자문 덕택이었다고 확신한다. 1987년부터 1998년까지 교황은 여러 차례 모임을 주선했고, 대부분은 나도 참석했다. 한 회동은 2~3년에 걸쳐 진행됐다. 하나의 큰 주제를 놓고 서구의 참석자들과 폴란드 인사들 간에 집중적인 논의가 있었다. 토론을 위한 논문이 제출되었고, 이들 논문은 폴란드와 독일에서 여러 권의 단행본으로 출판됐다. 내 논문들도 이 중 다섯 권의 단행본에 실렸다.

이러한 공식적인 토론모임보다 더 중요한 것은 교황이 초청한 두 그룹의 비공식적인 접촉과 회합이었다. 이는 두 그룹 모두에게 특별하고 소중한 경험이었다. 우리 모두는 교황의 손님이었고, 교황은 매번 행사 기간 내내 적극적이고 자상한 주인의 역할을 했다.

그는 행사 때마다 언어를 기준으로 분류한 세 번의 만찬을 주최했다. 한번은 프랑스어와 이탈리아어 구사자들을 위한 만찬이 있었다. 그러나 참석자들의 다수가 이 두 언어를 이해하지 못했기 때문에 영어나 독일어를 구사하는 다수의 참석자들을 위해 공식 언어가 바뀌었다. 교황은 영어를 아주 잘 했지만 말하는 것만큼 들은 것을 이해하지는 못했다. 나는 평생 가르치는 일을 해왔기 때문에 사람들이 내 말을 이해할 때와 그렇지 못할 때를 구분할 수 있다. 사람들이 "네, 그렇습니다. 정말로요. 그런데 그게 사실입니까?"라고 말해도 나는 그런 말에 속지 않는다. 때론 이런 이해의 어려움이 다소 황당한 상황을 야기하기도 했다.

한 저녁 만찬에서 이슬람에 대한 이야기가 나왔다. 교황은 이슬람 신학이 상당히 간단명료하다고 말했다. 나는 이슬람 초창기에는 그랬지만, 신학자들이 등장해 초창기 이슬람을 재해석하면서 이슬람 신학이 상당히 복잡해졌다고 응수했다. 테이블 한쪽에서 영국인과 미국인들이 조심스럽게 웃었다. 그런데 교황은 이 상황을 이해하지 못했다. 그는 내가 한 이 말장난을 서너 번 반복해서 말하도록 자꾸 물었다. 나는 쥐구멍이라도 찾고 싶었다.

카스텔 간돌포를 마지막으로 방문했을 때 교황의 건강이 크게 악화되었다. 그의 영어 이해력도 이전보다 더 안 좋아졌는데, 별로 놀랄 일도 아니었다. 나 또한 마찬가지로 나이가 들어갈수록 외국어를 말하는 것이 더 불편해지고 실력도 줄어든다. 게으름 때문이라고 할 수도 있지만, 외국어를 구사하는 데 꼭 필요한 추가적인 노력을 덜 하기 때문이라고도 볼 수 있다.

아직도 교황이 한 말이 몇 가지 기억난다. 이제야 편하게 이야기할 수 있는 것들이다. 1998년 모두가 깜짝 놀란 사건이 발생했다. 교황이 피델 카스트로Fidel Castro의 초청을 받아들여 쿠바를 방문했다. 귀국 후에 개최된 카스텔 간돌포 회동의 만찬 테이블에서 한 미국인 참석자가, 카스트로가 이제 교회로 돌아올 준비가 되었는지 교황에게 물었다. 교황은 잠시 머뭇거리더니 말했다. "나는 그렇게 생각하지 않습니다. 내가 보기에 카스트로는 영어로 표현하자면 'soft landing(연착륙)'을 모색하고 있습니다." 질문과 전혀 맞지 않는 답변이었다. 그러나 서투른 영어로 짧지만 강렬한 발언을 한 경우도 있었다. 한 유대인 참석자가 교황에게 유대인들과 유대교에 대한 입장을 물었는데, 교황의 답변이 기억에서 지워지지 않는다. "큰형이라고 생각합니다." 그의 심오한 답변은 생각할수록 의미심장하다.

1980년대 나는 빈에서 열린 한 회의에 초대받았다. 빈의 추기경 프란츠 쾨니히Franz Koenig 대주교가 주최한 회의였다. 그는 아주 훌륭한 인물이었으며, 세계 평화를 위해 기독교와 유대교 지도자들의 회의를 주선했다. 영국의 요크 대주교를 포함해 기독교와 유대교 종교 지도자들이 참석했고, 이 외에도 종교학자 등 종교기관에 공식적 직위를 가지고 있지는 않은 종교 문제 권위자들도 자리했다. 쾨니히 추기경은 참석자를 환영하는 자리에서 관용의 중요성을 언급하는 기조연설을 했다. 발언 차례가 돌아왔을 때 나는 조지 워싱턴 대통령의 편지 구절을 인용했다. "이제부터 더는 관용에 대해 이야기하지 맙시다. 특정 집단의 사람들이 관용을 자신들만의 전유물로 여기며, 다른 집단에게 배풀어야 할 어떤 것으로 생각하는 듯한 느낌을 들게 합니다." 놀랍고도 기쁘게도 쾨니히 추기경은 내 지적에 감탄하면서 더는 관용이라는 단어를 사용하지 않을 것이며 대신 상호존중이라는 표현을 쓰겠다고 말했다. 이런 그의 태도를 보고 나는 쾨니히 추기경을 더욱 존경하게 됐다. 위대한 사람들만이 다른 사람의 의견이나 지적을 이처럼 솔직하게 수용한다. 한쪽 귀로 듣고 흘려버리거나 무시하는 편이 더 쉬웠을 텐데 말이다.

빈 회의 직후 이탈리아 기독교민주당Christian Democratic Party의 싱크탱크 기관이 '타자성otherness'에 관한 세미나를 개최했다. 주최 측은 내게 타자

^{other}에 대한 이슬람의 관점을 발표해달라고 요청했는데, 이는 내가 항상 관심을 두던 주제였다. 로마에 도착했을 때 세미나가 세 패널로 나뉘어 있음을 알았다. 종교적 타자성, 민족적 타자성, 그리고 다양한 분야를 포함한 사회적, 경제적, 기타 타자성이었다. 나는 세 번째 패널에 속했는데, 기타 타자성이 정확이 무엇을 의미하는지 궁금했다. 주최 측에 기타 타자성이 종교, 민족, 사회, 경제를 제외한 다른 타자성이냐고 물었다. 주최 측은 정확한 답변을 내놓지 않고 '대략 그렇다'라는 입장을 전달했다.

내가 속한 패널에서는 세 개의 발표가 있었다. 사회적, 경제적, 기타 타자성에 대한 유대교의 입장, 기독교의 입장, 이슬람의 입장에 대한 발표였다. 대략은 내가 예상했던 것이었으나 좀 당황스럽게도 그렇지 않은 부분도 있었다. 유대교의 입장은 한 라비가, 기독교의 입장은 한 가톨릭 성직자가, 이슬람의 입장은 내가 발표하도록 해놓은 것이다. 나를 잘못 배치해놓았다는 생각이 들었다. 주최 측에서도 나름대로 신경 쓴 부분이 있었다. 라비는 아일랜드의 전임 최고 라비였고, 가톨릭 성직자는 이스라엘 국적의 아랍인이었으므로 이 두 성직자는 자신들의 사회에서 주류가 아닌 '타자'였다. 그래도 라비는 실제 유대교 성직자였고, 가톨릭 성직자도 실제 성직자였다. 그런데 나는 성직자가 아닌 학자다. 나는 발표를 다음과 같이 시작했다.

"저를 이 귀한 모임에 초대해준 주최 측을 비판할 의도는 전혀 없습니다. 그러나 저는 절대로 이슬람 종교의 대표 혹은 대변인이 아닙니다. 나는 물라^{mullah}(시아파의 성직자-옮긴이)가 아닙니다." 내 옆에 앉아 있던 가톨릭 성직자가 말했다. "아닙니다. 당신은 이슬람법의 최고 해석자인 무프티입니다." 도움이 안 되는 말이었다. 무프티는 물라보다 더 높은 성직자로, 이슬람법의 해석인 파트와를 공포할 권한을 가진 지위다. 이런 법적 해석이 바로 이슬람 신학이고 법이다.

어쨌든 세미나는 그런대로 잘 진행됐다. 아일랜드에서 온 라비가 중요한 역할을 했다. 이 라비는 바티칸과 이스라엘 정부가 외교관계를 수립하는 협정을 체결하는 데 중재 역할을 했던 두 명의 인사 중 하나였다. 흥미로운 상황이지 않은가. 멀리 더블린에서 온 라비가 양측을 중재하여 바티칸과 이스라엘 정부가 마침내 대화를 하기로 결정했으니 말이다.

무슬림 분노의 배경과 문명의 충돌

1990년 5월 나는 국립인문재단National Endowment for Humanities이 매년 시상하는 제퍼슨상Jefferson Award 수상자로 선정됐다. 수상자는 수도 워싱턴과 서부 해안의 한 도시에서 각각 두 차례 강연을 하는 것이 관례였다. 내가 선택한 주제는 '동양에서 본 서양 문화'였다. 이 강의를 요약한 글이 1990년 9월 〈애틀랜틱 먼슬리Atlantic Monthly〉지에 실렸다. 월간지에 실린 글의 제목은 '무슬림 분노의 배경: 왜 많은 무슬림이 서양을 싫어하고, 왜 그들의 분노가 쉽게 가라앉지 않는 걸까'였다. 나는 이슬람세계에서 고조되는 서양에 대한 분노와 이러한 분노가 표출되는 방식 및 방향에 대해 집중적으로 설명하려고 노력했다.

당시에는 이슬람주의자들 중에서 강경파들을 '이슬람 원리주의Islamic Fundamentalism'로 칭하는 게 일반적이었다. 나는 〈애틀랜틱 먼슬리〉에 게재한 글에서 왜 이 용어가 잘못됐는지를 지적하려 했다. '원리주의'는 정말로 잘못 사용된 단어다. 이 용어의 등장은 1910년경으로 거슬러 올라간다. 주류 교회들과 차별성을 부각시키고자 했던 일부 개신교 교회들이 〈원리들: 진실에 대한 증언the Fundamentals : A Testimony To The Truth〉이라는 팸플릿을 시리즈로 출판했다. 이 팸플릿을 통해 이들 교회는 장로교와 성공회는 물론 다른 개신교 교단들과는 상당히 다른 입장들을 표명했다. 특히 두 가지 사안을 배격했는데, 하나는 자유주의 신학이었고, 다른 하나는 성경에 대한 비판이었다. 이들은 성서가 문자 그대로의 신성함을 가지며 거기에 오류는 없다고 주장했다.

그런데 1980년대 어느 시점에서부터인가 이 '원리주의'라는 단어가 특정 이슬람 단체들을 묘사하는 데 사용되는 것이 관행처럼 됐다. 상당히 불행한 일이다. 이들 무슬림 단체들은 그 어떤 점에서도 미국의 개신교 원리주의자들과 유사성이 없다. 두 부류의 원리주의자들이 주창하는 사안들도 확실히 다르고, 또 이를 달성하기 위한 전술도 완전히 상이하다. 따라서 나는 이슬람 강경파들을 가리켜 이 용어를 사용하는 것을 강력히 반대한다.

그럼에도 이 용어는 여전히 일상적으로 사용된다. 우선적으로 무슬림 원리주의자들을 언급할 때 주로 이용되고, 부차적으로는 20세기 초 미국의 개신교도들을 지칭할 때 사용된다. 실제로 이 용어는 이제 국제적으로, 그리고 비영어권에서도 사용된다. 영어 원어를 그대로 사용해서 프랑스인들은 이슬람 강경파를 언급할 때 '레 퐁다망탈리스트les fondamentalistes'라 하고 독일인들은 '디 푼다멘탈리스텐die Fundamentalisten'이라고 한다.

'게토ghetto'라는 단어도 이와 유사하게 의미가 다르게 변형됐다. 원래 게토는 유럽 도시 내에서 법으로 유대인들을 감금한 유대인 거주 지역이었다. 그런데 현재는 이 용어가 더는 유럽의 특정 지역을 지칭하지 않고, 유대인과 관련이 없으며 법적 효력도 없다. 현대 미국에서 사용되는 게토라는 단어는 완전히 다른 의미를 가지며, 과거의 의미는 완전히 다른 뜻으로 대체됐다. 원리주의라는 단어도 현재 이런 상황이다. 오늘날 사람들이 원리주의자라는 단어를 말할 때는 보통 무슬림들을 떠올린다. 이 용어를 고안해낸 미국의 개신교도들을 떠올리는 사람은 거의 없다.

이슬람 원리주의자들은 자유주의 신학 같은 것이 없기 때문에 이에 대해 우려하지 않는다. 그들은 또 쿠란에 대한 비판도 걱정하지 않는다. 이슬람세계에서는 이런 것이 심각한 사안이 된 적이 없기 때문이다. 무슬림들은 쿠란이 문자 그대로의 신성함을 가지고 있으며 오류가 전혀 없다고 믿는다. 하지만 이런 믿음보다 더 중요한 것이 있다. 또 이슬람 원리주의자들은 아주 다른 무언가에 관심이 있다. 바로 이슬람국가들에서 나타나는 탈이슬람화de-Islamization 현상이다. 이들이 원하는 것은 이슬람의 신성한 법 샤리아Shari'a를 복원하고, 주로 유럽에서 받아들인 외래 법들을 제거하여, 이슬람법이 공동체 전반을 관장하는 상태로 돌아가는 것이다. 이들은 또 현재 사회와 국가 체제에 불만이 많은데,

대표적으로 여성의 해방과 관련된 문제다. 호메이니의 연설과 다른 원리주의자들의 글에서 이 사안이 다른 것들보다 중요하게 다루어진다.

　나는 여성 억압이 이슬람 사회에 엄청난 손실을 가져왔다고 믿는다. 인구의 절반이 가진 재능과 기여를 박탈할 뿐 아니라, 다른 절반의 인구에 대한 양육을 배우지 못하고 억압받는 어머니들에게 맡기는 것이기 때문이다. 근자에 들어와서 학문적 관심이 계급에서 성性으로 전환되는 흥미로운 현상이 나타나며, 역사 연구에서도 여성의 역할을 고려하는 새로운 경향이 보인다. 중동 사회에서 어떤 일이 발생했는지, 무엇이 잘못되었는지 이해하는 방식에도 이제 중요한 변화가 나타나는 것이다. 어쨌든 여성은 모든 사회에서 인구의 반을 차지한다. 여러 측면에서 볼 때 어떠한 종교적, 민족적, 혹은 경제적 주체보다도 더욱 중요한 사회의 일원이다.

　터키 공화국의 설립자이자 첫 대통령인 아타튀르크는 여성의 이러한 역할을 간과하지 않았다. 그는 1920년대부터 여성 해방을 위한 캠페인을 시작했고, 여러 연설에서 이 사안의 중요성을 강조했다. "현시점에서 우리에게 가장 시급한 과제는 선진국을 따라잡기 위해 우리 사회를 현대화하는 것입니다. 인구의 절반만 현대화한다면 서양 선진세계를 절대로 따라갈 수 없습니다." 이런 목표가 다른 지역에서는 성공을 거두기도 했지만, 지난 60여 년 동안 중동에서 여성 해방은 큰 진전이 없었다. 직업과 정치 분야에서도 여성을 동등한 참여자로 바꾸려 했던 아타튀르크의 노력은 오히려 후퇴하고 있다. 터키는 물론 한동안 소련의 사회주의에 열광했던 중동의 다른 나라에서도 오히려 여성의 사회참여가 줄어드는 경향이 나타난다.

　'무슬림 분노의 배경'은 〈애틀랜틱 먼슬리〉의 커버스토리였기에 많은 언론들이 큰 관심을 가졌다. 그 결과 나는 여러 TV와 라디오 프로그램에 출연을 하게 됐고, 워싱턴의 다양한 학회와 연구모임에 발제자로 초대받았다. 1993년 새뮤얼 헌팅턴Samuel P. Huntington이 학술지 〈포린 어페어스Foreign Affairs〉에 한 논문을 게재했다. 탈냉전시대의 지정학에 대해 프랜시스 후쿠야마Francis Fukuyama의 유명한 '역사의 종언end of history' 가설을 대체하는 시각을 제시한 논문이었다. 헌팅턴은 자상하게도 그의 논문 제목에 사용한 그 유명한 구절을 〈애틀랜틱 먼슬리〉에 게재된 내 논문에서 차용했다고 밝혔다. 바로 내가 '문명 간의 충돌'이라고 기술했던 부분이다. 헌팅턴은 이 주제를 더욱 발전시켜 그의 저서 《문명의 충돌The Clash of Civilizations》을 출간했다. 이 책은 베스트셀러가 되었고, 많은 대학 강의에서 교재로 사용되고 있다. 나는 그가 우리 시대의 가장 중요한 문제 중 하나를 더 명확히 이해하는 데 진정한 기여를 했다고 생각한다.

반미주의

이란혁명 이후, 오사마 빈라덴Osama bin Ladin을 포함한 이슬람주의 정치 선동가들의 글에 공통적으로 반복되는 내용이 있다. 타락하고 방종한 삶의 방식으로 인해 미국인들이 상당히 나약해지고 사상자의 발생에 극히 민감해졌다는 것이다. 따라서 이들 선동가들이 전하려는 메시지는 분명했다. "공격하라. 그러면 미국인들은 도망갈 것이다." 이런 시각은 아래와 같은 여러 역사적 사건을 통해 더욱 힘을 얻게 됐다.

- 베트남 전쟁 중도포기
- 1977년 이란 인질사태에서 444일 동안 무기력한 대응
- 1983년 베이루트 미국 대사관 및 해군사령부 폭탄 테러 공격
- 피습 이후 1984년 베이루트 철군 그리고 1993년 소말리아 철군
- 1993년 뉴욕의 세계무역센터 테러 공격
- 1995년 리야드의 미군 기지 폭탄 테러
- 1996년 사우디아라비아 코바르 타워 미군 막사 폭탄 테러
- 1998년 케냐 및 탄자니아 미국 대사관 연쇄 폭탄 테러

이들 공격에서 수백 명이 사망하고 수천 명이 부상했으나 이 사건들에 대한 미국 정부의 주된 대응은 비난의 말뿐이었다. 기껏해야 오폭으로 끝나는 미사일 발사가 가끔 있었을 뿐이다. 이슬람 극단주의 세력이 이런 모든 과정을 지켜보면서 도출한 결론은 미국이 나약해지고 겁먹어서 외부의 공격에 대응할 능력이 없다는 것이었다. 이들 극단주의 세력은 자신들의 이와 같은 생각을 공개적으로 언급하고 있다.

1998년 2월 23일 런던에서 발행되는 한 아랍어 신문은 오사마 빈라덴이 직접 서명해 팩스로 보낸 '유대인과 십자군에 대한 지하드를 위한 국제이슬람전선 선언문Declaration of the world Islamic front for jihad against the Jews and the Crusaders' 전문을 게재했다. 선언문에 따르면 사우디 출신의 오사마 빈

라덴은 십자군 기독교 세력에 대해 더 강력한 반감을 표출했다. 유대인들에 대한 언급은 선언문에 많지 않았다. 십자군의 주도 세력이 미국이라는 점도 분명히 지적했다. 후에 그는 8월 동아프리카 지역 미국 대사관 연쇄 폭탄 테러 공격을 배후 조종함으로써 미국을 비난했다. 그러나 그는 후에 이스라엘을 공격하는 것이 이슬람 세력의 지지를 끌어내는 데 아주 유용하다는 점을 깨닫고는, 결국 공격의 우선순위를 재조정했다. 유대인 국가 이스라엘을 악의 근원으로 묘사하는 데 더 큰 중점을 두었다. 다음은 선언문 일부를 발췌한 내용이다.

알라는 아라비아반도를 선택하고, 사막을 창조하고, 이를 바다로 두르셨다. 어떠한 재앙도 이 반도 지역에 나타나지 않았다. 그런데 메뚜기처럼 확산해 대지를 뒤덮고, 모든 과일을 먹어치우고, 모든 초목을 파괴하는 십자군 무리가 나타났다. 한 접시의 음식을 놓고 달려드는 배고픈 사람들처럼 현재 많은 서양 국가들이 무슬림 국가들에 경쟁하듯 달려든다.

우선 7년 이상 미국은 가장 신성한 이슬람의 땅 아라비아반도를 점령하고 있다. 막대한 재물을 약탈하고, 지도자들을 억누르고, 주민들을 모욕하고, 주변 국가들을 위협하고, 반도의 군사기지를 이용해 이웃 무슬림들과 전쟁을 벌인다(빈라덴은 사담 후세인의 쿠웨이트 침공 직후 사우디의 요청으로 도움을 주러 온 미군을 이상한 방식으로 해석하고 있다).

알라의 뜻에 따라 우리는 알라를 믿고 알라의 명을 수행해 보상을 받길 바라는 모든 무슬림이 모든 곳에서 그리고 모든 방식을 동원해 미국인들을 살해하고 그들의 소유물을 약탈할 것을 촉구한다. 또 무슬림 학자들, 지도자들, 청년들, 군인들은 모두 악마와 같은 미군, 그리고 (유대인들처럼) 사탄을 돕는 미국의 동맹국을 공격할 것을 촉구한다.

이 선언문은 상당히 중요한 의미를 지녔다. 아랍어를 읽고 이해할 수 있는 사람이라면 이를 잘 알 수 있었다. 그러나 두려움 때문에 모두들 이에 대해 침묵했다. 그래서 내가 그 침묵을 깼다. 이 선언문의 중요성을 알리기 위해 나는 〈포린 어페어스〉지 1998년 11·12월 호에 '살인 면허License to Kill'라는 논문을 게재했다. 이는 선언문을 분석하고 내용을 요약 번역한 글이었다.

오사마 빈라덴의 이 선전포고는 중동을 이해하는 데 새로운 시각이 필요함을 보여주었다. 중동의 이슬람주의 운동은 더는 민족적, 지역적 혹은 반제국주의적 성격과 같은 전통적인 형태가 아니었다. 이슬람 과격 세력의 국제적 무장투쟁은 7세기 이슬람의 등장으로 시작된 갈등의 새로운 시작이었다.

이슬람세계의 사건과 담론을 면밀히 분석해온 학자로서, 나는 9·11 테러 공격에 경악했다. 그러나 놀라지는 않았다. 이슬람 과격무장단체의 시각에서 이는 무슬림이 지배하는 세상으로 향하는 길의 첫 단계가 완성된 것일 뿐이다. 불신자들과 그들의 군대를 이슬람의 땅에서 축출하는 것이다. 그다음과 마지막 단계는 적의 영토에서 전투를 수행하는 것이다. 세계의 지배권을 놓고 진정한 신자들과 불신자들 간에 최종 전투를 시작해 이슬람의 대의가 궁극적으로 승리하도록 만드는 것이다.

미국인들은 이들 테러범이 도대체 누구인지 그리고 왜 이런 공격이 발생했는지에 대해 많은 의문을 품었다. 그런데 9·11 테러 공격 직후 내 책《무엇이 잘못되었나: 서구와 중동, 그 화합과 충돌의 역사》가 출간됐다. 불과 테러 공격 몇 주 후에 서점에 나왔고, 출판사를 포함해 많은 사람들이 놀랄 정도로 이 책은 출간과 더불어 베스트셀러가 됐다. 저자, 출판사, 그리고 출판계에서도 상당히 이례적인 이 현상에 크게 놀랐다. 출간과 동시에 베스트셀러가 되는 것은 당혹스러울 정도로 큰 기쁨을 가져다주었다. 이어 또 다른 책《이슬람의 위기: 성전과 불경한 테러The Crisis of Islam: Holy War and Unholy Terror》도 1년 후에 출간됐다. 이 책도 베스트셀러가 됐다. 나는 두 권의 책이 동시에 베스트셀러가 되는 전무후무한 경험을 할 수 있었다. 그때 우리 아들이 마음에 쏙 드는 선물을 가져왔다. 2003년 4월 27일 〈뉴욕타임스〉 일요일판에 게재된 베스트셀러 목록을 인쇄해 화려하게 장식된 패에 넣어 온 것이었다.《무엇이 잘못되었나》가 페이퍼백 순위에서 1위를 차지했고,《이슬람의 위기》는 하드커버 순위에서 1위에 올라 있었다.

오사마 빈라덴 덕분에 나는 아주 유명해졌다. 인터뷰를 하고, 내 글이 이곳저곳에 인용되었으며, 방송에 출연하느라 바빴다. 〈월스트리트 저널The Wall Street Journal〉 1면에도 내 기사가 실렸다. 당시 내가 한 인터뷰 내용 중 한 구절이 생각난다. "만약 빈라덴이 책의 인세 일부를 요구한다면, 나는 당연히 그의 요구를 들어줘야 한다." 두 권의 책이 동시에 베스트셀러가 되면서 다른 긍정적인 결과들도 있었다. 우선 두 책이 많은 언어로 번역됐고 강연 요청도 쇄도했으며 인터뷰 요청도 끝이 없었다. 그리고 일시적이기는 했지만 재정 상태가 상당히 개선됐다.

내가 집필한 여러 책들이 다양한 언어로 번역됐다.* 대부분 번역본들은 원본과 같은 제목으로 출간됐으나,《무엇이 잘못되었나》의 경우 번역자들에게 상당한 어려움을 주었던 것 같다. 예를 들어 덴마크어와 같은 일부 언어에는 다행히 영어 원문에 정확히 상응하는 구문이 있었다. 그러나 널리 사용되는 주요 언어들을 포함한 많은 언어들에서는 영어에서 일상적이고 단순한 이 제목이 해당 언어에서 정확히 번역되기가 쉽지 않았다. 프랑스어 번역본에는 'Que c'est - il passe?'라는 제목이 붙었다. 이 제목을 알게 된 나는 프랑스 출판사에 원서 제목은 '무엇이 잘못되었나?'인데, 왜 상당히 다른 뜻인 '무엇이 일어났나?'라는 제목을 달았는지 물었다. 프랑스 출판사의 차가운 답변은 간단했다. "무언가 잘못되면 프랑스 사람들은 그렇게 말합니다." 이탈리아어 번역본은 더욱 상상력을 동원한 제목인 '이슬람의 자살The Suicide of Islam'로 출간됐다. 독일어 번역본은 오스발트 슈펭글러Oswald Spengler의 유명한 책 '서구의 몰락The Decline of the West' 혹은 '저녁의 땅의 쇠퇴The Decline of the Evening Land'를 패러디했다. 내 책의 독일어 번역본은 '아침의 땅의 쇠퇴The Decline of the Morning Land'라는 제목을 달았다. 동양의 쇠퇴를 의미한다는 점에서 훌륭한 제목이다. 중국어, 일본어 등 내가 전혀 알 수 없는 언어들의 번역본에 출판사들이 어떤 제목을 달았는지는 파악할 수 없다.

---

*알바니아어, 불가리아어, 체코어, 덴마크어, 네덜란드어, 프랑스어, 독일어, 폴란드어, 노르웨이어, 마케도니아어, 이탈리아어, 헝가리어, 그리스어, 포르투갈어, 루마니아어, 러시아어, 세르비아-크로아티아어, 에스파냐어, 스웨덴어 등 유럽 언어, 아랍어, 히브리어, 페르시아어, 터키어 등 중동 언어, 중국어, 인도네시아어, 일본어, 한국어, 말레이시아어, 우르두어 등 아시아 언어로 번역됐다.

아프가니스탄에 거점을 둔 알-카에다 기지들에 대한 미국의 신속한 군사적 대응은 테러 단체들에게는 상당한 충격이었다. 이 단체들은 미국에 대한 자신들의 과거 평가를 재수정해야 했다. 그러나 나약하고 사기가 저하된 국가로서의 미국에 대한 일반적인 인식은 아직 그대로다. 민주주의 사회는 무작정 행동으로 옮기기 전에 모든 사안을 토의하고 논의하는데, 미국의 의사결정 과정은 이러한 원칙에 입각한다. 그러나 이슬람 과격 세력들은 이를 잘 모르고 이해할 수도 없기 때문에 미국에 대한 인식은 더 잘 바뀌지 않는다.

언론

서양의 언론은 중동을 잘못 다룬다. 오보와 오류는 크게 두 부류로 나뉜다. 정직한 무지와 부정직한 편견이다. 미국에 잘 알려진 두 관용 표현이 종종 앞뒤가 바뀌는 것처럼 말이다. 즉 '무소식이 희소식이다No news is good news'가 '희소식은 무소식이다Good news is no news'가 되고, '옳건 그르건 내 조국은 내 조국이다My country, right or wrong'가 '내 조국은 나쁘다My country, wrong'가 되어버리는 상황이다.

중동을 여행하면서 많은 특파원들을 만났는데, 그중 단 둘만이 아랍어와 아랍 문화에 정통한 기자였다. 한 명은 미국인이었고, 다른 한 명은 일본인이었다. 두 사람 모두 훌륭한 아랍 전문가였고 미국에서 아랍학을 전공한 기자들이다. 그러나 두 사람은 아주 예외적인 사례들이라 할 수 있다.

나는 또 여러 나라에서 기자들과 다른 사람들의 인터뷰 요청을 받았다. 이들 인터뷰도 큰 틀에서 두 방식으로 나뉘는데, 첫 번째는 사전에 준비한 질문 목록을 가지고 인터뷰를 행하는 경우다. 이때는 인터뷰어가 보통 답변을 경청하지 않고 답변에 명확한 근거가 있는지도 제대로 확인하지 않는다. 답변이 끝나자마자 두 번째 질문이 이어지는데, 대화의 맥락과 관계가 없고 그에 이어지는 멘트도 없다. 이런 방식으로 목록의 질문이 끝날 때까지 세 번째, 네 번째 질문이 계속 이어진다.

또 다른 방식의 인터뷰는 사실 매우 드물다. 인터뷰어는 실제로 인터뷰이의 말을 경청한다. 그는 인터뷰의 커다란 얼개와 첫 번째 질문만 준비한다. 그리고 답변을 끝까지 주의 깊게 잘 듣고, 첫 번째 질문의 답변을 토대로 두 번째 질문을 던진다. 같은 방식으로 두 번째 답변에서 등장한 사안이나 의견을 바탕으로 세 번째 질문이 이어진다. 이처럼 맥락이 연결되는 인터뷰가 진행되는 것이다.

내 경험에 의하면, 첫 번째 방식의 인터뷰는 보통 지루하다. 참석자들도 방청객들도 지루해한다. 두 번째 방식이 훨씬 더 흥미롭고 더 가치 있는 답변을 도출해낸다. 경제 원리를 적용한다면 희소성이 클수록 가치는 올라간다. 그동안 내가 행한 인터뷰를 종합해보면, 첫 번째 방식은 수도 없이 많았지만 두 번째 방식의 인터뷰는 극소수였다.

몇 년 전 독일의 한 기자와 인터뷰를 한 적이 있었다. 유럽의 상황을 언급하던 중 나는 상당히 충격적인 발언을 했다. 이민, 개종, 인구증가로 인해 유럽 내에 무슬림의 수가 급증할 것이며, 이런 증가속도가 유지된다면 21세기 말에 유럽은 무슬림이 인구의 다수를 차지하는 대륙이 될 것이라고 경고했다. 이 인터뷰가 독일 신문에 게재된 후 놀랍게도 내 의견에 국제사회가 보인 관심은 폭발적이었다. 긍정적인 평가도 있었지만 부정적인 반응도 있었다. 내가 한 발언이 이처럼 엄청난 국제적 반향을 가져온 것은 사실상 처음이었다.

얼마 후 나는 한 이탈리아 기자로부터 인터뷰를 요청하는 전화를 받았다. 나는 주제가 무엇이냐고 물었다. 그러자 그가 말했다. "유럽과 특히 이탈리아에서의 무슬림 인구 급증에 대한 것입니다. 더불어 우리가 어떻게 우리 자신과 우리의 정체성을 지킬 수 있는지에 대한 의견을 듣고 싶습니다." 나는 짧게 답했다. "답은 간단합니다. 빨리 결혼해 아이를 낳는 것입니다." 그런데 이는 그가 듣고 싶은 답변이 아니었다. 그는 수화기를 쾅 내려놓으며 전화를 끊었고, 이후 한 번도 연락을 하지 않았다. 그러나 이후에도 이 사안은 유럽 전체에서 지속적인 관심을 끌었다.

9·11 테러 공격 직후인 2001년 11월 19일 나는 14페이지에 달하는 기사 '이슬람의 봉기The Revolt of Islam'를 〈뉴요커〉지에 게재했다. 소제목 '서양과의 오랜 전쟁에서의 새로운 전환점A New Turn in a Long War with the West'이 글의 주요 내용을 잘 담고 있다. 이 기사로 나는 잡지 보도 분야 조지 포크상George Polk Award(1948년 북부 그리스의 시민전쟁을 취재하다 살해당한 당시 서른네 살의 CBS 특파원 조지 포크를 기리기 위해 마련한 상-옮긴이)을 받았다. 놀랍고 즐거운 경험이었다. 나와 〈뉴요커〉의 대표들은 뉴욕에서 열린 상당히 세련된 시상식에서 이 상을 수상했다.

수상 소식에 놀란 이유는 내가 과거를 다루는 역사학자라는 점에 있다. 더욱이 나는 은퇴한 역사학자인 데다 한물 간 학자다. 그런데 이런 내가 보도 분야 상을 받게 된 것은 정말 당혹스러울 정도로 놀라운 일이었다. 언론인들 사이에서는 모호하고 엉뚱하게 작성된 기사를 언급할 때 지나치게 학자적인 글이라고 치부하는 전통이 있다. 마찬가지로 학계에서도 겉만 번지르르하고 피상적인 동료의 글을 비판할 때 지나치게 언론적인 글이라고 말한다. 그러나 오랫동안 학계와 언론을 동시에 접하면서, 두 직종 사이에 상호비방이 벌어지는 것은 각 직종이 더 좋은 인정과 평가를 받기 위한 경쟁 상태에 있기 때문임을 알게 됐다. 바로 이런 이유 때문에 내 수상 소식에 많은 사람들이 크게 놀랐지만 후에는 두 직종의 긍정적 교류에 기여한 것에 대한 감사의 표현이 이어졌다.

그런데 흥미롭게도 〈뉴요커〉는 내게 다시 기고를 요청하지 않았다. 그 글이 명백히 기자들의 세계관과는 일치하지 않았기 때문일 것이다. 그러나 후에 이 주간잡지는 그리 멋있지 않은 내 인물사진을 게재했다. 저명한 사진작가 리처드 아베든Richard Avedon의 삶과 작품에 대한 2004년 11월 기사였다. 그런데 내 사진이 왜 몇몇 노조 지도자들 뒤에, 그리고 빌 오라일리Bill O'Reilly(미국의 토크쇼 진행자-옮긴이)와 제임스 카빌James Carville(미국 민주당의 전략 전문가-옮긴이) 앞에 배치되었는지 도무지 알 수가 없었다. 어쨌든 이 기사를 통해 아베든과 나는 후에 다양한 주제들을 놓고 장시간 대화를 나누었다.

오리엔탈리즘과 올바른 역사인식

문명의 진화를 연구하는 사람은 당면한 연구의 구체적인 목적과는 별개로 주제를 좀 더 폭넓고 보편적인 측면에서 생각하기 위해 정진해야 한다. 역사 서술가나 교사는 역사적 변화 과정 속에서 더 큰 의미들을 찾아내기 위해 주기적으로 탐구를 계속해야 한다. 또한 역사를 전공으로 하는 학자들은 자신들이 속한 학문 분야의 상황과 요구사항을 심각하게 재고해봐야 한다. 역사학이라는 학문 그 자체가 공격을 받는 상황이기 때문이다.

역사는 오직 그 내부에 있는 사람만이 써야 한다고 주장하는 학파가 있다. 아랍의 역사도 다른 그 누가 아닌 아랍인이 기술해야 한다고 주장하는 사람들이다. 무슬림의 역사는 무슬림이, 파타고니아 역사는 파타고니아 사람이 기록해야 한다는 것이다. 이런 주장은 다양한 민족에 대한 연구가 활발히 이루어지는 미국의 학계와 대학에 적지 않은 반향을 일으켰다. 그러나 이는 위험한 사상적 움직임이다. 지적 보호주의의 일종으로 이어져 아이디어의 자유로운 소통을 제한하기 때문이다.

분명 스웨덴인만이 할 수 있는 스웨덴 역사 연구방법이 있다. 비스웨덴인이 알고 싶어 하지만 알 수 없는 방식으로 스웨덴인은 스웨덴과 스웨덴어를 알 수 있다. 그럼에도 스웨덴인이 오직 그들에게만 허용되는 방식으로 스웨덴 역사나 스웨덴 문학이 폐쇄적으로 보존되어야 한다고 주장할 거라고는 생각지 않는다. 외부에서 온 사람들이 스웨덴인과는 다른 관점에서 사물을 보고 분석할 수 있는 통찰력을 가질 수도 있다. 스웨덴은 자유로운 나라이고, 스웨덴인은 자신이 원하는 모든 입장을 취할 수 있다. 그러나 많은 나라들에서 표현의 자유가 제한된다. 그래서 자유국가에 사는 사람들이 비자유국가에 있는 동료 역사가들에게 허용되지 않는 것을 해줄 수도 있다. 또 그들이 자국의 역사를 정직하고 객관적으로 쓸 수 있도록 돕는 것도 자유국가 학자들의 의무라고 할 수 있다.

이와 관련한 예를 보자. 구소련시대에 소련 역사를 다룬 서유럽과 미국의 많은 학자들이 있었다. 일부는 바른 인식을 가지고 올바른 역사를 기록했다고 소련인들에게 찬사를 받았다. 반면 어떤 이들은 소련인들의 적으로 간주되어 비난을 받았다. 구소련 몰락 이후, 적으로 간주되던 학자들은 러시아에서 환영을 받았다. 그들의 책은 러시아어로 번역되었고, 강의에 초청받았다. 그러나 이전에 소련의 좋은 친구로 칭송받던 사람들은 소련 정부의 하수인 혹은 매수된 사람들로 낙인찍혀 멸시받았다. 나는 소련에서 발생한 일이 조만간 중동을 포함한 세계의 다른 지역에서도 일어날 거라는 데 일말의 의혹도 없다. 현재는 독재정권이 이어지고 있지만 언젠가는 무너질 것이기 때문이다. 어떤 변화가 있을지는 새로 등장할 정권의 성격에 달려 있다.

1978년에 내 삶은 물론, 특히 학계와 외부활동에서 내 역할에 큰 영향을 준 사건이 발생했다. 컬럼비아대학교의 영어 및 비교문학 교수인 에드워드 사이드가 《오리엔탈리즘Orientalism》이라는 책을 세상에 내놓은 것이다. 제국주의의 지배와 서양의 이슬람세계 착취에 오리엔탈리스트들Orientalists(서양의 동양학자들–옮긴이)이 사악한 역할을 했다고 사이드는 비난했다. 특히 그는 내가 오리엔탈리스트의 수장으로서 사악한 역할을 수행했다고 꼬집었다.

동양 문명에 대해 연구하는 학자들은 '오리엔탈리스트'라는 용어로 유럽에서 알려졌다. 그리스어를 공부하는 사람은 헬레니스트Hellenist, 라틴어를 공부하는 사람은 라티니스트Latinist, 구약성서의 언어인 히브리어를 공부하는 사람은 히브레이스트Hebraist라 불리던 것을 유추해서 만든 용어다. 헬레니스트와 라티니스트는 고전주의자Classicist라고도 알려졌고, 히브레이스트는 오리엔탈리스트로 불리게 됐다. 시간이 지나면서 유럽의 학자들은 히브리어를 넘어 그들의 관심을 확장시켰다. 다른 중동 지역의 고대 언어와 문화, 그리고 보다 먼 아시아 지역의 문명에도 관심을 가지고 연구를 시작했다.

하지만 위의 세 용어 중에서 오리엔탈리스트는 오랫동안 쓰이지 않게 됐다. '오리엔트'라는 단어 자체가 매우 모호하고 가변적이기 때문이다. 즉 아랍어와 일본어를 연구하는 학자들이 공유할 수 있는 학문적 공통점은 크지 않다. 한때 고전주의자들처럼 오리엔탈리스트들도 기본적으로 언어학적 방법론으로 연구를 시작했다. 그러나 학문적 분화 혹은 전문화가 가속화하는 현시대에 이러한 방법론은 시대에 뒤쳐진 것이었다. 세계의 다른 문화 혹은 문명 연구와 마찬가지로 중동에 대한 연구도 다양한 학문적 접근이 필요했다. 즉 오리엔탈리스트들은 사라졌다. 대신 그들의 자리를 역사학자, 사회학자, 정치학자, 언어학자, 문학학자 등이 차지했다. 이들이 중동 출신의 학자들과 함께 공동의 지적 노력을 기울이면서 중동의 문명을 다루는 것이다. 오리엔탈리스트라는 용어는 더는 쓸모가 없고 부정확하여 학자들이 버린 것이다. 이것을 다시 무덤에서 끄집어내 잘못 사용하는 이들이 바로 사이드와 일부 학자들이다.

에드워드 사이드의 논문은 분명 잘못됐다. 이슬람세계에서 유럽 제국의 확장과 오리엔탈리스트 학자들을 연계한 것은 적절하지 않았다. 유럽에서의 아랍어와 이슬람에 대한 연구, 즉 오리엔탈리즘은 그가 주장한 바와 같이 무슬림세계에서 유럽 제국주의의 확장과 함께 시작된 것이 아니다. 아랍의 확장은 8세기에 시작되었고 에스파냐, 시칠리아, 포르투갈, 남부 프랑스까지 이르렀다. 그러다 유럽 내 이슬람제국의 거점 에스파냐의 그라나다Granada가 1492년 함락되면서 첫 번째 이슬람의 확장도 막을 내렸다. 이 와중에 두 번째 이슬람 세력의 진군은 이미 오스만제국의 등장과 함께 시작됐다. 1453년에 터키인들은 기독교 도시 콘스탄티노플을 점령했고, 이후 오스만제국은 남동부 유럽과 일부 중부 유럽까지 정복했다. 이슬람세계를 거점으로 한 해적들은 영국 및 아이슬란드까지 습격했다. 바로 이때가 유럽에서 중동 및 이슬람에 대한 연구가 본격적으로 시작된 시점이다. 16세기 초 프랑스에 첫 번째 아랍어 학과가 설립되었고, 17세기에 옥스퍼드와 케임브리지에도 아랍어 전공이 신설됐다.

사이드의 책을 처음 읽었을 때 나를 충격에 빠뜨린 것은 바로 그의 무지였다. 그는 중동의 역사뿐 아니라 유럽의 역사에 대해서도 무지했다. 그의 잘못된 서술 중 일부는 논쟁할 가치가 없는 것들이다. 역사의 전개 과정에 대해 전혀 모르고 집필한 것이기 때문이다. 터무니없는 사례를 하나 들어보겠다. 그는 아랍무슬림 군대가 북아프리카를 정복하기 전에 터키를 정복했다고 서술했다. 그런데 사실 북아프리카는 터키보다 4세기 먼저 정복됐다. 이러한 오류들은 집필한 주제에 대한 작가의 지식을 불신하게 만들 수밖에 없다.

사이드의 무지는 역사뿐 아니라 언어학에서도 나타난다. 예를 들면 그는 독일의 철학자 프리드리히 슐레겔Friedrich Schlegel에 대해 "그는 사실상 자신의 오리엔탈리즘을 포기하고 있었지만, 여전히 한편으로는 산스크리트어와 페르시아어가 셈어Semitic, 중국어, 아메리카 대륙 언어 American(영어 전파 이전의 아메리카 대륙 언어들 - 옮긴이), 또는 아프리카 언어보다는 그리스어와 독일어에 더 가깝다고 주장한다"고 비판했다. 슐레겔의 주장은 언어학 지식이 최소한이라도 있는 사람이라면 다 아는 단순한 사실이다. 또 다른 구절에서는 이집트가 영국에 의해 '합병 annexed'됐다고 했다. 이는 이집트 역사는 물론 영어의 사전적 의미에서조차 무지를 드러내는 서술이었다. 사실 이집트가 영국군에 의해 오랫동안 점령 상태에 있었지만, 결코 정치적으로 '합병'된 적은 없었다.

그의 책에 등장하는 사실과 그 해석 사이의 차이는 때때로 너무 크다. 따라서 그의 무지의 끝과 기만의 시작이 어디일까라는 의구심이 들 정도다. 자칭 오리엔탈리스트이자 〈타임스 문예 부록Times Literary Supplement〉의 중동 담당 편집인인 로버트 어윈Robert Irwin은 사이드의 책이 "의도되지 않은 실수와 고의적인 오역을 구별하기 힘든 악성 사기꾼의 작품"이라고 혹평했다.

역사적 모순, 그리고 오리엔탈리즘과 서양 역사에서 오리엔탈리즘의 역할에 대해 부적절하게 서술했음에도 그의 주장은 폭넓게 수용되었을 뿐 아니라, 식민주의 연구와 문학의 '타자화'를 다루는 미국 대학의 대부분 학과들에서도 통설로 받아들여지고 있다. 하지만 사이드의 유명세 때문에 혹은 그 유명세에도 불구하고, 그의 사상, 학문적 통찰력, 진실성을 비판하는 논문과 책이 점점 더 증가하는 추세다.

2008년 1월 〈더 뉴 크라이티어리언The New Criterion〉에 게재된 '이제 충분해, 사이드Enough Said'라는 제목의 글에서 데이비드 프라이스-존스David Pryce-Jones는 《오리엔탈리즘》이 어떤 맥락에서 출판됐고 왜 성공을 거두었는지 아래와 같이 설명했다.

에드워드 사이드는 서양이 제공한 혜택과 보상의 모든 이점을 취하면서도 서양의 근원과 갈래를 규탄하는 지식인들을 대표하는 인물이었다. 정직하지 못하고 이중 잣대를 적용한다는 점에서, 그의 주장은 이 시대에 우리가 정말로 유의해야 할 '이야기tale'였다.

중동에 대해 연구하고 집필한 모든 서구인들이 나쁜 의도를 갖고 있었다는 것이 그의 논지다. 고대 그리스시대에서 중세를 거쳐 현재에 이르기까지 사학자, 문법학자, 언어학자 등은 물론 비명학자epigraphist의 연구도 모두 '식민통치의 합리화'였다는 것이다. 이들 학자들의 대다수가 활동한 시점은 유럽의 식민지배시대와는 관련이 없다. 미래에 다가올 식민시대를 예견하고 연구를 하지도 않았을 것이다. 그런데 다방면에서 출중한 이 학자들이 모두 동양을 열등하고 정적이며 변화를 수용하지 않는 모습으로 묘사하는 것을 통해, 서구의 패권을 확립하기 위한 국제적이고 눈에 보이지 않는 지속적인 음모와 관련이 있다고 사이드는 주장한다. 이런 주장의 기저에는 저속한 마르크스주의가 있다. 지식이 지배계급의 이해만을 위해 봉사한다는 시각이다. 사이드는 또한 당시 아방가르드로 유행한 미셸 푸코Michel Foucault의 가설을 추종한다. 진리와 같은 것은 존재하지 않고 다만 자신의 시각과 이해를 위해 특정인이 그 진실을 '서술할narrative' 뿐이라는 가설이다. 사실이 그것을 사실로 만들려고 하는 사람들에 의해 조작될 뿐이라는 극단적인 시각이다.

논지에 적합하지 않은 것들을 생략하고, 증거를 왜곡하고, 적절치 못한 일반화를 추구하면서, 사이드는 자신의 목적에 부합하는 이야기를 만들어내기 위해 서양인들을 싸잡아 비난하는 큰 죄악을 저질렀다. "오리엔트에 대해 언급한 모든 유럽인들은 결과적으로 인종차별주의자이고 제국주의자다"라고 사이드는 결론지었다. 동양에 대한 학문적, 문학적, 또는 예술적 관심을 가진 모든 서양인들을 언급하기 위한 혼성어인 오리엔탈리스트는 현재 저주의 연감에 확고히 자리 잡았다.

고대에서부터 지금까지 서양인들의 동양에 대한 관심은 지적 호기심에 의해 주도됐다. 자신을 위해 지식을 추구했지만, 이를 통해 서양은 인류에게 특별하고 유익한 공헌을 한 것이다. 합리주의, 보편주의, 자기성찰과 자기검열은 서양 사상과 문화의 특징이며, 이를 통해 문명을 발전시켜왔다. 사이드의 문화적 상대주의는 막다른 길에 이르렀다.

사이드가 어떤 동기로 그런 주장을 하게 되었는가? 나는 내가 그 답을 찾았다고 생각한다. 우리 모두는 자신의 시각으로 다른 사람을 판단하는 경향이 있다. 사이드는 이집트에서 자랐다. 아랍 출신 영어 교수로서 그는 아랍어를 연구하는 영어권 교수들도 자신과 같은 시각을 가졌다고 생각한 것 같다. 실제로 사이드는 제인 오스틴Jane Austen(영국의 소설가-옮긴이)의 소설에서도 제국주의를 찾을 수 있었다.

나는 개인적으로나 경력 면에서나 이러한 모욕들로부터 큰 영향을 받지 않았다. 그러나 자신의 경력에 첫발을 내디딘 많은 젊은이들이 심각한 피해를 입고 있다. 그들은 사이드의 주장에 동의해야 하는 입장에 처해서, 동의하지 않을 경우 소외되곤 한다. 사이드학파Saidians가 현재 학계의 임용과 승진은 물론이고 출판과 서평에서도 막강한 영향력을 행사하고 있다. 18세기 이후 서양의 대학들에서는 볼 수 없었던 일종의 강요라고 할 수 있다. 근동 연구도 적지 않은 악영향을 받았다. 이는 정치적 정당성political correctness(차별적인 언어 사용이나 행동을 피하는 원칙-옮긴이)이라는 전반적인 변화의 일부분이다. 이를 바탕으로 현재 이슬람은 서양세계의 지적이나 비판을 면제받는 상황이다. 이는 과거 기독교가 상실했고 유대교가 단 한 번도 가져보지 못한 면책특권이다.

여러 시대에 등장한 모든 문명은 정설orthodoxies이 있다. 그리스어로 '올바른 생각'이라는 뜻이다. 적어도 정설에 대한 외형상의 순응은 개방된 사회에서는 성공하기 위해, 억압받는 사회에서는 살아남기 위해 필연적이다. 마법의 주문을 외는 것은 문을 열리게 하고 우리를 보물로 이끌어줄 수도 있다. 마법도 때론 과학과 연계될 수 있고 혹은 실익을 가져올 수도 있다. 그러나 마법에 지나치게 의존하면 부작용이 생길 수도 있다. 정설이 더 장기적으로 우리 사회를 올바른 길로 이끈다.

중동 연구의 위기

중동 연구에는 두 가지 확고부동한 전통이 있는데, 하나는 고전적 연구의 전통이라고 할 수 있다. 주로 언어학적이고 어느 정도는 신학적인 연구를 포함하며, 원래는 유럽의 연구 방법이었다. 기독교 수도사들이 개발한 것으로, 성서를 분석하는 접근법이었으나 이후에는 다른 언어로 된 성서에까지 적용됐다. 고전적 오리엔탈리스트들은 대부분 이 학파에 속한다. 다수의 저명한 학자들은 성직자였다. 물론 모든 학자가 성직자는 아니었지만 출신을 불문하고 그들은 거의 같은 연구 방법을 따랐다. 이러한 연구 방법과 학풍은 아직도 확고히 존재하고 있고 특정 분야에서는 번성하고 있다. 이와 같은 전통적 연구 방법도 나름대로 가치가 있기 때문이다. 물론 한계도 있다.

또 다른 접근법은 학제 혹은 학문적 분야disciplinary에 따른 연구 방법이다. '학제'라는 용어 외에 더 나은 용어를 찾기가 쉽지 않다. 이는 연구자가 역사학자, 사회학자, 정치학자 등으로 분류되며 자기 학문 분야의 연구 방법을 이용하는 것이다. 이 접근법은 최근의 경향이지만 이미 꽤 오랫동안 계속 이용됐다. 서양세계에서 아랍의 역사 연구는 아랍어를 모르는 역사학자들 혹은 역사를 모르는 아랍학 연구자들이 주로 수행했다는 점을 언급할 필요가 있다. 약간 과장된 언급일지는 모르나 전혀 잘못된 것은 아니다. 사실 고전적 오리엔탈리스트들에게 역사는 필수 학문이 아니었다. 역사는 문헌과 저자를 식별하고 자료의 연대를 파악하는 데 도움을 주는 학문으로 인식될 뿐이었다. 따라서 아랍의 역사도 서양에서는 크게 주목받지 못했다.

오랜 시간을 거치면서 이런 전통이 변했고, 학문 분야 간 구분도 명확해지기 시작했다. 이제 역사학자들과 아랍학자들은 분리되어 존재하며, 두 학자 그룹 간에 이견도 크다. 물론 서로 만나기는 하지만 외면하고 스쳐 지나가는 경우가 많은데, 이런 현상은 또 다른 어려움을 가져온다. 역사학과 소속 학자들은 이국적인 언어로 언어 훈련을 받은 사람들을 불신하는 경향이 있다. 반대로 일부 중동 언어학과 소속 학자들은 역사를 중요하지 않은 학문으로 치부해버린다. 다시 말하지만 정말 어려운 문제다.

그러나 희망적인 조짐도 보인다. 역사학을 전공했지만 언어적 지식도 갖춘 학자들이 등장하고 있다. 특히 이런 분야에서는 관련 지역 출신 학자들이 최고의 기여를 할 수 있을 것이라고 믿는다. 실제로 그런 학자들이 나타나고 있다. 중동 역사를 연구할 때 중동 언어가 모국어인 학자가 역사를 전공했다면 그는 최상의 조건을 갖는 것이다. 어쨌든 중동 연구는 현재 위기에 봉착해 있다. 한편으로는 학문 분야 간 충돌이 발생하고 상대편 학문을 인정하고 존중하기를 꺼려한다. 다른 한편으로 정치적 정당성이 지나치게 판을 치고 있다.

불행하게도 학자의 우수성이 출판된 연구 실적의 양, 즉 판매 부수로 측정된다. 이러한 측정 방식은 해당 학자의 논문이나 단행본을 읽지 않았고, 또 읽어도 제대로 이해하지 못한 전문가들이 학자의 우수성을 결정할 때 불가피하게 이루어진다. 이런 현상은 사회과학이 전 지역 혹은 모든 대륙의 연구로 신식민주의적 팽창을 거듭하면서 발생한다. 나는 이 신식민주의라는 용어가 적절하다고 생각한다. 과거에는 소수의 언어학자와 역사학자에 의해 차분히 연구되었던 이들 지역에 대한 연구가 크게 변모하고 지나치게 양적으로 팽창했다. 특히 과도하게 포장되고 신비스러운 분석 기법이 박람회식으로 등장하면서 양적 팽창은 더욱 가속화했다. 이는 논문이나 단행본이 이해할 수 없을 정도로 복잡해지고 전문화되고 있음을 의미한다. 결국 읽히지 않는 것이다. 그렇다고 해서 이러한 방대한 연구와 전문화에 따라 연구의 질이 좋아지는 것은 아니다.

역사적 과정을 이해하게 해줄 열쇠를 쥐고 있다고 주장하는 학설들이 있다. 마르크스주의도 그중 하나다. 나도 한때 마르크스주의의 영향을 받은 시기가 있었다. 내가 40대와 50대 초반에 쓴 글들을 본다면 내가 마르크스주의의 사상과 범주를 잘 알고 있음을 파악할 수 있을 것이다. 물론 완벽한 마르크스주의자는 아니었지만 말이다. 내 책《역사 속의 아랍인들》은 마르크스주의적 사고방식과 역사 접근법에 영향을 받았다. 박사학위 논문〈이스마일 종파주의의 기원〉은 더 큰 영향을 받았다. 이런 준準마르크스주의는 내 홍역이자 수두였다. 한때 심하게 빠져 있었지만, 시간이 지나면 홍역이나 수두가 낫듯이 나도 마르크스주의에서 벗어날 수 있었다. 일부 젊은 사람들은 지금도 이와 같은 사상적 혼란기를 거치는 것이 필요하다고 주장한다. 하지만 어린이들이나 걸리는 지적 감염을 모든 사람이 반드시 거칠 필요는 없다고 생각한다.

내가 마르크스주의를 포기한 이유 중 하나는 이 이념을 다른 지역에 적용하기 적절치 않았기 때문이었다. 수십 년 동안의 연구 경험을 통해 파악한 사실이다. 마르크스주의 접근법은 유럽 역사를 연구하는 과정에서 등장했는데, 이는 제한적이지만 유럽의 역사와 어느 정도 관련이 있다. 하지만 이 접근법을 비유럽 사회에 적용한다면 작동하지 않을 것이다. 겸손하지 않았던 마르크스조차 자신의 분석 방법이 비유럽 사회에는 적합하지 않다고 인식했다. 그래서 마르크스와 엥겔스는 '아시아적 생산양식Asiatic Mode of Production'이라는 개념을 언급했다. 아시아의 역사는 유럽의 그것과 상당히 다름을 인정한 것이다. 두 사람은 이 개념을 구체적으로 발전시키지는 않았다. 이것은 머릿속에 머무는 생각에 지나지 않았으며, 두 사람이 주고받은 편지와 몇몇 글에서 가끔 언급되었을 뿐이었다. 두 사람이 이 개념에 대해 명확히 설명하지 않았기 때문에, 이후에도 계속 논란거리로 남았고 때로는 후대의 마르크스주의자들 사이에서도 갈등과 충돌의 원인이 되기도 했다.

만약 어떤 학자가 마르크스주의 분석 방법을 비유럽 사회에 적용하려 한다면, 상당히 잘못된 결과를 도출할 가능성이 크다. 예를 들면 적어도 이슬람 출현 이후의 중동에서는 정치권력의 영향력, 정치권력의 중요성, 그리고 정치권력에서 파생되는 경제 및 다른 분야의 권력이 마르크스가 주장하는 것과는 상당히 다르게 표출됐다. 즉 국가가 일부 계급의 이익을 위해 존재한다는 마르크스의 주장은 중동에서는 터무니없는 것이다. 또 중동에서는 자본의 불안정성이 상존하고, 생산 수단과의 관계에서 계급을 규정하기가 사실상 불가능하다. 중동의 역사에 대해 약간의 지식만 있다만, 마르크스주의의 분석 방법은 전혀 작동하지 않음을 쉽게 알 수 있다.

물론 마르크스주의에 나타나는 시각이 모두 말도 안 되고 쓸모없다는 뜻은 아니다. 마르크스주의자들은 이전에 그냥 지나쳤을 역사의 특정 사안들이 중요하다는 점을 일깨워준다. 19세기의 자유주의적 민족주의자들이 이전에 과소평가된 역사의 측면들을 경고한 것과 마찬가지다. 하지만 이러한 시각들이 유행하면서 무엇인가가 더해졌다. 진지한 역사학자는 이러한 유행을 맹목적으로 따르지 않는다. 생각이 깊은 학자는 어떠한 지적 접근법에 대해서도 개방적이다. 이를 학문적으로 최대한 이용하려고 노력할 뿐이다. 그 이상도 그 이하도 아니다.

누군가가 오스만제국의 역사를 연구하고 싶다고 하면, 몇몇 사람들은 이런 이론과 저런 접근법만 알면 된다고 설명하기도 한다. 뿐만 아니라 오스만제국의 원문 자료를 읽어낼 수 없어도 된다고 말한다. 그러나 이것은 말도 안 된다. 현재, 오스만제국의 문헌을 읽을 수 없는, 더 나아가 현지 언어의 알파벳을 모르면서 오스만 역사를 주제로 책을 쓰는 사람들이 있다. 그들은 마르크스주의 혹은 다른 이념들이 제시하는 이론과 방법론들이 어떠한 위험에도 대처할 수 있는 검과 방패를 준다고 생각한다.

학계에서의 감사의 말

학계에 종사하는 학자들은 다양한 사람들로부터 질문과 자문을 받는
다. 자신의 대학 혹은 다른 대학 학생들과 학자들이 지도와 자문을 요
청한다. 그리고 연구 프로젝트를 추진하거나 관련 분야 단행본을 집필
하는 사람들도 도움을 청하곤 한다. 학계에서 진정으로 학문을 자신의
직업으로 받아들이는 학자들은 다른 사람들을 도우려 노력한다. 특히
학생들과 인간적인 관계를 맺으려 하며, 대학원생의 경우 더욱 그렇다.
그들은 단순히 수업에 참석해 학점을 받는 존재가 아니다.

　학자는 학생들의 학업과 연구를 도울 뿐 아니라 진로 및 인생 상담
등 여러 분야에서 그들을 독려하고 안내한다. 이렇게 구축된 인간적인
관계는 졸업 후에도 계속 이어진다. 내가 지도한 어떤 학생들은 논문의
서문에서 내게 감사와 존경을 표하곤 한다. 그러나 어떤 학생들은 내게
특별히 감사한다는 말을 하지 않는다. 중동학 분야의 주류 학자들 사이
에서 내가 그리 인기 있는 사람이 아니기 때문이다. 오랫동안 에드워드
사이드의 추종자들이 중동학 분야에서 주도권을 행사해왔다.

　두 가지 사례가 극단적인 상황을 설명해준다. 첫 번째 사례는 내가
젊고 경험이 없던 시기에 발생했다. 타 대학 학생이 내게 도움과 조언
을 구하기 위해 찾아왔고, 나는 그가 주제를 선택하고 구체화할 수 있
도록 도움을 주었다. 나는 그의 논문 초안도 읽어주었고, 출판도 권유

했다. 그런데 나중에 솔직히 말하면 좀 화가 났다. 그가 출판한 논문 어디에도 내 도움에 대한 감사의 말이 없었던 것이다.

더 나쁜 두 번째 사례는 학계에 속하지 않은 어느 인사와 관련된 것이다. 그는 딱 한 번 나를 찾아왔다. 그는 자신이 진행하는 '연구'에 대해 설명하고 여러 부분에 대해 도움과 자문을 구했다. 얼마 후 그가 출판 결과물을 내게 보내왔다. 책의 서문에서 그는 내게 깊은 감사를 표했다. 초본을 읽어주고 여러 유익한 제안을 해주었다는 것이 골자였다. 실제로 나는 그의 책 초본을 읽었고 여러 의견을 제시했다. 물론 내 의견이 그의 책에 도움이 될지 여부는 그가 판단할 문제였다. 그러나 그는 내가 제시한 의견을 단 하나도 따르지 않았다. 그러면서 내 도움에 대해 감사를 표하는 글을 서문에 넣은 것이었다. 상당히 기분이 나쁠 수밖에 없었다. 이보다 더 나쁜 것은 감사의 말을 정치적으로 이용하는 사례들인데, 종종 그런 경우가 있다. 자신의 모호한 정치적 신념이나 사안을 홍보하기 위해 다른 사람으로부터 도움을 받았다는 점을 강조하는 행위다.

은혜를 모르는 것, 그리고 유명인사의 이름을 잘 아는 사람인 양 지나치게 들먹이는 것, 이 두 가지 극단적인 사례 사이에는 '감사의 말'의 폭넓은 스펙트럼이 존재한다. 감사의 말은 작가가 자신이 받은 도움에 대해 감사의 마음을 표현하는 방식이다. 과거 일부 학계에서는 감사의 말을 꼼꼼하게 각주에 삽입하기도 했다. "이 자료에 대해 관심을 갖게 해준 누구누구 교수에게 감사를 드린다." 책이나 논문에 이런 각주가 있곤 했다. 더 일반적인 형태는 박사학위 논문 등에서처럼 서문에

'감사의 말' 절節을 만들어 여러 사람들에 대한 감사의 마음을 모아 쓰는 것이다. 여기에서 학생들은 보통 자신들의 지도교수를 비롯한 몇몇 교수들게 감사의 마음을 전한다. 때로 일부 학생은 자신이 접촉한 학계 내 모든 학자들의 이름을 포함하기도 한다.

어떤 감사의 말들은 작가가 감사를 표한 사람을 우연히 혹은 일부러 글의 내용과 연관시킨다. 반면 꼼꼼하게 작성된 감사의 글들은 도움을 준 사람의 책임을 면제해준다. '글 속에 등장하는 모든 결함이나 오류는 전적으로 작가 자신의 책임'이라는 구절을 넣는 것이다. 이런 구절은 현재와 같은 중동 연구의 학문적 분위기에서는 더욱 필수적이다. 중동 관련 사안에 대한 집필과 비평이 정치적, 이념적 차이에 의해 크게 영향을 받거나 일부 세력에 의해 주도되는 상황이기 때문이다. 예를 들어 일부 심사자들은 서문에 들어간 감사의 글에 언급되는 사람들이 작가의 의견과, 더 나아가 출판에 책임을 질 거라고 전제하고 평가를 진행하기도 한다. 만약 이런 관행이 일반적이라면, 두 가지 선택이 남게 된다. 자신이 지도하여 논문을 작성하는 대학원생들 외에 어느 누구에게도 도움이나 자문을 주기를 거부하거나, 혹은 대안의 하나로 공무 집행절차를 모방해서 자문을 받은 모든 사람에게 출판 전에 최종본을 제출하고 승인을 받도록 하는 것이다. 이런 상황이 발생하게 된다면, 가뜩이나 위기에 빠진 학문 세계의 자유에 슬픈 결말을 가져오게 될 것이다.

종신 재직

대학의 종신 재직Tenure 제도는 대부분의 대학들에 여러 형태로 존재한다. 모두는 아니겠지만 거의 대부분의 대학이 이런 제도를 시행한다. 대학 교원의 자유를 보장하기 위한 목적에서다. 이 제도 덕분에 교수들은 집필, 그리고 보다 중요한 교육에서 자유롭게 의견을 제시할 수 있다. 또 학술적, 종교적, 정치적 압력에서 자유로울 수 있다. 특히 일부 대학에서는 가장 위험한 세력이라고 할 수 있는 기부자 혹은 소유자로부터의 압력에서 벗어날 수 있다. 종신 재직 제도를 통해 교수들은 공무원이나 성직자를 제외하고 다른 어떤 직업군에서도 가질 수 없는 고용의 안정을 누릴 수 있다. 이 제도는 때때로 부정적인 반응을 불러일으키기도 했는데, 그 대표적인 사례가 영국의 마거릿 대처 수상의 정책이었다. 대처 수상은 대학의 교원이 이 같은 유일무이한 특권을 누릴 특별한 이유가 없다고 판단하여 이 제도를 수정했다.

여러 측면에서 종신 재직 제도는 매우 잘 작동한다. 교육 및 출판에서 대학교수들은 현대 자유민주주의 체계에서조차 상상하기 어려운 수준의 자유와 면책특권을 가지고 자신들의 의견을 표현할 수 있다. 그러나 이 제도도 문제점이 있는데, 바로 나태해지는 대학교수들이 있다는 것이다. 교수들은 종신 재직 지위를 얻기 위해 필요한 출판업적을 달성하려고 열심히 노력한다. 그러나 종종 이 지위를 받은 이후에 연구를 게을리하는 교수들이 생긴다. 최소한의 수업 시수만 채우면서 은퇴할 때까지 게으름을 피우고 다른 활동들을 열심히 하지 않는다. 결국 종신 재직은 게으름과 무능력을 보장하는 수단으로 이용되기도 한다. 물론 이것이 일반적인 현상은 아니다. 하지만 때때로 이런 교수들 때문에 학문과 교육이 심각한 피해를 입게 된다.

정말 재앙과 같은 발상은 70세 정년을 폐지한 것이었다. 학과의 일과 연구를 수행할 수 있는 능력 있는 교수들이 70세 이후에도 일을 계속하도록 허용하는 것은 물론 긍정적인 조치라고 할 수 있다. 그러나 더 좋은 방안은 개별 성과와 평가에 따라 정년의 연장을 허용하는 것이다. 정년퇴직의 일괄적 폐지는 교육이나 연구에서 개개인의 능력에 상관없이 교수들이 업무를 계속하도록 허용한다. 이는 두 가지 폐해를 가져온다. 하나는 쓸모없고 오히려 해가 될 수도 있는 교수들을 학과가 계속 떠맡아야 한다는 것이다. 두 번째는 성장하는 후속세대 가운데 떠오르는 인재들의 앞길을 막는 것이다.

그래서 일부 대학들은 이런 문제를 해결하기 위해 고심한다. 해결책 중의 하나는 금전적 보상 혹은 다른 유인책을 제시하면서 교수들이 은퇴하도록 유도하는 것이다. 이는 여러 측면에서 대학에 심각한 부담을 가져온다. 정년을 일괄 폐지하기보다 정년 시점을 개개인의 능력에 따라 개별적으로 지정된 기간 동안으로 연장했더라면 보다 바람직한 결과가 달성되었을 것이다. 정년이 이런 방식으로 정해졌다면, 대학은 그럴 만한 가치가 있는 교수들만을 정년 이후에도 계속 확보할 수 있었을 것이다. 계속 남아 있을 필요가 없는 교수들까지 계속 월급을 주지 않아도 되었을 것이고 말이다.

학문의 자유에 더욱더 위험을 초래할 수 있는 경우가 있는데, 종신 재직 제도를 편 가르기의 수단으로 이용하는 것이다. 학문적 성향과 맞는 학자들만이 임용되는 이런 행태는 종신 재직 제도 본연의 목적과는 정반대되는 현상이다. 대학교수가 학문적 혹은 교육적 능력보다 다른 이유로 임용되는 경우가 있는데, 이는 일반적이지는 않지만 종종 발생하고, 대학과 학문 세계에 정말 심각한 문제를 초래한다. 이렇게 임용된 교수들의 능력이 문제가 되는 경우도 있다. 하지만 이보다 더 큰 문제는 학문의 독점이다. 일부 학문 분야, 특히 중동학 분야에서 이런 현상이 최근 두드러진다. 교수로 임용되고, 승진하고, 종신 재직 교수가 되고 싶은 학자는 특정 학파 혹은 노선을 수용해야 한다. 학술지와 출판업계에까지 이런 종류의 강압적인 '정통성'이 확산되고 있다. 수세기 동안 볼 수 없었던 지식의 동질화 현상이 현대에 다시 등장하는 안타까운 상황이다.

그러나 다행스럽게도 변화의 조짐이 일고 있다. 중동학계 일부 학자들의 모임이 중동학회MESA: Middle East Studies Association(현재 미국 내 최대 중동학회-옮긴이)의 구속에 대응하기 위해 새로운 조직을 설립했다. 바로 2007년에 설립된 중동아프리카학회ASMEA: Association for the Study of the Middle East and Africa다. 이 학회는 근자의 '강요된 정통성', 즉 에드워드 사이드의 담론에서 벗어나 새로운 시각과 의견을 개진하는 장과 매개체가 되고 있다. 특히 다양한 의견을 논의하는 마당을 마련하기 위해 또 다른 강요된 대안을 추구하지 않으려고 노력한다. 나는 기꺼이 이 학회의 회장직을 수락했고, 발대식에서 획일화된 시각이 아닌 다양성을 존중하는 의견을 피력했다. 학회 참석자들의 반응도 상당히 좋았다. 물론 아직 많은 과제가 남아 있다. 새로운 전쟁이 시작됐다. 경쟁적 이념 간의 전쟁이 아니라, 강요된 이념과 자유 간의 전쟁이다.

애넌버그연구소

일흔 살을 맞아 정년이 된 1986년, 나는 프린스턴대학교와 고등학술연구소 두 기관의 직책에서 공식적으로는 물러났다. 존경하는 동료이자 친구인 찰스 이사위도 같은 시기에 퇴직했다. 그는 합동 은퇴식에서 다음과 같이 감회를 밝혔다. "교수들에게는 다섯 종류의 나이가 있다. 지칠 줄 모르는tireless 나이, 지쳐가는tiring 나이, 어느 정도 지친tiresome 나이, 지친tired 나이, 그리고 퇴직retired 하는 나이다. 그러나 버나드와 나 같은 교수들에게, 은퇴는 새로운 타이어tires를 장착하고 전속력으로 달리는 것을 의미한다." 칼 브라운Carl Brown 교수와 존 마크스John Marks 교수의 퇴임식에서도 이사위는 멋진 축사를 내놓았었다. "그들이 칼 마르크스Karl Marx와 존 브라운John Brown이었더라면 그들의 삶과 연구가 얼마나 극적이었을까."

현재는 은퇴 규정이 바뀌었다. 원한다면, 그리고 연구와 교육의 능력이 있다면 교수들은 대학에 계속 머무를 수 있다. 이런 규정은 종종 문제를 일으킨다. 능력이 없으면서도 남아 있으려는 교수들이 간혹 있기 때문에 대학은 이들에게 퇴임 장려책을 제시해야 한다. 떠오르는 후속 세대들에게 자리를 마련해주기 위해서다. 하지만 이런 현상은 최근에 나타난 현상이다. 25년 전 내가 일흔 살에 이르렀을 때 퇴임은 강제적이고 최종적인 것이었다. 따라서 그 시점에 다다랐을 때 나는 은퇴 이후 무엇을 할 것인가에 대해 고민하기 시작했다. 여전히 활동적이고 건강한 상태였기 때문에 무언가 다른 일을 계속해야 한다고 생각했다.

몇몇 제안이 있었다. 파리대학교와 캘리포니아대학교를 포함한 몇몇 대학에서 교수직 제안이 왔다. 그중에서 내가 관심을 가지고 원칙적으로는 받아들이겠다고 결심한 제안은 두 가지였다. 하나는 캘리포니아의 후버연구소Hoover Institution가 제안한 것으로 1년 중 일부 기간을 머물면서 내가 원하는 연구 프로젝트를 같이 수행하자는 것이었다. 또 다른 하나는 브랜다이스대학교Brandeis University가 제시한 것으로 방문교수로서 매년 일정 시간을 머무르는 것이었다. 두 기관은 내가 원할 경우 두 가지 일을 결합 수 있다는 조건을 수용했다. 나는 두 기관의 제안을 받아들이기로 거의 마음먹고 있었다. 그런데 필라델피아에 있는 애넌버그유대및근동학연구소Anneberg Research Institute for Judaic and Near Eastern Studies가 색다른 제안을 했다. 연구소장을 맡아달라는 것이었다.

이곳은 신생 연구소였다. 소장으로서 연구소의 생성과 발전에 주도적인 역할을 할 수 있었다. 나는 관리직에 경험이 없었고 큰 의욕도 없었으나 이 기회를 놓치고 싶지 않았다. 새로운 연구소를 기초부터 내 구상에 의거해 발전시킬 수 있는 기회였다. 연구소는 또 다른 장점이 있었는데, 바로 히브리 및 유대 연구에서 저명한 드롭시칼리지Dropsie College의 자산을 물려받은 것이다. 이 칼리지의 도서관에는 많은 희귀 문서를 포함해 매우 방대한 도서가 소장되어 있다. 나는 제안을 수락했고 설립자 월터 애넌버그Walter Annenberg를 종종 만났다. 또 그가 임명한 이사회와도 여러 차례 회동을 가졌다.

매혹적인 일이었고 나는 몹시 흥분했다. 완전히 새로운 일을 시작하는 것이었다. 훌륭한 도서관 시설도 있었고, 새로 도입된 CD-ROM 시스템을 활용하여 도서관을 더욱 확장할 수도 있었다. CD-ROM은 획기적인 저장 수단이었다. 예를 들어 작은 디스크에 고대 그리스 문학 전부를 담을 수 있었다. 또한 훌륭한 컴퓨터 프로그램도 등장했다. 문구 하나를 입력하면 여러 고대 언어에서 유사한 표현, 파생된 표현, 관련 자료까지 검색할 수 있었다. 연구자에게 엄청난 도구가 생긴 것이다.

새로운 연구소의 활동은 연구와 출판에만 집중됐다. 일반적인 의미의 학생도 없고 학위도 주지 않았다. 연구소에는 소규모의 정식 교수진과 매년 승인된 연구를 수행할 기회를 얻은 객원 연구자들만 있었다. 가장 직접적으로 연구소 업무와 관련된 사람은 데이비드 골든버그David Goldenberg였다. 드롭시칼리지의 마지막 총장이었던 그는 연구소의 부소장이 됐다. 내가 연구소의 소장으로 부임하면서 사실상 그의 자리를 차지한 것이었기 때문에 그와의 관계가 약간은 걱정스러웠다. 그러나 기우에 불과했고, 그는 모든 면에서 협조적이었다. 그보다 더 충직하고 능력 있는 동료를 바랄 수 없을 정도였다.

그리고 이사회와 적절한 관계를 유지하는, 완전히 새로운 경험도 하게 됐다. 이사장은 필라델피아 지역사회에서 존경받는 인물인 알렌 애덤스Arlen Adams 판사였고, 다른 이사들은 기업인들이었다. 비영리 기관의 이사로서 그들의 주요 역할은 기금 제공이나 모금 활동이 일반적이었을 것이다. 그러나 미국에서 가장 부유한 사람인 애넌버그가 운영비

384

의 상당 부분을 채워주었기에, 기금의 기부와 모금은 이사회의 핵심 기능이 아니었다. 이처럼 이사회가 일반적인 기능을 수행하지 않았기 때문에 그들의 기능이 무엇이고 어느 정도의 권한과 의무를 부여해야 할지 명확치 않았다. 특히 최고 경영자인 나와 이사회 간에 책임과 권한의 경계가 확실하게 설정되지 않았다.

이로 인해 긴장이 고조되기도 했다. 연구소에 대한 그들의 인식과 기대가 나를 비롯한 학계의 전반적인 인식이나 기대와는 크게 다르다는 게 드러났다. 그들은 기업 운영 경험을 바탕으로 소위 분기별 기대치가 있었다. 그러나 학술 연구와 출판은 다른 시간의 척도를 가지고 있어서, 매우 오랜 시간이 걸리기도 한다.

나는 연구소 건물 모퉁이에서 있었던 필라델피아 국제문제협의회의 World Affairs Council의 회장인 분치 엘리스 처칠Buntzie Ellis Churchill과의 대화를 기억한다. 그녀는 비영리 단체들의 이사회가 어떻게 굴러가는지 설명했다. 그녀에 따르면, 이사회는 이사들이 세 가지 'W', 즉 work(일), wealth(부), wisdom(지혜) 중 하나에 기여하거나 혹은 세 가지 'G', 즉 give(주거나), get(얻거나), get-off(손 떼거나) 중 하나를 제공할 수 있어야 제대로 기능한다. 그녀의 의견에 나는 즉각적으로 답했다. "우리 연구소 이사들은 세 가지 'I', 즉 ignorance(무지), incompetence(무능력), interference(간섭)을 제공합니다."

설립자 월터 애넌버그 자신에게도 문제가 있었다. 연구소의 운영비를 모두 책임지고 있었기 때문에, 그는 자신이 모든 사안에 최종 결정권을 가진다고 생각했다. 불행하게도 그는 학문적으로 심오한 지식이 없었고 학계에 대한 경험도 없었다. 그럼에도 모든 학문적 사안에 대해 최종 결정권을 가지기를 기대했다. 나는 그가 함께 일하기 어려운 사람이고, 결론적으로 함께 일할 수 없다고 생각했다.

유대 정체성도 특히 문제였다. 드롭시칼리지는 유대학 연구센터였고, 애넌버그연구소도 공식 명칭에 '유대 및 근동학'이라는 단어를 포함했다. 처음에는 깨닫지 못했지만, 애넌버그가 유대 정체성을 점차 희석시키려는 의지가 있고, 유대인들과의 연계도 전반적으로 줄이고 싶어 한다는 것을 점차 알게 됐다.

몇몇 사례가 있었다. 객원 연구원들에게는 점심이나 간식을 준비하고 먹기 위한 부엌이 필요했다. 나는 이런 부엌이 기본적으로 코셔르kosher(유대교 율법에 따르는 정결한 음식 – 옮긴이)를 만들 수 있는 공간이 될 거라고 생각했다. 객원 교수 및 연구원 대부분이 유대교 율법을 따르는 유대인일 것이기 때문이다. 그러나 애넌버그는 이런 제안을 단호히 거부했다. 그래서 내가 밖에서 코셔르를 사 와서 먹을 수 있는 작은 모퉁이 공간이라도 마련하자고 했으나, 그는 이마저도 거부했다. 이런저런 여러 사건들을 통해서 볼 때, 그는 연구소가 유대인들과의 연계 혹은 유대 정체성을 숨기지는 않더라도 최대한 떨쳐버려야 한다고 생각했던 것 같다.

우울한 경험이었다. 애넌버그는 오만하고 독단적인 성격의 소유자였다. 모든 사안에서, 심지어 자기가 전혀 모르는 분야에서도 당연히 자신의 뜻이 받아들여지고 실행되어야 한다고 생각하는 인물이었다. 극소수를 제외하고 대부분의 이사들이 그를 경외하고 순종할 뿐이었다. 그는 자기가 말하고 행동하는 모든 것이 옳고 모든 사람들이 자기에게 복종해야 한다고 생각했다.

자신이 몸담은 비즈니스세계에서 애넌버그는 즉각적이고 완벽한 동의와 복종에 익숙해 있었다. 사업 외 분야에서도 그는 이런 방식을 기대했다. 어떤 질문이나 의문, 심지어 더 많은 걸 알고 싶다는 요구는 상상할 수도 없었다. 처음에는 놀라워하지만 계속 그런 질문이 이어지면 화를 내곤 했다. 학계에서 학자들은 서로 다른 접근 방식에 익숙하다. 한번은 그가 어디에선가 발견하여 좋아하게 된 글귀를 현관 로비에 새겨 넣으라고 지시한 적이 있었다. 나는 이 글귀에 두 가지 문제점이 있음을 파악하고 의문을 제기했다. 우선 문장 자체에 문제가 있었고, 다음으로 출처도 정확하지 않았다. 나는 글귀를 수정하자고 제안했으나 그는 크게 당혹해했고 분노했다. 나는 마치 '지시에 따르지 않는 예의 없는 사람' 취급을 받았다.

내가 애넌버그 센터에서 일하는 동안 교황 요한 바오로 2세가 미국을 방문했다. 교황을 영접하기 위해 애넌버그와 함께 연구소 이사장 앨 우드Al Wood와 내가 마이애미로 가게 되었다. 여러 기관에서 온 50여 명의 대표들이 반원형으로 섰고 교황은 이들과 인사를 나누면서 서로 예를 주고받았다. 가톨릭 신자들로부터는 경의의 마음을 받았고 타 종교 인사들로부터는 정중한 예우가 있었다. 그런데 교황이 내게 다가왔을 때, 상당히 독특한 상황이 발생했다. 나와 우호적인 친분이 있었던 교황이 나를 보면서 환하게 웃었고 내 이름을 부르며 인사했다. 그리고 내가 카스텔 간돌포에 방문했을 때 상당히 즐거웠다고 하면서 꼭 다시

한 번 방문해달라고 말했다.

내 옆에 서 있던 앨 우드는 제정신이 아니었다. 그는 여러 번 반복해서 "내 눈으로 직접 보지 않았다면 절대 믿지 못했을 것"이라고 말했다. 애넌버그는 멀리서 내가 교황과 인사하는 것을 보았으나 어떤 대화가 오갔는지는 듣지 못했다. 그는 내게 와서 무슨 일이냐고 물었고 나는 상황을 설명했다. 그런데 그의 반응은 떨떠름했다. 교황이 자기가 아닌 자기 아랫사람에게 그런 친근한 발언과 반응을 보여준 게 못마땅한 눈치였다.

1990년 나는 연구소를 떠나기로 결심했다. 연구소의 학문적인 발전은 전무했다. 내 사의는 신속히 처리됐다. 결국 연구소는 펜실베이니아 대학교로 귀속됐고, 이로써 연구소와 나와의 인연은 4년으로 끝났다.

나는 프린스턴으로 돌아왔고 어떤 직책도 맡지 않기로 결심했다. 대신 나만의 연구와 집필 작업에만 열중하기로 마음먹었다. 역설적으로 일흔네 살 이후의 내 삶은, 내 인생에서 가장 생산적인 시기가 됐다. 지난 15년 동안 나는 그 이전의 기간보다 더 많은 책과 논문을 출간했다. 특히 애넌버그연구소에서 지낸 4년은 한 가지를 제외하고는 내 삶에서 완벽한 실패이자 개인적 비극이었다. 그 한 가지는 바로 분치 처칠과 친분을 쌓은 일이었다. 우리의 우정은 훗날 새롭고 꿈에도 생각지 못한 방향으로 발전했다. 80대의 나이에 사랑에 빠지게 될 줄 누가 생각했겠는가?

분치와 나는 1989년 필라델피아 외교위원회Philadelphia Committee on Foreign Relations의 연회에서 만났다. 우리는 즐겁게 이야기를 나누며 웃었다. 내 사무실이 그녀 사무실 바로 옆 모퉁이에 있다는 걸 알게 된 이후 우리는 두 달에 한 번 정도 점심을 같이 했다. 관심사가 비슷했던 우리는 자연스럽게 친구가 됐다. 그녀는 언어유희를 즐겼는데, 영어를 능수능란하게 구사하며 말장난하기를 좋아했다. 그녀는 초기에 중동에 관심이 있었다. 학부와 대학원에서 이집트의 제2대 대통령인 나세르와 이집트에 대한 논문을 썼다. 그녀가 펜실베이니아대학교에서 공부하던 동안, 나는 터키와 중세 이슬람시대에 대한 책을 출간했다. 그녀의 관심분야가 아니었기에 그녀는 당시 내 존재를 몰랐다.

그녀의 남편이 1994년 심장마비로 세상을 떠난 후 나는 1년 반을 기다렸다. 그리고 '본격적으로' 우리의 사랑이 시작됐다. 훌륭한 관계가 지속되었으나, 한 가지 아쉬운 점도 있었다. 우리에게는 둘만이 소유한 비밀 언어가 없었다. 전처와 나는 덴마크어를 구사했고 그다음 연인과는 터키어를 공유했다. 두 언어 모두 서양세계에서는 거의 알려지지 않았기에 사생활을 보장받는 데 편리했다. 익숙해질 때까지 얼마간 나는 이런 아쉬움을 느꼈지만 보상도 있었다. 우리는 영어의 풍부함과 깊이를 만끽했고, 영국 영어와 미국 영어의 차이를 발견하고 공유해가는 과정도 즐겼다.

분치는 또 내가 미국 문화를 보다 깊이 이해하는 데 도움을 주었다. 그녀의 도움이 없었다면 절대로 도달할 수 없는 수준까지, 나는 미국의 문화를 대중적, 역사적 차원에서 이해할 수 있었다. 예를 들어 나는 '더 옐로 브릭 로드yellow brick road(1939년 미국에서 제작된 영화 〈오즈의 마법사〉에 등장하는 희망과 꿈이 가득한 약속의 땅으로 가는 노란 벽돌 길 ─ 옮긴이)'라는 표현이 무슨 뜻인지 몰랐다. 또 미국에서 맞은 첫 번째 핼러윈 명절 때 나는 문을 두드린 아이들에게 사탕 대신 누군가가 내게 준 유대 전통 음식인 살구 패스트리를 주었다. 당연히 그것은 아이들이 기대하던 게 아니었다! 또 아직도 도저히 이해하지 못하는 게 있다. 미국인들이 왜 그렇게 컴퓨터 게임에 열광하는지 하는 것이다. 아마도 이는 문화보다는 세대의 차이일 가능성이 크다.

한편 분치는 학자로서의 내 성공을 나름대로 분석한 재미있는 도표를 만들어 보여주었다. 그녀는 세 가지 요인을 언급했다. 장시간의 집중 능력, 좋은 기억력, 그리고 낯선 소리에 대한 모방 능력이었다. 세 가지 모두 언어를 배워 그 수준을 유지하고 역사를 기억하는 데 유용한 것들이었다.

가끔 우리는 결혼에 대해 논의한다. 그러나 그녀에게는 필라델피아에서의 삶이, 나에게는 프린스턴에서의 삶이 있다. 우리는 주말을 함께 보내고 여행을 다니곤 한다. 그러는 사이에도 종종 결혼에 대해 정기적으로 진지하게 논의하지만 결론이 나지 않는다. 어떤 때는 한 사람이 삐딱해지고 어떤 때는 다른 하나가 다른 방향으로 향하곤 한다. 한번은 분치가 결혼을 한다면, 그 이유는 내가 죽었을 때 자신이 6개월 동안 사회적 지원을 받을 수 있다는 것 때문일 거라고 말했다. 자신이 '여자친구' 신분이면, 겨우 6일 동안 사회적 지원을 받을 수 있다는 것이었다. 나는 그녀의 말에 대해 곰곰이 생각해본 뒤 말했다. "그 말은 내 부인이 되기는 싫고 내 미망인이 되고 싶다는 의미인가요?"

이렇게 우리는 현재 상태를 유지하고 있다.

11

✦✦

파리에서의 판결

1961년 처음 출판된 《현대 터키의 등장》에서 나는 1915년의 터키인들이 행한 아르메니아인 대학살을 언급하면서, 이를 묘사하기 위해 '홀로코스트holocaust(나치의 유대인 대학살—옮긴이)'라는 단어를 썼다. 그럼에도 이 책은 터키에서 환영을 받았고, 터키어로도 번역됐다. 제3판에서 나는 '홀로코스트'를 '학살slaughter'이라는 단어로 교체했다. 아르메니아인 대학살에 대해 의문을 제기하거나 사건을 축소하려는 게 아니라 나치가 지배한 유럽에서 600만 이상의 유대인이 학살당한 것과의 비교를 피하기 위해서였다. 또 홀로코스트는 나치에 의한 유대인 대학살을 의미하는 명확한 용어로 사용됐기 때문에 의도적으로 이 단어를 교체했다. 그리고 아르메니아인 희생자 수는 150만 명이라고 추가 언급했다. 대부분 학자들이 동의하는 추정치였다.

1952년 터키는 나토의 회원국이 됐다. 러시아인들이 이 움직임을 소련에 대한 심각한 전략적 위협이라고 보는 것은 당연한 일이었다. 실제로 흑해와 코카서스 지역에 위치한 이슬람공화국 터키가 NATO 회원국으로 등장한 것은 러시아인들에게 국내외적으로 심각한 문제를 야기할 수 있는 사안이었다. 따라서 소련은 두 가지 전략을 동원하여 터키를 괴롭히기 시작했다. 우선 터키 내부에 문제를 만들고 이후 국제사회에서 터키의 입지를 약화시키는 것이었다. 소련은 터키 내부의 야권세력을 배후에서 지원해 반정부활동을 촉발시켰다. 터키 내 좌익 세력과 쿠르드 소수민족을 지원한 것이다. 소련은 또 해외, 특히 미국에서 터키를 궁지에 몰아넣는 외교전도 펼쳤다. 해외에 거주하는 반정부 세력을 후원하고 미국에 많이 거주하는 아르메니아인 공동체를 자극했다.

1915년 아르메니아인 대학살은 미국 내 아르메니아인들에게는 쓰라린 기억이었다. 다행히 제1차 세계대전 이후 미국과 다른 나라에 거주하는 터키인들과 아르메니아인들 사이에 우호적인 관계가 점차 구축되고 있었다. 그럼에도 대학살 사건을 다시 제기한 것은 강력하고 효과적인 무기가 됐다. 미국 내 아르메니아인들을 결집시켰을 뿐 아니라 다른 소수민족 공동체들도 이들에게 동조하게 만들었다.

1985년 미 의회에 아르메니아인 대학살을 민족청소genocide로 인정하라고 촉구하는 캠페인이 벌어졌다. 이런 움직임에 반대하는 세력도 있었는데, 우선 터키인들이 그랬고, 또 이런 사안이 미 의회의 업무가 아니라고 생각하는 사람들이 있었다. 역사를 쓰고 재해석하는 것은 입법부의 역할이 아니라는 시각이었다. 이런 결정이 심각한 문제를 야기할 수도 있기 때문이었다. 당시 그 결의안에 반대하는 서명지가 내게도 왔고, 나는 서명했다. 대부분 학계 인사들도 나와 유사한 입장이었다.

1993년 11월 나는 파리에서 며칠 머무르고 있었다. 우연히 내 책 두 권의 프랑스어 번역본이 서로 다른 출판사에서 출간되던 시점이었다. 이들 출판사의 요청으로 나는 〈르몽드〉를 포함한 몇몇 언론과 인터뷰를 했다. 질문들 중 하나는 미 의회의 결의안에 대한 것으로, 포괄적으로 말한다면 아르메니아인 대학살에 대한 내 입장이었다. 내 답변은 적지 않은 파장을 일으켰고, 나를 인터뷰한 〈르몽드〉에서는 격렬한 토론이 이어졌다.

내 답변의 요점은 아르메니아인들이 끔찍한 피해를 입은 것은 사실이지만, 이를 홀로코스트와 비교하기에는 오해의 소지가 있다는 것이었다. 아르메니아인 대학살은 무장반란으로 야기됐다. 오늘날 우리가 말하는 민족해방투쟁과 유사하다. 제1차 세계대전을 기회로 삼아 아르메니아인들은 터키 지배자들에게 반란을 일으켰다. 아르메니아 반란 세력은 당시 터키와 전쟁 상태에 있던 영국 및 러시아와도 동맹을 구축했다. 아르메니아인들의 반란은 초기에 동부 지역과 실리시아Cilicia에서 일부 성공을 거뒀다. 하지만 결국 진압되었고, 실리시아에서 살아남은 아르메니아인들은 추방당했다. 투쟁과 뒤이은 추방 과정에서 많은 아르메니아인들이 희생됐다.

먼저 독일에서, 그리고 이후 독일이 점령한 유럽에서 발생한 유대인 학살은 좀 다른 사안이었다. 반란도 없었고 무장투쟁은 더더욱 없었다. 반대로 독일의 유대인들은 자신들의 국가인 독일에 충성심이 있었다. 이들에 대한 공격은 전적으로 인종적 정체성에 기인한 것이었다. 개종한 유대인들과 조금이라도 유대인 혈통을 가진 사람들도 공격 대상이었다. 특정 지방 혹은 지역에 국한된 사건도 아니었다. 독일이 통치하거나 독일 점령하에 있던 모든 지역의 유대인들에게까지 확대됐다. 학살의 목적은 유대인들의 궁극적 말살이었다.

학살과 추방 과정에서 살아남은 아르메니아인 생존자들은 오스만제국이 통치하던 이라크와 팔레스타인으로 향했다. 추방지에 도착했을 때 이들은 현지에 거주하던 아르메니아인 공동체로부터 환영과 도움을 받았다. 나치에 의해 폴란드로 추방된 독일 유대인들은 이런 도움을 전혀 받지 못했다. 오히려 폴란드 유대인들과 같은 운명에 처하고 말았다.

따라서 첫 번째 차이점은 일부 아르메니아인들이 무장반란에 연루된 반면 유대인들은 그렇지 않았다는 것이다. 유대인들은 자신들의 정체성 때문에 공격을 당했다. 두 번째 차이점은 아르메니아인들에 대한 박해는 대부분 위험 지역에서만 자행됐다는 것이다. 다른 오스만제국의 영토, 특히 대도시에 살던 아르메니아인들은 큰 피해를 입지 않았다. 물론 반反오스만제국 행위를 한 것으로 분류된 일부 아르메니아인들에 대한 간헐적인 공격은 있었다. 그러나 오스만제국 내 아르메니아인 전체가 박해를 받지는 않았다.

이런 발언과 설명으로 인해 나는 네 건의 소송에 휘말렸다. 두 건은 형사소송, 두 건은 민사소송으로, 인터뷰와 이어진 토론 내용 때문에 벌어진 일이었다. 세 건의 소송은 〈르몽드〉와 내게 제기되었고, 나머지 한 건의 민사소송은 전적으로 나와 관련된 것이었다. 모든 소송의 공통된 요점은 내가 '홀로코스트 부정Holocaust denial'에 상응하는 범죄를 저질렀다는 것이었는데, 프랑스 법에서는 이것이 불법행위였다. 1994년 11월 18일 판결이 나왔다. 이미 10월 20일 〈국제 아르메니아 리포트The Armenian Report International〉는 다음과 같이 판결을 예상했다. "법원이 아르메니아인 민족청소를 사실이라고 인정하더라도, 〈르몽드〉와 루이스 교수에 대한 처벌이 내려지는 것을 기대하기 어렵다. 그 이유는 1990년 제정된 프랑스 법, 즉 민족청소의 진실성에 대해 의문을 제기하는 어떠한 글도 출판을 금지한다는 조항이 제2차 세계대전의 유대인 대학살에만 국한된다고 규정하기 때문이다. 따라서 이 소송을 진행 중인 프랑스 아르메니아 민족위원회는 아르메니아 민족청소에도 적용될 수 있는 유사한 법이 프랑스에서 제정되는 것을 목표로 하고 있다." 내 인터뷰와 내가 이런 목적을 위해 이용되고 있다는 설명이었다.

법원은 〈르몽드〉와 나에 대한 세 건의 소송을 기각했다. 그러나 나에게만 제기된 민사소송 한 건은 일부 내용을 받아들였다. 대부분 내 프랑스 친구들은 인터뷰와 이어진 소송들 모두가 의도된 함정이었다고 설명했다. 판결 이후에 발생한 사건들을 보더라도 이 설명에 상당한 타당성이 있었다. 법원은 우선 역사적 논박과 논쟁을 '중재하고 결정할' 어떠한 의도도 없다고 언급했다. 그러면서 이 부분에 대해서는 다음과 같이 판결했다. "1915년부터 1917년까지 아르메니아인들에게 가해진 학살이 법적으로 민족청소에 해당하는지 여부는 법원이 판단할 사안이 아니다." 판사들은 나도 이 사안에 대해 판단을 내리지 말았어야 한다고 언급했다. 제한된 범위의 독자들이 있는 신문 지면에서도 그렇게 해서는 안 된다고 판결했다.

반면 나를 공격한 세력들은 단행본, 논문 등 방대한 지면을 이용해서 다른 주장과 증거들을 마음대로 무시하고 이를 인용하거나 추가 증거를 제시한 사람들조차도 억압하고 처벌해달라고 요구했다. 이들 세력은 그동안 다양한 국적과 이념을 가진 학자들이 출판한 방대한 연구와 논문, 자료들을 전적으로 부인하고 있었다. 민족청소 주창자들의 의견에 동의하지 않는 모든 학자들의 연구를 배척하는 것이다. 이런 배타적인 자세가 지난 75년 동안 이어졌다. 하지만 이런 태도와 자세를 '아르메니아 버전'이라고 칭하고 그로 인해 이를 지지하는 사람들의 감정에 해를 입히는 행위는 프랑스 법에서는 불법행위라는 것이 법원의 입장이었다.

그러나 아르메니아 민족청소 주창자들에 의해 터키인들이 받은 감정적 피해도 엄청났다. 이들은 반대파의 시각을 '터키 버전'이라 칭하고 비난해왔다. 민족청소라는 용어를 이용해 실제로 학살을 행한 일부 과거 터키인들뿐 아니라 현재의 터키 민족 전체를 싸잡아 규탄해왔다. 또 아르메니아 게릴라들이 터키인, 쿠르드인, 다른 무슬림 마을주민을 학살한 것에 대해서는 부인해왔다. 원고 측의 일부 주장과 비난은 한편으로 터키의 민족청소가 아르메니아인들을 대상으로 한 1915년에서 쿠르드인들을 공격하는 현재까지 이어지고 있음을 전제로 하는 것이었다. 다른 한편으로는 터키 학자들과 그들이 제시한 역사적 증거를 인정할 수 없다는 것이었다. 이런 태도는 편견이다. 이런 편견에 대해서는 아르메니아협회포럼Forum of Armenian Associations의 산하기관인 '인종주의와 반유대주의에 반대하는 국제연합LICRA: Ligue Internationale Contre le Racisme et l'Antisémitisme'도 반대 입장을 분명히 표명한다.

법원의 판결은 내게도 책임을 물었다. 내가 역사학자의 사명에 반하는 어떠한 목적을 가지고 의견을 피력했음이 전혀 입증되지는 않았지만, 내 가설에 반하는 사안들을 제대로 반영하지 않았다는 것이었다. 민감한 주제에 대해 의견을 제시할 때 객관성과 신중함을 지켜야 하는 학자적 의무에 충실하지 않았다는 점을 법원은 지적했다. 결과적으로 내 발언이 부당하게 아르메니아 공동체의 고통을 야기했으므로 이에 대해 손해배상을 해야 한다는 것이었다. "객관성과 신중함에 대한 의무를 다하지 않았다"는 법원의 의견에 많은 사람들이 동의하지 않았다. 왜냐하면 나와 다른 의견을 가진 사람들은 그들의 가설과 반대되는 사안들에 대해서는 전혀 인정하지도 않았을 뿐더러, '객관성과 신중함'을 보이려는 시늉조차 하지 않았기 때문이다.

법원은 내게 아르메니아협회포럼과 LICRA에 각각 1프랑의 배상금을 지급하고, 〈르몽드〉지에 실을 판결요지 게재비인 약 2만 프랑을 지불하고, 아르메니아협회포럼에 1만 프랑과 LICRA에 4,000프랑의 소송 비용을 변상하라고 명령했다. 아르메니아의학협회Armenian Medical Association와 '프랑스와 기독교의 정체성을 존중하고 인종주의에 반대하는 보편 동맹AGRIF:Alliance générale contre le racisme et pour le respect de l'identité française et chrétienne'이 제기하고 내가 승소한 건들에 대해서는 두 기관이 각각 내게 8,000프랑을 지급하라고 법원은 판결했다. 결과적으로 신문에 판결을 게재하는 비용을 제외한 배상금 부분에서는 계산상으로 내가 승리한 셈이 됐다. 하지만 전반적인 과정 자체가 너무나 터무니없는 소송과 판결이었다.

이 모든 소송에서 원고 측은 아래와 같은 일방적인 가정에 근거해서 주장을 펼쳤다.

1. 수학과 마찬가지로 역사에서도 정답은 하나만 존재한다. 다른 모든 것은 오답이다.
2. 정답은 정해진 것이며 절대 변할 수 없다. 정답은 새로운 증거의 발견, 기존 증거에 대한 새로운 문제제기, 혹은 새로운 조사 방법을 통해 등장한 증거에도 전혀 영향을 받을 수 없다.
3. 어떤 것이 정답인지를 결정하는 최적의 장소는 법원이다.
4. 정답이 결정되면, 다른 모든 답들은 반드시 무시되어야 하며 이에 의문을 제기하는 이들은 처벌받아야 한다.

이러한 가정들에 사건을 담당한 원고 측 변호인들은 다섯 번째 가정을 추가했다. 특정 역사적 관점을 불인정하는 가장 적절한 방법은 진실 여부를 떠나 모든 수단을 동원해 전면전을 펼치는 것이라는 가정이다. 품위도 생각할 것 없이, 그 관점을 제시한 역사가의 직업적, 개인적, 금전적 청렴도에 해가 될 모든 것을 공격하는 것이었다.

언론 조작도 서슴지 않았다. 많은 예 가운데 〈렉스프레스L'Express〉에 게재된 한 기사가 있다. 내가 '터키로부터 세 종류의 장학금을 받았다'는 것이었다. 이는 완전한 허구였다. 나는 터키인들로부터 어떠한 학술 지원금이나 장려금을 받은 적이 없었다. 또 이번 사안과 관련해서는 어느 외국 정부로부터 어떠한 지원도 받지 않았다. 대다수의 학술 지원금이나 장려금이 정치적 연관성이 없음에도, 내가 연구하는 분야의 정치적 민감성 때문에 나는 더더욱 그러한 정치적 연관성을 피하려고 노력해왔다. 소송이 진행되던 중에 프랑스 주재 터키 대사관이 모든 소송 비용을 지불하겠다고 제안했으나 나는 거절했다. 막대한 재정적 부담을 떠안을 수밖에 없었다. 내가 터키 대사관의 제안을 거절했을 때, 내 변호사는 내 결정에 크게 안도하고 만족해했다. 법원이 원고 측에 각각 1프랑을 배상하라고 명령했기 때문에 이는 큰 문제가 되지 않았다. 하지만 변호사 수임료와 다른 비용은 사실 큰 부담이었다.

몇 년 후 터키학술원으로부터 아타튀르크상을 받을 때 도의적인 문제가 발생했다. 5만 달러의 상금 때문이었다. 그래서 나는 수상의 명예만 수락하고 상금은 터키의 비영리 단체에 기부해달라고 요청했다. 그러자 터키학술원 관계자는 수상 기념으로 금화 두 닢만 받아달라고 계속 요청했다. 개인적인 선물이라고 강조했기에 결국 나는 금화를 받았다. 나는 이것을 내 파트너 분치에게 선물했고, 그녀는 이것을 녹여 자신의 귀걸이를 만들었다.

이런 내 태도에도 '지원금'을 받은 학자는 적어도 외국 국가의 하인이 될 가능성이 크다는 의심은 아직도 있다. 프랑스의 젊은 혹은 원로 학자들 중 많은 수가 매년 직간접적으로 외국 정부로부터 후원을 받는다. 그렇다면 그들 모두 외국 정부의 앞잡이 노릇을 한다고 의심받아야 하는가? 내 개인 신상에 대한 이런 공격은 거짓에 근거했기 때문에 결국 실패한 것이 되었다. 하지만 학계에 대한 이런 의혹은 아직도 계속

된다.

아르메니아인들은 자신들에게 전반적으로 불리한 판결에 맞서 항소했다. 특히 〈르몽드〉와 내게 손해배상을 하라는 건에 대해서는 더욱 강경하게 대응했다. 그러나 두 건의 항소가 모두 기각됐고, 이에 따른 추가적인 손해배상도 덧붙여졌다. 내게 불리한 판결에 대해 나도 항소 여부를 고민했다. 나는 충분한 근거가 있었지만 항소하지 않기로 결정했다. 사법부에 대한 불신이라는, 매우 간단하고 명확한 이유 때문이었다. 불합리한 과정과 판결이 거듭될 거라고 생각했다.

소송 기간 내내 나는 언론 인터뷰를 거절했다. 프랑스 언론사들의 요청을 거절한 이유는 명백하다. 언론사가 역사에 관해 제기한 질문에 답할 정도로 대담한 역사학자가, 형사적 처벌과 민사적 손해배상으로까지 이어질 수 있는 장기간에다가 막대한 비용이 드는 법적소송에 휘말릴 수 있는 나라에서 인터뷰에 응한다는 것은 정말 멍청한 짓임을 깨달았기 때문이었다. 영국과 미국의 영자신문들과의 인터뷰를 거절한 이유는 이와 좀 달랐다. 인터뷰를 요청한 언론들은 명확히 내 명분을 지지하는 측이었다. 프랑스 검찰과 원고 측을 비판하고 심지어 조롱하는 언론사들이었다. 그러나 나는 프랑스의 자유정신과 정의를 조롱하는 데 동조하고 싶지 않았다.

내가 모든 인터뷰를 거절한 이유가 하나 더 있었다. 아직 법적 심리 중인 사안을 두고 공적인 토론을 벌여서는 안 된다는 법칙이 엄격하게 적용되는 법치국가에서 태어나고 자랐기 때문이다. 프랑스와 미국에는 그러한 법률 규정이 없었다. 그러나 프랑스에서의 경험과 미국에서의 관찰을 통해 이러한 원칙의 타당성을 명확히 알 수 있었다.

언론에서는 내 소송 사건에 대한 보도를 아주 조금 내보냈다. 나는 이에 크게 고마움을 느낀다. 당시 언론보도의 수준과 정확성에 문제가 많았기 때문이다.

원고 측은 언론을 능수능란하게 다루는 능력을 보여주었다. 그들은 파리에서 기자회견을 열기도 했는데, 현지의 지인을 통해 이에 대한 자세한 상황을 들을 수 있었다. 상당히 효과적인 기자회견이었다고 한다. 언론 보도 내용, 관련 문서, 기타 자료를 엮어 원고 측이 만든 보도 자료집은 내용상 문제가 많았지만 상당히 설득력 있게 보였다. 그 결과 네 건의 소송에 대한 보도는 내게 상당히 불리한 양상을 띠었다. 법원이 내 손을 들어준 세 건의 심리와 판결에 대해서는 전혀 보도가 나가지 않았고, 내가 읽어본 보도자료에도 어떠한 언급이 없었다. 이는 원고 측을 상당히 당혹스럽게 만들었을 것이다. 그래서 조용히 넘어가버렸다.

여러 면에서 가장 중요했던 네 번째 소송은 그들의 언론 관리 능력을 가장 잘 보여준다. 주요 혐의인 '민족청소 부정negationism'에 대해 법원은 공식적인 판단을 내놓지 않고, 중요하지 않은 사안으로 분류하면서 원고에 유리한 평결을 내렸다. 분과위원회의 신중하고 애매모호한 '유의사항' 의견을 마치 유엔 전체의 공식적인 견해인 것처럼 변형시키는 자들이 법원의 이 같은 평결을 '민족청소에 대한 유죄판결'이라고 확대하고 언론플레이를 하는 것은 식은 죽 먹기였다.

이런 변형과 왜곡은 하룻밤 사이에 그 효과를 발휘했다. 다음 날 파리의 3대 신문에 판결에 대한 보도가 나왔다. 세 신문 모두 판사가 아닌 원고의 판결을 재해석한 것 같은 내용을 실었다. 〈르몽드〉, 〈리베라시옹Liberation〉, 〈피가로Figaro〉 모두 법원이 '민족청소 부정'에 대해 내게 유죄판결을 내렸다고 일제히 오보를 냈다. 판사들이 '민족청소 부정'이라는 판결을 내리지 않으려고 무척 애썼음에도 말이다. 〈리베라시옹〉과 〈피가로〉는 부정확한 보도에 이어 아르메니아협회포럼 소속 두 홍보담당자와의 인터뷰도 게재했다. 〈르몽드〉는 다행히 그런 우발적인 인터뷰 기사까지는 싣지 않았다. 판결에 대해 상당히 정확히 서술했으나, 선정적이고 잘못된 기사 제목을 달았다.

변호사의 권고에 따라 나는 세 신문에 변호사가 작성한 서한을 보냈다. 물론 판결 내용 자체가 아니라 판결을 오보한 데 이의를 제기하는 서한이었다. 세 신문은 내 이의제기 게재를 거부했다. 법원이 그렇게 하라고 명령하기 전까지는 게재할 수 없다는 것이었다. 〈르몽드〉가 법원의 명령이 나오기 전까지는 판결 내용 오보에 대한 내 이의제기를 보도하지 않으려 한 것은 무례하다기보다는 신중하기 때문이었다고 볼 수 있다. 이들은 원고 측이 학자들 전체를 싸잡아서 제기한 의혹을 반박하기 위해 몇몇 저명한 프랑스인 터키학 학자들이 서명해 보낸 서한도 게재를 거부했는데, 이 역시 비슷한 맥락에서 해석될 수 있다. 반박 기사를 게재하기를 꺼리는 것은 막대한 비용이 동반되는 골치 아픈 소송 절차에 대한 부담감 때문이다. 소송이 비일비재한 프랑스에서는 어찌 보면 당연한 것이라 할 수 있다. 이런 상황에서 프랑스 언론의 신중함은 추가적인 문제 발생을 막기 위한 예방조치라 할 수 있다.

일부 오류들은 영원히 살아남는다. 내 재판결과에 대한 오보는 이후에도 종종 인용됐다. 대표적인 예가 캘리포니아대학교출판사에서 나온 노먼 핀켈슈타인Norman G. Finkelstein의 책《대담함의 저편Beyond Chutzpah》이다. 그는 이 책에서 내가 "아르메니아인 '홀로코스트'를 부정한 것 때문에 기소되었고 프랑스 법원의 유죄판결을 받았다"고 기술했다. 저자 자신도 마치 책 체목과 유사한 삶을 사는 것 같다.

다른 외국 언론은 내 소송사건을 많이 다루지 않았다. 일부 언론에서 보도하긴 했지만 대부분 표현의 자유에 대한 문제들과 함께 다뤄졌다. 1995년 5월 23일자 런던의 〈이브닝 스탠다드Evening Standard〉에는 '역사 수업에 대한 고소'라는 제목의 기사가 실렸다. 기자는 내 사건을 "지난 몇 년간 있었던 가장 이상한 재판들 중 하나"라고 설명하면서 "루이스 교수의 진짜 실수는 볼테르Voltaire(프랑스의 작가, 철학자, 계몽사상가-옮긴이)의 후손들을 대상으로 강의를 한다고 생각했던 것"이라고 결론지었다. 크리스토퍼 히친스Christopher Hitchens는 〈더 네이션The nation〉에서 터키 학살과 내 의견에 전적으로 동조하지는 않았지만 "프랑스 법과 프랑스 지적 환경의 심각한 위선"이라며 재판 과정을 꼬집었다.

런던에서 발행되는 〈유대인 연대기Jewish Chronicle〉도 다음과 같이 지적했다. "루이스가 옳았다. 만약 그가 틀렸다고 해도, 그에게는 자신의 견해를 내세울 자유가 있다. 오류를 명백히 밝히는 것은 역사학자에게 자신의 직업에 대한 전문성을 진지하게 반영하는 것이지 악성 범죄행위는 아니다. 민족청소의 진실성에 의문을 제기하는 어떤 글의 출판을 금지한다는 1990년 프랑스 법은 표현의 자유를 심각하게 저해한다. 물론 이 법이 통과된 취지는 선의에 의한 것이다. 제2차 세계대전 당시 저질러진 나치의 만행에 대한 프랑스인들의 양심이 반영된 것이다. 같은 이유로 독일에도 유사한 법이 있다. 하지만 미국에는 그런 법이 없다. 표현의 자유를 보장하는 미국 헌법과 배치되기 때문이다. 다행히 영국에도 유사한 법이 없다. 상식에 반하기 때문이다."

1995년 6월 26일자 〈프랑크푸르트 종합신문Frankfurter Allgemeine Zeitung〉은 재판의 전 과정을 꼼꼼히 분석한 기사를 실었다. 신문은 재판 과정과 결과가 학문적 독립성, 표현의 자유, 문명화된 담론을 위반하는 것이라고 평가했다.

미디어 대응에서 아르메니아인들이 가장 큰 성공을 거둔 것은 그들이 노출되지 않았다는 점이다. 영국, 미국, 독일 그리고 다른 나라 언론들은 대부분 소송과 관련해서 표현의 자유라는 기본적인 사안을 인용했다. 이것이 사건과 연관된 것이기 때문이었다. 그러나 프랑스 언론 보도에서는 이 사안이 단 한 차례밖에 인용되지 않았다. 표현의 자유가 사건의 본질이 아니라는 시각이 프랑스에서는 지배적인 것이었다.

나는 아직도 이 점을 이해할 수가 없다. 당시 프랑스인들과 관련된 쟁점은 1915년 대학살 사건이 아니라 1995년 소송이어야 했다. 그런데 프랑스 언론인들과 지식인들은 소송의 주요 쟁점인 표현의 자유에 큰 관심을 두지 않았다. 놀라울 정도로 극소수를 제외하고 대부분 프랑스 학자들과 지식인들의 소송에 대한 반응은 법원의 판결을 수용하거나 무관심한 것이었다. 내가 친구 혹은 동료라고 생각했던 프랑스 학자들

중에는 인터뷰 요청을 받고서도 아무런 의견을 내지 않는 이들이 있었다. 이런 상황이 나를 슬프게 했다. 다행히 다른 사람들은 내 견해에 동조하는 서한을 보내고 공개적인 지지를 자청했다. 그들이 곤경에 처할 수도 있기 때문에 실명을 밝히지는 않겠다. 하지만 이 책이 프랑스에서 출판되면 그들은 내가 얘기한 사람이 누구인지 잘 알 것이다.

홍보에서 재원과 노력은 다른 결과를 가져올 수밖에 없다. 내 사건이 그렇다. 원고 측 다섯 기관은 법적 공방을 진행하는 데 수많은 변호사를 동원했다. 반면 나는 단 한 명의 용감한 변호사가 있을 뿐이었다. 나와 변호사는 마치 1939년 독일의 탱크에 맞선 폴란드 기병대처럼 싸워야 했다.

극적인 반응도 있었다. 프랑스에서 가장 저명한 학술기관인 프랑스학사원Institut de France이 나를 학사원의 주요 산하기관 중 하나인 금석고전문학아카데미l'Académie des Inscriptions et Belles - Lettres의 객원위원으로 선임한 것이었다. 프랑스학사원의 회원 자격을 얻는 것은 언제라도 명예로운 일이겠지만, 소송이 진행되던 시점에 이런 소식이 들려온 것은 특히 극적이었다. 소송과 관련한 근본적인 문제는 내 의견의 정확성이 아니라 그 의견을 표현할 수 있는 권리, 좀 더 구체적으로 말하면 프랑스에서도 그렇게 할 수 있는 권리였다. 내가 프랑스 시민 혹은 거주자가 아니었지만, 학사원 회원이 됐다는 것은 단순한 방문자가 아님을 의미했다. 따라서 소송은 내 개인적 문제가 아니었다.

그럼에도 나는 당시 더는 소송과 관련한 어떠한 논쟁에도 참여하지 않았다. 개인적이지만 현실적인 이유 때문이었다. 역사적 관점이 법적 공방의 대상이 되는 곳, 법적 평결이 언론인들과 원고 측에 의해 재해석되고, 수정되고, 더 나아가 뒤바뀌는 곳, 그리고 가장 중요한 것으로, 토론의 규칙이 모든 참여자에게 공평하지 않은 곳에서는 역사를 논하고 싶지 않았다.

결론적으로 나는 재판 과정을 통해 두 가지 교훈을 얻었다. 첫째, 법정이 역사적 문제를 토론하고 판결하는 최적의 장소가 아니라는 것이다. 둘째, 언론이 소송 사건을 논의하고 공방을 펼칠 수 있는 최적의 공간이 아니라는 것이다.

나는 아르메니아인 대학살과 추방의 생존자들과 후손들의 고통을 충분히 이해한다. 아르메니아인들이 나치 통치하 유럽에서 유대인 말살을 명시하기 위해 처음으로 사용된 '민족청소'라는 용어를 1915년 학살에도 적용해야 한다고 주장하는 것도 어느 정도 이해할 수 있다. 그리고 이러한 자신들의 요구가 거부당했을 때 느낄 수 있는 그들의 분노도 이해한다. 특히 최근 들어 민족청소라는 용어가 세계 여러 곳에서 발생한 학살사건들에 광범위하고 무분별하게 사용되는 상황에서 그들의 분노는 더 클 것이다. 민족청소라는 용어가 적용되는 상당수 학살사건들의 희생자 수가 1915년 아르메니아인 대학살 사건보다 훨씬 적다는 점을 고려할 때 아르메니아인들은 크게 좌절했을 것이다. 만약 민족청소라는 용어가 단순히 광범위한 고통과 인명피해를 의미한다면, 아르메니아인 대학살에도 당연히 적용될 것이다.

그러나 내 소송사건의 원고 측이 명확히 주장한 바와 같이, 이 용어가 나치 유럽에서 대규모로 자행된 것처럼 한 민족을 말살하기 위해 의도적이고 계획된 행동이라는 원래의 법적인 의미로 사용된다면, 1915년 아르메니아인 대학살에 이 용어를 적용하는 것은 적절하다고 볼 수 없다. 그러나 언어는 변하기 마련이다. 20년이 지난 현 시점에서 다시 사건을 되돌아본다면, '민족청소'라는 단어가 오늘날 더 광범위하고 덜 정확하게 사용된다는 점을 우리는 알 수 있다.

아직도 과거의 끔찍한 사건들에 대한 기억으로 고통받는 희생자들, 그들의 가족들, 그들의 동포들, 그들의 자손들에게 이 용어에 대한 사전적 의미의 차이는 그리 중요한 것이 아니다. 그러나 역사가들에게 이러한 차이는 중요한 사안이다. 역사가들뿐만이 아니다. 밝은 미래를 꿈꾸는 사람들, 터키와 아르메니아 두 민족 간에 보다 나은 관계와 상호 이해를 희망하는 사람들에게도 중요한 사안이다. 과거의 분노를 다시 끄집어내고 오래된 반목에 다시 불을 붙이는 것은 두 민족 간의 거리를 더 벌릴 뿐이다.

역사서의 집필과 개정판

문체는 역사를 쓰는 데 매우 큰 가치를 지닌다. 차후에 꾸며서 덧붙여 지는 것들을 의미하는 게 아니다. 문체는 다른 사람이 덧붙이는 게 아니다. 그런데 한 사람이 집필하고 다른 사람이 문체를 가미하는 게 바람직하다고 말하는 사람들이 있다. 이들은 이런 작업이 출판사 편집자의 역할이라고 생각한다. 나는 이런 생각을 절대 받아들이지 않는다. 나는 문체가 저자의 실질적인 구상과 집필 과정의 한 부분이라고 생각한다. 특히 구상 단계가 문체에 결정적인 역할을 한다. 구상이 명확하다면 명확한 문체가 나오기 마련이다. 모호한 구상은 모호한 문체로 이어진다. 물론 역사 집필은 소설이나 시를 쓰는 것과 다르다. 하지만 역사 서술에도 우아함이 있어야 한다. 역사 집필에서도 명확성, 정확성, 우아함이라는 필수적인 질적 우수성이 동반되어야 한다.

명확성이란 말하고자 하는 바를 그대로 말하는 것이고, 그 의미에 모호함이 없어야 한다. 정확성은 말하고자 하는 것만 말하는 것이고, 그

외의 다른 것을 언급하지 않는 것이다. 어떤 주제를 계속해서 서투르고 부주의하게 다룬다면 필자가 말하고자 하는 것과 실제로 말하는 것이 크게 달라진다. 만약 책에 담긴 글이 형편없고 엉망이라면 이는 좋은 역사 서술이 아니다. 학술적으로 좋은 내용이 담길 수는 있지만 좋은 역사 서술은 아니다. 우아한 문체가 내용을 더 좋게 만든다.

역사 연구와 저술은 새로운 통찰력과 경험을 통해 지속적으로 풍부해지고 있다. 같은 주제와 시대를 연구할 때도 각각의 세대는 신선한 방식을 이용한다. 두 가지가 항상 더해진다. 하나는 새로운 방법, 새로운 문서, 새로운 자료들이다. 다른 한 가지는 각 세대마다 새로운 경험을 이용하는데, 그 세대만의 경험은 유용할 수 있다는 것이다. 다만 과거의 증거를 조사하거나 의문을 던질 경우에만 그러하다.

한때 역사는 군사와 정치 분야만을 다루었을 뿐 다른 건 없었다. 그것은 왕과 전쟁에 대한 이야기였으며 때로는 드럼과 트럼펫으로 묘사되곤 했다. 왕과 전쟁은 중요한 주제이지만 때때로 이런 시각을 뛰어넘으려는 시도가 펼쳐졌다. 이제 정치와 군사적인 것만 다루는 역사는 더는 받아들여지지 않는다. 지난 50여 년간 학자들은 역사에 심리학적, 경제적 측면을 추가해왔고, 그 결과 문화사, 사회사, 사상사, 경제사 등의 다양한 분야가 생겨났다. 역사 연구에 사회학적 방법론과 심리학적인 방법론이 추가된 것은 상당히 유익했다. 사건의 흐름을 결정하는 비인간적 역사의 힘이 물론 결정적이지만 중요한 것은 인간이며, 개인의 결정과 행동은 심리학적 측면에서 분석되어야 한다. 심리학은 특히 전기 작가에게 중요하며, 같은 맥락으로 전기 작가에게 중요한 것은 그 자체로 역사가에게도 중요하다.

하지만 질문 자체가 불가능한 것도 있다는 점에 유의해야 한다. 다시 말해 답을 찾기를 바랄 수 없는 것들이 있다. 사회과학자와 마찬가지로 심리학자는 질문을 던지고 답을 받아낸다. 왜냐하면 그는 대화할 수 있는 살아 있는 대상이 있기 때문이다. 그러나 역사가는 그럴 수 없다. 만약 과거 특정 시대의 사회사에 대해 쓰고 싶다면, 가용한 증거들을 이용해야 한다. 바로 이것이 역사 연구 방법과 사회과학 연구 방법의 가장 큰 차이다. 역사학적 연구 방법에서는 이미 지나가버린 시대가 남긴 자료들을 분석해야 한다. 하지만 그 자료를 남긴 사람들의 행동은 남아 있지 않다. 이 때문에 역사 연구에서 사회학적 연구 방법을 이용하는 데는 한계가 있고, 심리학적 방법론을 적용하는 데는 더 큰 한계가 있다. 가지고 있지 않고 구할 수도 없는 증거자료들을 토대로 이론을 세우는 것은 쓸데없는 짓이다. 따라서 심리학적 연구 방법은 조심스럽게 이용되어야 한다. 율리우스 카이사르, 마르틴 루터Martin Luther, 케말 아타튀르크를 심리상담 소파에 앉힐 수 없다는 점을 받아들여야 한다.

현대 심리학은 서구의 학문이다. 서구의 환자에게 서구적 질문을 던지고 서구적 답변을 받아내는 과정에서 정립된 학문이다. 따라서 필수적인 수정 없이 이 서구적 방법론을 다른 사회에 적용할 수 있다는 생각은 극히 위험하다. 이런 방식으로는 터무니없는 결과를 도출할 것이다. 마치 오스만제국의 역사를 중세 유럽 혹은 산업화한 독일을 보는 시각으로 설명하는 오류를 범하게 될 것이다. 안타깝게도 이미 여러 학자들이 이런 오류를 범해왔다.

오이디푸스 콤플렉스Oedipus complex(아들이 어머니를 독차지하고자 하는 욕망에 근거하여 아버지에게 질투를 느끼는 복합적인 감정 – 옮긴이)를 예로 들어보자. 이는 유럽의 가족관계와 연관된 것으로, 기독교 유럽 국가들과 그 밖의 기독교 국가들의 일부일처제 핵가족 사회에서 나타날 수 있는 현상이다. 어머니는 돈을 지불하고 데려온 이름 모를 첩이고 아버지는 얼굴도 제대로 볼 수 없는 일부다처주의자인 과거 이슬람제국의 왕족들에게 오이디푸스 콤플렉스를 적용할 수 있을까? 일련의 심리학적 결정 요인들을 다른 시대와 장소에 일괄적으로 적용하는 것은 적절치 않다.

심리전기 작가psycho - biographer는 정신분석가에게는 없는 이점을 갖는다. 한 사람의 인생 전체를 볼 수 있다는 것이다. 정신분석가가 에이브러햄 링컨을 진단했다면, 그는 링컨의 전체 인생 중 한 시점에서 그를 만난 것이다. 반면 심리전기 작가는 그의 인생 전체와 그가 살았던 시대를 들여다본다. 심리전기 작가가 가진 또 다른 이점은 링컨을 치료하지 않아도 된다는 것이다.

예민한 주제들

몇 년 전 인터뷰 도중 '왜 항상 예민한 주제들을 다루는가'라는 질문을 받았다. 나는 인터뷰어가 사용한 비유에 그 답이 있다고 말했다. 육체나 사회에서 예민한 부분은 무언가 잘못된 것이 있는 곳이다. 예민함은 우리 몸이 특별한 관심이 필요하다고 보내는 신호다. 사회에서도 마찬가지다. 내가 예민한 사안에 관심을 기울이는 것도 바로 그 때문이다. 금기시되어야 할 주제가 있어야 한다는 모호한 생각에 나는 동의하지 않는다. 물론 어느 사회에서든 피해야 할 주제가 있다. 서양 사회에서는 정치적 정당성이 지켜져야 할 덕목이다. 이를 유지하기 위해 사회적, 문화적, 직업적 압력이 작용한다. 하지만 이것이 완벽하게 실행된다고 보기는 어렵다.

나는 예민한 주제 가운데 두 가지 사안에 특별한 관심이 있다. 이슬람 국가에서의 비무슬림과 유대인에 대한 처우 그리고 이와 관련한 인종과 노예제도에 대한 문제다. 이슬람 종교와 비무슬림에 대한 내 첫 논문은 1980년 여름 프랑스 학술지 〈연보Annales〉에 실렸다. 이 논문은 1984년 출간한 《이슬람에서의 유대인들The Jews of Islam》의 서론이 됐다. 중세 이슬람시대, 오스만제국시대, 그리고 다소 간략하게 현대에서 이슬람세계의 유대인들의 지위를 다룬 책이다. 뒤이어 1986년 출판된 《셈족과 반유대주의자들Semites and Anti-Semites》에서는 이 주제를 더욱 상세히 다뤘다. 두 책은 여러 유럽 언어로 번역됐다. 그러나 다른 책들과는 달리 두 책 중 하나는 아랍어로 번역되지 않았다. 아랍어로 번역되지 않은 또 다른 책은 인종과 노예제도에 관한 것이다.

다행히 후에 변호사 무함마드 마흐무드 우마르Muhammad Mahmud Umar가 《셈족과 반유대주의자들》을 아랍어로 번역했다. 그는 아랍 독자들이 이 책을 꼭 읽어야 한다고 생각했다. 하지만 번역본을 출간해줄 출판사를 끝내 찾지 못했고 결국 자비로 출간하기로 결정했다. 그는 번역하고, 인쇄하고, 배포하는 전 과정을 사비로 추진했다. 나는 그의 노력에 깊은 감사를 표한다. 그리고 그가 편하게 숨을 거둘 때까지 그 번역본이 아랍권에서 큰 관심을 끌지 않았던 것도 다행스럽게 생각한다.

인종과 노예제도에 대한 내 관심은 1960년대 영국의 한 사회과학자의 요청에서 비롯됐다. 그는 여러 학자들을 모아 '관용과 편협tolerance and intolerance'에 대한 연구 프로젝트를 진행 중이었다. 그는 내게 이슬람세계에서의 관용과 편협에 대해 연구하고 논문을 세미나에서 발표해달라고 했다. 나는 처음에 이 두 단어를 전통적인 의미로 받아들였다. 즉 다른 종교를 가진 사람들과 공존하려는 자발적인 의지 혹은 그렇지 아니한 것으로 생각했다. 그러나 연구를 진행하고 논문을 작성하는 과정에서 나는 중요한 점을 발견했다. 즉 관용의 진정한 척도는 다양성을 인정하려는 자발적인 의지라는 것을 알게 됐다.

지금 우리가 종교에 대해 관용적이라는 사실은 많은 것을 설명해주지 않는다. 현대 사회에서 종교는 많은 사람들에게 크게 중요하지 않은 사안이 되어버렸기 때문이다. 따라서 관용의 정도를 제대로 측정하려면 사람들이 열정적으로 관심을 가지는 사안들에 어떻게 반응하는지를 봐야 한다. 현대 사회에서 다양성을 대표하는 것들 중에 인종과 피부색이 자주 거론된다. 따라서 중동의 역사와 문학에서 인종에 대한 태도가 어떻게 나타나는지를 분석해보았다. 중동인들이 이 사안에 대해 얼마나 관용적이거나 편협한지를 파악하고, 긍정적이든 부정적이든 간에 일반적으로 받아들여지는 인종에 대한 시각에 얼마나 진실성이 있는지를 측정했다.

나는 세미나에서 논문을 발표했고, 연구가 종료됐다고 생각했다. 그러나 그게 끝이 아니었다. 학회 참석자 가운데 런던의 인종관계연구소

Institute of Race Relations 관계자가 있었다. 그는 내가 발표한 내용에 관심을 표했고, 같은 주제로 연구소에 논문을 제출할 수 있는지 물었다. 나는 승낙했고, 제출 마감일은 1969년 12월 2일로 정해졌다. 원고제출 마감일을 확정하는 공문을 보내면서, 그는 주제의 중요성을 고려해 인종관계연구소, 왕립국제문제연구소, 왕립인류학연구소Royal Anthropological Institute와 공동으로 개최하는 세미나에서 논문을 발표하도록 자리를 마련했다고 알려왔다.

일이 커지자 솔직히 부담스러웠다. 논문을 쓰고 소규모 학회의 동료들 앞에서 발표하는 것은 일상적인 연구 활동이다. 하지만 위엄 있고 학식 있는 영국 최고의 세 연구소가 개최하는 공동 세미나에서 논문을 정식 발표하는 것은 완전히 다른 일이다. 그래서 다른 모든 일들을 접고, 서슬 퍼런 공동 세미나의 수준에 맞출 수 있는 논문을 작성하는 데 전력을 다했다.

시간이 지나 논문이 완성됐고, 발표도 나름 성공적으로 끝냈다. 그리고 모든 것이 끝났다고 생각했다. 그러나 끝이 아니었다. 런던에서 발행되는 월간지 〈인카운터〉 편집인이 세미나에 참석했는데, 그가 내 논문을 게재하고 싶다고 했다. 나는 논문의 각주를 전부 반영해달라는 한 가지 조건을 달았고, 그가 수용의 뜻을 밝히자 논문 게재에 동의했다. 문학 및 정치 월간지들은 보통 각주를 생략한다. 하지만 상당히 민감한 주제라는 점에서, 나는 명확한 근거를 제시하지 않은 채 주장을 펼치고 싶지 않았다.

모든 각주를 포함한 논문이 1970년 8월 〈인카운터〉에 게재됐다. 그러자 뉴욕의 한 출판사로부터 편지가 왔다. 그들은 내 논문을 읽어보았다고 전하며, 보다 상세한 내용을 추가해 단행본으로 출판하자고 제안했다. 출판사가 이미 진행 중인 문고판 시리즈의 하나로 추가하겠다는 것이었다. 그리 어려운 일이 아니었다. 〈인카운터〉에 실린 글은 이보다 훨씬 긴 초안을 요약한 것이었다. 나는 기꺼이 동의했고, 그 결과물로 《이슬람의 인종과 피부색》이 1971년 출판됐다.

10년도 더 지난 1982년에 프랑스어 번역본이 출판될 때, 나는 이를 수정의 기회로 삼았다. 몇몇 오류도 수정했고, 새로운 주석도 추가했으며, 1971년판에서 다루지 않았던 몇몇 주제도 더 넣었다. 관련 원문 자료들도 부록에 첨부했는데, 대부분 아랍어 자료를 번역한 것들이었다.

인종에 대한 연구는 노예제도에 대한 관심으로 이어졌다. 다른 사회와 마찬가지로 이슬람 사회에서도 유사한 현상이 있었다. 인종 간의 관계 그리고 특정 인종에 대한 태도는 필연적으로 노예제도와 연관이 있게 마련이다. 그런데 노예제도에 대한 연구는 학술적인 자료가 너무도 부족해서 쉽지 않았다. 그리스와 로마 사회 혹은 미국의 노예제도에 대한 참고문헌 자료들은 수천 개에 달한다. 노예제도가 심각한 사회문제가 아니었던 중세 서유럽에서조차 유럽 학자들은 이 주제를 깊이 연구하고 자료를 수집했다. 그러나 실질적으로 모든 지역과 시대에 걸쳐 노예제도가 만연했던 이슬람권에서 이 사안에 대한 법적, 교리적, 혹은 학문적 연구 논문의 참고문헌은 한두 페이지에 불과하다. 이슬람권의 노예제도에 대한 자료는 무궁무진할 것이다. 다만 이를 수집하고 탐구하는 것은 아직 시작도 못하는 상황이다.

이슬람권의 노예제도를 학술적으로 연구하지 않은 것은 아마도 이 주제가 극도로 민감하기 때문일 것이다. 때문에 모험적인 젊은 학자들도 이 방향으로 눈을 돌리기가 어렵고, 때로는 이것이 자신의 학문적 지위를 위태롭게 할 수도 있다. 유럽과 미국의 학자들이 과거 자신들의 아픈 역사를 논의해온 것처럼, 무슬림 학자들도 언젠가는 이슬람의 노예제도를 자유롭게 그리고 공개적으로 연구하고 토의할 수 있게 되기를 희망한다.

하지만 아직은 시기상조다. 이슬람 노예제도는 아직도 불분명하고 상당히 예민한 주제다. 단순히 언급만 해도 적대적인 의도의 표시로 받아들여진다. 실제로 종종 그런 사건들이 발생하는데, 그럴 필요도 없고 그렇게 되어서도 안 된다. 역사 연구에서 금기시되는 주제들을 강요하는 것은 더 정확하고 더 나은 이해를 가로막고 또 지연시킬 뿐이다.

이 주제를 다룬 내 책을 옥스퍼드대학교출판사가《중동의 인종과 노예제도》라는 제목으로 1990년 출간했다.《무슬림의 유럽 발견과 중동》에서 그랬던 것처럼 광범위한 삽화 자료들을 이용하여 중동에서 노예와 다른 인종들이 어떻게 인식되었는지를 서술할 수 있었다.《중동의 인종과 노예제도》에 24개의 컬러 삽화를 넣은 것은 대단히 만족스러웠다. 이 책에서 나는 역사적으로 상당히 중요한 주제를, 지나친 비판이나 옹호를 최대한 배제한 채 공정하고 객관적으로 서술하려고 노력했다. 하지만 결과는 상당히 흥미로웠다.《중동의 인종과 노예제도》는 내가 쓴 책들 중에 가장 적게 팔렸으며, 가장 적게 다른 언어로 번역됐다.

언젠가 에스파냐에서 개최된 한 학회에 참가했을 때 에스파냐 이슬

람 역사에서 저명한 전문가인 패트릭 하비Patrick Harvey와 대화를 나누고
있었다. 그때 아프리카계 미국인 지인이 합류했고, 대화가 오가던 중
나는 그에게 질문을 던졌다. 오랫동안 내가 궁금해했던 문제였다. "이
슬람으로 개종하지도 않은 많은 아프리카 출신 미국인들이 왜 자식들
에게 아흐마드, 알리, 파티마 등 무슬림 이름을 지어주는 거지요? 이슬
람으로 개종한 사람들이 그러는 것은 충분히 이해할 수 있습니다. 매우
자연스러운 일이지요. 그런데 이슬람으로 개종하지 않은 사람들이 왜
자녀들에게 무슬림 이름을 지어주는 겁니까?" 그는 격앙된 어조로 답
했다. "우리는 우리를 사 온 사람들의 이름을 갖고 싶지 않습니다." 그
의 답변에 대해 패트릭 하비가 반박했다. "하지만 당신들을 판 사람들
의 이름을 사용하는 것은 무슨 이유에서입니까?" 매우 흥미로운 논점
이었다. 노예를 구하기 위해 서아프리카로 간 유럽인들 그리고 이후의
미국 노예상인들은 직접 노예를 잡지 않았다. 그들은 현지 노예상인으
로부터 노예들을 사들였다. 이들 현지 노예상인들이 누구인지는 잘 알
려져 있다. 하지만 그들에 대해 언급하는 자료는 많지 않다.

중동과 서양

나는 중동과 지금 우리가 서양West이라고 부르는 곳과의 관계에 대해
항상 관심을 가져왔다. 특히 서양의 움직임과 문명이 중동의 무슬림과
이슬람 사회에 어떤 영향을 주었는지, 그리고 중동이 이에 어떻게 반응
했는지를 파악하고자 노력했다. 《중동과 서양The Middle East and the West》은

1963년 3월과 4월 블루밍턴^{Bloomington}에 있는 인디애나대학교에서 했던 여섯 차례의 강연을 재구성한 것으로 그 이듬해에 출판됐다. 나는 중동을 역사적, 지리적, 문화적 실체로 보고 여러 분석을 제시했다. 이 책에서 서양이 중동인들에게 어떤 존재였는지 그리고 현재 어떤 존재인지를 보여주었다. 또한 서양의 침략, 영향, 지배, 철수 과정을 추적했다. 그리고 자유민주주의와 사회주의, 애국주의와 민족주의, 이슬람주의 3대 세력으로 대표되는 현대 중동의 정치적, 지적 움직임을 설명했다. 나는 또 국제문제에서 중동 국가들의 입지와 역할을 파악하고 서양의 대對중동 정책에 영향을 주는 요인들을 분석하는 것이 중요하다고 판단했다.

1964년에 출판된 이 책은 영국과 미국에서 여러 번 재판됐다. 노르웨이어, 그리스어, 아랍어, 히브리어 등을 포함한 여러 언어로도 번역됐다. 히브리어 번역본의 경우 이스라엘 국방부의 출판사가 담당했고, 아랍어 번역본은 무슬림형제단이 진행했다. 이처럼 다양한 독자층을 확보한 책은 분명히 장점이 있다고 생각한다. 최소한 객관성 면에서는 높은 점수를 줄 수 있다. 아랍어 번역본의 서문이 특히 마음에 들었는데, 번역가는 다음과 같이 언급했다. "나는 이 사람이 누군지 모른다. 하지만 이것만은 확실하다. 우리의 관점에서 볼 때 그는 진실한 친구이거나 정직한 적일 것이다. 어느 쪽일지는 모르지만 진실을 왜곡하는 것을 경멸하는 사람이다."

인디애나대학교에서 첫 강연 시리즈를 행한 지 30년이 지난 1993년 개정판을 준비했다. 그리고《근대 중동의 형성^{The Shaping of the Modern Middle}

East》이라는 새로운 제목을 달아 출간했고, 출간 직후 독일어와 프랑스어로 번역됐다. 30년이 지나는 동안 세계와 중동에서는 엄청난 변화가 있었다. 아랍 국가들과 이스라엘은 몇 차례 전쟁을 더 치렀고, 팔레스타인인들은 자신들의 대표기구인 PLO를 창설했다. 이집트와 이스라엘의 국가수반이 협상을 통해 이스라엘과 아랍 국가 간 최초의 평화조약을 체결했다. 이란에서는 혁명이 일어났는데, 중동은 물론 이슬람권 전체에 큰 반향을 일으킨 혁명이었다. 이 혁명을 통해 새로운 역내 패권을 추구하는 국가가 등장했다. 목표와 수단이라는 두 측면에서 과격한 새로운 이슬람 이념도 부상했다. 중동의 정세가 크게 변모한 것이다. 이런 상황에서 이라크의 사담 후세인은 쿠웨이트를 침공해 합병했다. 아랍 국가들 간 그리고 국제사회의 공존 원칙이 깨져버린 이 사건은 결국 미국의 대규모 개입과 간섭을 초래했다.

위의 책보다 더 두툼한 《무슬림의 유럽 발견과 중동》은 1982년 처음 출간됐다. 이 책이 나오기까지는 오랜 시간과 단계가 있었다. 나는 오랫동안 유럽과 중동의 관계를 다른 시각에서 조망해야겠다는 생각에 사로잡혀 있었다. 유럽에서 중동을 보는 게 아니라 중동에서 유럽을 보는 것도 중요할 것이라 생각했다. 그래서 중동의 무슬림들이 유럽을 얼마나 알고 있는지, 어디서 유럽에 대한 정보를 구하는지, 그 정보가 얼마나 정확한지, 그리고 정말로 유럽에 대해 진지하게 생각한다면 어떤 시각을 가지고 있는지를 탐구하기 시작했다.

이 주제에 대한 1차적 연구결과를 1955년 로마에서 열린 세계역사학회International Congress of Historians에서 처음 공개했다. 그리고 BBC 방송의 한 프로그램에도 출연해 이 주제를 두고 장시간 토론했다. 1980년에는 콜레주 드 프랑스Collège de France에서 강연 시리즈로 이 주제를 다뤘다. 이런 오랜 과정을 거쳐 탄생한 이 책에서 나는 아랍어, 페르시아어, 터키어 자료들을 이용해 여러 시각들을 조합했다. 중동이라는 다른 문화권에서 우리를 보는 시각을 도출하려고 노력했다.

여러 책에서 나는 삽화나 그림을 최대한 이용했다. 일반 독자들의 주제에 대한 접근성과 이해도를 높이기 위해서다. 특히《중동의 인종과 노예제도》와《무슬림의 유럽 발견과 중동》, 이 두 책에 나는 많은 그림을 집어넣었다. 무슬림 화가들이 노예들과 유럽인들을 어떻게 묘사했는지가 상당히 중요한 부분이었기 때문이었다.

《무슬림의 유럽 발견과 중동》을 집필하면서 나는 30개의 그림을 수집했다. 대부분 17세기와 18세기에 터키와 페르시아 화가들이 그린 것이었다. 그림에는 유럽의 남성과 여성이 중동 화가들의 눈에 어떻게 비쳐졌는지가 잘 나타나 있었다. 나는 모든 그림을 컬러로 싣고 싶었으나 인쇄를 담당했던 미국 출판사 담당자는 인쇄 비용이 지나치게 높아져 불가능하다는 입장을 전했다. 결국 30장의 그림을 모두 이용하되 흑백으로 인쇄하는 데 합의했다.

이 책도 여러 언어로 번역됐는데, 상황은 더욱 악화했다. 독일 출판사는 8개의 그림만 싣겠다고 했고, 프랑스 출판사는 단 한 개만 넣었다. 다행히 기쁜 소식도 있었다. 이탈리아 출판사로부터 모든 그림을 컬러로 인쇄하겠다는 편지를 받은 것이다. 그런데 사실 모든 그림이 컬러는 아니고 일부만 컬러였다. 결국 이탈리아 출판사가 출간한《무슬림의 유럽 발견과 중동》에는 16장의 컬러 그림과 12장의 흑백 그림이 들어갔다. 다른 외국어 번역본들에서도 상황은 출판사의 의지에 따라 크게 달랐다. 페르시아어 번역본에는 28개의 사진이 흑백으로 실렸으나, 일본어판과 말레이인도네시아어판에서는 그림이 단 한 개도 실리지 않았다.

《중동의 인종과 노예제도》에도 그림들이 삽입됐다. 무슬림 화가들이 노예를 어떻게 인식하고 묘사했는지 독자들에게 보여주어야겠다고 생각했다. 옥스퍼드대학교출판사도 내 의견을 기꺼이 받아들였다. 1990년 영어 초판에는 24장의 그림이 컬러로 실렸고, 프랑스어판에서도 24장의 그림이 다시 컬러로 인쇄됐다.

흥미롭고 중요한 그림이 있다. 《중동의 인종과 노예제도》 페이퍼백 표지에 실린 그림으로, 13세기 문헌에 있었던 노예시장 그림이다. 이 그림의 절반 이상에는 노예 상인, 저울, 돈이 그려져 있고, 아랫부분에는 거래되는 상품, 즉 흑인 노예들과 주인들이 있다. 흥미롭게도 이 사진은 중세 이슬람세계의 교역 열풍을 다루는 TV 프로그램에도 사용됐다. 그러나 방송사는 상인들이 묘사된 윗부분만 방송에 내보냈고, 아랫부분, 즉 노예들을 보여주는 부분은 뺐다.

시 번역

시집을 출판하기는 쉽지 않았다. 어떤 출판사도 내게 시 번역을 요청하지 않았기 때문이다. 대부분 운이 좋아야 가능한 것이었다. 나는 몇몇 시를 문학잡지에 실었다. 또 이런저런 선집에 내 시를 포함시킬 수 있었다. 시를 번역해 단행본으로 출간한 것은 단 하나뿐이었다. 중세 에스파냐에 거주하던 유대인 솔로몬 이븐 가비롤Solomon Ibn Gabirol의 시집 《왕에 어울리는 왕관The Kingly Crown》이었다. 나는 그의 시에 매료됐다. 종교적 성향이 있는 시집이었지만 중세시대에 살았던 한 사람의 세계관을 잘 표현해냈다. 이 시집의 영어 완역본은 이미 나와 있었는데, 바로 저명한 작가 이스라엘 장그윌Israel Zangwill이 출간한 번역본이었다. 하지만 나는 그의 번역에 만족할 수 없어서, 내가 다시 번역하고 싶었다. 그는 훌륭한 소설가였지만 훌륭한 시인은 아니었다. 그의 번역본에는 여러 군데 다소 서투른 표현들이 보였고, 원본과 비교해볼 때 틀린 부분들이 있었다. 그래서 다시 번역을 해보기로 결심했고, 1961년 마침내 내가 번역한 《왕에 어울리는 왕관》이 런던에서 출판됐다.

1938년 텔아비브를 처음 방문했을 때 나는 저명한 유대인 시인 샤울 체르니코프스키Shaul Tchernikhovsky를 짧게 만난 적이 있었다. 그의 서명을 받을 시집도 없었고, 그도 내게 자신의 시집을 주지 않았으며, 불행하게도 그와 나눈 대화도 기억나지 않는다. 그의 작품 중에서는 특히 소네트sonnet(10개의 음절로 구성되는 시행 14개가 일정한 운율로 이어지는 14행시 – 옮긴이) 연작 《피 위에서On the Blood》에 강한 흥미를 느꼈다. 소네트 하나하나가 정확히 유럽식 운율을 따랐다. 특이하게도 15번째와 마지막 소네트는 앞의 14번째 소네트의 몇몇 첫 행들로 구성됐다. 그의 운율을 정확히 반영하는 영어 번역을 하고 싶은 마음을 누를 수가 없었다. 나의 번역은 사실 큰 성공을 거두지는 못했지만 그렇다고 아주 형편없지는 않았다고 생각한다.

단행본으로 출간되지는 않았지만 시를 자주 번역했다. 이렇게 단편적으로 번역한 시들은 내가 출간한 여러 역사책들에 종종 포함됐다. 시도 중요한 역사적 문헌이며, 작가와 시대의 문화, 감정, 사건 등에 대한 기록이다. 연대기 작가의 서술, 기록보관소의 자료들과 비교해도 그 중요성이 결코 떨어지지 않는다. 최근 몇 년간 나는 이런저런 기념논문집이나 동료 교수들의 기념 출판물에 내가 번역한 시들을 기고해왔다. 번역해놓은 시들은 아직도 많다. 주로 제2차 세계대전 동안 번역한 것들로, 그게 벌써 60여 년 전이다.

나는 특히 터키어 시들을 열정적으로 번역했다. 거의 소명이라고 생각하면서 집중해서 작업을 하곤 했다. 번역한 일부 시들이 두 선집에 실려 상당히 기뻤다. 바로 케말 실라이Kemal Silay가 편집한 《터키 시집 펭귄 문고판The Penguin Book of Turkish Verse》과 《터키 문학선집An Anthology of Turkish Literature》이다. 마침내 2001년 프린스턴대학교출판사에서 내가 번역한 시들을 단행본으로 출간할 기회를 제공했다. 《머나먼 드럼의 음악Music of a Distant Drum》에서는 아랍어, 페르시아어, 터키어, 히브리어 시들을 번역했다. 18세기 작품들까지 포함하는 터키어 시들을 제외하고, 모든 시들은 중세시대의 것들이다. 히브리어 시들은 이슬람세계에 거주하던 시인들의 작품이었으므로, 유대-이슬람 전통이 담겨 있다.

내 책들은 대부분 다른 언어들로 번역되었지만, 이 시집 번역본이 다른 언어로 번역되리라고 기대하지 않은 데는 명확한 이유가 있다. 원문이 아니라 번역본을 번역한다는 것은 좀 상식 밖의 일이기 때문이다.

그런데 놀랍고도 기쁘게도 이탈리아의 출판사 돈젤리Donzelli가《두 가지 사랑으로 당신을 사랑합니다Ti Amo di due Amori》라는 다른 제목으로 내 시집을 이탈리아어로 번역했다. 몇 편의 시는 내 영어 번역에서 이탈리아어로 번역되었지만, 대부분은 원어에서 이탈리아 언어 전문가들이 직접 번역했다. 또한 38페이지 분량에 달하는 터키어, 페르시아어, 아랍어, 히브리어 원문을 컬러로 인쇄했다. 책 표지에는 번역자가 아닌 시의 '선정과 소개'라는 역할로 내 이름이 들어갔다. 실제로 이탈리아 학자들이 시를 번역했기 때문이다.

번역과 관련해 내가 가장 좋아하는 논평은 발음이 비슷한 두 이탈리아어 단어다. 바로 '번역가, 반역자Traduttore, traitore'다.

이슬람 백과사전

이슬람 연구 분야에서 가장 주요한 참고자료 중 하나는《이슬람 백과사전Encyclopedia of Islam》이다. 이것은 네덜란드 왕립예술과학아카데미Royal Netherlands Academy와 브릴출판사the house of Brill의 후원으로 네덜란드에서 편찬되는 백과사전이다. 영국, 프랑스, 독일 학술기관과 연구자들도 편찬에 협력하고 있어 세 언어로 동시에 출판된다.

제2차 세계대전이 끝나자 주관기관들은 수정을 거쳐 개정판을 낼 시점이 됐다고 판단했다. 전후 분위기상 독일어판은 제외되고, 영어와 프랑스어 판만 출간될 예정이었다. 영국, 프랑스, 네덜란드 출신 세 명의 편집인이 배정됐다. 영국에서는 해밀턴 깁 경이 위촉됐고, 네덜란드 편집인이 총책임을 맡았다. 그런데 깁 경이 하버드대학교의 교수직 제안을 받아들여 미국으로 떠나게 됐다. 깁 경 자신과 다른 편집인들도 미국이라는 먼 곳에서 편찬업무를 담당할 수 없다고 판단했다. 결국 깁 경을 대신할 사람을 찾는 것으로 결론이 났는데, 그들은 나를 선택했다. 나는 기쁘게 이를 받아들였고, 수년 동안 편집위원회의 일원으로 런던, 라이덴Leiden, 파리를 오가며 회의에 참석하면서 복잡하고 까다로운 편집 과정에 함께했다. 그런데 내가 미국으로 이주하면서 유사한 문제가 발생했다. 다행히 편집자들은 나를 그대로 위원으로 두고 또 다른 영국인 편집인을 임명하기로 결정했다. 《이슬람 백과사전》의 개정판은 1954년부터 2005년까지 주제별로 나뉘어 편찬 및 발간되었고, 2007년 추가 자료를 보충해 최종판이 나왔다.

개정판의 집필

1992년의 마지막 몇 주 동안 일흔여섯의 나는 과거 출판물들을 읽고 또 읽으며 대부분의 시간을 보냈다. 세 권의 단행본 원고가 거의 같은 시점에 같은 이유로 내게 배달됐다. 개정판을 내기 위한 것이었다. 이들 원고를 보낸 출판사들은 내가 크리스마스 연휴기간에 시간을 낼 수 있을 거라고 생각한 모양이다. 결과적으로 약 6주에 달하는 기간에 나는 내가 쓴 방대한 글들을 다시 곱씹어야 하는 상황에 처했다. 이 과정은 그리 맛있지도 영양가가 높지도 않았다. 그래도 모든 것을 기간 내에 소화해냈다. 이 과정에서 몇 가지 심사숙고해야 하는 사안들이 떠올랐다. 그중 일부는 개정판 서문에 명확하게 밝혔다. 나머지 것들은 다음과 같다.

가장 중요한 사안은 세 단행본 중 가장 먼저 1950년에 출간된 《역사 속 아랍인들》과 관련된 것이었다. 이 책을 집필하게 된 배경은 앞에서 설명했다. 그런데 나는 1946년 말에서 1947년 초에 집필한 책의 내용들에 대해 만족할 수 없었다. 허친슨출판사도 이런 상황을 계속 언급했고 따라서 개정판을 낼 때마다 적절한 수정을 요청했었다. 그러나 내가 할 수 있었던 수정은 상당히 제한적이었다. 출판사는 원래의 형식을 그대로 유지해야 한다는 원칙을 강조했다. 따라서 일부를 생략하면 비슷한 분량을 추가해야 했고, 그 반대 상황도 발생했다. 또한 문장의 길이가 변할 경우 단락이 끝나기 전에 전체 길이가 같도록 조정되어야 했다. 한 줄이 추가되거나 줄어들어서는 절대 안 된다는 원칙이 각 장마다 지켜져야 했다.

원래의 형식을 정확히 지켜가면서 할 수 있는 수정작업은 한계가 있을 수밖에 없다. 따라서 결국엔 사실이 아닌 사항들만 고칠 수밖에 없었다. 예를 들어 내가 할 수 있었던 수정은 '한 명'의 예멘 사람에서 '두 명'의 예멘 사람과 같은 단순한 것이거나, 아랍연맹에 가입한 국가의 수를 고치는 것이었다. 이런 수정 작업은 상당히 쉬웠다. 내용이 바뀔 경우에는 한 줄에 들어가는 단어의 수를 유지해가면서 표현과 의미를 바꾸어 학술적 업데이트를 할 수 있었다. 몇몇 단순한 업데이트를 할 수 있는 정도로, 제한이 많을 수밖에 없었다. 그래서 일부 개정판에서는 통일아랍공화국United Arab Republic이 1958년에 수립되었고, 1961년에 해체됐다는 간단한 사실적 정보만 반영됐다.

1990년대 초 여섯 번째 개정판 이후, 이 과정을 담당해온 런던의 허친슨출판사는 이 책의 출판권을 포기했다. 회사 내 혁신 전략의 일환으로 내 책을 포함한 문고판 전체를 포기한 것이었다. 직후에 옥스퍼드대학교출판사가 내 책에 관심을 보였다. 출판사 관계자는 대대적인 수정 및 보완 작업을 거쳐 이 책을 출판하겠다고 알려왔다. 백지에서 다시 시작하는 것처럼 모든 것을 바꾸어도 된다는 것이었다. 형식의 틀에서 벗어날 수 있고, 책을 전체적으로 재검토하고 대대적인 수정을 가할 수 있는 기회였다.

나는 기꺼이 옥스퍼드대학교출판사의 제안을 받아들였다. 출판사도 그랬지만 나도 특히 마지막 부분을 크게 바꾸고 싶었다. 고대 역사는 크게 바뀌지 않지만, 중동의 현대 역사와 관련한 뒷부분에 여러 수정과 보완이 필요했다. 특히 1947년 초 이후 중동에서는 상당히 많은 사건들이 발생했다. 그런데 출판사와 내가 공유한 일차적인 생각에도 문제가 있었다. 책을 처음부터 다시 꼼꼼히 읽어본 결과, 중동의 고대사가 전혀 변하지 않았을 거라는 우리의 생각이 틀렸음을 알게 됐다. 거의 45년 전에 쓴 글을 보고 있자니 솔직히 '개정증보판'이라고 말하기에는 더 많은 작업이 필요함을 느꼈다. 출판사도 당연히 책이 보다 나은 방향으로 개정되기를 원했다. 오래됐지만 수정하고 업데이트해서 팔릴 수 있는 책으로 시장에 내놓기를 바라는 것은 당연했다. 출판사는 물론 독자들을 만족시키는 것 또한 내 의무였다. 결과적으로 나는 대대적인 수정작업을 펼쳤다. 사실상 모든 페이지를 수정하고 보완했다. 지난 반세기 동안의 학술적, 사조적 변화와 1용어 사용의 변화도 반영하는 등의 흥미로운 작업이었다.

용어 표현 혹은 단어 수정이 많았다. 또 여러 곳에서 원래의 의미를 유지하면서 새로운 용어와 시각의 변화를 반영하기 위해 본문 전체를 바꾸어야 하는 상황도 있었다. 그동안 영어가 많이 발전했고 또 여러 용어들의 함축된 의미와 실질적인 의미가 바뀌었기 때문이다.

한 예로 '인종race'과 '인종적racial'을 들 수 있다. 1946년과 1947년 영국에서 이들 단어는 현재의 '민족성ethnicity' 혹은 '민족의ethnic'와 거의 같은 의미로 사용됐다. 1940년 영국 군대에 입대했을 때, 인적사항 서류 한 장을 작성해야 했다. 서류에는 인종을 묻는 칸이 있었다. 내가 '인종'이라는 단어를 공문에서 처음 접한 시점이었다. 나는 이 단어가 사실 정확히 무엇을 의미하는지 몰랐다. 만약 독일 군대에 입대했다면 그 의미를 알았을 것이다. 그런데 독일이 아닌 영국군에 참여하는 상황에서 이 단어가 정확히 무슨 의미인지 파악하기는 어려웠다.

나는 행정담당 병장에게 가서 '인종'이 무슨 뜻인지 설명해달라고 요청했다. 신병을 대하는 다른 병장들처럼, 그도 나를 동정 어린 눈으로 바라보면서 설명해주려고 노력했다. 그런데도 나는 정확히 이해할 수 없었다. 나는 물었다. "그럼 여기에 유대인라고 써야 합니까?" 그가 다시 설명했다. "아니, 그건 네 종교이지. 같은 답을 요구하는 다른 질문이 공문에 있을 리 없잖아. 종교를 묻는 칸은 따로 있잖아. 네 인종을 쓰는 거야." 내가 머뭇거리며 다시 물었다. "음, 뭐라고요?" 현재라면 나는 '백인' 혹은 '코카서스인'이라고 답해야 할 것이다. 그런데 당시에는 그런 구분이 잘 쓰이지 않았다. 백인은 피부가 흰 인종 혹은 색깔이 없는 것을 의미했다. 주가슈빌Djugashvili 같은 이름을 쓰는 사람들처럼 코카서스인은 코카서스에서 온 사람들을 의미했다. 병장이 다시 내게 천천히 조심스럽게 설명했다. 그의 말에 따르면 영국 군대 내에서는 네 가지 인종이 있고, 나는 잉글랜드인, 스코틀랜드인, 웨일스인, 아일랜 드인 중 하나를 고를 수 있었다.

1993년에 출판된 책에서 '인종'이라는 단어를 이런 의미로 사용한다 면 공격적인 것이 되거나, 더 심각하게는 의미를 왜곡할 수도 있었다. 따라서 처음에 사용한 '인종' 혹은 '인종의'를 모두 '민족의ethnic'로 바꾸 었다. 이후 현대적 의미에서 인종의 다양성을 언급하지 않았기 때문에 내 책에서 '인종'이라는 단어는 사라졌다. 실제로 오늘날에는 전통적 인 인류학적 의미로만 이 단어를 사용한다.

또 다른 예로 'class'가 있는데, 내용과 의미가 상당히 바뀌었다. 일반 적인 의미도 달라졌고, 이에 대한 내 인식도 바뀌었다. 책의 초판에서 나도 사실 이 단어를 정확하게 사용하지 못했고, 때론 극단적 의미로도 사용했다. 개정판에서는 꼭 필요한 몇몇 부분에서 이 단어를 그대로 두 었지만, 대부분 다른 적절한 용어나 보다 정확한 용어들로 교체했다. 특히 명확한 증거가 있을 때는 보다 정확한 다른 단어로, 증거가 불충 분한 경우에는 보다 포괄적인 단어들로 바꾸었다.

뜻이 바뀌거나 그 원래의 의미를 아예 잃어버린 단어들도 있고, 단순 히 받아들여지지 않게 된 단어들도 있다. 때로는 내가 1948년에 사용 한 단어의 의미를 바꾸고 싶지 않은 경우도 있었지만, 같은 의미를 현대 독자들이 보다 정확히 이해할 수 있도록 다른 단어로 교체할 수밖에 없는 상황도 있었다.

과거 내가 쓴 글을 읽으면서 눈에 거슬리는 부분도 있었다. 그 당시에는 큰 문제가 되지 않았지만 지금 보면 이념적으로 편향적인 단어나 표현도 있었다. 당시에는 유행했고, 쉽게 수용되는 용어와 단어의 조합들이 현재의 관념에서는 적절치 않은 것이 있었다. 시간이 지나면서 바뀐 내 시각에도 부합되지 않았다.

이런 것들은 다 언어적 변화에서 기인한 것이었다. 이보다 훨씬 중요하게는 본질에 영향을 준 것이었다. 몇 가지 종류가 있는데, 첫 번째는 변화를 담아내는 수정 작업이라고 할 만한 것이다. 과거의 글을 현재 학자들의 지식수준과 보편적 의견에 적합하도록 조정하는 것이 수정의 목적이다. 이 책이 1950년에 출간되었기 때문에 그 후 현재까지 여러 나라의 다양한 학자들이 책의 주제와 시대에 대해 연구하고 논의했다. 그리고 런던대학교의 박사논문 조건에 따르면, 박사 후보자들은 새로운 증거를 발견하고 새로운 시각을 정립하는 데 학문적 기여를 해야 한다. 따라서 여러 사안에서 아랍의 과거사에 대한 우리의 인식이 바뀌게 됐다. 소위 '수정 및 업데이트된' 개정판을 시장에 내놓기 위해서는 나도 이런 인식의 변화를 반영해야 했다.

다른 학문과 마찬가지로 역사 연구의 과정도 모호했던 것을 명확하게 한다는 일반적인 목적에 최소한 부합해야 한다. 그러나 연구결과가 과거에는 명확했던 것을 오히려 모호하게 만드는 경우가 종종 있다. 중세 이슬람 역사를 연구하는 학자들은 내가 하는 말이 무슨 뜻인지 잘 알 것이다. 어떤 주제들에서는 시간이 지나면서 학문과 연구가 발전했음에도 지식은 줄어든다. 보편적으로 받아들여지던 관점이 공격을 받으면서, 그 자리에는 훼손당하고 위태로운 가설들과 가정들만 남게 되는 것이다.

1947년《역사 속 아랍인들》을 집필할 때, 나도 이슬람의 선지자 무함마드에 대한 내용을 넣었다(아랍 역사에 관한 책이라면 당연히 무함마드를 다루어야 한다). 당시 무함마드에 대한 이런저런 전승과 서술을 놓고 학자들 간에 이견이 있었다. 그러나 큰 틀에서는 무함마드의 삶과 그의 동료 및 후계자들의 활동과 업적에 대해 어느 정도 보편적인 합의가 있었다. 운 좋게도 당시 나는 제2차 세계대전 발발 전부터 쿠란의 사실성, 선지자 무함마드의 역사성, 심지어는 선지자의 존재에도 의문을 던졌던 클리모비치Klimovitsh, 벨라예프Belayev, 톨스토프Tolstov 등 소련의 우상파괴자들의 존재를 알지 못했다. 후에 서구에서도 이와 유사하고, 심지어 더 과격한 반이슬람 비판주의자들이 등장했다. 과격 비판주의자의 의견에 완전히 동조하지는 않더라도, 이에 영향을 받은 적지 않은 사람들이 당시까지 일반적으로 받아들여지던 이슬람에 대한 서술을 흔쾌히 수용하지는 않았다.

급진적이고 비판적인 학문은 각각의 출처와 기술에 의혹을 던져왔다. 하지만《역사 속 아랍인들》이 긴 이슬람의 역사를 간결하게 정리하는 것이었기 때문에, 초기 이슬람 역사에 대한 위와 같은 급진적 비판 내용을 모두 검증할 수도 없었고 또 그렇게 하는 것도 적절치 않았다. 하지만 그렇다고 모든 비판 내용들을 무시할 수도 없었다. 기존에는 간단한 사실 서술로 충분했던 사안들이 이제는 보다 잠정적이고 가설적인 방식으로 제시되어야 한다. 이런 문제를 회피하는 가장 쉬운 방법은 논란이 되는 사안을 생략하는 것이지만, 초기 이슬람 역사의 중요성과 무함마드의 삶이 이슬람 전반에 미치는 영향 때문에 그럴 수도 없다. 기억되고, 인식되고, 서술된 과거는 현대 사회의 자아상과 제도 및 법을 형성하는 데 강력하고 때로는 결정적인 요인으로 작동한다. 설사 역사가들이 역사적 이미지가 기초하는 사실적 기반을 수 세기가 지난 다른 지역에서 사실보다 환상으로 제시하더라도 말이다.

고려해야 할 새로운 역사적 연구결과를 반영하는 것이 개정판의 가장 중요한 변화라고 할 수 있다. 따라서 무함마드에 관한 챕터를 유지하는 것이 가장 어려운 작업이었다. 무슬림 자신이 이해할 수 있는 과거 인식을 담아내는 데 꼭 필요한 전통적인 서술을 유지하면서, 서술가로서 지나치게 단정적인 기술을 피해가려고 노력했다.

수정이 필요한 또 하나의 관점은 바로 초기 이슬람제국시대에 등장한 아랍 혼혈인들의 역할이었다. 한때 추세는 초기 제국의 무슬림 인구를 아랍인들과 마왈리mawali라 불리는 비아랍인 출신 이슬람 개종자들로 나누는 것이었다. 1947년 당시 나도 다른 학자들과 마찬가지로 또 다른 부류인 아랍 혼혈인들에 대해서는 신경을 거의 쓰지 않았다. 아랍 혼혈인들은 처음에는 소수였으나 이후 급속히 증가했다. 아랍인 아버지와 비아랍인 어머니 사이에서 태어난 사람들이 늘어난 것이었다. 방대한 영토를 정복한 아랍인들이 정복지의 여성들과 결혼함으로써 이런 부류의 인구가 크게 늘었다. 이들은 정복 지배자 귀족인 아버지의 피와 피정복자이자 피지배계층 출신인 어머니의 피를 물려받았다. 따라서 상당히 중요한 중간 사회계급을 형성했다. 8세기 중반 무렵에는 이들과 '순수' 아랍 혈통의 차이가 중요시되지 않을 정도였다. 심지어 제국의 지도자 칼리파들도 자유로운 아랍 여자들이 아닌, 외국 노예 첩의 아들인 경우도 있었다. 아랍의 정복시대에도 이들 아랍 혼혈은 중요한 역할을 담당했다. 하지만 나를 포함한 대부분의 학자들은 이들의 역할을 과소평가했다.

따라서 오스만제국 시기의 아랍세계를 연구한 방대한 최신 자료들을 수정 목록에 추가할 필요는 없었다. 내가 집필할 당시 아랍 혼혈인들은 거의 연구되고 있지 않았다. 오스만제국 기록보관소가 학자들에게 개방된 이후에야 이 주제에 대한 연구가 본격적으로 시작됐다.

책의 본질에 영향을 주는 두 번째 부류의 수정작업이 있었다. 학문의 발전에 의한 것이 아니라 개인적인 성향의 변화에 따른 것이라 할 수 있다. 내 관점, 흥미, 관심이 바뀐 것이다. 이것은 결국 내 책이었다. 내가 쓴 것이고 표지에 내 이름이 실렸다. 필연적으로 나 자신의 관심과 생각이 반영될 수밖에 없었다. 개정판에는 최근 내 관심이 어느 정도 추가됐다.

돌아보면 이스마일파 운동에 할당한 지면이 지나치게 많았다. 초판을 집필할 당시 나는 이스마일파 연구에 사로잡혀 있었다. 박사논문도 이스마일파에 관한 것이었고, 현지조사도 시리아의 이스마일파 마을에서 행했으며, 대부분의 연구와 집필도 이스마일파에 관한 것이었다. 당시 나는 아랍 역사 중 가장 중요한 것이 바로 이스마일파라고 생각했다. 따라서 초판에서는 이 주제에 한 챕터를 할애했고, 또 다른 챕터들에서도 종종 언급했다. 이 주제를 지나치게 많이 수정하기는 힘들었고 그 챕터를 완전히 빼버리기도 쉽지 않았다. 결국 나는 이스마일파와 같은 시대에 존재했던 다른 종파들을 추가함으로써 나름 균형을 맞추는 것으로 수정작업의 가닥을 잡았다.

이스마일파에 대해 너무 많은 관심을 두었던 만큼, 내가 너무 적은 관심을 두었던 주제들도 있었다. 개정판에서 이런 불균형을 보완할 필요가 있다고 생각했다. 혹자는 내가 단순히 과거의 관심을 현재의 관심으로 대체하려 한다고 주장할 수 있다. 물론 완전히 틀린 주장은 아니며 그런 점도 분명히 있다. 하지만 개정판의 성격상 새로운 주제를 추가하는 것도 그리 나쁘지는 않다고 판단했다. 예를 들어 노예제도를 들수 있는데, 초판에는 거의 언급되지 않은 사안이다. 그래서 개정판에서는 이 주제를 상당히 부각시켰다. 꼭 다루어야 하는 주제는 아니었지만, 그러는 것이 적절하다고 생각했다.

다른 주제들과 마찬가지로 아랍 역사에서도 내가 1947년에는 발견하지 못했지만 이제야 인식할 수 있는 사안들이 많이 있다. 그렇다고 해도 45년이 지난 후에 기존의 《역사 속 아랍인들》을 완전히 다시 쓰려고 시도하는 것은 자기 모순적이고 무의미한 노력이 될 수도 있다. 이책의 개정판이 나온 지 수년 후, 나는 보다 폭넓은 주제로 더 상세한 아랍 역사책을 쓰기로 결정했다. 그 결과물이 1995년에 첫 출간된《중동: 간추린 2,000년사 The Middle East: A Brief History of the Last 2,000 Years》다. 큰 욕심을 내지 않고 기존의 책을 개정했는데, 다만 더는 수용되지 않는 주장들은 삭제했다. 반세기 전에는 수용됐다 하더라도 현재와 미래에 더 잘 적용될 수 있는 조심스런 언어로 바꾸었고, 균형 잡힌 큰 그림을 보여주기 위해 필요한 부분을 추가하려고 노력했다. 이를 위해 과감하게 추가할 것, 뺄 것, 수정할 것을 분류하면서도, 기존의 해석과 분석의 틀을 유지했다.

출판사와 나의 원래 계획은 기존의 책을 업데이트하는 것이었다. 그리고 좀 더 최근의 역사와 사건에 대해서 다시 쓰는 것이었다. 실제로 《역사 속 아랍인들》을 집필하고 첫 출간한 이후 수십 년이 지나면서 아랍세계에는 여러 중요한 변화가 일어났다. 변화 과정에서 나타난 여러 사건들이 그 자체로 너무나 중요했기 때문에 반드시 논의되어야 했다. 이들 사건은 다른 측면에서도 상당히 중요했다. 과거를 인식하고 해석하는 데도 큰 영향을 주었기 때문이다. 과거를 통해 현재를, 어쩌면 미래를 조망하는 것은 흔한 일이다. 더불어 잘 인식되지는 않지만, 현재를 통해 과거를 보다 잘 이해하고 해석할 수도 있다.

몇 가지 예를 들어보겠다. 1947년 내가 처음 이 책을 썼을 때 냉전은 시작되지 않았다. 1992년 개정판을 준비할 때는 냉전이 끝나버렸다. 이슬람 이전 아랍을 다룬 장을 다시 읽어보면서, 소련과 미국의 양대 강국 사이에 있던 현대 중동의 상황과, 비잔틴제국과 페르시아제국 사이에 놓여 있던 이슬람 이전 아라비아반도의 상황이 상당히 유사하다는 점에 크게 놀랐다. 당시 아라비아반도는 양대 강국의 직접 통치를 받지는 않았지만, 전쟁과 평화적 관계를 오가던 두 강국이 전략적, 상업적, 외교적 노력을 경주하면서 적지 않은 영향을 받았다. 마찬가지로 냉전이 끝나면서 아라비아반도를 둘러싼 러시아와 미국의 경쟁도 새로운 양상을 보였고, 이에 따른 중동의 정세도 결과적으로 적지 않은 영향을 받았다.

사회경제적, 민족적 요인들의 상대적 중요성은 최근 사건들로 과거를 이해할 수 있게 해주는 또 다른 주제다. 자유주의와 민족주의시대로 대표되는 19세기에는 대부분의 학자들이, 이슬람제국 초기 칼리파시대의 갈등은 주로 민족적인 성향이 있다고 생각했다. 특히 아랍 통치에 반기를 든 페르시아의 민족주의가 주원인이었다고 받아들였다.

내가 이 책을 처음 쓸 즈음, 이런 시각들은 더는 유효하지 않았다. 학자들은 민족적 요인들이 주된 변수가 아니거나 부차적 영향을 주었다고 의견을 모았다. 오히려 더욱 중요한 변수는 사회경제적인 것들이라고 생각했다. 따라서 당시 대부분 학자들의 의견에 따라 나도 이슬람제국의 초기 갈등 양상을 주로 사회경제적인 측면에서 설명했다. 그런데 1992년에 세계를 둘러보면 어느 누구도 민족성이 중요하지 않다고 말하기 어렵게 됐다. 어느 누구도 사회경제적 요인들이 민족적인 것보다 더욱 중요하고 결정적임을 확신할 수 없었다. 일부 사람들은 종교적 신념과 애국심도 중요한 변수에 추가했다. 이 부분도 일부 수정할 필요성을 느꼈다.

아랍 역사의 역동적인 사건들은 포괄적인 경험을 제공한다. 학자들은 이런 과거를 통해 현재를 이해하고 또 미래를 예측할 수 있다. 아랍의 과거사에는 서로 연관이 있어 보이는 다양한 사건들이 풍부하게 담겨 있다. 동서남북 모든 방향에서의 침략, 승리와 패배, 제국주의 세력의 흥망, 문화의 부흥과 몰락, 사회경제적 변화를 둘러싼 긴장과 이완 등의 상호 연관된 사건들이 많다. 실제로 성취되지 않은 과거의 사건들에서 배울 만한 중요한 교훈들도 있다. 거부된 변화, 성공하지 못한 시도, 실패한 혁명 등이다. 시적 관용구를 빌리자면 '가지 않은 길the roads not taken'이다.

지난 몇십 년간 일어났던 사건들은 과학기술적 변화의 영향을 명백하게 입증했다. 평시에도 전시에도 그랬다. 과학기술의 발전을 제대로 따라가지 못한 국가들은 큰 대가를 치러야 했다. 이런 현재의 경험을 통해 우리는 중세 후기와 근대 초기 중동 및 이슬람 세계에서 화기firearms가 미친 영향을 이전에 비해 더 잘 이해할 수 있다. 그리고 이들 중동 국가들이 늦게나마 마지못해 현대 무기체계를 받아들인 이유의 문화적 배경은 물론 이후의 정치적 파급효과를 더 자세히 파악할 수 있게 됐다.

우리 시대의 통신혁명과 그 파급효과도 아랍 및 이슬람권의 과거에서 또 다른 대조적인 현상을 보여준다. 중국에서 종이 제작기술을 빠르게 수용함으로써 아랍 및 이슬람권은 내구성이 더 좋은 책자를 신속하고 저렴한 비용으로 대량 생산할 수 있었다. 그 결과 문학 및 과학뿐 아니라 정치 및 상업의 발전을 이룩할 수 있었다. 그러나 아랍 및 이슬람권이 종이와는 달리 인쇄기술을 더디게 그리고 마지못해 수용한 것은 서양에 비해 여러 면에서 크게 뒤처지는 결과를 가져왔다. 이런 종류의 사회적 선택은 중대한 결과를 초래한다. 십자군 전쟁과 몽골의 정복과 같은 대격변보다 사실 더 큰 파급효과가 있는 것이다.

초판의 내용에서 가장 심각하게 시대에 뒤떨어진 것들은 물론 집필 당시에는 가장 최신의 학술적 내용들이었다. 특히 현대적 사건과 문제를 다룬 책의 마지막 부분이 그랬다. 최근의 사안들은 아주 빠르게 이미 지난 이야기가 되곤 한다. 심지어 교정을 하고 인쇄 작업을 하는 동안에도 상황이 변할 수 있다. 그래서 이번에는 보다 주의를 기울였다. 물론 초판이 나온 이후 발생한 아랍세계의 중요한 변화를 언급하는 마지막 부분을 다시 썼다. 하지만 곰곰이 생각한 끝에 아주 최근의 혹은 현재 진행 중인 사건들에 대해서는 윤곽조차 포함하지 않기로 결정했다. 급격하고 격렬한 변화가 일어나는 중동 지역과 현시점에서는 신중한 평가를 위해 어느 정도의 시간이 필요하다. 새로운 상황전개를 급하게 따라가려는 시도는 곧 시대에 뒤진 내용이 될 수 있다. 역사학에서는 과거가 더 안정적이다.

아이슬란드

1950년대 초에 그 당시 자주 그랬던 것처럼 나는 여름을 덴마크에서 보냈다. 그때 저명한 터키학자의 은퇴 기념논문집에 글을 게재해달라는 요청을 받았다. 터키어로 발행되는 논문집이었다. 그런데 마감일이 위태로울 만큼 가까웠다.

사회적, 개인적, 직업적인 이유로 나는 거절할 수 없었다. 하지만 문제가 많았다. 책, 노트, 자료가 있는 사무실과 집에서 내가 멀리 떨어져 있었기 때문이었다. 절박한 마음으로 덴마크왕립도서관으로 갔다. 어떤 것이든 도움이 될 만한 것을 찾고 싶었다. 도서관의 다양한 자료 목록에서 '터키인'과 '터키'를 주제어로 검색을 시도했다. 놀랍고도 기쁘게도 1627년 바르바리 해적들의 아이슬란드 습격에 대한 여러 자료를 찾을 수 있었다. 이 습격사건은 아이슬란드학자들을 제외하고는 학계에서 큰 관심을 끌지 못했던 사안이었던 것 같다. 출판된 자료는 상당히 제한적이었고 대부분 자료도 덴마크어나 아이슬란드어로 되어 있었다. 가용한 자료를 도서관에서 모두 구해 와서, 이를 바탕으로 터키학자를 위한 기념논문을 작성하기로 결정했다. 당연히 이 자료들에 등장하는 터키인Turks은 현재 터키 출신의 사람들이 아니었다. 과거에는 '터키인'이라는 단어가 '무어인Moor'과 '사라센'과 마찬가지로 단순히 무슬림들을 지칭하는 것이었다. 자료에 등장한 습격자들은 북아프리카 출신의 해적들이었다. 이들 중 상당수는 원래 기독교 유럽 출신 이주자들이었다. 기독교세계의 관점에서 보면 이들은 변절자들이었다. 그리고 무슬림들의 시각에서 보면 이들은 이슬람으로 개종한 외국인들이었다.

나는 덴마크 자료를 별 어려움 없이 읽을 수 있었다. 아이슬란드어 자료를 완전히 이해하는 데는 좀 문제가 있었지만, 전반적인 의미를 파악할 수는 있었다. 이들 자료들을 바탕으로 '아이슬란드의 해적들'이라는 짧은 글을 쓸 수 있었고, 출판을 위해 이를 앙카라로 보냈다. 예상대로 내 글은 1953년 발간된 한 학술지의 특별 기념논문집에 터키어로 번역되어 게재됐다. 크게 놀라운 일은 아니었지만, 이 글은 터키는 물론 어느 곳에서도 큰 반향을 일으키지 못했다.

20년쯤 후 나는 저명한 프랑스 역사학자이자 아프리카 서부 이슬람 전문가의 생일을 기념하는 논문집에 기고를 요청받았다. 영어로는 출판되지 않았던 '아이슬란드의 해적들'이 적절하겠다고 생각했다. 터키 학술지 출판사도 내가 이 논문을 다른 언어로 게재하는 것에 대해 반대하지 않았다. 동시에 프랑스 출판사도 이전에 터키어로 출간되었던 글을 다시 영어로 게재하는 것에 이견이 없었다. 어차피 서양세계에는 알려지지 않은 논문이었기 때문이다. 내 논문은 프랑스 학술지에 영어로 실렸다. 이번에도 내 논문은 잘 알려지지 않았고, 앞으로도 계속 그럴 거라고 생각했다.

그런데 내 생각은 잘못된 것이었다. 2000년 분치와 나는 휴가차 아이슬란드에서 열흘간 머물렀다. 미국에서 그리 먼 곳이 아니었고 시차도 크지 않았다. 아이슬란드는 아름다운 나라였다. 음식도 좋았는데, 특히 생선요리가 맛있었다. 더욱이 우리 두 사람 모두 첫 번째 방문이었다. 탁월한 결정이었고, 흥미롭고 편안한 여행이었다. 비용도 많이 들지 않았다. 우리는 폭포와 빙하를 보려고 4일을 예약했고, 12명 정도의 사람들과 함께 여행했다.

첫째 날 우리는 가이드와 함께 쉬면서 커피를 마시고 있었다. 가이드가 갑자기 내가 아이슬란드에 대한 터키인들의 습격에 대해 쓴 버나드 루이스가 맞는지 물었다. 나는 깜짝 놀랐다. 25여 년 전 잘 알려지지 않은 터키 학술지에 실렸고, 특별한 반향도 일으키지 못한 내 논문에 대해 정확히 언급하는 질문을 나는 상상조차 할 수 없었다. 내가 그 글의 저자가 맞다고 하자 가이드는 상당히 흥분했다. 그는 자신이 역사학자이며 부업으로 가이드를 하고 있다고 설명했다. 그러면서 아이슬란드 TV 방송국에서 제작 중인 그 습격에 대한 프로그램 대본의 검수를 막 끝냈다고 말했다. 그는 또 프로그램의 감독과 인터뷰를 해줄 수 있는지, 그 인터뷰가 방송 내용에 포함되어도 되는지 물었다. 나는 그의 요청을 받아들였고, 인터뷰도 방송에 나왔다. 이 갑작스런 사건으로 인해 나머지 아이슬란드 일정은 더욱 즐겁게 됐다.

여행에서 벌어진 또 다른 사건이 기억난다. 이 사건은 분치가 기회 있을 때마다 언급하는 사건으로, 절대 잊을 수 없다. 외국을 여행할 때마다 나는 보통 서점에 들러 특히 역사 관련 판매대를 주의 깊게 살펴본다. 어떤 역사학자들이 책을 집필하는지, 사람들이 어떤 역사서를 주로 읽는지 파악하기 위해서다. 레이캬비크Reykjavik의 한 서점에서 나는 평생 처음 보는 것을 발견했다. 영어로 된 아이슬란드어 문법책이었다. 아이슬란드어는 고대 노르웨이어의 방언으로 고전 스칸디나비아 언어의 하나라고 할 수 있다. 나는 덴마크어에 상당한 지식이 있었기 때문에, 판매대에 쓰인 '1 + 1' 문구도 읽어낼 수 있었다. 덴마크어를 알면 노르웨이어는 쉽고, 스웨덴어도 어느 정도 알 수 있다. 아이슬란드어는 다소 어렵지만 지나칠 정도는 아니다. 서점에서 10분 정도 아이슬란드어 문법책을 훑어보았다. 그리고 말했다. "일주일이면 아이슬란드어를 읽을 수 있겠군." 분치는 말도 안 된다며 깜짝 놀랐다. 그리고 지금까지 이걸로 나를 놀린다.

13

✦✦

정치와 이라크 전쟁

사담 후세인이 1990년 쿠웨이트를 침공해 점령했을 때, 미국은 국제사
회의 지원 속에서 이에 대한 나름의 조치를 취해야 한다고 결정했다.
워싱턴 당국은 당시 상황에 대한 의견을 듣기 위해 거의 모든 중동 전
문가들을 초대했다. 이렇게 나는 워싱턴의 고위관리를 처음 만났고, 당
시 국방장관이던 딕 체니^{Dick Cheney}와도 처음 만나게 됐다. 이후 수년 동
안 우리는 종종 만나 이런저런 이야기를 나누었다.

　내가 내놓은 상황 평가와 권고가 미 행정부가 자문을 구한 거의 모든
다른 전문가들과 크게 달랐다는 사실을 나는 알고 있다. 다른 사람들의
일반적인 평가는 이라크에 대한 조치가 상당히 중대하고 어려운 싸움
이라는 것이었다. '또 다른 베트남'이 될 수 있다는 지적도 여러 토론에
서 자주 나왔다. 따라서 마치 미국이 히틀러의 제3제국과 다시 맞서 싸
우는 것처럼 철저히 준비해야 한다는 지적이 주를 이뤘다. 한 고위 군
관계자는 이번 군사조치가 러일전쟁의 재현이 될 수도 있다고 경고하

기도 했다. 러일전쟁은 유럽의 주요 강대국 러시아가 신흥 아시아 국가에게 패한 전쟁이었다. 이라크를 공격하는 것이 동서 관계의 새로운 갈등의 장을 열 수도 있다는 우려였다.

그러나 나는 다른 시각을 가지고 있었다. 당시 터키 대통령 투르구트 외잘Turgut Özal과 나눈 대화에서 나는 내 생각에 더욱 확신을 가지게 됐다. 나는 행정부 관계자들에게 일단 전쟁이 시작되면 '신속하게, 적은 비용으로, 쉽게' 이길 것이라는 의견을 밝혔다. 사실 행정부 관계자들을 만나기 직전 대학 업무차 터키를 방문했을 때 외잘 대통령에게 들은 말을 그대로 전한 것뿐이었다.

외잘 대통령과 나는 저녁 만찬을 같이 했다. 우리는 그가 고위 공직에 오르기 전부터 잘 알고 있었기에, 우리의 대화는 터키를 공식 방문하는 외국 인사와 국가수반과의 대화와는 크게 달랐다. 편한 분위기 속에서 솔직한 의견들을 교환했다. 우리는 많은 것들을 이야기했다. 필연적으로 당시 중요한 화두였던 이라크 사태에 대한 토론도 있었다. 사담 후세인이 쿠웨이트를 침공해 점령했지만, 부시 대통령은 아직 어떤 조치를 취해야 할지 머뭇거리고 있었다.

외잘 대통령이 말했다. "몇 개월 전 내가 워싱턴을 방문했을 때를 기억하나?" 나는 당연히 기억한다고 말했다. 그때 우리는 함께 오찬을 했다. 그는 이어 말했다. "내가 부시 대통령을 만나보았는데, 결단력이 있는 사람은 아닌 것 같았네. 그런데 이번에는 그가 제대로 마음을 먹은 것 같네. 전쟁이 벌어질 것일세. 일단 전쟁이 시작되면 빠르게, 적은 비용으로, 쉽게 끝날 것이네." 나는 깜짝 놀라 물었다. "어떤 근거로 그

렇게 생각하십니까?" 그는 도무지 알 수 없는 터키인 특유의 미소를 보
이며 말했다. "우리는 주변 국가들에서 어떤 일이 일어나는지 다 파악
하고 있네." 다시 말해 터키 정부가 나름 뛰어난 정보력을 갖고 있다는
것이었다.

　그는 말을 이었다. "한 예를 들어보겠네. 전쟁이 시작된다는 소문이
돌면 일주일도 안 되어 장교를 포함한 많은 군인들이 이라크군에서 이
탈해 국경을 넘어 우리에게 보호를 요청할 것이네. 전투도 시작되지 않
은 상황에서 장교들이 탈영한 군대는 오합지졸일 뿐이지." 나는 그의
말에 동의할 수밖에 없었다. 그리고 그에게 물었다. "전쟁이 시작되면
우리 편에 서줄 겁니까?" 그는 "당연하지"라고 답했다. 나는 "왜 그럴
생각입니까?"라고 물었다. 그는 다시 수수께끼 같은 터키인 특유의 미
소를 지으며 말했다. "우리가 1945년 2월 추축국들에 선전포고를 한
것과 같은 이유일세. 전쟁이 끝나고 회담이 시작될 때, 우리는 전승국
의 테이블에 앉고 싶다네. 우리는 메뉴가 아닌 손님 명단에 이름을 올
리고 싶을 뿐이네."

　더욱 어려운 문제는 정치적인 것이었다. 군사적 승리가 달성된 이후
에 해당 국가를 어떻게 처리할지에 관한 것이었다. 군사적 조치의 결과
는 외잘 대통령의 말과 크게 다르지 않았다. 이에 근거한 내 분석을 체
니 국방장관도 더욱 신뢰했다. 외잘 대통령과 내 분석에 동의하는 사람
들도 있었다. 당시 워싱턴을 방문했던 한 이스라엘 장성도 전쟁준비가
적절한지를 묻는 질문에 한 가지를 제외하고는 모든 부분에서 만족스
럽다고 답했다. "전쟁포로와 탈영병을 수용할 충분한 준비가 되어 있

지 않습니다."

신속하고 효과적인 미국의 군사적 대응은 쿠웨이트뿐 아니라 사우디아라비아도 구했다. 사우디는 이라크의 군사적 움직임에 위협을 느끼고 있었고, 왕족은 미국의 조치에 정권의 생명을 전적으로 의존하고 있었다. 따라서 당시 사우디 군대의 행진가가 '기독교 병사들이여, 전진하라'였다는 빈정대는 말도 나돌았다.

이라크와 이란의 8년 전쟁Eight-Year War(1980~1988) 동안, 사담 후세인은 미국의 우호적인 입장과 때로는 지원에 상당히 의존할 수 있었다. 전쟁이 끝나는 데 기여한 것 중 하나는 미군이 이란의 민간 항공기를 격추시킨 사건이었다. 미국은 이 사건이 단순한 사고였다고 공식적으로 발표했고, 나도 실제로 사고였다는 걸 전혀 의심하지 않는다. 그러나 이란인들은 물론 이라크인들도 그것을 사고라고 생각하지 않았다. 미군의 의도적인 공격이었다는 것이다. 그럼에도 이미 상당한 군사적 손실을 입은 이란 정부는 민간기 격추에서 나타났듯이 미국이 전쟁에 심각하게 개입하기 시작했다고 판단했다. 그래서 좋은 조건만 마련되면 전쟁을 최대한 빨리 중단하는 것이 최선이라고 결정하게 됐다. 물론 유엔이 안보리결의안 598호를 통해 정전을 주선했다. 종전이 되면서 사담 후세인은 그가 이후 어떤 행보를 보이더라도 미국의 지원, 혹은 적어도 묵인을 얻어낼 수 있을 거라고 생각했다.

그의 다음 행보는 쿠웨이트를 침공해 합병하는 것이었다. 사담 후세인에 따르면 쿠웨이트는 이라크의 한 부분이었고 다시 모국으로 돌아와야 할 영토였다. 하지만 쿠웨이트는 독립국가였다. 20세기에 현대

이라크 국가가 설립되기 훨씬 이전인 18세기부터 독립된 국가 시스템을 가지고 있었다. 따라서 아랍세계도 이라크의 이런 행보에 크게 분노했다. 이라크의 패권주의는 사우디를 포함한 걸프 국가들에 직접적인 위협으로, 그리고 다른 중동 국가들에게도 포괄적인 위협으로 간주됐다. 조치가 필요한 상황이었다.

부시 행정부는 우선 이라크가 쿠웨이트에서 철수하도록 데드라인을 설정했다. 데드라인이 지나자 군대를 보내 사담 후세인이 쿠웨이트에서 물러나도록 했다. 그러나 이런 즉각적이고 제한적인 목적을 달성한 이후 미국 정부는 전쟁을 끝내고 말았다. 미국의 이런 결정에 대해 모두가 놀랐다. 사담 후세인은 그대로 통치자로 남았다. 그는 혁명수비대를 포함한 군대를 계속 유지하고 자신이 원하는 대로 통솔할 수 있었다. 북부의 쿠르드족과 남부의 시아파를 보호하기 위해 설정된 비행금지구역no-fly zones에서만 사담 후세인의 통제권이 제한됐다. 비행금지구역은 항공 순찰을 위해 전투기들을 파견한 미국, 영국, 프랑스가 관리했다.

전후 조치에 대해 미 행정부는 내 자문을 구하지 않았다. 내가 보기에는 현명한 조치가 취해지지 않았다. 사담 후세인은 군사적으로 완전히 패했으나 승전국 미국은 그를 극도로 관대하게 대우했다. 패배와 항복에도 미적지근한 전후 조치로 인해 그는 마치 협상으로 사태가 해결된 것처럼 행동했다. 결과적으로 더욱 심각한 상황이 이어졌다. 미국은 이라크 내 억압받는 국민들이 자체적으로 폭군과 맞서 싸우도록 촉구했다. 실제로 쿠르드족과 시아파가 그렇게 했다. 전승국인 미국은 뒤로 물러난 상황이었고, 사담 후세인이 그대로 유지하도록 허용된 공화국수비대를 이용해 무차별적 보복진압에 나서는 것을 지켜보기만 했다. 이런 경험을 한 이라크 쿠르드족과 시아파는 2003년 두 번째 이라크 전쟁에서 미국을 신뢰하지 않게 됐다.

미국이 당시 이라크 영토 내로 진입하지 않고 사담 후세인을 그대로 권좌에 둔 것은 사우디아라비아의 충고 혹은 집요한 주장 때문이었다는 논란이 있었다. 당시 워싱턴 주재 사우디 대사 반다르Bandar 왕자와 이 문제를 토론할 기회가 있었다. 나는 그에게 사우디의 만류가 사실인지 물었다. 그는 사실과 완전히 다르다고 힘주어 말했다. "정반대로 우리는 계속 진군해서 사담 후세인 정권을 끝내라고 요청했습니다."

사담 후세인 독재정권에 관용을 베푼 것은 재앙이었고, 중동 전반에 악영향을 주었다. 나도 크게 실망했다. 당시의 작전명을 '사막의 폭풍Desert Storm' 대신 '쿠웨이트 개입Kuwitus Interruptus'으로 바꾸어야 했다고 비꼬기도 했다. 하지만 긍정적인 부분도 있었다. 이라크 영토의 적지 않은 부분, 즉 북부를 중심으로 한 5분의 1이 사담 후세인의 통치에서 벗어났다는 점이다. 이 지역은 이후 자치정부를 꾸린 쿠르드족과 아랍계 시아파의 동맹 세력이 통제하게 됐다.

북부 지역에 대한 비행금지구역 설정 및 운용은 상당히 성공적인 결과를 가져왔다. 아주 빠르게 상황이 정리됐다. 즉 초등학교에서 대학교까지의 교육, 경제, 그리고 일반 시민의 삶이 정상화됐다. 북쪽을 통치한 지배 세력은 효과적으로 기능하는 독자적 정부와 사회를 구축하는 데 상당히 성공적이었다. 나는 북쪽 지역의 일부 지도자들과 연락을 취하고 있었다. 그들은 나머지 이라크 지역에서도 상당수가 자신들을 지지한다고 말했다. 특히 고위 군 장교들도 자신들과 뜻을 같이한다고 전했다. 따라서 때가 되면, 자신들이 사담 후세인을 몰아낼 수 있다고 강조했다.

그들이 제안한 방법은 '자유 이라크 임시정부provisional government of free Iraq'를 설립하고 선포하는 것이었다. 뉴욕, 워싱턴, 혹은 유럽에서 선포되는 임시정부는 큰 의미가 없다는 것이었다. 이라크 내부의 뜻을 반영한 임시정부가 이라크 땅에서 설립되고 선포되어야 중대한 역할을 수행할 수 있다는 것이었다. 북부의 지도자들은 자신들이 이를 수행할 수 있고 즉각적으로 이라크 전역에서도 강력한 지지를 끌어낼 수 있다고 확신했다. 그들은 이런 제안을 이미 두 차례 미국 정부에 보냈었다. 처음에는 부시 행정부에 그리고 두 번째는 클린턴 행정부에 제안했다. 두 번 모두 똑같은 제안을 보냈다. 그들은 어떠한 군사적 지원도 원하지 않았고, 군사적으로 자신들이 후세인 정권을 압도할 수 있다고 확신했다. 그들이 요청한 것은 정치적 지원과 임시정부를 공식적으로 승인해 달라는 것뿐이었다.

그러나 그들은 미국 정부로부터 긍정적인 답변을 얻어내지 못했다. 나와 다른 사람들도 그들의 요청을 지지하고 미국 정부의 결단을 촉구했다. 그러나 미국 정부는 이런저런 이유를 대며 답변을 미루고 또 미뤘다. 나는 아직도 미국이 이들 북부 지역 지도자들과 협력했다면 이라크의 해방이 사담 후세인과 두 번째 전쟁을 치른 것보다 훨씬 더 평화적이고 효과적으로 달성되었을 것이라고 믿는다.

때때로 나는 언론의 비판을 받아왔다. 2003년 이라크 전쟁을 지지했던 인물로 분류되기 때문이다. 그러나 이는 사실과 다르다. 내가 실제로 제안했던 것은 '자유 이라크 임시정부'를 승인하라는 것이었다. 이라크 내부에서 자체적으로 등장한 독립적인 정치 세력에게 국제사회가 정통성을 부여했더라면, 이미 무너지고 있었던 사담 후세인 독재정권의 몰락이 더욱 가속화됐을 것이다. 그것도 외부로부터의 군사적 조치가 아닌 내부로부터의 보다 평화적인 방식으로 말이다. 그러나 궁극적으로 그런 상황이 발생하지 않았다.

루이스 독트린

변화무쌍하고 다각적인 내 삶은 종종 '버나드 루이스 독트린Bernard Lewis Doctrine'으로 묘사되곤 한다. 이 용어는 다양한, 그리고 때로는 상충하는 의미로 사용되곤 한다. 괴팍한 정치 논객 린든 라루슈Lyndon LaRouche가 1970년대 내게 붙인 말이다. 일반 사람들의 평가와는 달리 라루슈의 발언과 글에 따르면, 나는 이슬람 과격주의의 발전을 학문적으로 분석해낸 것이 아니라 오히려 이 과격주의를 야기했다. 내가 교묘하게 과격주의를 조장해 내 개인적인 목표를 위해 이용했다는 것이다. 이런 능력을 바탕으로 내가 이란혁명은 물론 다른 이슬람 과격주의도 배후에서 조종했다는 것이다.

정말 터무니없는 주장이다. 그의 해석은 여기서 끝나지 않는다. 그는 내가 이런 일들을 담당하는 이유는 바로 영국 정보부 비밀요원으로 활동하기 때문이라고 했다. 내가 이런 모든 사악한 활동을 하는 목적은 영국의 제국주의 패권을 다시 회복하고 이를 전 세계에 다시 확산시키는 것이라고 그는 강조했다.

한동안 나는 린든 라루슈의 추종자들로부터 추행에 가까울 정도의 괴롭힘을 당했다. 그들은 내 강연에 들어와서 청중과 학생들에게 심문하듯 이런저런 질문을 던지며 내 불온한 의도를 알리려고 노력했다. 그런데 왜 이슬람 과격주의가 영국의 제국주의 야심에 도움이 되는지를 그들은 한 번도 설명한 적이 없었다. 라루슈에게는 명확한 이유나 설명은 중요하지 않았다. 다만 어떠한 방법을 동원해서라도 자신의 목표를 공격하겠다는 의지만 강했다.

라루슈의 집요한 괴롭힘은 점차 명분을 잃고 사라졌다. 그러나 '루이스 독트린'은 살아남았다. 종종 상호배타적인 형태로 변신하며 나를 공격하는 수단으로 사용됐다. 가장 대표적인 예는 2004년 〈월스트리트저널〉 1면에 실린 기사로, 피터 발트만Peter Waldman이라는 기자가 쓴 글이었다. 그것은 나와 인터뷰를 한 적도 문의를 한 적도 없이 작성된 글로, 터무니없는 내용들이 가득 찬 기사였다. 루이스 독트린의 가장 대표적인 주장을 담은 이 기사는 부시 행정부의 대중동 정책, 특히 이라크 침공 결정이 내 책임이라고 강조했다.

부시 행정부와 내가 관련이 있다는 것은 나름대로 근거가 있었다. 그러나 심각하게 과장되고 왜곡된 오보였다. 부통령 딕 체니와의 지속적인 접촉이 있었던 것은 사실이다. 나는 9·11 테러 직후 체니의 관저에 두 차례 초대받았다. 부통령 집무실의 소수 직원들과 함께 저녁을 먹으면서 주로 중동과 이슬람에 대해 이야기했다. 그들은 내 말을 경청했고 중요한 질문도 던지곤 했다. 나는 또 이들 관료들과 체니의 집무실에서도 여러 차례 모임을 가졌다. 하지만 내 임무는 정책제안을 하는 것이 아니라, 정책결정에 고려할 만한 상황들에 대해 상세한 배경설명을 하는 것이었다. 따라서 정책결정에서 내 역할은 아주 미미한 것이었다. 일부 언론이 이를 과장하는 것은 터무니없는 오보였다. 이런 경험을 통해 나는 행정부 내에서 발생한 일에 대한 언론의 기사를 더욱 신뢰할 수 없게 됐다.

오래된 영국의 정책결정 원칙 중의 하나는 정보와 정책이 완벽하게 분리되어야 한다는 것이다. 정보부 관계자들은 정보를 제공할 뿐이다. 어떠한 제안도 하지 않는다. 정책 담당자들은 사실에 바탕을 둔 자료와 덧붙여지지 않은 원래의 정보를 가지고 정책을 결정한다. 주의해야 할 사항은 올바르고 정확한 정보가 선택되어 의사결정 라인으로 보내져야 한다는 것이다. 이러한 '권력분립'은 효과적인 민주주의 운용에서 가장 중요한 요소다. 만약 이것이 지켜지지 않는다면 심각한 결과를 초래할 수 있다.

나는 체니 부통령이 범상치 않은 정치인이라고 생각한다. 사려 깊은 동시에 자신이 나에게 들어야 할 것을 명확히 아는 인물이었다. 우리는 중동 지역 전체뿐 아니라 특정 국가가 직면한 과제들에 대해 의견을 나누었다. 그는 예리한 질문을 자주 했다. 그러고는 내 답변을 충분히 듣고 내 의견과 관련한 후속 질문을 던지곤 했다. 부시 행정부의 마지막 2년 동안 체니 부통령은 사실상 권력의 핵심에서 밀려났다. 미국의 정책과 이해에 큰 손실이었다. 그리고 진보적 언론들은 체니 부통령에 대한 고의적인 비방을 쏟아냈다. 나는 상당히 슬펐다. 그 언론들이 기술한 체니는 내가 알고 존경하던 그 체니가 아니었다.

한번은 백악관 직원들과 비공개로 진행된 간담회에 초대받았다. 즐거운 모임이었다. 유쾌한 교류의 장이었고 지적으로도 자극적인 만남이었다. 가장 생생하게 기억에 남는 순간은 국가안전보좌관National Security Advisor 콘돌리자 라이스Condoleeza Rice와 가진 폭넓은 주제에 대한 담소였다. 그녀는 보다 긴밀한 토의를 위해 자신의 방으로 나를 초대했다. 내 의견이 나름 도움이 되었을 것이라 생각한다.

조지 부시 전 대통령과는 세 차례 만날 수 있었다. 9·11 테러 직후 소규모 전문가 토론회, 2005년 백악관에서의 대규모 공식만찬, 2006년 한 시상식에서였다. 부시 대통령은 자신에게 제안할 것이 있으면 당시 국가안보보좌관이었던 스티븐 해들리Stephen Hadley에게 이메일을 보내라고 말했다. 나는 실제로 몇 차례 이메일을 보냈다. 그러나 모두 이라크가 아니라 이란에 관한 것이었다. 음모론 주창자들의 헛된 주장을 반박하기 위해 혹은 그들의 열정적인 추측에 더 많은 재료를 제공하기 위해, 2006년 보냈던 이메일의 일부분을 여기에서 공개하겠다.

우리는 행동하는 것만큼 말할 때도 주의를 기울여야 합니다. 해럴드 니콜슨 경Sir Harold Nicolson(영국의 외교관이자 학자―옮긴이)은 동양인들이 무엇을 생각하는지 절대로 파악할 수 없지만 우리 마음속에 있는 것을 동양인들에게 제대로 알려줄 필요가 있다고 말한 적이 있습니다.

이란혁명 이후 이란 정권과 여러 차례 협상을 시도했다는 점도 잊어서는 안 됩니다. 카터 대통령은 인질 사태 당시 호메이니에게 '하느님을 믿는 신자로서' 인질 석방을 호소한 적이 있습니다. 그리고 그들에게 사죄하기도 하고, 선의를 표하기도 하고, 추켜세우기도 했습니다. 하지만 항상 결과는 같았습니다. 거절과 무시였습니다. 이라크에서 나약한 모습을 보였고 국내에서도 확고한 입장이 없는 상태에서 다시 이란과 협상을 추진한다면 그것은 우리의 나약함과 두려움을 다시 한 번 표출하는 것입니다. 만약 전쟁에서 패했다면 최선의 항복조건을 받아내는 것이 의미가 있습니다. 그러나 우리는 그런 상황에 있지 않습니다.

오랫동안 우리에 대한 중동의 태도는 일정한 패턴을 보입니다. 우리에게 '우호적인' 국가들의 국민은 우리가 자신들을 억압하는 독재자를 지원하고 있다며 미국을 증오하고 있습니다. 나름대로 근거가 있습니다. 반면 '적대적인' 국가들의 국민은 독재자로부터 해방될 수 있도록 미국이 어떤 조치를 취해주기를 희망하고 있습니다. 이란의 한 고위 당국자가 제게 전한 말이 생각납니다. "전 세계에서 친미 감정이 이란보다 강하고, 깊고, 널리 퍼져 있는 나라는 없습니다." 내가 독자적으로 모은 정보들도 이런 시각을 뒷받침하고 있습니다. 여러 이란 사람들이 자주 다음과 같은 말을 했습니다. "미국은 중동 지역의 문제를 알파벳 순서로 처리해야 합니다." 즉 이란Iran 다음에 이라크Iraq라는 것입니다.

우리가 해야 할 일은 이들 국민들을 격려하고 독재정권들을 공포에 떨게 만드는 것입니다. 그런데 현재 상황에서 이들 정권과 협상을 추진하는 것은 정반대의 행동을 하는 것입니다. 보다 좋은 접근법은 이들 국민들을 독려하는 것입니다. 반정부 운동을 지원하는 것입니다. 부패하고 독선적인 정권하에 있는 이란 국민들의 고통을 어루만져줘야 합니다.

우리는 다음과 같이 말할 수 있습니다. "우리는 당신들의 위대한 문화유산에 경의를 표합니다. 우리는 당신들의 조국, 국민, 신앙을 존중하지 않는 탐욕스런 독재자들에 대한 당신들의 분노에 공감합니다." 이 독재정권은 단지 두 가지 정책만 가지고 있을 뿐입니다. 국내적으로는 압제를 행하고 대외적으로는 테러를 감행하는 것입니다. 두 가지 모두 자신들의 독재정권을 유지하기 위한 수단입니다.

이란의 독재자들의 정책, 그리고 특히 그들의 태도를 중점적으로 부각시켜야 합니다. 끔찍한 그들의 생각을 국민에게 알려야 합니다. 그들은 자신들의 알라의 군대와 사탄으로 규정된 미국이라는 악마의 군대 간 마지막 전쟁을 준비하고 있다고 주장합니다. 그들은 이것을 자신들의 국민들이 대규모 인명피해와 파괴에 직면하더라도 피할 수 없는 세상 종말의 전쟁으로 보고 있습니다. '알라는 자신의 편을 아실 것Allah will know his own'이라는 흔히 인용되는 쿠란 구절이 있습니다. 많은 희생자들 가운데서도 알라는 무슬림들을 구분하여 천국으로의 빠른 길로 인도한다는 의미입니다.

이러한 맥락에서 냉전시대에 효과를 발휘했던 억지력, 즉 상호확증파괴 MAD: Mutual Assured Destruction 전략은 이제 큰 의미가 없습니다. 세상 종말에는 어차피 포괄적인 파괴가 동반합니다. 중요한 것은 죽은 자의 최종 목적지입니다. 불신자들은 지옥에 가고 이슬람 신자들은 천국의 즐거움을 얻을 것이라고 믿고 있습니다. 이런 인식체계를 가진 사람들에게 MAD는 제약조건이 아닙니다. 오히려 유인조건입니다.

나는 최근 이라크에서의 실패에서 벗어나기 위해 우리가 이란에 어떻게 외교적으로 접근해야 하는가를 논하는 기사들을 읽었습니다. 가장 중요한 것은 이런 유화적 조치가 중동 내 우리의 적과 친구들에게 전할 즉각적인 메시지입니다. 적대적인 국가들에게는 독려의 메시지가 될 것이고 우호적인 국가들에게는 절망, 포기, 배반의 신호가 될 것입니다.

어떤 조치를 고려할 때 우리는 두 가지 질문을 던져야 합니다. 성공할 것인가, 그리고 어떠한 즉각적인 파급효과가 있는가입니다. 물론 첫 질문의 답을 찾는 데는 상당한 시간이 걸릴 것입니다. 그러나 나는 분명히 실패할 거라고 확신합니다. 다른 사람들은 저와 다른 생각을 할 수도 있습니다. 다양한 의견이 있는 것은 당연합니다. 두 번째 질문에 대해서는 더 즉각적이고 명백한 답을 할 수 있습니다. 재앙입니다. 이는 미국의 두려움과 나약함의 상징이 될 것입니다. 친구를 배반하기 위해 적의 도움을 요청하는 것입니다. 아흐마디네자드Ahmadinejad 이란 대통령은 자신의 반미 입장을 명확히 밝히고 있습니다. 그런데 그와 그의 추종 세력의 환심을 사기 위해 외교적 접근을 추진한다는 것은 이라크로부터 철수하는 데 이란의 도움을 요청하는 패배주의적 그리고 비이성적인 시도로 보일 것입니다. 또한 이런 조치는 아흐마디네자드가 취임할 때 자랑스럽게 "나는 미국을 다루는 방법을 안다"고 언급했던 것을 확인시켜주는 것으로 비춰질 것입니다.

이 이메일에 따르면 내 주된 관심은 사담 후세인 정권을 전복시키는 것이 아니라 이란의 핵개발이었다는 점이 명확히 드러난다.

쿠웨이트 침공 이후의 첫 번째 대이라크 전쟁은 의심할 여지없이 정당하고 필요한 조치였다. 이라크는 국제사회가 용납할 수 없는 무모한 군사적 공격을 감행했다. 그러나 2003년 두 번째 이라크 공격은 전혀 별개의 문제다. 체니 부통령과 내가 이라크 공격에 적극적이었다는 비판이 있었다. 그러나 이는 사실이 아니다. 정반대였다. 나는 전쟁을 권하지 않았다. 오히려 반대했었다. 내가 하지도 않은 일에 대해 비난을 받는 것은 정말로 화가 나는 일이다. 자문이 받아들여졌는지 여부를 입증하는 것은 불가능하다. 내 입장을 설명할 수 있는 최선의 방법은 530페이지에 달하는 체니 부통령의 자서전 《나의 시대In My Time》에 내 이름이 전혀 언급되지 않았음을 밝히는 것이다.

미국과의 연관성 혹은 미국의 지원이 중동 정치인들에게는 죽음의 키스라는 말이 있다. 맞는 말일 수도 있다. 특히 지원과 지지가 유동적이고 불확실할 경우 그리고 적을 자극하지 않기 위해 친구와도 일정 거리를 둔다는 미국 외교정책의 중요한 원칙이 적용되는 경우에는 더욱 그렇다. 그러나 두 번째 이라크 전쟁으로 부정적인 이미지가 생겼지만 현재도 미국에 대해 선의를 가진 중동의 국가와 국민이 많이 남아 있다. 미국의 지원은 중동의 독재정권에 대한 투쟁에 중요한 동력이 될 수 있다. 물론 이 지지와 지원은 명확하고 효과적이어야 한다. 우정에 대해서는 명백히 보상하고 적대감에 대해서는 분명한 처벌이 있어야 한다. 그렇지 않을 경우 역효과만 발생할 것이다.

지원과 지지가 긍정적인 결과를 달성하기 위해서는 일관성과 신뢰성의 이미지가 투사되어야 한다. 외교 전문가들은 이를 달성하기 위해 여러 방안을 고안할 수 있는 능력이 있다. 그러나 일관성과 신뢰성의 이미지를 투사하기 위해서는 필수적인 전제조건이 있다. 실제로 일관성 있으며 신뢰할 만한 지원이 지속되어야 한다.

이슬람회의기구와 유럽연합 외무장관 회의

2002년 2월 터키 정부는 이슬람회의기구OIC: Organization of the Islamic Conference 와 유럽연합 두 기구가 참여하는 공동회의를 이스탄불에서 개최했다. 두 기구의 회원 국가들은 대표를 파견했고, 주로 외무장관들이 참석했다. 터키 정부는 소수의 민간 인사들도 초청했다. 미국에서 두 사람이 초청됐는데 에드워드 사이드와 나였다. 흥미로운 조합이었다. 그런데 사이드 교수는 사전 약속이 있다며 정중히 거절한 반면 나는 기꺼이 초대에 응했다. 특히 여자친구 분치 처칠과 함께 초대받았기에 더 즐거운 마음으로 이를 수락했다.

우리는 융숭한 대접을 받았다. 의전에 맞춰서 많은 것들이 정성들여 준비됐다. 이스탄불에 가장 고급스러운 호텔 중 한 곳에 두 개의 방이 제공됐다. 행사장과 숙소를 이동하는 데 필요한 차량과 기사도 있었다. 이동 시에는 오토바이를 탄 경찰의 호위를 받았다. 호텔에서 행사장으로 빠르게 이동하고 교통정체를 피하기 위해 우리가 탄 차량과 경찰 호위대는 울타리가 있는 손수레 전용 도로를 달리기도 했다. 만약 손수레가 있었다면 큰일이 날 수도 있었다. 가슴이 조마조마하기도 했다.

개막 연회는 철저히 서양식이었다. 그 당시까지도 터키는 지극히 세속적인 국가였다. 언론사 사진기자들은 참석자들의 사진을 찍기 위해 연회장을 계속 돌아다녔다. 이란 대표들이 사진에 찍히지 않으려고 노력하는 모습을 보았다. 특히 술잔이 가득한 쟁반을 들고 다니는 미니스커트 복장의 웨이트리스와 사진이 찍히는 것을 경계했다.

이란 대표들에게는 다른 걱정거리가 있었다. 놀랍게도 이란 외무장관이 내게 직접 다가와 자신을 소개했다. 부시 대통령이 '악의 축' 연설을 한 지 얼마 지나지 않은 시점이었고, 이란 정부 관계자들은 실제로 부시 대통령이 어떤 조치를 취할 것인지를 놓고 심히 우려했다. 토론 테이블의 참석자를 알게 되었을 때 나는 더욱 놀랐다. 발표 연단에는 네 명의 연사를 위한 자리가 있었다. 이란과 이집트의 외무장관, 이집트 출신 교수와 나였다. 네 연사는 짤막하게 의견을 발표하고, 참석자들의 질문에 응하도록 요청받았다.

두 외무장관의 연설 내용은 기대했던 것과는 정반대였다. 이란 외무장관은 상당히 조심스러웠는데, 부시 대통령의 '악의 축' 발언의 충격 때문이었을 것이다. 그는 미국의 정책에 대한 일부 비판적인 시각을 밝혔으나, 그가 사용한 가장 강한 표현은 '오해'였다. 이집트 출신 교수에 이어 발언에 나선 이집트 외무장관은 거리낌 없이 아주 강한 어조로 미국을 비난했다. 두 사람 모두 유럽 식민주의자들의 만행에 대한 비난으로 발언을 시작했다. 이들 유럽 국가들이 신세계를 점령하고 원주민들을 약탈하고, 추방하고, 다양한 방법으로 박해했다고 강조했다. 이어 미국인들이 수백만에 달하는 흑인들을 노예화하고 학대했다고 언급했다.

　내가 발언할 차례가 왔다. 나는 앞선 발언들을 반박했다. 나는 아프리카 흑인들의 노예화는 콜럼버스가 미 대륙을 발견하기 이전에 시작되었고 미국에서 폐지된 이후에도 노예제도는 오랫동안 다른 곳에서 지속됐다고 지적했다. 그리고 이들 노예 대부분이 서쪽보다는 동쪽으로 이동했다는 점도 설명했다. 내 발언을 듣고는 회의에 참석한 흑인들이 미소를 보였고, 일부는 작은 소리로 박수를 치기도 했다. 사우디아라비아에서는 노예제도가 1962년 폐지되었고, 여러 중동 국가들에서는 이름만 다를 뿐이지 이 제도가 아직도 남아 있다는 점을 언급할 필요가 있었다. 이에 대해 이집트 교수는 미국의 노예제도는 심각한 것이었고 아랍 세계의 노예제도는 그렇지 않았다고 주장했다.

　재미있는 사건도 있었다. 분치는 모조품 헤르메스 지갑을 사고 싶어 했다. 한 유럽 국가에 주재 중인 터키 대사 부인이 그랜드 바자Grand Bazaar에 있는 한 가게를 추천해주었다. 분치는 대략 주소만 가지고 있는데 꼭 가보고 싶다고 해서, 호위하던 두 오토바이 경찰관들에게 도움을 청했다. 내가 통역을 맡았고 두 경찰은 가게의 위치를 계속 확인했다. 나는 길눈이 어두웠기 때문에 두 경찰의 도움이 꼭 필요했다. 다행히 우리는 작은 가게에 도착했고 매장에 들어가 원하는 것을 설명했다. 가게 주인은 상냥했는데, 검은 가죽 옷을 입은 거대한 몸집의 오토바이 경찰관 두 명과 내가 가게에 들어서자 그의 얼굴이 창백해졌다. 모조품을 파는 가게에 경찰 둘이 들어선 것이다. 그는 분치에게 뒤쪽의 2층으로 가라고 손짓했다. 점원이 친절히 그녀를 안내하는 동안 주인은 우리와 함께 아래층에서 풀이 죽어 조용히 있었다. 당연히 그는 우리가 빨리 가게를 떠나주기만 기다렸다. 흥정은 빠르게 진행됐다. 분치는 원하는 지갑을 샀고, 아직도 보란 듯이 사용한다.

오만에서

다음 해 나는 오만 종교성의 초청으로 오만을 방문했다. 두 차례 강연을 요청받았는데, 하나는 무스카트의 그랜드 모스크에서, 다른 하나는 오만 외무부에서였다. 첫 강연은 일반 대중을 위한 것이었고, 두 번째는 외교관들만을 위한 특강이었다. 특히 두 번째 강의 직후에는 활발한 질의응답 시간이 이어졌다.

나를 초청한 종교성 장관과도 사적인 대화시간을 가졌다. 그러던 중 장관이 나를 당황하게 만드는 발언을 했다. "내가 알기로는 매년 이스라엘에 가신다면서요." 나는 그렇다고 말했다. 그러자 그가 말했다. "왜, 이곳에도 매년 오시지 그러세요?" 이 질문에 대해 나는 외교적 답변을 할 수밖에 없었다.

두 차례의 강연이 모두 끝나자, 나는 오만을 여행할 수 있었다. 종교성은 내게 차량과 기사, 가이드를 제공해주었다. 즐거운 여행이었고 나는 크게 만족했다. 여행 중 우리는 이브리Ibri라는 작은 마을에 들렀는데, 이브리는 '히브리어'라는 뜻의 아랍어였다. 남부 아라비아반도에 이런 이름을 가진 마을이 있다는 것에 나는 크게 놀랐다. 나는 이 마을이 어떻게 이런 이름을 가지게 되었는지 물었다. 가이드가 답했다. "아마도 원래 유대인 거주 지역인 것으로 짐작됩니다. 그런데 지금은 유대인이 전혀 살지 않습니다. 완전히 아랍 무슬림들의 마을이 되었습니다." 나는 역사학자다운 질문을 던졌다. "이름 말고 이 마을에 유대교와 관련된 어떤 유적이나 물품이 남아 있나요?" 놀라운 답변을 들었다. "예, 두 가지가 있습니다. 첫째, 이곳 사람들의 피부색이 다른 주변 지역에 비해 상당히 하얗습니다. 두 번째, 이곳 사람들이 유난히 똑똑합니다."

카다피의 손님

2006년 가을이었다. 나는 무아마르 카다피Muammar Gaddafi 대령의 초청장을 받고 크게 흥분했다. 사적인 대화를 하겠다며 나를 리비아로 초청한 것이었다. 초청장은 런던 소재 모니터Monitor라는 회사를 통해 전해졌다. 이 회사는 홍보전문 업체로, 이곳에서 내 방문을 위한 모든 준비를 맡았다. 나는 이 초청에 대해 약간 의심을 품었다. 카다피가 내게 원하는 게 무엇인지 도대체 알 수가 없었지만 어쨌든 가기로 결정했다. 여자친구 분치도 데려갔다. 중간 역할을 하던 업체는 내게 1만 5,000달러의 사례금을 제안했지만 나는 이를 거절했다. 중동 정부로부터 어떠한 대가도 받고 싶지 않았다.

우리는 런던에 가서 하루 동안 브리핑을 받고, 트리폴리로 향했다. 리비아 정부 관계자들이 공항에 영접을 나왔다. 그러고는 트리폴리에서 가장 크고, 높고, 화려한 호텔로 우리를 안내했다. 우리 방은 가장 높은 층에 있었다. 다음 날 우리는 리비아 지도자를 만나기로 예정됐다. 카다피를 만나기 위해서는 여러 단계를 거쳐야 했다. 우선 30분 정도 차를 타고 작은 공항으로 가서, 거기서 항공기를 타고 사막으로 이동했다. 사막의 공항에 내린 뒤에는 다시 차를 타고 카다피가 우리를 기다리는 텐트가 있는 캠프로 가야 했다.

텐트는 어마어마하게 컸다. 수백 명의 사람들을 위한 연회도 개최할 수 있을 정도였다. 텐트 내부의 벽은 흰색, 녹색, 금색의 무늬가 기하학적으로 장식된 천으로 되어 있었다. 텐트의 한쪽 끝에는 중동의 양탄자가 깔려 있었으나, 카다피와 회동이 있던 곳은 텐트의 입구 부분으로 둘둘 감을 수 있는 화학섬유 양탄자로 덮여 있었다. 조명은 띄엄띄엄 걸려 있는 백열전구들이 전부였다. 기능만을 고려한 것이었다. 그리 우아한 분위기는 아니었다. 텐트의 입구 부분은 자연채광이 되고 있었다. 카다피는 한 테이블 뒤에 앉아 있었는데, 그 오른쪽에는 높이가 좀 낮은 테이블이 있었고 분치와 나를 위한 의자가 두 개 있었다. 커피가 제공됐다. 각 테이블 위에는 60센티미터가량의 가는 나뭇가지 묶음이 있었다. 아랫부분 20센티미터는 알루미늄포일로 감겨 있었는데, 어깨 부분을 툭툭 치며 파리를 쫓는 도구였다. 카다피는 검은색 긴팔 티셔츠를 입고 있었고, 그 위에는 갈색 담요 같은 것으로 헐렁하게 몸을 두르고 있었다.

본격적인 대화에 들어가면서 세 사람이 남았다. 카다피와 통역사 그리고 나였다. 카다피는 아랍어로 말했고, 나는 영어로 말했다. 퍼듀대학교Purdue University 리비아 출신 교수가 통역을 담당했다. 토론 도중에 나는 중세 이슬람 역사에 대한 부분에서 카다피의 시각을 바로잡고, 아랍어 뉘앙스에서 통역사의 오류도 꼬집어내야겠다는 직업 교수로서의 충동을 억제하지 못했다. 두 사람은 내 이런 태도에 크게 개의치 않았다. 대화가 사소한 것들로 가끔 중단되었지만 분위기를 전환할 수 있다는 점에서 재미있는 경험이었다.

카다피의 주요 메시지, 즉 그가 나를 리비아까지 불러서 말하고 또 워싱턴에 간접적으로 전달하고 싶었던 것은 놀라운 것이었다. "당신들은 모두 이란을 우려하고 있지요. 마치 이란이 국제사회의 가장 심각한 위협인 것처럼 말입니다. 당신들이 틀렸습니다. 이란은 그리 중요하지 않습니다. 실질적인 위협이 아닙니다. 진정한 위험은, 즉 당신들의 모든 골칫거리, 모든 테러리즘, 그리고 모든 과격주의의 근원은 바로 사우디아라비아입니다."

그는 부시 가문과 사우드 가문의 관계를 '아늑한 관계'라고 묘사하면서 이에 대한 자신의 심각한 우려를 계속해서 설명했다. "알-카에다와 다른 모든 테러 단체들에 자금을 지원하고 훈련을 담당한 자들이 바로 사우디 사람들입니다. 모든 이슬람 국가들이 당신들과 맞서 싸우도록 선동한 자들이 바로 사우디 사람들입니다." 나름 근거 있는 사우디에 대한 불평이었다. 실제로 이슬람의 극단적 원리주의인 와하비즘 Wahabism(사우디의 압둘 와합이 주도한 이슬람 원리주의 운동으로 후에 사우드 왕족과 결합해 국가 건설에 참여함–옮긴이)을 지원하고 주변 국가에 수출한 것이 바로 사우디 정부인 것은 맞다.

두 시간가량 대화를 나누던 중 카다피는 또 미국이 대체에너지원을 개발해야 한다고 언급했다. 산유국 국가수반이 이런 언급을 하다니 좀 엉뚱하다고 생각했다. 하지만 시간이 지나 되새겨보니, 그가 대체에너지원을 언급한 이유는 미국이 사우디가 아닌 리비아에서 원유를 수입해야 한다는 것을 의미했음을 깨달을 수 있었다.

카다피는 팔레스타인 문제에서 '한 국가 해결안one-state solution'에 적극적 지지를 보냈다. 그는 현재도 100만 혹은 그 이상의 아랍인들이 이스라엘에서 유대인 이웃과 평화롭게 살고 있다고 강조했다. 나는 그의 말에 동의했다. 그리고 바로 이것이 이스라엘 국가와 사회의 특징이라고 지적했다. 하지만 그는 내 의견을 무시했다. 그의 생각은 약간 달랐다. 유대인들과 아랍인들이 평화롭게 이스라엘이 아닌 한 국가 내에서 살수 있다는 것이었다. 유대인 지역과 아랍인 지역을 모두 포함하는 전체 지역을 하나의 국가로 만들자는 것이었다. 그는 이 나라가 이스라타인Isratine 으로 불려야 한다고 강조했다. 이렇게 되면 이스라엘은 점령지를 돌려줄 필요가 없고 팔레스타인인들과 이스라엘인들이 같은 국가에서 공존할 수 있다는 것이었다. 카다피는 이런 해결안을 다른 회의에서도 실제로 제안한 적이 있었다.

그날 저녁 우리는 저녁 파티에 초대됐다. 카다피의 처남이자 군 정보부 수장인 압둘라 세누시Abdullah Senussi의 으리으리한 저택에서 열린 만찬이었다. 만찬에는 15명이 참석했다. 아랍-이슬람식 파티였지만 놀랍게도 여러 여자들이 동석했다. 그들 중 두 명은 세누시의 딸들이었다. 내 자리는 집주인 옆이었다. 당연히 세누시는 카다피와 비슷한 의견을 내놓았다. 이란이 아니라 사우디가 진정한 위험이라는 것이었다. 우리는 장시간 동안 흥미로운 대화를 나누었다. 하지만 시간이 지나면서 만찬 테이블에서 나눈 정치적인 주제가 나중에는 홀 구석에서의 저질스런 농담으로 바뀌기도 했다. 세누시는 선물도 준비했다. 내게는 시계를 주었고, 분치에게는 작은 양탄자를 건넸다. 작별 인사를 하면서 그는 내게 속삭였다. "꼭 다시 오시길 바랍니다. 그런데 다음번에는 혼자 오십시오. 젊은 여성을 준비해놓겠습니다."

세누시는 내게 리비아를 떠나서 어디로 가느냐고 물었다. 나는 다음 행선지가 이스라엘이라고 답했다. 물론 리비아와 이스라엘 사이에는 직항로가 없었다. 그래서 나는 육로로 이집트에 가서 이스라엘로 향하는 항공편을 알아보려고 했다. 세누시는 내 계획에 동의하지 않았다. 당시 이집트와 리비아의 관계가 좋지 않았기 때문이다. 대신 그는 우리를 위해 작은 몰타 여객기를 통째로 빌렸다. 이 비행기는 키프로스에서 20분 동안 잠시 머문 뒤 우리를 벤구리온 공항에 내려주었다. 아주 즐거웠던 48시간 동안의 리비아 방문이었다.

아랍의 봄 혹은 불만의 겨울

2011년 1월 튀니지의 한 젊은 노점상이 분신자살했다. 그의 죽음은 불의에 대한 아랍 대중의 분노를 촉발시켰다. 대규모 시위는 튀니지에서 이집트, 예멘, 오만, 바레인, 요르단, 시리아 등으로 번져 나갔다. 그리고 다른 중동 국가에서도 산발적인 시위가 발생했다. 여성이 사회에서 중요한 역할을 하는 아랍 국가인 튀니지에서 이런 불만이 터져나온 것은 우연이 아니다. 아랍세계의 미래를 결정하는 데 여성의 역할은 앞으로도 중요할 것이다.

민주주의의 발전은 더디고 어려운 과정을 거친다. 우리는 참을성을 지녀야 한다. 이제 겨우 시작된 민주주의에 발전할 수 있는 기회와 시간을 주어야 한다. 오늘날 전 세계를 둘러보라. 안정적이고 성공적인 민주주의 체제의 목록을 만들어본다면, 오랫동안 민주주의가 존재해왔고 향후 상당 기간 미래에도 기능할 것으로 예상할 수 있는 나라들이 있을 것이다. 그런데 상당수 이런 나라들은 개신교 왕정국가들, 즉 노르웨이, 스웨덴, 덴마크, 네덜란드, 벨기에, 영국 등이다. 왕정국가가 아니면서도 오랫동안 지속적인 민주주의를 이어온 나라는 스위스와 미국뿐이다. 미국조차도 민주주의를 발전시키는 데 상당한 시행착오를 겪었다. 노예제도 폐지, 여성의 참정권 허용 등의 사안을 극복하는 데 많은 노력을 기울여야 했다.

서양에서 우리는 과도하게 선거에 집착하는 경향을 보였다. 선거를 민주주의의 가장 순수한 표현 방식이고 민주화 과정의 절정이라고 간주해왔다. 두 번째 것은 맞을 수 있다. 민주주의 과정의 절정이라고 할 수 있다. 그러나 그 과정은 상당히 길고 험난할 수 있다. 독일의 예를 보자. 양차 세계대전 사이에 민주주의가 도입됐다. 1933년 히틀러도 자유롭고 공정한 선거를 통해 집권했다.

아랍의 대중도 확실히 변화를 원하고 있다. 특히 더 나은 방향으로의 변화를 원하고 있다. 그러나 민주주의는 중동의 환경에서 무엇을 의미할까? 민주주의라는 용어는 서양에서도 나라마다 상당히 다른 의미를 갖는다. 그리고 민주주의는 역사적인 용어가 아니고 정치적인 용어다. 아랍과 이슬람세계에는 민주주의라는 단어를 기록한 흔적이 없다.

많은 사람들은 아랍인들이 자유와 민주주의를 원한다고 생각한다. 서양 사람들은 민주주의를 그들의 방식으로 생각한다. 즉 자유로운 환경에서 주기적인 선거가 진행되는 것이라 생각한다. 그리고 그것이 자연스럽고 정상적이라 믿는다. 그러나 우리가 이미 다른 지역에서 보아왔던 것처럼 중동의 상황을 이런 방식으로 이해하려는 것은 실수이고, 비참한 결과를 초래할 수밖에 없다. 자유롭고 공정한 선거를 통해 집권했던 하마스Hamas는 민주적인 정권을 수립하지 않았다.

나는 자유선거를 신뢰하지 않는다. 정말로 자유선거가 있다 해도 중동에서는 우려를 떨칠 수 없다. 종교에 기반을 둔 정당들이 유리할 수밖에 없기 때문이다. 첫째, 이들 정당들은 설교자와 모스크를 통한 소통의 네트워크가 있는데, 이는 다른 정치 조직이 가질 수 없는 것들이다. 둘째, 이들 종교정당들은 익숙한 토착 언어를 사용한다.

서양의 민주주의는 대부분의 경우 새로운 개념이라서 일반 대중이 이해하기 쉽지 않은 내용이다. 지역의 어려운 사안들에 실질적인 해결책을 제시하지 못하면서 서양식 선거에만 성급히 몰두한다면 문제를 더 악화시키게 된다. 과격 이슬람운동들이 이런 상황을 정치적으로 손쉽게 이용할 수 있다. 따라서 정말로 자유롭고 공정한 선거가 치러진다면 이슬람 종교정당이 승리할 가능성이 아주 크다. 이보다 훨씬 나은 방향은 민주주의를 점진적으로 발전시키는 것이다. 총선을 통해서가 아니라 시민사회를 통해 민주주의의 기반을 구축하고 다지는 것이다.

이 부분에서는 중동 지역에서도 오랜 전통이 이어지고 있다.

성급한 서양 국가들은 최근 중동의 정치변동에 어떤 입장을 취해야 할지 그리고 어떤 민주주의 과정을 독려해야 할지 고심한다. 미국과 자유주의 서방 진영이 이 과정에 영향을 줄 수 있도록 어떤 기회를 잡아야 할까? 나는 이 질문에 대해 생각이 좀 다르다. 이보다는 서양이 중동 지역의 민주화 과정에서 취하지 말아야 할 행동이나 태도를 먼저 생각한다. 우선 선거 시행을 지나치게 압박하지 말아야 한다. 서양식 총선이 문제의 해결방안이라고 생각하는 것은 아주 위험하며 재앙을 초래할 수도 있다. 우리는 중동의 대중과 정치 세력들이 다양한 내부 집단들과의 협의를 통해 스스로 길을 찾아나가도록 그냥 내버려두어야 한다. 모든 가능성을 열어두고 그들이 선택하게 해야 한다.

중동의 대중이 가지는 분노와 분통은 나름대로 근거가 있다. 여기에는 여러 요소들이 복합적으로 작용한다. 우선 현대 통신기술의 발달 덕분에 중동의 대중은 이제 자신들의 상황과 외부세계 다른 지역의 상황에 나타나는 명백한 차이를 인식하기 시작했다. 가난한 것은 나쁜 것이다. 그러나 주변의 다른 사람들이 덜 가난하다는 것은 참을 수 없다.

또 다른 것은 성적인 측면과 관련이 있다. 이슬람세계에는 서양식의 가벼운 섹스casual sex가 존재하지 않는다. 젊은 청년이 섹스를 원한다면 두 가지 가능성만이 존재한다. 결혼 혹은 매춘이다. 남성 호르몬 수치가 정상적인 상당수의 젊은이들은 사창가를 가거나 신부를 구할 수 있는 돈이 없다. 그래서 적지 않은 이들 청년들이 절망에 빠져버리거나 혹은 자살폭탄테러범으로 나선다. 후자의 경우 최소한 천국에서나마 많은 처녀들을 만날 수 있기 때문이다.

아랍의 봄을 주도한 시위대는 모두 현재의 지도부를 제거하길 원했다. 그러나 누가 그 자리를 대체할 것인지에 대해서는 합의를 이루지 못했다. 예를 들어, 여론 조사기관마다 수치가 약간씩은 다르지만 무슬림형제단에 대한 지지가 높게 나타났다. 무슬림형제단이나 아주 위험한 과격 이슬람운동이다. 만약 이들이 권력을 차지한다면 이집트에 재앙과 같은 상황이 발생할 것이다. 하지만 무슬림형제단이나 다른 유사한 이슬람주의 조직들이 아랍세계를 장악하리라고 예상된다. 꼭 그렇지는 않겠지만 그럴 가능성이 상당히 크다.

만약 이런 상황이 발생한다면, 그들은 점진적으로 아랍세계를 중세의 시궁창으로 가라앉힐 것이다. 자신들이 만든 자체 통계를 보더라도 화석연료를 제외한 아랍세계 전체의 총 수출규모는 유럽의 한 작은 국가 핀란드보다도 적다. 조만간 석유시대는 끝날 것이다. 석유는 고갈되거나 다른 에너지원으로 대체될 것이다. 그러면 아랍세계는 사실상 아무것도 가진 게 없게 된다. 이럴 경우 북아프리카의 상황은 사하라 이남 아프리카의 상황과 크게 다르지 않게 될 것이다. 북아프리카를 탈출하는 이민자의 행렬도 크게 늘 것이다.

아랍인들이 원하는 것을 찾아내기는 쉽지 않다. 그러나 그들이 원하지 않는 것을 찾아내기는 훨씬 쉽다. 그들은 폭군을 원하지 않는다. 독재 폭군들이 자신들을 억압했을 뿐 아니라 아랍의 명예, 종교, 국가를 더럽혔다는 것을 그들은 잘 알고 있다. 아랍인들은 훨씬 나은 것을 보고 싶어 하지만, 더 좋은 것은 사람마다 국가마다 다르게 규정된다. 아랍인들은 의회민주주의, 자유로운 선거 등을 자주 언급하지 않는다. 이런 것들은 아랍의 일반적인 담론이 아니다. 다양한 단체들이 다양한 것들을 추구하나, 종교적으로는 어느 정도 합의점이 나타난다. 무슬림형제단 방식의 종교가 이슬람을 대변하지는 않는다. 이와는 다른 이슬람의 전통도 있다. 바로 협의의 전통으로, 이것이 이슬람 본연의 정부 형태다.

　중동의 역사와 정치적 문헌을 보면, 독단적인 폭정을 철저히 배제함을 알 수 있다. 이슬람 전통은 항상 협의를 강조했는데, 단순히 이론적으로만 그런 것이 아니다. 예를 들어 프랑스혁명이 발생하기 몇 년 전 이스탄불 주재 프랑스 대사가 터키 술탄에 대해 작성한 보고서에 흥미로운 부분이 있다. 프랑스 정부는 대사에게 터키 정부를 압박해 특정 협상에서 결과를 도출하라고 지시했다. 그런데 임무 수행이 지나치게 더디게 진행됐다. 프랑스 정부는 "왜 아무런 성과를 내지 못하는가?"라고 대사에게 편지를 보냈다. 대사는 답변을 작성했다. "이곳에서는 일들이 프랑스처럼 진행되지 않는다는 것을 이해해야 합니다. 프랑스에서는 왕이 최고 통치권자이고 모든 것을 원하는 대로 할 수 있습니다. 그러나 이곳에서는 술탄이 고위 공직자들과 협의를 해야 합니다. 또 은퇴한 원로 공직자들과도 협의를 해야 합니다. 더 나아가 상인들, 장인들, 그리고 다른 모든 단체와도 협의를 해야 합니다." 대사의 지적은 옳았다. 이런 의사결정 과정은 터키에서 19세기에도 20세기에도 이어졌다.

　이슬람세계에는 나름대로의 전통적인 협의 시스템이 있었다. 서양세계의 단어를 빌리자면, 이는 민주적인 것은 아니다. 그러나 이를 통해 이슬람세계의 지도부는 권위를 세울 수 있었다. 국가가 일방적인 권위를 가지는 것이 아니라 여러 단체들과의 협의를 통해 권위를 세우는 것이다. 한 단체 내에서도 권위는 이렇게 형성됐다. 지주계급이든, 공무원 집단이든, 서기 집단이든 협의를 통해 권위가 구축됐다. 바로 이것이 자유롭고 안정적인 정부를 발전시킬 수 있는 기반이 될 수도 있다.

현재 이슬람 중동 지역의 대부분 국가들을 통치하는 권위주의 혹은 독재정권들은 현대에 들어 등장한 것들이다. 소위 서구식 근대화의 결과물들이다. 전근대적 정권들은 현재보다 더 개방적이었고 국민들에게 관대했다. 근대의 여러 자료에 이런 정치적 상황이 잘 묘사되어 있다. 슬레이드Slade라는 이름의 19세기 영국 해군장교가 기록한 내용에 적절한 설명이 담겨 있다. 근대화로 등장한 새로운 정치질서와 그 이전의 정치질서를 비교하면서 그는 다음과 같이 기록했다. "과거의 정치질서에서는 귀족이 그들의 사유지에서 살았다. 새로운 정치질서에서는 국가가 새로 부상한 귀족의 사유지다."

서양과 중동의 가치체계는 다르다. 여론조사 결과에 따르면, 절대다수의 중동 사람들은 인권의 일부분에 상당히 부정적인 입장을 취하고, 동성애에 대해서는 아주 무지한 태도를 보인다. 그러나 정치적 담론에서는 서양과 아랍 세계의 차이가 그렇게 크지 않다. 서양에서 우리는 항상 자유에 대해 말한다. 이슬람세계에서 자유는 정치적 용어가 아니다. 자유는 법적인 용어로, 자유의 반대말은 노예상태다. 과거 중동은 노예제도가 합법적이었고, 이슬람세계 전체에 존재했다. 만약 당신이 노예가 아니라면 자유로운 것이다. 따라서 자유는 완벽하게 법적이고 사회적인 용어로 인식됐으며, 정치하고는 아무런 연관이 없었다. 아랍어나 다른 중동 언어로 진행되는 토론회에서 '자유'라는 단어가 처음으로 나오면 상당한 논란이 이어진다. 사람들은 자유라는 단어를 잘 이해하지 못한다. 특히 이것이 정치 혹은 정부와 연관되어 있다는 것을 더욱 이해하지 못한다. 물론 시간이 지나면 어느 정도 의미를 파악한다. 하지만 아직도 많은 사람들은 정치와 자유의 연관성에 의문을 가진다. 무슬림들의 관점에서 본다면, 좋은 정부의 척도는 정의다.

중동에서 주로 대비되는 것은 자유 대 폭정 혹은 자유 대 예속이 아니다. 정의 대 억압 혹은 정의 대 불의다. 이런 방식으로 중동 사람들의 인식체계와 정치 과정을 보다 쉽게 이해할 수 있다. 부패와 억압은 어느 인식체계에서도 비슷하게 규정된다. 아랍인이 규정하는 부패와 서양인이 규정하는 부패에는 큰 차이가 없다. 서양에서는 시장에서 돈을 벌어 이를 정치적 영향력이나 요직을 얻는 데 사용하는 것이 부패다. 중동에서는 권력을 가진 자가 돈을 벌기 위해 권력을 남용하는 것이 부패라고 인식된다. 도덕적으로는 별 차이가 없는 것 같다. 그러나 경제적으로 본다면 중동의 부패는 더 심각한 국가적 손실을 가져온다.

최근 중동에서 발생하는 상황을 보면서 정말 우려하는 것은 아랍인들이 어떤 행동을 하느냐가 아니라 우리가 어떤 말을 하고 있는가다. 우리는 현재 잘못된 신호를 보내고 있다. 중동에서 자유의 필요성이 무엇인지 그리고 자유를 위해 투쟁하는 사람들을 도울 수 있는 방안이 무엇인지를 보다 명확하게 판단해야 한다.

아랍세계에서 민주주의가 작동할 수 있을지에 대해 많은 논란이 이어진다. 이에 대해 다양한 의견이 존재한다. 일부 사람들은 다음과 같이 말한다. "아랍인들은 우리와 다르다. 그들은 우리와 다른 방식과 전통을 가지고 있다. 그들이 우리가 누리는 민주주의와 같은 체제를 구축할 능력이 없다는 점을 인식해야 한다. 우리가 무엇을 하든 간에 그들은 폭군에 의해 통치될 것이다. 따라서 우리가 취해야 할 정책 목표는 중동 지역에 안정을 유지하고 중동 국가들이 보다 우호적인 폭군에 의해 통치되도록 돕는 것이다." 이런 시각은 친아랍적인 것으로 분류된다. 그러나 절대 그렇지 않다. 이는 아랍의 과거에 대해 무지함을 드러내는 것일뿐더러 아랍의 현재와 미래에 대해서도 전혀 관심이 없음을 보여주는 태도다.

위와는 다른 시각도 있다. 다음과 같이 말하는 사람들이다. "그들은 고대에 있었던 위대한 문명의 후손들이다. 그들은 고통스런 시간을 보냈다. 그러나 중동 사회에는 자신들의 문화적 전통에 근거해 제한적이라도 합의에 의한 정부를 구성할 수 있는 여러 요소가 존재한다." 그런데 참 이상하게도 이런 시각은 종종 제국주의적 음모라고 비난을 받는다. 그러나 나는 이런 시각이 중동 지역의 국민들이 가진 야망과 바람을 훨씬 더 존중한다고 생각한다. 서구의 개입은 1956년 수에즈 전쟁과 최근의 아랍의 봄에서 나타난 바와 같이 중동의 위기를 더 악화시키곤 했다. 아랍인들 자신들만이 자신들의 위기를 극복할 수 있다. 아무리 좋은 것이라도 우리가 제시한 해결안이 중동에서 신뢰받지 못한다는 점을 잘 알아야 한다. 우리의 정치와 외교는 중동에서 환영받지 못한다. 오히려 무기와 돈에 대한 거부감이 훨씬 덜하다.

맺음말

구십 해를 맞은 내 생일에 필라델피아의 국제문제협의회는 나를 위해 기념 학술세미나를 개최했다. '이슬람과 서양'이라는 주제로 열린 이 세미나에는 600여 명의 학자와 각계 인사가 참석했다. 당시 부통령 딕 체니가 축사를 해주었다. 그리고 헨리 키신저, 푸아드 아자미Fuad Ajami, 아얀 히르시 알리Ayaan Hirsi Ali 등의 저명한 인사들이 논문을 발표했다.

분치가 푸아드에게 내 삶의 이정표가 되는 생일에 초대하는 전화를 했을 때, 그는 소리쳤다. "아흔 살이라고요! 그에게 절대 알려주지 마세요."

아흔 살 생일을 전후하여 많은 축하 메시지가 도착했다. 한 이스라엘 친구는 일상적인 이스라엘의 생일축하 문구를 약간 바꾸어 보냈다. 연세가 많은 노인에게 드리는 가장 대표적인 이스라엘식 축하 메시지는 '백이십 살까지'라는 의미인 아드 메아 베-에스림Ad me'a ve-esrim이다. 그런데 그가 보내준 축하 메시지에는 히브리어 자음 하나가 바뀌어 있었

다. 아드 메아 케-에스림Ad me'a ke-esrim이었다. '백 살까지, 스무 살처럼'
이라는 의미였다. 훨씬 듣기 좋았다.

이 글을 쓰는 현재 나는 아흔다섯 살이다. 보다 젊었을 때인 여든 살
때만 해도, 나는 영국 시인 로버트 브라우닝Robert Browning의 시구 "나와
함께 늙어요. 가장 좋은 것은 아직 살아 있다는 것이지요. 삶의 마지막
은 태어난 이유지요"를 분치에게 흥얼거리며 들려줄 거라고는 상상조
차 하지 못했다. 그녀는 내 삶을 새롭게 하고 연장시켜주었다.

이제 걸을 때 지팡이나 보행기를 이용해야 한다. 보청기도 달고 산
다. 낮잠도 자야 한다. 기억력도 과거와 같지 않다(분치는 그래도 곧 정상
으로 돌아올 것이라고 격려해준다). 육체적으로 정신적으로 많이 약해졌
으나 감정은 변함이 없다.

나는 내 삶을 사랑했다. 일에서도 많은 보람을 느꼈다. 32권의 책이
29개 언어로 번역됐다. 그리 나쁘지 않다. 많은 지역과 문화를 섭렵했
다. 15개의 언어를 나름대로 즐기며 사용했다. 나를 싫어하는 사람들
도, 내가 심적으로 동의하지 않는 사람들도 때론 흥미로웠고 자극이 됐
다. 그리고 내가 사랑하는 가족과 헌신적인 친구들이 있다. 나는 과거
에도 그리고 지금도 운이 좋은 사람이다.

만가

(1945년 9월 29일)

독일 평야의 암울함에서,

영국 숲의 고요함에서,

폴란드 마을의 더러움에서,

런던 거리의 소음에서,

난 그들이 죽어가는 것을 본다.

무관심한 친구들의 눈에서,

노예들의 음침한 악의에서,

영주의 오만함에서,

잊어버린 친구들에게서,

난 그들이 죽어가는 것을 본다.

생각의 고통에서,
수고의 회색 안도에서,
게으름의 조바심에서,
골이 진 검은 인쇄용지에서,
난 그들이 죽어가는 것을 본다.

무책임하게 유혹하는 남녀에게서,
음식이 가득 찬 접시들에서,
와인글라스에서 그리고 와인에서,
아름답고 만족스런 미소에서,
난 그들이 죽어가는 것을 본다.

수면의 부드러운 거미줄에서,
깨어남의 창백함에서,
빛 속에서, 그림자 속에서,
열정에서, 후회에서,
난 그들이 죽어가는 것을 본다.

기억나는 기쁨의 아픔에서,
기억나는 아픔의 솟구침에서,

희망에서, 망각에서,

자기의 고뇌에서,

난 그들이 죽어가는 것을 본다.

그들은 사라진 사람들, 잊힌 사람들,

그들은 수없이 많은 사람들, 절망하는 사람들,

주저하는 죽음의 수용소들에서,

희망의 철창문에서,

난 그들이 죽어가는 것을 본다.

현악기의 부드러움에서,

도시의 부조화에서,

가을의 황금색 황량함에서,

여름의 녹색 광채에서,

난 그들이 죽어가는 것을 본다.

증오의 용광로에서,

태만의 비둘기 집에서,

바보들의 편견에서,

삐뚤어진 자들의 지혜에서,

난 그들이 죽어가는 것을 본다.

해방의 황홀감에서,
자유의 슬픔에서,
먼 친구의 억류에서,
멀리 떨어진 정복자들 속에서,
난 그들이 죽어가는 것을 본다.

속박의 땅 광야에서,
약속의 땅의 꿈에서,
야벳의 막사에서,
이스라엘의 막사 끈에서,
난 그들이 죽어가는 것을 본다.

그들은 사라진 사람들, 잊힌 사람들,
그들은 수없이 많은 사람들, 절망하는 사람들,
주저하는 죽음의 수용소들에서,
희망의 철창문에서,
난 그들이 죽어가는 것을 본다.

부록 II

수상 및 출판 업적

출생
1916년 5월 31일 영국 런던

교육
1936 런던대학교 학사 (역사 전공 우등 졸업)
1937 파리대학교 유대학 수료
1939 런던대학교 박사

현직
1986~ 프린스턴대학교 클리블랜드 다지^{Cleveland E. Dodge} 근동학과 명예교수

경력
1938 런던대학교 SOAS 이슬람 역사 담당 조교수
1940 런던대학교 SOAS 조교수

1946 런던대학교 SOAS 부교수

1947 런던대학교 SAOS 논문지도교수

1949~1974 런던대학교 SOAS 근동 및 중동 역사 교수

1960~1991 이슬람백과사전 편집위원

1974~1986 프린스턴대학교 클리블랜드 다지 근동학과 교수

1974~1986 프린스턴 고등학술연구소 연구위원

1986~1987 프린스턴 고등학술연구소 객원연구위원

1986~1990 애넌버그연구소 소장, 필라델피아

1992~1993 프린스턴대학교 케말 아타튀르크 오스만 및 터키학 명예교수

객원교수

1955~1956 캘리포니아대학교, 로스앤젤레스

1960 컬럼비아대학교

1963 인디애나대학교

1964 프린스턴대학교

1969 고등학술연구소

1980 콜레주 드 프랑스

1980~ 새클러Sacker 고등학술연구소, 텔아비브

1983 사회과학고등연구원École des Hautes Études en Sciences Sociales, 파리

1985 사회사상위원회, 시카고대학교

1984~1990 앤드루 화이트Andrew D. White 객원교수, 코넬대학교

1988 위스콘신대학교, 밀워키

1988 사회과학고등연구소, 파리

1990~ 다얀Dayan 센터, 텔아비브대학교

참전경력

1940~1941 영국 육군

1941~1945 영국 군정보부

2003 노스웨스턴대학교 명예박사, 에반스턴

2004 유대교대학교 명예박사, 로스앤젤레스

2004 공로아카데미Academy of Achievement 골든 플레이트Golden Plate상, 워싱턴

2006 국립인문재단 인문학훈장

2007 미국기업연구소American Enterprise Institute 어빙 크리스톨Irving Kristol상

학술원 경력

1963 영국왕립학술원 위원

1969 이집트학술원 객원위원

1972 터키역사학회 명예회원, 앙카라

1973 미국철학학회 회원

1983 미국예술과학아카데미 회원

1984 아시아학회 명예회원, 파리

1984 아타튀르크 역사언어문화아카데미 명예회원

1986 SOAS 명예교수

1988 인간학연구소Institut für die Wissenschaften vom Menschen 이사, 빈

1994 프랑스학사원의 금석고전문학아카데미 객원위원

학회활동

왕립아시아학회

왕립역사학회

왕립국제문제 연구소

미국동양학회

미국역사학회

외교협회

중동아프리카학회

저서 및 역서

《이스마일파주의의 기원*The Origins of Ismailism*》. Cambridge: W. Heffer & Sons, Ltd.,
1940; reprinted AMS, New York, 1975.

《정치외교 아랍어 핸드북*Handbook of Diplomatic and Political Arabic*》. London: Luzac & Co.,
Ltd.,1947; reprinted London, 1956.

《역사 속 아랍인들*The Arabs in History*》. London: Hutchinson & Co., Ltd., 1950,
reprinted 1954, 1956; 2nd ed. 1958; reprinted 1960, 1962; 3rd ed. 1964; 4th ed.
1966; reprinted 1968; 5th ed. 1970; reprinted 1975; New York: Oxford University
Press, 6th ed., 1993.

《터키 기록보관소의 주석 및 문헌*Notes and Documents from the Turkish Archives*》. Jerusalem:
Israel Oriental Society, 1952.

《현대 터키의 등장*The Emergence of Modern Turkey*》. London and New York: Oxford
University Press, 1961; rev. ed. 1968; new ed. 2001.

《왕에 어울리는 왕관*The Kingly Crown*》 (trans. from Ibn Gabirol). London: Vallentine
Mitchell, 1961.

《이스탄불과 오스만제국의 문명*Istanbul and the Civilization of the Ottoman Empire*》. Norman,
OK: University of Oklahoma Press, 1963; reprinted 1968, 1972.

《중동과 서양*The Middle East and the West*》. Bloomington: Indiana University Press, and
London: Weidenfeld & Nicholson, 1964; reprinted (paperback) New York: Harper
& Row, and Weidenfeld & Nicholson, 1964; reprinted (paperback) Harper &
Row, 1966, 1968.

《아사신*The Assassins*》. London: Weidenfeld & Nicolson, 1967; New York: Basic Books,
1968, 1970; reprinted 1972, 1980; New York: Oxford University Press, 1987.

《이슬람의 인종과 피부색*Race and Color in Islam*》. New York: Harper & Row, 1971;
reprinted New York: Octagon Books, 1979.

《이슬람, 선지자 무함마드에서 콘스탄티노플 몰락까지*Islam from the Prophet Muhammad to
the Capture of Constantinople*》. 2 vols. New York: Walker, 1974; (paperback) New York:

Harper & Row, 1974; New York: Oxford University Press, 1987.

《역사의 회상, 복원 그리고 창조*History Remembered, Recovered, Invented*》. Princeton: Princeton University Press, 1975; reprinted 1976; (paperback) New York: Simon & Schuster, 1987.

《16세기 팔레스타인 마을의 인구 및 소득*Population and Revenue in the Towns of Palestine in the Sixteenth Century*》. Coauthor with Amnon Cohen. Princeton: Princeton University Press, 1978.

《무슬림의 유럽 발견과 중동*The Muslim Discovery of Europe and the Middle East*》. New York: W. W. Norton, 1982, paperback ed. 1985; rev. ed. 2001.

《이슬람의 유대인*The Jews of Islam*》. Princeton: Princeton University Press, 1984, reprinted 1986; paperback ed. 1987.

《셈족과 반유대주의자들*Semites and Anti-Semites*》. New York: W. W. Norton, 1986; London: Orion Publishing, 1997; rev. ed. 1999.

《이슬람의 정치 언어*The Political Language of Islam*》. Chicago: University of Chicago Press, 1988.

《중동의 인종과 노예제도: 역사적 질의*Race and Slavery in the Middle East: An Historical Enquiry*》. New York: Oxford University Press, 1990. A revised and expanded edition of *Race and Color in Islam*, 1979.

《이슬람과 서구*Islam and the West*》. New York: Oxford University Press, 1993.

《근대 중동의 형성*Shaping of the Modern Middle East*》. New York: Oxford University Press, 1993. A revised and recast edition of *The Middle East and the West*, 1964.

《갈등의 문화: 대항해시대의 기독교인, 무슬림, 유대인*Cultures in Conflict: Christians, Muslims and Jews in the Age of Discovery*》. New York: Oxford University Press, 1995.

《중동: 기독교 등장 이후 현재까지 2000년 역사*The Middle East: Two Thousand Years of History from the Rise of Christianity to the Present Day*》. London: Weidenfeld & Nicolson, 1995. National Book Critics Award Finalist.

《중동의 다양한 정체성*The Multiple Identities of the Middle East*》. London: Weidenfeld &

Nicolson, 1998.

《모자이크 중동: 삶, 문자, 그리고 역사의 파편*A Middle East Mosaic: Fragments of Life, Letters and History*》. New York: Random House, 2000.

《머나먼 드럼의 음악*Music of a Distant Drum*》. Princeton: Princeton University Press, 2001.

《무엇이 잘못되었나: 서구와 중동, 그 화합과 충돌의 역사*What Went Wrong? Western Impact and Middle Eastern Response*》. New York: Oxford University Press, 2002.

《이슬람의 위기: 성전과 불경한 테러*The Crisis of Islam: Holy War and Unholy Terror*》. New York: Random House, 2003.

《바벨에서 아랍 통역사까지: 중동의 재해석*From Babel to Dragomans: Interpreting the Middle East*》. New York: Oxford University Press, 2004.

《이슬람: 종교와 사람들*Islam: The Religion and the People*》. Coauthored with Buntzie Ellis Churchill. Upper Saddle River, NJ: Wharton School Publishing, 2008.

《신앙과 권력: 중동의 종교와 정치*Faith and Power: Religion and Politics in the Middle East*》. New York: Oxford University Press, 2010.

《중동 현대 역사의 종언*The End of Modern History in the Middle East*》. Stanford, CA: Hoover Institution Press, 2011.

편저 및 공저

《마법사의 땅*Land of Enchanters*》. Editor, London: The Harvill Press Ltd., 1948; reprinted Princeton: Wiener Publishers, 2001.

《중동의 역사가들*Historians of the Middle East*》. Coeditor with P. M. Holt. London: Oxford University Press, 1962; reprinted 1972.

《이슬람 백과사전*Encyclopedia of Islam*》. 2nd ed. Coeditor and author of numerous articles. Leiden: Brill, 1970-80.

《이슬람세계*The World of Islam*》. Editor. London: Thames & Hudson. *Islam and the Arab World*. New York: Knopf, 1976. (Editions of the same book.)

《오스만제국의 기독교인과 유대인*Christians and Jews in the Ottoman Empire*》. Coeditor with Benjamin Braude. 2 vols. New York: Holmes & Meier Publications, Inc., 1982.

《중세 종교회담*Religionsgespräche im Mittelalter*》. Coeditor with Friedrich Niewohner. Wiesbaden: Herzog August Bibliothek, Wolfenbuttel, 1992.

모음집

《이슬람 역사*Islam in History*》. London: Alcove Press Ltd., 1973; Chicago: Open Court, 1993; new ed. 2001.

《7~16세기 고전 오스만 이슬람 연구*Studies in Classical and Ottoman Islam, 7th~16th Centuries*》. London: Variorum reprints, 1976.

《이슬람의 귀환*Le Retour de l'Islam*》 (translations from my works). Paris: Gallimard, 1985.

《이슬람*Islam*》 (translations from my works). Paris: Quatro Gallimard, 2005.

《이슬람의 정치 용어와 사상*Political Words and Ideas in Islam*》. Princeton: Markus Wiener Publisher, 2008.

소책자

《영국의 아랍어 연구에 대한 공헌*British Contributions to Arabic Studies*》. London: Longmans, Green & Co., Ltd., 1941.

《중동의 미래*The Future of the Middle East*》. London: Phoenix/Orion Publishing Group, 1997.

《유럽과 이슬람*Europe and Islam*》. American Enterprise Institute for Public Policy Research, Irving Kristol Lecture, March 7, 2007.

단행본 참여

《콘스탄틴 포르피로게니투스: 제국 행정*Constantine Porphyrogenitus: De Administrando Imperio*》. Coeditor with others. Vol. II, commentary, London: Athlone Press, 1962.

《케임브리지 이슬람사*The Cambridge History of Islam*》. Coeditor with others. Cambridge：
  Cambridge University Press, 1970.

《이슬람 신학 및 이슬람법 입문*Introduction to Islamic Theology and Law*》. (Introduction and
  additional notes.) Ignaz Goldziher, trans. by Andras and Ruth Hamori. Princeton：
  Princeton University Press, 1981.

《타자가 우리를 바라볼 때: 동서의 상호 인식*As Others See Us: Mutual Perceptions East and West*》.
  Coeditor with Edmund Leites and Margaret Case. New York：International Society for
  the Comparative Study of Civilizations, 1985.

《유럽의 무슬림*Muslims in Europe*》. Coeditor with Dominique Schnapper. London：Pinter
  Publishers, 1994.

기타

중동의 관점*Uno sguardo dal Medio Oriente*. (장시간 인터뷰). Rome：Di Renzo Editore, 1999,
  2002.

논문

〈이슬람 길드The Islamic Guilds〉, *Economic History Review* viii (1937)：20～37.

〈아담의 타락에 대한 이스마일파의 해석An Isma'ili Interpretation of the Fall of Adam〉,
  BSOAS iv (1938)：179～184.

〈오스만 정복 직후 다마스쿠스에 대한 유대 자료A Jewish Source on Damascus just after the
  Ottoman Conquest〉, *BSOAS* x (1939):179～184.

〈비잔틴 왕실 혁명의 아랍어 계정An Arabic Account of a Byzantine Palace Revolution〉,
  Byzantion xiv (1939)：383～386.

〈11세기 아랍어 저자가 본 유대 과학Jewish Science according to an Arabic Author of the 11th
  Century〉, *Sinai* iv (1940)：25～29.

〈수공예의 서An Epistle on Manual Crafts〉, *Islamic Culture* xvii (1943)：142～151.

〈마이모니데스에 관한 아랍어 자료Arabic Sources on Maimonides〉, in S. Rawidowicz (ed.), *Metsuda*, London, 1945, 171~180.

〈이슬람사에 대한 종말론적 시각An Apocalyptic Vision of Islamic History〉, *BSOAS* xiii (1950): 308~338.

〈파티마조 칼리파의 유대인 출신 전설The Legend of the Jewish Origin of the Fatimid Caliphs〉, *Melilah* iii-iv (1950): 185~187. (In Hebrew.)

〈근동과 중동The Near and Middle East〉, in C. H. Philips (ed.), *Handbook of Oriental History*, London, 1951.

〈터키의 최근 동향Recent Developments in Turkey〉, *International Affairs* xxvii (1951): 320~331.

〈코펜하겐 국립기록보관소(리사르키브)의 덴마크 동부인도 그리고 아시아 기업 기록The Danish East India and Asiatic Company Records in the State Archives (Rigsarkiv) in Copenhagen〉, *The Indian Archives* (New Delhi) v (1951): 138~140.

〈아랍 영토사의 근원인 오스만 기록보관소The Ottoman Archives as a Source for the History of the Arab Lands〉, *JRAS* (1951): 139~155.

〈터키 문서를 통해 본 16세기 팔레스타인의 인구와 수입Population and Revenue in Palestine in the 16th Century, according to Turkish Documents〉, *Jerusalem* iv (1952): 133~137.

〈터키 이슬람 부흥Islamic Revival in Turkey〉, *International Affairs* xviii (1952): 38~48.

〈메흐메드 2세가 의사에게 부여한 특권The Privilege Granted by Mehmed II to His Physician〉, *BSOAS* xiv (1952): 550~563.

〈시리아 아사신의 역사적 근원The Sources for the History of the Syrian Assassins〉, *Speculum* xvii (1952): 475~489.

〈살라딘과 아사신Saladin and the Assassins〉, *BSOAS* xv (1952): 239~245.

〈이슬람사에서 이단의 의의에 관한 일고찰Some Observations on the Significance of Heresy in the History of Islam〉, *Studia Islamica* i (1952): 43~63.

〈프랑스 대혁명이 터키에 미친 영향The Impact of the French Revolution on Turkey〉, *Journal of World History* I (1952): 105~125. Revised version in G. S. Metraux and F.

Crouzet (eds.), *The New Asia: Readings in the History of Mankind,* New York, 1965, 31~59.

〈카말 알 딘의 세 가지 전기Three Biographies from Kamal ad-Din〉, in *Melanges Fuad Köprülü,* Istanbul, 1953, 325~344.

〈아이슬란드의 터키Izlanda'da Türkler〉, *Türkiyat Mecmuası* x (1953): 277~284.

〈유럽과 터키인Europe and the Turks〉, *History To-Day,* October 1953, 673~680.

〈사페드 지역에 관한 아랍어 설명An Arabic Account of the Province of Safed〉, *BSOAS* xi (1953): 477~488.

〈파티마조와 인도로의 여정The Fatimids and the Route to India〉, *Review of the Faculty of Economics* (Istanbul) xi (1950~1953): 1~5.

〈터키 역사 서술과 국민 부흥History Writing and National Revival in Turkey〉, *Middle Eastern Affairs* iv (1953): 218~227.

〈공산주의와 이슬람Communism and Islam〉, *International Affairs* xxx (1954): 1~12.

〈중동의 민족주의와 애국심Nationalism and Patriotism in the Middle East〉, *World Affairs Interpreter,* 1954, 208~212.

〈아랍 정복에서 오스만 정복까지의 이집트Ägypten von der Eroberung durch die Araber bis zur Besetzung durch die Osmanen〉, in A. Randa (ed.), *Handbuch der Weltgeschichte,* I. Olten, 1954, 1001~1016.

〈오스만 제1기록보관소 연구Studies in the Ottoman Archives I〉, *BSOAS* xvi (1954): 469~501.

〈이슬람Islam〉, D. Sinor (ed.), *Orientalism and History,* Cambridge, 1954; reprinted Bloomington, 1970, 16~33.

〈중동 정부의 초기 교육 개혁Early Educational Reforms by Middle Eastern Government〉, *Yearbook of Education* (1954): 446~451.

〈이스탄불 터키 기록보관소의 일부 덴마크 자료에 대한 주석A Note on Some Danish Material in the Turkish Archives in Istanbul〉, *Acta Orientalia* xxii (1955): 75~76.

〈사무엘 드 메디나의 대응에 대한 역사 사료An Historical Document in the Responsa of R.

Samuel de Medina〉, *Melilah* v (1955): 169~176(In Hebrew).

〈콘스탄티노플과 아랍인Constantinople and the Arabs〉, in *The Fall of Constantinople*, London, SOAS, 1955, 12~17.

〈이슬람 공화국의 개념The Concept of an Islamic Republic〉, *Die Welt des Islams*, n.s., iv (1955): 1~9.

〈중동 민주주의Democracy in the Middle East〉, *Middle Eastern Affairs* vi (1955): 101~108.

〈16세기 예루살렘Jerusalem in the XVIth Century〉, *Jerusalem* v (1955): 117~127.

〈이스마일파와 아사신The Isma'ilites and the Assassins〉, in K. M. Setton (editor-in-chief), *A History of the Crusades*, i, M. W. Baldwin (ed.), *The First Hundred Years*, Philadelphia, 1955; 2nd ed. Madison, 1969, 98~132.

〈17세기 덴마크와 타타르 교환Some Danish-Tatar Exchanges in the 17th Century〉, in *Symbolae in Honorem* Z. V. Togan, Istanbul, 1955, 137~146.

〈터키: 서구화Turkey: Westernization〉, in G. E. von Grunebaum (ed.), *Unity and Variety in Muslim Civilization*, Chicago, 1956, 311~331.

〈소련 압박에 대한 중동의 대응The Middle Eastern Reaction to Soviet Pressures〉, *Middle East Journal* x (1956): 125~137.

〈오스만 기록보관소, 유럽 역사의 보고The Ottoman Archives, a Source for European History〉, *Supplement to Research Bibliography*, Middle East Institute, Washington, D.C.

〈유럽의 무슬림 발견The Muslim Discovery of Europe〉, *BSOAS* xx (1957): 409~416.

〈1641~1642년 터키를 통한 카라이테 여정A Karaite Itinerary through Turkey in 1641-42〉, *Vakılar Dergisi* (Ankara), iii (1957): 97~106 and 315~325.

〈이슬람 중동The Islamic Middle East〉, in W. Burmeister (ed.), *Democratic Institutions in the World Today*, London, 1958, 45~61.

〈중동과 세계 문제The Middle East in World Affairs〉, in P. W. Thayer (ed.), *Tensions in the Middle East*, Baltimore, 1958, 50~60.

〈중동 현대사 서술On Writing the Modern History of the Middle East〉, *Middle East Forum*

(Beirut), June 1958, 15 – 17.

〈이슬람 모스크An Islamic Mosque〉, in Walter James (ed.), *Temples and Faiths*, London, 1958, 47~50.

〈오스만 해체에 관한 일고찰Some Reflections on the Decline of the Ottoman Empire〉, *Studia Islamica* ix (1958): 111~127.

〈무갈과 오스만The Mughals and the Ottomans〉, *Pakistan Quarterly*, Summer 1958, 4~9.

〈근동, 중동, 이집트, 발칸의 이슬람Der Islam im Osten: Vorderasien, Agypten, Balkan〉, *Historia Mundi*, vi, Berne, 1958, 474~510.

〈터키 남녀와 전통Men, Women and Traditions in Turkey〉, *The Geographical Magazine*, December 1959, 346~354.

〈근동, 중동, 북아프리카The Near and Middle East and North Africa〉, *The New Cambridge Modern History* xii (1960): 207~212.

〈오스만 기록보관소, 유럽 역사의 보고The Ottoman Archives, a source for European History〉, *Archives* iv (1960): 226~230.

〈오스만 젊은이들의 정치적 이념The Political Ideas of the Young Ottomans〉, *International Islamic Colloquium Papers*, December 29, 1957~January 8, 1958, Lahore, 1960, 97~99.

〈알-가잘리 대사관에 대한 이븐 디흐야의 설명Ibn Dihya's Account of the Embassy of Al-Ghazal〉, In W. E. D. Allen, *The Poet and the Spae-Wife*, Dublin, 1960, 19~25.

〈프랑크 왕과 마스우디Mas'udi on the Kings of the Franks〉, *Al-Mas'udi Millenary Commemoration Volume*, Aligarh, 1960, 7~10.

〈초승달 지역 침공The Invading Crescent〉, in *The Dawn of African History*, Oxford, 1961, 30~36.

〈무슬림 역사학자들의 비무슬림 자료 활용The Use by Muslim Historians of Non-Muslim Sources〉, B. Lewis and P. M. Holt (eds.), *Historians of the Middle East*, London, 1962, 180~191.

〈콘스탄틴 포르피로게니투스의 공헌Contribution to Constantine Porphyrogenitus〉, *De administrando imperio*, ii, Commentary (ed. R. J. H. Jenkins), London, 1962.

〈이슬람 국가 제도와 보즈키르인들의 영향력 관계에 관한 견해Islam Devlet Muessese ve telakkileri uzerinde bozkir ahalisinin tesiri〉, *Review of the Institute of Islamic Studies* (Istanbul) ii (1962): 209~230.

〈유럽과 미국의 이슬람 역사 접근Approaches to Islamic History in Europe and America〉, *Colloque sur la Sociologie musulmane 11~14 September 1961, Correspondance d'Orient*, no. 5, Brussels, 1962, 103~117.

〈19세기 터키 문학에서 안달루시아 주제Quelques themes andalous de la litterature turque au xixe siecle〉, in *Etudes d'Orientalisme dediees a la memoire de Levi- Provençal*, Paris, 1962, 185~190.

〈오스만 쇠퇴에 대한 오스만 관찰자Ottoman Observers of Ottoman Decline〉, *Islamic Studies* (Karachi), i (1962): 71~87.

〈마이모니데스, 사자왕, 살라딘Maimonides, Lionheart, and Saladin〉, *Eretz-Israel*, vii (L. A. Mayer Memorial Volume), Jerusalem, 1963, 70~75.

〈오스만 데프테리 카까니의 이란과 아제르바이잔에 관한 기록Registers on Iran and Adharbayjan in the Ottoman Defter-i Khaqani〉, *Melanges Massé*, Tehran, 1963, 259~263.

〈발전 국가의 사회적 가치 변화로 인한 문제Problems as the Outcome of Changing Social Values in Developing Countries〉, *Social Aspects of Economic Development*, Istanbul, 1964, 109~124.

〈중세 노래의 역사적 특징Orta Şarkı Tarihi Hüviyeti〉, *Ankara Universitesi Ilahiyat Fakültesi Dergisi* vii (1964): 75~81.

〈오스만제국 시기 국가체제 개혁Islah al-anzima al-baladiyya fi 'ahd al-imbaraturiyya al-'uthmaniyya〉, *Takhtit al- mudun fi'l-'alam al-'arabi*, Cairo, 1964, 99~108.

〈19세기 중반 오스만제국: 개관The Ottoman Empire in the mid-nineteenth Century: a Review〉, *Middle Eastern Studies* i (1965): 283~295.

〈아랍어 여명 시Arabic Dawn Poetry〉, (with S. M. Stern), in A. T. Hatto (ed.), *Eos*, The Hague (1965): 215~243.

〈오스만 타푸 기록으로 본 16세기 나사렛Nazareth in the Sixteenth Century According to the Ottoman Tapu Registers〉, *Arabic and Islamic Studies in Honor of Hamilton A. R. Gibb*, Leiden (1965): 416~423.

〈압바스와 파티미조 하의 정부, 사회, 그리고 경제적 삶Government, Society and Economic Life under the Abbasids and Fatimids〉, *Cambridge Mediaeval History* (new ed.), iv (1966): 638~661.

〈라시드 알-딘 시난에 관한 카말 알-딘의 전기Kamal al-Din's Biography of Rašid al-Din Sinan〉, *Arabica* xiii (1966): 225~267.

〈터키Turkey〉, in Dustur: *A Survey of the Constitutions of the Arab and Muslim States*, Leiden (1966): 6~24.

〈이란 역사의 보고The Sources for the History of Iran〉, *Rahnema-ye Ketab* (1967): 228~232.

〈팔티엘: 주석Paltiel: a note〉, *BSOAS* xxx (1967): 177~181.

〈패배의 결과The Consequences of Defeat〉, *Foreign Affairs* (1968): 321~335.

〈친구와 적-전쟁 이후 재고Friends and Enemies-Reflections after a War〉, *Encounter* (February 1968): 3~7.

〈동쪽으로 간 영국 여행가들Some English Travellers in the East〉, *Middle Eastern Studies* iv (1968): 296~315.

〈친이슬람 유대인The Pro-Islamic Jews〉, *Judaism* (New York), xvii (1968): 391~404.

〈오스만 타흐리르 기록으로 본 16세기 자파Jaffa in the Sixteenth Century, According to the Ottoman Tahrir Registers〉, *Necati Lugal Armaganı*, Ankara, 1968, 435~445.

〈몽골인 터키인, 그리고 무슬림 정체The Mongols, the Turks and the Muslim Polity〉, *Transactions of the Royal Historical Society*, 5th series, vol. 18, 1968, 49~68.

〈초대 압바스 칼리파의 통치 제목The Regnal Titles of the First Abbasid Caliphs〉, *Dr. Zakir Husain Presentation Volume*, New Delhi, 1968, 13~22.

〈열강, 아랍인, 이스라엘인The Great Powers, the Arabs and the Israelis〉, *Foreign Affairs* (1969): 642~652.

〈중동 경제사 자료Sources for the Economic History of the Middle East〉, M. S. Cook (ed.),

Studies in the Economic History of the Middle East from the Rise of Islam to the Present Day, London (1970): 78~92.

〈이슬람의 인종과 피부색Race and Colour in Islam〉, *Encounter* xxxv (1970): 18~36.

〈중동의 러시아Russia in the Middle East〉, *The Round Table* (1970): 257~263.

〈조셉 샤하트(부고)Joseph Schacht(obituary)〉, *BSOAS*, xxxiii (1970): 378-81.

〈초기 이슬람 혁명론On the Revolutions in Early Islam〉, *Studia Islamica* xxxii (1970): 215~231.

〈셈족과 반유대주의Semites and Anti-Semites〉, *Survey* 2, no. 79 (1971): 169~184.

〈소련-이집트 조약의 단서 조항Small Print of the Soviet-Egyptian Treaty〉, *The Times*, October 8, 1971, 16.

〈이슬람의 공헌The Contribution to Islam〉, *The Legacy of Egypt*, Oxford (1971): 456~477.

〈시리아의 아사신과 페르시아의 이스마일리Assassins of Syria and Isma'ilis of Persia〉, *La Persia nel Medioevo*, Rome (Accademia Nazionale dei Lincei) (1971): 573~580.

〈이슬람 연구The Study of Islam〉, *Encounter* (1972): 31~41.

〈파티마조의 역사 해석An Interpretation of Fatimid History〉, *Colloque international sur l' histoire du Caire*, Cairo (1972): 287~297.

〈이슬람의 혁명 개념Islamic Concepts of Revolution〉, P. J. Vatikiotis (ed.), *Revolution in the Middle East* (1972): 30~40.

〈아이슬란드의 해적Corsairs in Iceland〉, *Revue de l'Occident Musulman et de la Mediterranée* (1973): 139~144.

〈파티마조Fatimids〉, *Encyclopaedia Britannica* (1974): 193~194.

〈아랍의 정복 그날 유대인의 종말론적 시On That Day, a Jewish Apocalyptic Poem on the Arab Conquests〉, *Melanges d'Islamologie, volume dedie a la memoire de Armand Abel*, Leiden (1974): 197~200.

〈(이슬람에서의) 정치와 전쟁Politics and War (in Islam)〉, in J. Schacht and C. E. Bosworth, *The Legacy of Islam*, 2nd ed., New York, Oxford University Press, 1974, 156~208.

〈현대 아랍 정치 용어On Some Modern Arabic Political Terms〉, *Orientalia Hispanica*, ed. J. M.

Barral, vol. 1, *Arabica-Islamica*, E. J. Brill (1974): 465~471.

〈알리 파샤의 민족주의Ali Pasha on Nationalism〉, *Middle Eastern Studies* 10, no.1 (January 1974): 77~79.

〈반유대주의 시: 조셉 이븐 나그렐라에 대한 아부 이삭의 송시An Anti-Jewish Ode: The Qasida of Abu Ishaq Against Joseph Ibn Nagrella〉, *Salo Wittmayer Baron Jubilee Volume*, American Academy for Jewish Research, Jerusalem (1975): 657~668.

〈무함마드에 관한 기본의 연구Gibbon on Muhammad〉, *Daedalus, Journal of the American Academy of Arts and Sciences* 105, no. 3 (Summer 1976): 89~101.

〈반시온주의 결의The Anti-Zionist Resolution〉, *Foreign Affairs* 55, no. 1 (October 1976): 54~64.

〈아프리카 디아스포라와 이슬람 문명The African Diaspora and the Civilization of Islam〉, *The African Diaspora: Interpretive Essays*, edited by M. L. Kilson and Robert A. Rotberg. Cambridge, MA: Harvard University Press, 1976.

〈팔레스타인과 PLOThe Palestinians and the PLO〉, *Commentary* (January 1975): 32~48.

〈이슬람의 귀환Return of Islam〉, *Commentary* (January 1976): 39~49.

〈16세기 냉전과 데탕트Cold War and Detente in the 16th Century〉, *Survey*, nos. 3/4 (100/101) (Summer/Autumn 1976): 95~96.

〈아랍-이스라엘 갈등 해결Settling the Arab-Israeli Conflict〉, *Commentary* 63, no. 6 (June 1977): 50~56.

〈레바논의 좌파와 우파Right and Left in Lebanon〉, *The New Republic* 177, no. 11 (September 1977): 20~23

〈터키Turkey〉, *The Washington Review* 1, no. 1 (January 1978): 103~106.

〈터키 등을 돌리다Turkey Turns Away〉, *The New Republic* (February 18, 1978): 18~21.

〈터키-충실한 미국과 NATO 동맹Turkey-A Loyal United States and NATO Ally〉, *NATO, Turkey and United States Interests*, American Foreign Policy Institute (1978): 22~27.

〈이집트의 시각The Egyptian Perspective〉, *Commentary* 66, no. 1 (July 1978).

〈중동 연구의 현황The State of Middle Eastern Studies〉, *The American Scholar* 48, no. 3

(Summer 1979): 365~381.

〈시리아 내 오스만 토지 소유권 및 세제Ottoman Land Tenure and Taxation in Syria〉, *Studia Islamica*, Fasc. 50 (1979):109~124.

〈팔레스타인: 명칭의 역사와 지리Palestine: On the history and Geography of a Name〉, *The International History Review* 11, no. 1 (January 1980): 1~12.

〈아랍어 번역Translation from Arabic〉, *Proceedings of the American Philosophical Society* 124, no. 1 (February 1980): 41~47.

〈오스만제국과 그 여파The Ottoman Empire and its Aftermath〉, *Journal of Contemporary History* 15 (1980): 27~36.

〈터키의 사회경제사, 1071~1920Türkiye'nin Sosyal Ve Ekonomik Tarihi, 1071~1920〉, *Ankara* (1980): 215~226.

〈16 세기 팔레스타인에 대한 통계 조사Some Statistical Surveys of 16th Century Palestine〉, *Middle East Studies and Libraries*, A Felicitation Volume for Professor J. D. Pearson, edited by B. C. Bloomfield, London (1980): 115~122.

〈중동의 정치권력과 인식 기반The Bases of Political Power and Perceptions in the Middle East〉, *The Political Economy of the Middle East: 1973~1978, A Compendium of Papers Submitted to the Joint Economic Committee Congress of the United States*, Washington, D.C. (April 21, 1980): 503~520.

〈이슬람과 비무슬림L'Islam et les non-musulmans〉, *Annales*, nos. 3~4 (May~August 1980): 784~800.

〈미국, 터키, 이란The United States, Turkey and Iran〉, Haim Shaked and Itamar Rabinovitch, eds., *The Middle East and the United States: Perceptions and Policies*. New Brunswick, NJ: Transaction Books, 1980, 165~180.

〈오스만 타푸 기록으로 본 16세기 아크레Acre in the Sixteenth Century According to the Ottoman Tapu Registers〉, *Bibliothèque de l'Institut français d'études anatoliennes d'Istanbul, Memorial Omer Lutfi Barkan*, Paris (1980), xxviii, 135~139.

〈리틀 메나헴에서 온 편지A Letter from Little Menahem〉, *Studies in Judaism and Islam*, in honor of Professor S. D. Goitein's eightieth birthday, Jerusalem (1981): 181~184.

〈범아랍주의Panarabismo〉, *Enciclopedia del Novecento*, Rome (1981): 67~78.

〈공동체, 국민과 국가에 대한 충성Loyalties to Community, Nation and State〉, George S. Wise and Charles Issawi (eds.), *Middle East Perspectives: The Next Twenty Years*, Princeton (1981): 13~33.

〈아사신Assassins〉, *Dictionary of the Middle Ages*, New York: Charles Scribner's Sons, 1981, 2~5.

〈정체성과 정책Kimlik ve Politika〉, *Türkiye ve Müttefiklerinin Güvenliği*, Ankara, 1982, 19~33.

〈오리엔탈리즘 문제The Question of Orientalism〉, *New York Review of Books*, New York, 1982, 44~48.

〈상담Meşveret〉, *Tarih Enstitüsü Dergisi* xii, Istanbul (1981‒82): 775~782.

〈탄지마트와 사회적 평등The Tanzimat and Social Equality〉, *Economie et Sociétés dans l'Empire Ottoman*, Jean-Louis Bacque-Grammont and Paul Dumont (eds.), Paris (1982): 47~54.

〈정부와 국가Hükumet and Devlet〉, *Belleten* xlvi, Ankara (1982).

〈유대-오스만Judaeo-Osmanica〉, *Thought and Action, Essays in Memory of Simon Rawidowicz*, Haifa (1983): i~viii.

〈이슬람의 봉기The Revolt of Islam〉, New York Review of Books, New York, 1983, 35~38.

〈이슬람은 서양을 어떻게 바라보았나Comment l'Islam regardait l'Occident〉, *L'Histoire*, no. 56 (May 1983): 44~55.

〈유대-이슬람의 전통The Judaeo-Islamic Tradition〉, *Pe'amim* (1984): 3~13.

〈오스만제국의 망상The Ottoman Obsession〉, *FMR* (1984): 89~99.

〈이슬람 정치운동Islamic Political Movements〉, *Middle East Insight* (1984): 12~17.

〈침탈자와 폭군: 이슬람 정치 용어 고찰Usurpers and Tyrants: Notes on Some Islamic Political Terms〉, *Logos Islamikos, Studia Islamica in honorem Georgii Michaelis Wickens*, Roger

M. Savory and Dionisius A. Agius (eds.), Papers in Mediaeval Studies 6 (Toronto, Pontifical Institute of Mediaeval Studies) (1984) : 259~267.

〈이국적인 것의 영향The Impact of the Exotic〉, *New York Times Book Review*, December 1984, 15~16(Review of The Oriental Renaissance by Raymond Schwab).

〈이집트 살인 사건The Egyptian Murder Case〉, *New York Review of Books*, May 1984, 21~25(Review of *Autumn of Fury: The Assassination of Sadat* by Mohamed Heikal).

〈호메이니가 성공한 이유How Khomeini Made It〉, *New York Review of Books*, January 1985, 10~13(Review of The Reign of the Ayatollahs : Iran and the Islamic Revolution by Shaul Bakhash).

〈대칭의 추구The Search for Symmetry〉, *New York Times Book Review*, April 1985, 10(Review of The Blood of Abraham by Jimmy Carter).

〈세르베스티에트Serbestiyet〉, *Ömer Lûtfi Barkan Memorial Volume, Journal of the Faculty of Economics of the University of Istanbul* 41, 47~52.

〈아랍의 까마귀The Crows of the Arabs〉, *Critical Inquiry* xii (Autumn 1985) : 88~97.

〈시아파The Shiites〉, *New York Review of Books*, 32, no. 13, August 15, 1985.

〈정치Siyasa〉, *In Quest of an Islamic Humanism, Arabic and Islamic Studies in Memory of Mohamed al-Nowaihi*, A. H. Green (ed.), The American University in Cairo Press, 1986.

〈이슬람 정치 문헌에서 정적주의와 활동주의 전통On the Quietist and Activist Traditions in Islamic Political Writing〉, *Bulletin of the School of Oriental and African Studies* xlix (1986) : 141~147.

〈라스 부르까 사건The Ras Burqa Affair〉, *The New Republic*, March 1986, 18.

〈새로운 반유대주의The New Anti-Semitism〉, *New York Review of Books*, March 1986, 28.

〈터키에서의 이븐 칼둔Ibn Khaldun in Turkey〉, *Studies in Islamic History and Civilization in Honour of Professor David Ayalon*, edited by M. Sharon. Jerusalem : Cana and Leiden : E. J. Brill, 1986, 527~530.

〈이슬람의 국가, 국민, 신앙State, Nation & Religion in Islam〉, *Nationalism and Modernity:*

a Mediterranean Perspective, edited by Joseph Alpher. New York, Westport, CT, and London: Praeger, 1986, 30~46.

〈이슬람과 서양Islam and the West〉, in *National and International Politics in the Middle East, Essays in Honour of Elie Kedourie*, edited by Edward Ingram. London: Frank Cass, 1986, 16~30.

〈이슬람사에서의 시아파The Shi'a in Islamic History〉, in *Shi'ism, Resistance and Revolution*, edited by Martin Kramer. Boulder, CO: Westview Press, and London: Mansell Publishing Company, 1987, 21~30.

〈중세 이슬람의 영토, 돈과 권력에 대한 고찰Some Notes on Land, Money and Power in Medieval Islam〉, in *Varia Türcica IX: Turkische Miszellen, Robert Anhegger Festschrift*, edited by Jean-Louis Bacque-Grammont, Barbara Flemming, Macit Gokberk, and Ilber Ortayli. Istanbul: Editions Divit Press, 1987, 237~242.

〈터키 해군에 관한 슬레이드Slade on the Turkish Navy〉, *Raiyyet Rusumu, Essays Presented to Halil Inalcı...*, *Journal of Turkish Studies* 11 (Harvard University Press, 1987): 1~10.

〈아랍 역사의 보고, 중부 오스만 기록보관소The Central Ottoman Archives as a Source for Arab History〉, *Revue d'Histoire Maghrebine*, nos. 45~46 (Tunis, June 1987): 77~90.

〈말리크Malik〉, *Cahiers de Tunisie*, University of Tunis, Tome XXXV, nos. 139~140(Tunis, 1987): 101~109.

〈이슬람혁명Islamic Revolution〉, *New York Review of Books*, January 21, 1988, 46~50.

〈이슬람혁명: 교환Islamic Revolution: An Exchange〉, *New York Review of Books*, April 28, 1988, 58~60.

〈오마르 세이페틴의 비밀 사원The Secret Temple by Omer Seyfettin〉, *Die Welt des Islams*, xxviii, 1988 (translation), 301~308.

〈유럽과 이슬람Europa und der Islam〉, *Europa und die Folgen, IWM Castelgandolfo-Gespräche*, Klett-Cotta, Stuttgart, 1988, 256~283.

〈추방되어야 할 서양 문화Western Culture Must Go〉, *Wall Street Journal*, May 2, 1988.

〈은유와 환상: 이슬람 용어Metaphor and Illusion: Words of Islam〉, *Encounter*, May 19, 1988, 34~45.

〈이슬람법The Law of Islam〉, *Washington Post*, Washington, D.C., February 24, 1989.

〈중동의 지도: 혼동 억제를 위한 가이드The Map of the Middle East: A Guide for the Perplexed〉, *The American Scholar*, 58, no.1 (Winter 1988~1989): 19~38.

〈이슬람에서의 국가와 사회State and Society under Islam〉, *The Wilson Quarterly* xiii, no. 4, Washington, D.C. (Autumn 1989): 39~51.

〈예루살렘의 마그리브인The Maghribis in Jerusalem〉, *Arab Historical Review* x, nos. 1 and 2 (Tunisia, 1990): 144~146.

〈무슬림들의 분노의 배경The Roots of Muslim Rage〉, *The Atlantic Monthly*, September 1990, 47~60.

〈비무슬림 통치하 무슬림 인구의 지위에 관한 법적 역사적 재고Legal and Historical Reflections on the Position of Muslim Populations under Non-Muslim Rule〉, *Journal of the Institute of Muslim Minority Affairs* 13, no. 1 (January 1992): 1~16.

〈중동의 재고Rethinking the Middle East〉, *Foreign Affairs* 71, no. 4 (Fall 1992).

〈역사적 관점에서 중동 위기The Middle East Crisis in Historical Perspective〉, *American Scholar* (Winter 1992): 33~46.

〈여성과 아동, 노예와 불신자Women and Children, Slaves and Unbelievers〉, 17th *International Congress of Historical Sciences*, Madrid, 1992.

〈신의 적The Enemies of God〉, *New York Review of Books*, March 25, 1993, 30~32.

〈이슬람과 자유 민주주의Islam and Liberal Democracy〉, *The Atlantic Monthly*, February 1993, 89~98.

〈역사를 옹호하며In Defense of History〉, *Brandeis Review* 13, no. 2 (Fall 1993).

〈무엇이 잘못되었나? 아랍 역사 재고What Went Wrong? Some Reflections on Arab History〉, *American Scholar* (Fall 1993).

〈왜 터키인가?Why Turkey?〉, *Middle East Quarterly*, no. 1 (1994).

〈중동의 세속주의Secularism in the Middle East〉, *Revue de Metaphysique et de Morale*, no. 2

(1995).

〈불공정하게 인식된 이슬람Islam Partially Perceived〉, *First Things*, no. 59 (January 1996).

〈이슬람과 자유 민주주의Islam and Liberal Democracy〉, *Journal of Democracy* 7, no. 2 (April 1996).

〈지하드Jihad〉, *The Reader's Companion to Military History*, Boston, New York, 1996.

〈이슬람 역사의 고찰Reflections on Islamic Historiography〉, *Middle Eastern Lectures*, no. 2 (Tel Aviv, 1997): 69~80.

〈서양과 중동The West and the Middle East〉, *Foreign Affairs* 76, no. 1 (January/February 1997).

〈평화에 대한 희망과 우려Hopes and Fears about Peace〉, *Wall Street Journal*, July 10, 1996.

〈현대 터키의 역설 재고Revisiting the Paradox of Modern Turkey〉, *Wall Street Journal*, November 12, 1996.

〈우리 시대의 평화를 파멸하는 길How to Destroy 'Peace in Our Time'〉, *Wall Street Journal*, November 26, 1997.

〈중동에서 민주주의와 종교Demokratie und Religion im Nahen Osten〉, *Transit Europaische Revue*, Heft 14 (Winter 1997): 118~131.

〈무슬림 반유대주의Muslim Anti-Semitism〉, *Middle East Quarterly*, June 1998, 43~49.

〈인종 차별의 역사적 뿌리Historical Roots of Racism〉, *The American Scholar* 67, no. 1 (Winter 1998).

〈살인 면허License to Kill〉, *Foreign Affairs* 77, no. 6 (November/December 1998): 14~19.

〈이슬람과 자유민주주의Islam and Liberal Democracy〉, *Common Knowledge* 7, no. 3 (Winter 1998): 84~103.

〈바벨에서 아랍 통역사까지: 중동 통역가의 복잡한 역사From Babel to Dragoman: The Tortuous History of the Interpreter in the Middle East〉, *The Times Literary Supplement* 23, April 1999, 12~14.

<터키의 시Poems from the Turkish>, *Studies in Honour of Clifford Edmund Bosworth, Volume II, The Sultan's Turret: Studies in Persian and Turkish Culture*, Leiden, 2000, 238~245.

<누가 시리아의 정당한 통치자인가?Who Is Syria's Rightful Ruler?>, *Wall Street Journal*, June 16, 2000.

<우리는 명확해야 한다We Must Be Clear>, *Washington Post*, September 16, 2001.

<이슬람의 봉기The Revolt of Islam>, *The New Yorker*, November 19, 2001, 50~63.

<단호한 전쟁A War of Resolve>, *Wall Street Journal*, April 26, 2002.

<오사마와 사악한 호소Osama and His Evil Appeal>, *Wall Street Journal*, August 23, 2002.

<증오 역사의 대상Targeted by a History of Hatred>, *Washington Post*, September 10, 2002, A15; reprinted in *International Herald Tribune*, September 12, 2002, as "Inheriting a History of Hatred."

<전복의 시기A Time for Toppling>, *Wall Street Journal*, September 28, 2002.

<하나의 질문, 그리고 답변들A Question, and Answers>, *Wall Street Journal*, April 3, 2003.

<나는 옳고 당신은 틀리다. 지옥으로 가라I'm Right, You're Wrong, Go to Hell>, *The Atlantic Monthly*, 291, no. 4, May 2003, 36~42.

<이라크인들에게 책임을 맡겨라Put the Iraqis in Charge>, *Wall Street Journal*, August 29, 2003.

<존재하느냐 존재하지 않느냐To Be or Not to Be>, *Wall Street Journal*, November 15, 2004.

<이라크의 최전선Iraq at the Forefront>, *Wall Street Journal*, February 11, 2005.

<민주적 제도A Democratic Institution>, *Wall Street Journal*, May 24, 2005.

<현대 중동의 자유와 정의Freedom and Justice in the Modern Middle East>, *Foreign Affairs* 84, no. 3 (May/June 2005): 36~51.

<스스로 다시 쓰기Rewriting Oneself>, *The American Interest* 1, no. 3 (Spring 2006): 123~131.

<8월 22일August 22>, *Wall Street Journal*, August 8, 2006.

<새로운 반유대주의, 첫째는 종교, 다음엔 인종, 그다음엔 무엇인가?The New Anti-

Semitism, First Religion, Then Race, Then What?," *The American Scholar* 75, no. 1 (Winter 2006): 25~36.

〈오사마는 옳았나?Was Osama Right?〉, *Wall Street Journal,* May 16, 2007.

〈유대인 문제On the Jewish Question〉, *Wall Street Journal*, November 26, 2007.

〈두 번째 행동Second Acts〉, *The Atlantic*, November 2007, 23, 25.

〈알렉산드리아 도서관의 아랍 파괴: 신화의 해부The Arab Destruction of the Library of Alexandria: Anatomy of a Myth〉, *What Happened to the Ancient Library of Alexandria?* edited by Mostafa El-Abbadi and Omnia Mounir Fathallah, Leiden-Boston, 2008, 213~217.

〈마침내 자유? 21세기 아랍 세계Free at Last? The Arab World in the Twenty-first Century〉, *Foreign Affairs* (March/April 2009): 77~88.

〈이스라엘 선거 체제는 좋지 않다Israel's Election System Is No Good〉, *Wall Street Journal*, April 1, 2009.

〈온건 이슬람: 관용의 역사Moderate Islam: A History of Tolerance〉, *Wall Street Journal*, September 1, 2010.

찾아보기

지은이_

버나드 루이스 Bernard Lewis (1916년~현재)

현존하는 최고의 중동학자. 1916년에 런던에서 태어났다. 1949년부터 1974년까지 런던대학교 동양아프리카 대학 근동 및 중동 역사학 교수를 지냈고, 1974년 미국 프린스턴대학으로 옮겨 클리블랜드 다지 근동학과 교수를 지냈다. 현재 이 대학 명예교수로 있다. 저서로《무엇이 잘못되었나: 서구와 중동, 그 화합과 충돌의 역사》,《중동의 역사》,《암살단》,《이슬람 1400년》외 다수가 있다. 그의 저서는 유럽, 중동, 아시아 등 전 세계 29개 언어로 번역·출판되었다.

터키의 대통령, 이스라엘의 총리, 리비아의 카다피 등과 직접 만나 대화했으며, 그 외 다수의 중동 국가를 방문 및 여행했다. 부시 행정부에 중동 문제에 관한 조언을 제공하고, 헨리 키신저에게 학문적 업적에 대한 찬사를 받는 등, 명실상부 최고의 중동 문제 전문가다.

분치 엘리스 처칠 Buntzie Ellis Churchill

23년간 필라델피아 국제문제협의회 회장을 지냈고, 10년간 데일리 라디오쇼 월드뷰를 진행했다.

옮긴이_

서정민

한국외국어대학교 국제지역대학원 중동아프리카학과 교수로 재직하고 있다. 이집트 카이로아메리칸대학교 정치학과를 거쳐 영국 옥스퍼드대학교에서 정치학 박사학위를 받았으며, 옥스퍼드 유대학 센터에서 박사후 과정을 이수했다. 2003년 1월부터 2007년 중반까지 〈중앙일보〉 카이로 특파원으로 재직했다. 저서로《서정민 교수의 중동 비즈니스 및 여행 길라잡이》,《부르즈 칼리파》,《인간의 땅, 중동》등이 있으며, 번역서로《무엇이 잘못되었나: 서구와 중동, 그 화합과 충돌의 역사》,《오바마의 과제: 3조 달러의 행방》,《이집트 사람들》등이 있다.

100년의 기록

2015년 6월 18일 초판 1쇄 발행
2016년 2월 25일 초판 2쇄 발행

지은이 | 버나드 루이스, 분치 엘리스 처칠
옮긴이 | 서정민
발행인 | 이원주
책임편집 | 이연수
책임마케팅 | 이지희

발행처 | (주)시공사
출판등록 | 1989년 5월 10일(제3-248호)

주소 | 서울 서초구 사임당로 82(우편번호 137-879)
전화 | 편집 (02)2046-2850 · 마케팅 (02)2046-2894
팩스 | 편집 (02)585-1755 · 마케팅 (02)588-0835
홈페이지 | www.sigongsa.com

ISBN 978-89-527-7392-0 03900